스토아 철학과
인공 지능 기술의 통제

우리시대
질문총서
23

스토아 철학과 인공 지능 기술의 통제

Stoic Philosophy and the
Control Problem of AI Technology
Caught in the Web

에드워드 H. 스펜스 저
이남원, 조수경 역

부산대학교출판문화원

Stoic Philosophy and the Control Problem of AI Technology
by Edward H. Spence

차 례

발간사

우리는 지금까지와는 다른 '격변'의 시대를 살고 있다. '변화'는 시간의 흐름에 따르는 자연스러운 결과지만, 이 시대의 '변화'는 과거와는 전혀 다른 양상을 보이고 있다. 과거의 변화가 기존의 패러다임 내에서 일어나는 크고 작은 변화들이었다면, 지금의 변화는 가히 '패러다임의 전환'이라고 일컬을 만하다. 기존의 패러다임은 인간 중심적 인식의 틀 속에서 과학기술 문명의 발전과 자본주의적 체제의 구축, 명확히 경계 지어진 세계 속에서 전문성을 강조한다는 점에서, 어쩌면 여전히 근대성의 틀을 벗어나지 못했다고 할 수 있다.

지금 이런 패러다임으로 우리 시대를 판단하고 예견하는 데는 한계가 있다. 우리 시대는 지나간 시대로부터의 위기와 예측할 수 없는 미래에 대한 불안감, 그리고 도래할 시대에 대한 희망이 공존한다는 데 그 독특함이 있다. 새로운 패러다임은 기존의 패러다임에서 잉태된 위기로부터의 출구를 모색하는 과정이자 다가올 시대의 새로운 지향과도 관련되어 있다. 그래서 우리 앞의 복잡다기한 상황에 맞서, <우리시대 질문총서>는 '환경 변화와 인류의 미래', '신자유주의의 팽창과 연대', '휴머니즘에 대한 재성찰과 대안적 삶', '첨단기술혁명과 융복합', '글로벌/로컬의 관계 속에서 인간 삶의 변화'라는 주제를 통해 지금 이 시대를 성찰하고자 한다.

인간이 세계를 지배하는 시대, 인간이 환경의 전반적 흐름에 영향을 행사하는 이른바 인류세의 시대는 역설적이게도 인간의 무력함과 한계를 절감하게 한다. 인간이 누린 풍요의 대가가 되어버린 기후 변화와 생태계 변화는 우리 시대 초미의 관심사이지만 이런 변화는 사람들을 삶의 '지속 가능함'을 확신하기 어려운 상황으로 내몰고 있다. 그럼에도 불구하고 이런 불확실한 상황은 그동안 우리의 삶 자체를 성찰하는 한편 진정한 대안들을 새롭게 모색할 것을 촉구하고 있다.

4차 산업혁명으로 인한 자본주의의 급변과 인간과 기술의 포스트휴먼적 융합 시대의 도래는 인간의 존재적 위기와 함께 전통적인 인간상의 유효성에 의문을 제기하고 있다. 기계는 인간에게 어떤 영향을 끼칠 것인가, 인간은 기계의 문제에서 주도적일 수 있는가, 혹은 이런 변화는 인간과 기계의 대립을 넘어 새로운 가능성을 제시해줄 수 있는가. 최근 포스트휴먼의 가능성은 이런 질문들과 연결되어 있다. 포스트휴먼 시대에 인간의 자리를 묻고 기술의 변화가 인간과 사회에 어떤 변화를 줄지 성찰하는 노력들이 필요하다.

한편 우리 시대는 근대 국민국가의 경계를 뛰어넘는 문화적 현상을 수없이 목격하고 있다. 국민과 난민의 경계가 모호해지면서 수많은 이질적인 문화들이 접촉하고 갈등하고 섞이는 혼종의 시대, 바로 이 시대에 우리는 민족문화의 중심성을 넘어서 글로벌과 로컬이 보다 긴밀해지는 문화적 관계 속으로 편입되고 있다. 그 결과 그동안 민족문화의 틀과 프리즘 밖에 존재하던 문화들이 새로운 관심사로 부각되고 있으며, 근대, 자본, 민족의 구조를 넘어서는 대안적 사고들이 곳곳에서 출현하고 있다. 전지구화와 함께 등장한 전지구적 자본과 문화의 압도적 힘 앞에서 무기력해진 개인, 신자유주의의 팽창으로 인한 경쟁의 격화와 인간 소외는 '관계 맺는 존재로서의 인간'의 가능성에 대해 되묻고 다양한 방식의 '소통과 연대'를 제안하고 있다.

이러한 변화들은 우리의 기존 사고로 담아낼 수 없는 우리 시대의 현상들이다. 이런 현상들 앞에서 우리는 '왜?', '어떻게?'라는 질문을 던지고, 그 답을 찾아가는 비판적 사유의 여정을 시작하고자 한다. 이러한 비판적 사유의 여정은 분과학문으로 나누어져 전문성만을 강조해온 기존의 학문구조의 틀을 벗어나, 각 학문의 내적 융합뿐만 아니라 인문학, 사회과학, 자연과학 같은 학문 간의 융합을 전제로 한다.

<우리시대 질문총서>는 우리 앞에 놓인 이러한 현상들에 대한 성찰을 제공하고 대안을 모색하는 데에 그 취지가 있다. 이 총서는 우리 세계의 변화를 미시적이고 거시적으로 살펴볼 수 있는 학문적 시각을 제공하는 한편, 도래할 세계(the world to come)와 지나간 미래(future past)의 쌍방향적 대화와 성찰을 통해 우리 시대를 비판적으로 반성하고 예견하는 우리 시대의 문제적 활동들을 기획, 소개하고자 한다. <우리시대 질문총서>를 통한 사유와 성찰이 우리시대의 성숙한 집단 지성을 형성하는 마중물이 되었으면 한다.

그리고 <우리시대 질문총서>의 출판을 위해 도움을 주신 많은 분들께 감사드린다.

우리시대 질문총서 제작위원회

감사의 말씀

이 책이 나오기까지 여러 도움을 주신 다음 분들에게 진심 어린 감사의 말씀을 전하고 싶다. 이 책의 출판 과정에서 끊임없는 지원을 해주신 Rowman and Littlefield의 편집자인 Tsarina Doyle, 나의 멘토인 Alan Gewirth, 나의 친구이자 동료인 John Weckert, Seumas Miller, Rick Benitez, David Field, Chris McGiUion, Ben Chegwin, 시드니 대학교의 Arena Gym의 Miles Downie, 이 책의 여러 측면에 대해 유용한 의견과 토론을 해준 Montana, and Richard Spence, 그리고 *4 TU Centrefor Ethics and Technology*의 모든 나의 동료들과 오랜 동료인 Luciano Fioridi, Charles Ess, Johnny Soraker, Adam Briggle, Jeroen van den Hoven, Judith Simmons, Peter Paul Verbeek, Ibo van de Poel, and Philip Brey, 그리고 못지 않게 플라톤, 소크라테스, 키티온의 제논, 마르쿠스 아우렐리우스, 특별히 Sempiternal Muse에게 항상 존재감과 끊임없는 영감을 주신 것에 감사드린다.

제 1 장

서론
누가 통제하는가?

최초의 초지능 기계는, 그 기계를 통제하는 방법을 우리에게 알려줄 만큼 그 기계가 유순하다면, 인간이 진정 필요로 하는 마지막 발명품이다.

—Irving J. Good, 1965(Max Tegmark 『라이프 3.0』(*book Life 3.0*, 2018, 134)에서 인용)

이론적 근거와 접근

오늘날 우리가 직면한 가장 시급한 두 가지 글로벌 문제는 기후 변화와 자율 인공지능 에이전트의 급속한 기술 발전이다. 첫 번째 것은 생물권(生物圈)에 관한 문제이고, 둘째 것은 마찬가지로 중요한 것으로 정보권(情報圈)에 관한 문제이다. 두 가지 모두, 해결할 수 없다면, 인류의 소멸을 잠재적으로 위협하는 실존적 위험을 초래한다.

이 책은 사회와 세계 공동체가 직면한 두 번째 실존적 문제, 특히 **통제 문제**에 관한 것이다. 즉 정보통신기술(information and communication technologies. ICTs)과 인공지능(artifical intelligent. AI) 기술을 누가 통제하는가의 문제에 관한 것이다. 집합적인 의미의 글로벌 공동체로서 우리일까, 아니면 현 빅5로 알려진 페이스북, 구글, 아마존, 마이크로소프트, 애플과 같은 빅테크 기업이 통제하는 자율적인 ICT와 AI 기술인가?

기술은 무엇에 좋은가? 이 책은 이 질문에 답하기 위해 기술이 인간의 잘삶(well-being)에 미치는 영향을 조사하고 특히 이 책의 목적을 위해 ICTs 형태의 기술과 이와 밀접하게 연관된 AI 기술을 조사하고자 한다. 우리의 집단 잘삶과 관련된 사회에 어떤 현실적이거나 잠재적인 에우다이모니아적(*eudaiminic*) 혜택이 없다면, 특히 특정 기술이 사회에 미치는 행복의 영향이 무시해도 좋을 만큼 0에 가까울 뿐만 아니라 부정적이고 해로운 경우, 기술은 무엇에 좋은가?

이 질문에 답하기 위해 이 책은 메타 규범 모델을 개발하고 적용한다. 이 모델의 주요 목적은 기술이 잘삶에 미치는 영향을 평가하고자 하는 모든 규범 이론이 **기술이 잘삶에 대해 갖는 기여 역량**(Contributive Capability of Technology for Well-being. CCT-WB)을 해명하고, 설명하고, 평가할 수 있기 위해 적절하게 다루어야 하는 필수 조건들이 무엇인지를 규정하는 것이다(Spence 2011). CCT-WB란 기술의 제품이나 프로세스가 설계와/또는 사용에서 개인과 사회 전반의 **잘삶**을 위한 좋은 삶에 어떤 식으로 기여할 수 있는 **역량**을 의미한다. 이 책에서 기술이라는 포괄적인 용어는 ICT와 AI 기술을 모두 지칭하는 것으로 사용된다.

기술은 무엇에 좋은가의 물음에 대한 답은, **스토아 철학과 신스토아 철학**이 스토아 철학으로서, 이 책을 특징 짓는 대단히 중요한 규범적 평가 이론을 제공하는 제3장에서 검토되며, 제4장에서 그리고 이 책 전반에 걸쳐 기술이 잘삶에 미치는 규범적 영향을 평가하는 데 적용된다. 게다가 스토아 철학을 기술에 적용하는 것은 이 책의 독특하고 혁신적인 특징이다.

이 책은, 스토아 철학과 신스토아 철학의 중요한 개념적 틀 안에서 **인식적인** 것, **윤리적인** 것, **에우다이모니아적인** 것이라는 세 가지 상호 관련된 규범적 요소로 구성된 이론적 규범 3중 모델인 **이중 의무 정보 이론-지혜**(Dual Obligation Information Theory-Wisdom. **DOIT-지혜**) (Spence 2011)를 사용하여, 기술이 잘삶에 미치는 실제적 또는 잠재적 영향을 확인하고 평가함으로써 CCT-WB를 검토한다. 예를 들면, 사용자의 정당한 자율성과 프라이버시를 보호하지 않거나, 오보와 거짓 정보를 무차별적으로 보급하고 페이스북, 구글 같은 빅테크 기업의 주요 이익을 위해 사용자의 정보를 무차별적으로 수집하는 일을 허용하고 제한하지 않는 ICT와 AI 기술은 사용자에게 부정적인 인식적, 윤리적, 에우다이모니아적 영향을 미치고, 일반적으로 사회와 글로벌 공동체 전반에 부정적인 영향을 미칠 수 있으므로, 낮고 부정적인 CCT-WB를 가질 것이다.

DOIT-지혜의 주요 논의는 동시에 **메타 인식적, 메타 윤리적, 메타 에우다이모니아적** 개념으로 이해되는 **지혜** 개념이 한편으로는 정보와 다른 한편으로는 에우다이모니아 또는 잘삶을 달성하기 위한 좋은 삶 사이의 필수적인 개념적 연결을 제공한다는 것이다. 디지털 정보 시대에 기술적 구성과 보급에서 정보가 좋은 삶 및 잘삶의 달성과 어떤 관련이 있는지에 관한 이론적 고찰과 분석은, 그리고 이 질문에 대한 적절한 답의 제공은 개인과 사회 전반의 잘삶에 대해 ICT와 AI 기술이 미치는 영향의 이론적이고 실천적인 함의들을 평가하는 방법을 더 깊이 이해하는 데 필수적이다.

주요 논지와 목표

이 책은 주로 ICT와 AI 기술의 CCT-WB를 주로 검토하는 데 초점이 맞추어진다. 여기서 ICT와 AI 기술은 인류에게 현재 가장 큰 선 또는 가장 큰 해악을 끼칠 잠재성을 가지고 있는 가장 두드러지고 영향력 있는 두 가지 유형의 기술이다. 이 책은 이 일반적인 두 유형의 기술의 CCT-WB를 규범적으로 평가함으로써, 이 기술들이 제기하고 있는 핵심적이고 일반적인 규범 문제와 관련된 일부 패러다임 사례 연구에 적용된 DOIT-지혜를 적용하여, 사회에 대한 실제적이거나 잠재적인 인식론적, 윤리적, 에우다이모니아적 영향을 파악하고자 한다. 몇 가지 핵심 사례 연구는 이 기술들의 규범 문제를 확인하고, 설명하며, 맥락을 파악하는 데 도움이 된다.

ICT 기술의 경우, 이 책에서 검토되는 핵심적인 규범 문제는 **프라이버시, 투명성, 책임성, 불투명성, 진실과 신뢰** 그리고 **정보의 부패**이다(Spence 2021, 2017). 케임브리지 애널리티카(Cambridge Analytica)와 페이스북의 프라이버시 침해와 사용자의 동의 부족이라는 스캔들, 2016년 영국 브레시트 국민투표와 미국 대선에 대한 불법 선거 개입은 프라이버시 침해뿐만 아니라 **가짜 뉴스, 대체 사실**(*alternative facts*)*, **탈진실**로 악명 높은 잘못된 정보와 허위 정보의 보급과 관련된 대표적인 사례이다. 이것은 언론에 대한 불신과 공공의 관심사에 대한 진실된 정보를 대중에게 전달하는 능력에 대한 불신을 초래했으며, 정치, 사법, 제4의 권력(4th Estate)인 언론 기관을 포함해서 정부에 대한 불신을 낳았다. 결과적으로 민주주의 자체가 훼손되었다. 이 특별한 사례와 그것과 유사한 다른 사례들, 예를 들어 그에 앞서 영국의 뉴스 오브 월드(*News of the World*) 스캔들**의 사례에서, 인식적, 윤리적, 에우다이모니아적인 세 가지 규범적 측면이 모두 훼손되었고, 개인과 집단 사회의 잘삶에 부정적인 영향을 미쳤다는 사실은 분명하다.

AI 기술의 경우 1997년 세계 체스 챔피언 카스파로프(Kasparov)를 이긴 아이비엠(IBM)의 **딥 블루**(Deep Blue), 2011년 게임 제퍼디!(Jeopardy!)에서 세계 챔피언들을 이긴 아이비엠의 **왓슨**(Watson), 가장 최근에는 2016년 바둑 게임에서 세계 챔피언을 이긴 딥마인드(DeepMind)의 **알파고**(AlphaGo) 등 일련의 성공은 머신러닝, 딥러닝, 신경망에서의 거대한 성공을 통하여 빠르게 발전해왔다. 이로 인해 무인 자동차, 자율 무기, 의료 및 보건 서비스 분야에서의 다양한 애플리케이션에서 고도의 지능을 가

---

* 옮긴이 주: 2017년 1월 22일 켈리앤 콘웨이(Kellyanne Conway) 미국 대통령 보좌관이 밋더 프레스(Meet the Press) 인터뷰에서 사용한 문구로, 도널드 트럼프 대통령 취임식 참석자 수에 대한 백악관 대변인 숀 스파이서(Sean Spicer)의 거짓 진술.

** 옮긴이 주: 뉴스 인터내셔널 기자들이 사람들의 휴대폰을 해킹하여 정보를 빼냈다는 의혹이 제기되면서 168년 역사의 뉴스 오브 더 월드 타블로이드지는 2011년 폐간되었고, 최대 1억 파운드에 달하는 재판 비용이 소요될 것으로 알려졌다.

진 자율 AI의 사용과 관련된 이점과 위험에 대한, 그리고 가장 중요하게는 초지능 AI 에이전트가 인류에게 초래할 수 있는 잠재적인 실존적 위험에 대한 전 세계적인 논쟁이 시작되었다(Nick Bostrom 2015, Max Tegmark 2018, Stuart Russell 2019, 그리고 Elon Musk와 고 Stephen Hawking을 비롯한 여러 AI 연구자가 표현한 우려).

앞서 논의한 ICT 기술의 경우에서처럼, AI 기술의 CCT-WB의 평가는 스토아 철학의 중요한 비판적 관점하에서 DOTT-지혜 모델을 AI 기술의 인식적, 윤리적, 에우다이모니아적인 핵심 문제와 그것들이 사회와 글로벌 공동체의 잘삶에 미치는 영향을 확인하고 평가하는 데 적용함으로써 이루어진다. 프라이버시, 정확성, 투명성, 불투명성, 자율성, 책임성 및 동의는 ICT 기술의 경우에서처럼 AI의 기술의 경우에도 이 기술들이 악화시키는 것처럼 보이는 문제 거리가 된다. 예를 들면, AI 기술을 통한 안면 인식 및 프로파일링의 사용은 어떤 경우에는 부정확한 인종 프로파일링으로 인해 일부 그룹의 사람들에 대한 경찰의 오인을 낳고, 이로 인해 미국에서 범죄 용의자로 의심되는 아프리카계 미국인의 비율을 높인다. 다시 말하면, 이러한 특정 유형의 규범 문제에 DOIT-지혜 모델을 적용해보면, 이런 기술들을 무차별적이고 부정확한 사용으로 인해 인식적, 윤리적, 에우다이모니아적인 이 세 가지 규범 원리가 부정적인 영향을 받는다는 사실이 확인된다.

AI 기술에 적용되는 규범 문제의 이러한 일반 유형들 외에도, 가장 문제가 되는 것은 불가해성과 통제라는 이중적 상호 관련 문제로, 이 문제는 그렇게 머지않은 미래에 지능에서 우리를 앞지르고, 그것들의 통제 아래에 우리가 놓이게 됨으로써 우리 자신의 실존에 대한 잠재적 위험이 야기되는 초 지능적 자율 AI 에이전트를 과연 우리가 통제할 수 있는가에 관한 형이상학적이고 실존적인 우려를 제기한다(Bostrom 2015, Tegmark 2018, Russell 2019).

머신러닝과 신경망의 사용을 통해 결과를 산출하는 AI 체계의 불가해성이라는 현재의 문제는 이 결과에 도달하는 과정이 투명하지 않고, AI 과학자 자신은 물론, 최종 사용자도 이 결과와 결과가 현재나 미래에 사회에 미치는 영향을 이해하지 못한다는 것이다. 불가해성 문제는 결국 통제 문제와 연결된다. 왜냐하면 이러한 AI 체계의 불투명성과 투명성 결여로 인해 이러한 체계가 잠재적으로 통제되지 않고, AI 초지능이 갑자기 예측할 수 없는 폭발을 일으키는 경우 그러한 체계를 통제하려는 모든 시도가 그것에 압도될 가능성이 작지 않기 때문이다. AI는 인류의 생존에 심각한 실존적 위험을 초래할 수도 있다. 다시 말해서, 우리는 이 형이상학적 AI 문제가 DOIT-지혜 모델을 사용하는 규범적 분석의 대상이 된다는 사실을 알 수 있다. 즉 이 모델을 통해 우리는 사회에 미치는 잠재적 영향, 즉 인식적 영향(투명성 결여 및 인식적 불투명성과 불가지성), 윤리적 영향(인간에 유해함), 에우다이모니아적 영향(사회적 잘삶에 대한 주요 부정적 영향, 잠재적으로 인류의 절멸에 이르는 영향)을 미리 확인하고 예상할 수 있다.

규범적 이론적 완전성 외에도 3중의 DOIT-지혜 모델을 사용하는 일이 갖는 이점은 그 모델이 상승적 규범 계층 구조, 즉 윤리적인 것과 에우다이모니아적인 것이 인식적인 것보다 우선하는 계층 구조에서 서로를 연관 지어 비교 위험 분석을 제공한다는 사실이다. 왜냐하면 기술이 단지 그것만으로 좋은 것일 수 없으며, 인류를 위해 좋은 것이라는 점을 고려한다면, 설령 AI 적용이 더 큰 도구적, 인식적인 가치를 낳지만, 사회에 미치는 윤리적, 에우다이모니아적인 측면에서 부정적 영향이 더 높아도 결과적으로 모든 것이 같다면, 윤리적, 에우다이모니아적 고려가 도구적, 인식적 고려보다 항상 우선시되어야 하기 때문이다. 예를 들어, 신경망을 사용하는 AI 적용은 훨씬 더 높은 인식적 정확성을 가진 결과를 산출하지만, 더 높은 정도의 불확실한 결과도 산출한다. 이때 더 높은 정도의 불확실성은, 그러한 결과에 이르는 근거가 숨겨진 채로 있고, 인간 매개와 감독에 대해 투명하지 않다면, 잠재적으로 사회에 부정적인 윤리적, 에우다이모니아적 결과를 초래할 수 있다.

이 책의 다른 중심적이고 중요한 논지는 앞서 언급했듯이, 위에서 살펴본 ICT와 AI 기술이라는 두 가지 주요한 주제를 분석하고 평가하는 데 스토아 철학과 신스토아 철학(통칭하여 스토아 철학으로 지칭)을 활용하고 적용하는 것이다. 이러한 접근 방식의 근거는 스토아 철학, 특히 덕을 통한 에우다이모니아의 달성에 초점을 맞춘 스토아 윤리학이 이 책에서 수행하는 ICT와 AI 기술의 에우다이모니아적 평가와 특별히 관련을 맺는다는 것이다. 왜냐하면 잘삶에 미치는 기술의 인식적, 윤리적, 에우다이모니아적 영향을 평가하기 위해 이 책에서 사용된 DOIT-지혜 모델은 합리론 윤리학과 덕 윤리학의 협력을 통해서 스토아 철학의 운영 및 적용과 이론적, 실천적으로 유사할 뿐만 아니라 이것들과 밀접한 관련이 있도록 설계되어 있기 때문이다(Spence, E. 2016와 Spence, E. 2006).

이 책에서 방법론적으로 추구된 스토아 철학의 한 가지 중심 측면은 **통제**의 문제이며, 이것은 앞서 설명한 것처럼 ICT 및 AI 기술 모두에서 생겨나는 핵심 문제이다. 왜냐하면 통제 개념은 스토아 철학의 중심 특징이기도 하며, 그러므로 개념적으로나 방법론적으로, 두 가지 관련 기술에서 드러나는 통제 문제의 유용한 개념적 분석과 평가를 제공하는 일에 있어 중요하기 때문이다. 에픽테토스(Epictetus)는 다음처럼 말하고 있다.

> 어떤 것들은 우리에게 달려 있는 것들이고, 다른 어떤 것들은 우리에게 달려 있는 것들이 아니다. 우리에게 달려 있는 것들은 믿음, 충동, 욕구, 혐오, 한마디로 말해 우리 자신이 행하는 그러한 모든 것이다. 반면에 우리에게 달려 있지 않은 것은 육체, 재산, 평판, 지위, 한마디로 말해 우리 자신이 행하지 않는 그러한 모든 일이다(『에픽테토스의 편람』(*The Handbook of Epictetus*), 제1장).

요약해보자. 스토아학파에 따르면, 우리는 인간의 에우다이모니아를 위해 필요하고도 충분한, 그 자체 유일하게 참된 선인 우리의 덕(용기, 절제, 정의, 사려 또는 실천적 지혜)을 발전시키는 데에만 관심을 두어야 한다. 기술의 핵심 측면이 위에서 설명되고 있는 이른바 우리의 통제 바깥에 놓인다면, 스토아의 윤리적 방법론 안에는 우리에게 적어도 두 가지 선택지가 열려 있다. 첫 번째 선택지는, AI 자율 체계의 정확성, 투명성, 프라이버시, 불가해성, 그리고 궁극에 가서는 그것의 통제는 우리의 통제를 넘어서므로, 이것들을 무시하거나 우리의 잘삶이나 에우다이모니아에 필요하지 않은 선호된 무관심사(preferred indifferents)로 다루어야 한다는 것이다. 왜냐하면 우리는 그것들을 통제할 수 없기 때문이다. 두 번째 선택지는, 정확하게 말해서 이러한 기술이 우리 삶의 인식적, 윤리적, 에우다이모니아적 측면들에 대해 잠재적으로 해로운 영향을 미칠 수 있으므로, 우리는 이런 기술을 인간의 사회적 통제 아래에 두기 위해 노력해야 한다는 것이다. 만약 그렇게 하지 않을 경우 우리의 사회적 잘삶은 위험에 처하기 때문이다.

에우다이모니아 또는 잘삶이 스토아 철학의 주요 관심사라는 점을 고려할 때, 기술의 현재 통제할 수 없는 측면들을 우리의 사회적 통제의 범위 안으로 끌어들이는 두 번째 선택지를 채택하는 것은 합리적이고 지혜로운 선택이다. 왜냐하면 그렇지 않다면 우리의 집단적 잘삶은 위험에 처하기 때문이다. 그리고 이 책이 추구하는 것은 바로 이 선택지이며, 이 선택지는 또한 사례 연구를 통해 ICT와 AI 기술에서 발생하는 핵심적 규범 문제를 상세하게 평가하는 데 DOIT-지혜 모델을 적용하는 것을 제안하는 것과 같은 것이다.

각 장의 개요

제2장: 기술은 무엇에 좋은가?

기술은 인류 사회에 유익하지 않다면 그 자체로 가치가 없으므로, ICT와 AI 기술이 잘삶에 미치는 긍정적, 부정적 영향을 설명하는 그리고 잘삶의 측면에서 기술의 영향을 평가해야 할 필요성에 대한 동기를 설정하는 몇 가지 핵심 사례 연구에 대한 개관

제3장: 스토아 철학과 신스토아 철학

이 장은 스토아 철학을 기술이 잘삶에 미치는 영향에 대한 규범적 평가를 안내하는 이 책의 중요하고 독특한 특징으로서 도입한다. 또한 이 장은 잘삶과 에우다이모니아 개념과 관련해서 이 책이 탐구하는 본질적인 요소인 신스토아적 관점에서 합리론 윤리학과 덕 윤리학을 소개한다(Spence, E. 2016; Spence, E. 2006).

제4장: 스토아 철학을 기술에 적용함

이 장은 스토아 철학과 신스토아 철학이 어떻게 기술에, 특히 ICTs와 AI 기술에 적용되는지를 검토한다. 편의상 달리 진술되지 않는 한, 나는 이 기술을 통칭하여 "기술"로 지칭할 것이다. 이 장은 세 부분으로 구성된다. (1) 스토아 철학과 기술의 핵심 문제, (2) 스토아 철학의 핵심 원리와 그것이 기술에 적용되는 방식, (3) 스토아 철학이 기술의 규범적 평가와 관련성이 있는 이유 그리고 그런 평가에 중요한 이유

제5장: 지혜와 잘삶: 이중 의무 정보-지혜 이론

이 장은 DOIT-지혜 모델의 세 가지 상호 연관된 구성 요소인 인식적, 윤리적, 에우다이모니아적 관점에서 ICT와 AI 기술의 영향을 규범적으로 평가하는 데 있어 이 모델의 이론적 근거와 적용을 상세하게 설명한다(Elliott and Spence 2018; Spence 2011 및 2009). 이 장의 핵심 측면은 3중의 인식적, 윤리적, 에우다이모니아적 가치로서의 지혜 개념이며, 이 개념은 정보와 잘삶을 개념적, 규범적으로 연결한다.

제6장: 정보화 시대의 기술 미디어 부패

이 장은 페이스북과 구글의 일부 관행이 어떻게 사회적 잘삶과 민주적 제도를 모두 훼손하는 체계적인 기술 미디어 부패와 정보 부패(Spence, Edward H. 2020, 2017)를 이루는지를 검토한다.

제7장: ICT 기술이 잘삶에 미치는 규범적 영향

이 장은 페이스북, 구글과 같은 ICT 기술이 잘삶에 미치는 규범적 영향을 상세하게 검토하고 평가한다. 검토된 문제는 프라이버시, 투명성, 정확성, 진실과 신뢰이며, 그리고 핵심 사례 연구를 통해 이 문제를 설명하고 맥락화하는 것이다.

제8장: AI 기술이 잘삶에 미치는 규범적 영향

이 장은 AI 러닝머신과 신경망 알고리즘의 두 가지 주요 문제, 즉 불가해성 또는 블랙박스 문제와 통제 문제에 대한 면밀한 분석을 통해 AI 기술이 잘삶에 미치는 영향을 검토하고 평가한다. 또한 이 장은 이 두 가지 문제에 대한 가능한 해결들, 그중 일부는 AI 연구자들에 의해 제안된 해결을 제안한다. 이 두 문제가 제기하는 핵심 우려는 투명성이 없다면 책임성이 없고, 책임성이 없다면 사회에 잠재적으로 부정적이고 해로운 영향에 관해 AI 체계를 감시하고 통제할 규범적 방법이 없다는 것이다. 또한 이 장은 불투명성 또는 통제의 부족으로 인해 AI가 잘삶에 미치는 부정적 영향의 위험을 예방하거나 적어도 최소화하기 위한 사전 예방적 규범 통제의 개념을 소개한다.

제9장: 스마트 기계와 지혜로운 사람: 누가 통제하는가?

이 결론을 맺는 장은 (a) 기술이 인간의 잘삶에 미치는 부정적이고 해로운 영향을 예방하거나 적어도 최소화하는 목표, (b) 현재와 미래에 인류의 전반적인 에우다이모니아적 이익을 위해 기술의 설계와 사용을 높이는 목표와 함께, 특히 ICT와 AI의 설계와 사용에 대한 에우다이모니아적 스토아 입장과 인문주의적 접근법의 채택을 검토하고 그런 채택에 관한 논변을 편다.

제 2 장

기술은 무엇에 좋은가?

인간의 번성 또는 "좋은 삶"은 무엇이며, 기술은 어떻게 이에 기여할 수 있는가?

—John Weckert, 2013.

서론

이 제목은 이 장에서 제기하는 질문, 즉 제품과 프로세스의 형태에서 기술이 좋은 삶에 어느 정도까지 기여할 수 있는지의 질문과 연관되어 있다. 이 질문에 답하기 위해, 이 장은 메타 규범 모델을 개발한다. 이 모델의 주요 목적은 좋은 삶과 기술의 모든 규범 이론(any normative theory of the good life and technology. T-GLAT)이 기술이 좋은 삶에 대해 갖는 기여 역량(contributive capability of technology for a good life. CCT-

GL)을 설명하고 평가하기 위하여 적절하게 다루어야 하는 필수 조건을 규정하는 것이다. CCT-GL이란 기술 제품이나 프로세스가 설계와/또는 사용에서 개인과 사회 전반의 좋은 삶에 어떤 방식으로든 기여하는 역량을 의미한다. 이 장에서 모든 것을 포괄하는 "기술"이라는 용어는 다양한 기술들의 제품과 프로세스 모두를 지칭하는 데 사용될 것이다.

『국제 윤리 백과사전』(*International Encyclopedia of Ethics*)의 "나노 윤리(Nanoethics)"란 항목에서 존 베커트(2013)는 다음처럼 쓰고 있다.

> 나노 기술은…무엇을 연구하고 개발해야 하는지, 사전 예방 원리가 몇몇 분야에서 적용되어야 하는지 어떤지에 대해 고려하는 일을 포함하며, 이는 결과적으로 기술과 과학의 윤리와 철학의 몇 가지 기본 문제, 즉 기술의 목적은 무엇인가, 기술 연구와 개발이 외부의 지시를 받을 수 있는가, 그리고 그것이 가능하다면 누가 그런 지시를 해야 하는가, 인간의 번성 또는 "좋은 삶"은 무엇이고, 기술이 이것에 어떻게 기여할 수 있는가 등의 기본 문제에 대한 검토나 재검토를 촉진한다. 이 물음들은 나노 윤리보다 더 큰 물음이지만, 나노 기술의 윤리가 유용하게 논의되려면 이러한 논의와 분리될 수 없다.

나는 나노 기술뿐 아니라, 더 일반적으로 떠오르는 기술들, 특히 **정보통신기술**(ICTs)과 **인공 지능**(AI) 기술들을 포함한 모든 기술의 평가와 그 기술에 관한 그 평가의 취지에 전적으로 동의한다. 이것이 바로 이 책의 주요 초점이다. 이 장의 주된 목적은 기술의 철학과 윤리의 일반적 질문, 즉 제품과 프로세스 형태의 기술이 잘삶을 달성하기 위한 좋은 삶에 기여하는 역량이 어느 정도인지를 다루는 것이다. 그 질문에 대한 답은 제3장 '스토아 철학과 신스토아 철학'에서도 검토된다. 이 질문에 답하기 위해 이 장은 메타 규범 모델을 활용할 것이다. 이 모델의 주요 목적은 모든 규범적 T-GLAT가 CCT-GL을 설명하고 평가할 수 있기 위해 적절하게 다루어야 하는 필수 조건을 규정하는 것이다.[1] CCT-GL이란 어떤 기술 제품이나 프로세스가 그것의 설계와/또는 그것의 사용이 어떤 방식으로든 잘삶을 달성하기 위해 개인과 사회, 크게는 인류의 좋은 삶에 기여하는 역량이나 능력이다. 이 장에서 모든 것을 포괄하는 "기술"이란 용어는 다양한 기술의 제품과 프로세스 모두를 지칭하는 데 사용될 것이다.

모든 규범적 T-GLAT의 두 가지 메타 조건

모든 규범적 T-GLAT가 충족해야 하는 적어도 두 가지 필수적인 방법론적 메타 조건이 있다. 나는 이 조건을 **형식적 조건**과 **실질적 조건**이라 지칭할 것이다.

형식적 메타 조건

형식적 메타 조건은 T-GLAT의 이론적 틀의 필수적인 구조적 형식이라는 특성을 보여준다. 이 조건은 모든 T-GLAT가 이론적이고도 실천적으로 적절하기 위해서 그것의 이론적 틀 안에서 필연적으로 포함해야 하는 적어도 세 가지 규범 범주로 구성된다. 이 형식적인 규범 범주는 동기 부여, 정당화, 준수이다. 왜냐하면 정당화가 없다면, 이성적 행위자는 그것의 합리적 권위를 확신할 이유가 없고, 충분한 동기 부여가 없다면, 행위자는 그 처방에 따라서 행동해야 할 마음이 생기지 않을 것이기 때문이다. 그러므로 이성적 행위자는 합리적 일관성이 결여한 T-GLAT에 대해 합리적 충성을 제공할 이유가 없을 것이다. 마지막으로, T-GLAT의 처방이 T-GLAT에 근거한 정책을 통해 사회적, 정치적 조치로 이어질 수 있으려면, 준수가 실천적으로 필요하다. 요약하면 세 가지 메타 조건은 다음과 같다.

1. **정당화**—합리적 논증을 통해 적절하게 제공되는 것이다. 그렇게 함으로써 이성적이라고 추측되는 모든 행위자를 다음처럼 설득할 수 있다. 즉 합리적 논증에는 특정한 교훈, 규칙, 원리, 가치라는 합리적 권위를 받아들이고 인정할 수 있는 좋은 합리적 이유나 근거가 있다.
2. **동기 부여**—이성적이라 추측되는 모든 이성적인 자율적 행위자가 교훈, 규칙, 원리, 가치를 받아들이고 인정하도록 동기를 부여하는 것. 그렇게 되면 이 자율적 행위자는 그것들에 따라서 행동하도록 적절하게 동기 부여될 것이다.
3. **준수**—T-GLAT를 실제로 준수하여 행동이나 실천으로 이어지려면 동기 부여와 정당화 모두가 필요하지만, 그것만으로 충분하지 않다. 이는 적어도 두 가지 이유 때문이다. 첫째, 개별 행위자의 의지 약화(**개인의 의지박약**) 또는 개인 집단의 의지 약화 또는 개인 집단의 의지 약화(**사회적 의지 박약**). 둘째, 부적절한 모습의 정치적 의지의 결여 또는 모든 T-GLAT가 정보를 제공하고 지원하는 적절한 정책의 준수

를 장려하고 촉진하는 적절한 정책의 결여. 그렇지 않으면 동기 부여와 정당화 조건은 충족된다.

실질적 메타 조건

실질적 조건은 모든 T-GLAT가 그것의 개념 설명에서건 실제 적용에서건 포함해야 하는 필수 **내용**을 특징 짓는다. 이것은 CCT-GL을 평가하고자 하는 모든 T-GLAT가 적절하게 다루어야 하는 적어도 8가지 최소 필수 조건으로 구성된다.

1. **욕구** 해결 능력
2. **필요**를 충족할 수 있는 능력
3. **수단-목적 만족**(도구적 만족)을 제공할 수 있는 능력
4. **가치 있음-목적**에 기여할 수 있는 능력
5. **도덕적 권리**를 보존하고 증진할 수 있는 능력
6. **지속 가능한** 능력
7. **잘삶 또는 에우다이모니아**의 달성으로 이어질 수 있는 능력
8. 실행과 적용을 통해 규정 준수를 가능하게 하는 정책 수립의 근거를 제공하는 **실천적** 능력

이 실질적 조건들은 이하에서 더 상세하게 설명될 것이다.

이 장의 두 가지 논지 요약

위의 개요는 정당화, 동기 부여, 준수의 형식적 조건이 어떻게 표현되고, 제안된 메타 모델의 8가지 실질적 조건과 어떻게 맥락적으로 밀접하게 상호 연결되는지를 개략적으로 보여준다. 이 장

은 이 메타 모델을 사용하여 서로 관련된 두 논지에 대해 논변하고 그 논지를 뒷받침할 것이다.

(A) 욕구 충족 이론이든 객관주의 이론이든 능력 이론이든 T-GLAT는 위에서 개략적으로 제시된 형식적 메타 조건과 실질적 메타 조건이라는 두 가지 조건을 다루고 설명할 수 있어야 한다. T-GLAT가 그것을 하지 못하면, 그것은 적절한 이론이 아니다.

(B) 이 장에서 제안할 적절한 T-GLAT 이론은 지혜의 개념에 기반한 **기술의 선을 평가하는 에우다이모니아 모델**(Eudaimonic Model for Evaluating the Goodness of Technology. EMEGOT)이다(Spence 2011). 이 장은 이러한 이론의 사례를 입증하고 뒷받침하는 논변을 제공하되, 위에서 개략적으로 제안된 필수적인 형식적 조건과 실질적 조건을 충족하는 다른 이론들도 이 목적에 대해 성공적일 수 있을 가능성을 배제하지 않는다. 그래서 이 장은 이 장에서 다루는 연구 질문에 대해 다원론적인 방법론적 접근법을 취한다. 제3장과 제4장에서 우리는 스토아 철학과 신스토아 철학이 사회와 글로벌 공동체 전반에 관련해서 기술의 선(善)에 대한 에우다이모니아적 평가에 적절한 T-GLAT 이론을 어떻게 그리고 왜 제공하는지 살펴볼 것이다.

좋은 삶과 기술 이론의 적절성

특수한 내용과 관계없이 좋은 삶과 기술 이론(T-GLAT 이론)은 이 저술에서 기술(어떤 기술이든)이 어떻게 좋은 삶에 기여하는지를 입증하는 일을 주요 목적으로 삼는 이론이라고 통칭하여 정의된다. 이 이론은 이 장에서 제기된 이론적 물음, 즉 기술이 잘 삶이나 에우다이모니아의 달성을 위한 좋은 삶을 우리가 살 수 있도록 하는 데 도움이 되는지 어떤지 그리고 어떤 방식으로 도움이 되는지를 다루고자 한다. 이 장의 그리고 일반적으로는 이 책의 기본적인 이론적 가정은, 기술이 우리의 삶을 개선할 목적으로 설계되고 사용되는 한, 그 이론은 어떤 식으로 우리의 삶에 선[좋음]에 기여해야 한다는 것이다. 즉 기술은 적어도 최소한의 의미에서 개인과 사회로서의 우리가 좋은 삶을 살 수 있도록 기여해야 한다. 왜냐하면 기술이 그런 식으로 기여하지 않는다면, 기술이 좋은 게 뭔가? 그런 기술은 기껏해야 실질적으로 쓸모없거나 최악의 경우 나쁠 것이다. 그러나 앞서 언급된 지속 가능성이라는 실질적 조건을 고려할 때, 개인으로서의 우리에게 집적 나쁘지 않은 기술이라도, 만약 그것이 지속 가능하지 않은 것으로 드러나면, 최소한의 의미에서 집단에 나쁜 것으로 여겨질 수 있다.

좋은 삶은 무엇인가?

좋은 삶이란 일반적으로 어떤 개인이 자기 성취(self-fulfillment),[2] 잘삶, 행복을 적어도 최소한으로 달성할 수 있도록 하는 삶이라고 말하는 것은 아주 합리적이다. 나는 방법론적인 편의를 위해 플라톤(Plato), 아리스토텔레스(Aristotle), 헬레니즘 철학자들, 특히 스토아 철학자들과 에피쿠로스 철학자들을 포함한 고대 그리스 철학자들이 의도한 원래의 의미를 유지하면서 이 모든 개념을 포괄적으로 포함하고 지칭하기 위해 에우다이모니아라[3]는 일반 용어를 사용하겠다(Spence 2006, Ch. 10).

기술의 선을 평가하기 위한 에우다이모니아 모델(EMEGOT)

이 절에서 나는 기술이 좋은 삶(그런 삶의 에우다이모니아적 선)에 기여하는 것을 평가하기 위한 에우다이모니아 모델을 제안하고 옹호할 것이다. "기술은 무엇에 좋은가?"라는 질문을 던질 때, 기술은 일반적으로 어떤 기능적 목표나 목적을 달성하는 수단이 되는 도구적 선을 갖는다는 말로써 논의를 시작할 수 있다. 예를 들어 비행기의 도구적 선은 배나 기차 등 다른 어떤 이용 가능한 운송 수단보다 짧은 시간에 승객을 전 세계로 운송할 능력이 있다는 사실이다.

본질적이지만 조건적인 선

기술 제품과 인공물은 그것들이 행위자의 목적에서 설계되었다는 사실에 의해서 몇 가지 최소한의 본질적 가치와 선을 갖는다. 그 목적은 발전하는 인간 가치와 필요에 따른 것이므로 조건적이지만, 기술은 그 자체로 무조건적인 가치나 선을 갖는 것은 아니다(Spence 2010).

기술은 그것이 어떤 명시적이고 기능적인 인간 목표나 목적을 충족하는 데 기여하는 정도까지만 최소한의 본질적이지만 조건적인 가치를 지닌다. 기술이 무조건적으로 선한 것이 아닌 한, 그것은 인간 선에 기여할 수 있는 능력을 가지는 정도까지만 선하다. 사람들은 엄청나게 다양한 도구적 목표를 가지고 있고, 기술은 이러한 목표를 달성하는 수단으로서 이 목표에 기여할 수 있다. 모든 사람이 목표 그 자체로 평가하고 욕구하는 하나의 궁극적 가치가 존재할까? 모든 사람은 아니겠지만 대다수의 사람이 에우다이모니아(자기 성취, 잘삶, 행복, 번성)의 달성에 기여할 수 있는 좋은 삶을 가지기를 열망한다고 가정하는 것은 합리적이다. 이것은 에우다이모니아주의 공리(Eudaimonist axiom), 즉 "행복은 모든 이성적 행위의 궁극적 목적으로서 모든 인간이 욕구하는 것"이라는 견해와 일치한다(Brink 1999, 255).[4]

의심할 여지 없이 기술은 교통, 건강, 부, 권력, 교육, 커뮤니케이션 등 진화하는 필요와 욕구, 개인 및 집단의 가치 있는 목적을 충족하는 데 있어 수많은 방식으로 좋은 삶에 기여하고 있다. 좋은 삶에 대해 기술이 가져다준 다양한 도구적 기여를 어떻게 규범적으로 평가할 수 있을까? 이하에서 그 답은 좋은 사람의 달성에 기여하는 기술의 능력에 있다고 논변할 것이다. 기술이 좋은 삶에 기여하는 능력을 규범적으로 평가하기 위해 우리는 어떤 가치를 사용할 수 있을까(CCT-GL)?

좋은 삶을 위한 기술 평가 원리로서의 지혜

좋은 삶의 궁극적 목표가 에우다이모니아의 달성이라면, 우리는 에우다이모니아의 달성을 위해 기술이 좋은 삶에 기여하는 능력을 확인함으로써 좋은 삶에 기여할 수 있는 기술의 능력(CCT-GL)을 평가할 수 있다. 이 장에서 그리고 이 책 전체에 걸쳐서 나는 좋은 삶에 기여할 수 있는 기술의 능력을 기술의 에우다이모니아적 가치라고 할 것이다. 따라서 기술의 에우다이모니아적 가치는 에우다이모니아를 달성하는 데 이를 수 있는 좋은 삶에 기술이 기여할 수 있는 능력과 관련이 있으며, 그런 능력에 정비례한다. 이 장에서 나는 기술의 **에우다이모니아적 가치**가 지혜 개념에 기반한 모델을 적용함으로써 직접적으로 결정될 수 있음을 증명할 것이다(Spence 2011).

먼저, 나는 **지혜**를 일종의 **메타 인식**이자 **이차적 순서**를 가능하게 하는 **반성적 덕**—그 덕을 적용함으로써 사람들은 좋은 삶이란 무엇인가를 이해하고 발견할 수 있게 되고, 그 인식을 에우다이모니아의 달성을 위한 적극적인 추구에 적용할 수 있게 된다—으로 정의한다. 지혜는 무엇 때문에 우리가 기술을 일반적으로 설계하고 사용할 필요가 있는가의 물음에 대한 전반적인 답을 제공한다. 왜냐하면 기술은 인간의 에우다이모니아에 기여할 수 있기 때문이다. 덧붙이자면 지혜는 우리가 에우다이모니아의 달성을 위한 좋은 삶에 특정 기술이 기여하는 능력을 평가할 수 있게 해준다.

일종의 메타 지식으로서의 지혜는 **이유-답변**을, 즉 우선 특정 기술을 설계하고 사용하는 이유가 무엇인지를 제공한다. 그리고 에우다이모니아를 달성하기 위한 좋은 삶이란 무엇인가를 이해하기 위한 메타 가치론적 덕으로서의 지혜는 **방법-답변**을, 즉 에우다이모니아를 달성하기 위한 좋은 삶의 추구에서 이런 기술을 어떻게 사용하는가를 제공한다. 그러므로 지혜는 에우다이모니아의 달성을 위한 좋은 삶에 기여하는 기술 능력을 확인함으로써 특정 기술이 왜 그리고 어떻게 우리에게 좋은 것인지를 평가하기 위한 이론적이고 실천적인 모델을 제공한다. 이것이 본질적으로

이 장의 핵심 주장이다.

그다음에, 나는 지혜의 개념을 통해 기술(모든 기술의 총칭으로 이해되는)이 좋은 삶이라는 생각에 어떻게 직접 연관될 수 있는지 더 자세하게 검토할 것이다. 지혜가 (a) 좋은 삶이란 무엇인가 또는 무엇이어야 하는가(사실에 대한 메타 인식과 이유에 대한 메타 인식)를 규정하는 데 있어 개인에게 주요하고 필수적인 조건인 한에서, (b) 그러한 좋은 삶을 어떻게 사는지에 대한 지침과 방향을 개인과 사회 전체로서 우리에게 제공하는 데 있어 주요하고 필수적인 조건인 한에서, (c) 반성적 메타 덕으로서의 지혜가 에우다이모니아를 달성하기 위한 그 좋은 삶을 실천적인 측면에서 살 수 있게 해주는 특성의 성향인 한에서(방법에 대한 메타 인식), 기술이 에우다이모니아를 달성하기 위한 좋은 삶에 기여하는 정도를 확인하고 평가하는 지침을 지혜는 어느 정도까지 그리고 어떤 방식으로 제공할 수 있는가?

이 장은 기술의 가치와 기술이 좋은 삶에 기여할 수 있는 능력을 일반적으로 평가하는 직접적인 방식 중 하나(기술의 전반적인 가치론적인 선)는 기술이 좋은 삶의 달성에 기여하는 또는 기여할 수 있는 정도를 결정하는 것이라 가정한다. 이러한 결정은 **인식론적으로** (인식을 산출하는 기술 능력), **윤리적으로** (소극적으로는 다른 사람에 대해 정당하지 않은 해를 끼치지 않음으로써, 적극적으로는 자신과 다른 사람에게 긍정적 선을 야기함으로써 자신과 다른 사람들의 도덕적 선에 기여하는 능력), **에우다이모니아적으로** (에우다이모니아를 달성하기 위한 좋은 삶의 개념과 달성 모두에 기여하는 기술의 능력) 이루어진다. 이 장은 그러한 이론적 목적을 달성하기 위해 지혜의 개념[5]이 필수적이라는 점을 보여줄 것이다. 요약해서, 좋은 삶의 궁극적 목적이 에우다이모니아의 달성인 한, 좋은 삶의 개념을 알려주고 에우다이모니아의 달성을 위한 능동적 추구를 지시하는 지혜는 좋은 삶의 개념과 성취 모두를 위한 필수 조건이다.

좋은 삶의 개념 그리고 그것에 의한 능동적 추구 및 성공적 성취, 이 모두를 위한 필수 조건으로서의 지혜는, 바로 그런 이유에서 기술과 좋은 삶 간의 필수적인 개념적 연결, 특히 다양한 기술이 좋은 삶에 미치는 에우다이모니아적 기여를 평가하기 위한 연결로서 확립된다. 이것은 결국 우리가 좋은 삶의 개념, 특히 좋은 삶에 대한 에우다이모니아적 개념을 위한 기술의 일반적 의미와 파급 효과 중 일부를 결정할 수 있게 해준다. 그러나 케케스는 다음처럼 지적하고 있다.

> 좋은 삶의 에우다이모니아적 개념은 특정한 삶의 형태를 지지하는 것으로 이해되어서는 안 된다. 오히려 그것은 모든 좋은 삶이 준수하지 않으면 안 되는 몇 가지 일반적 조건을 지정하는 **규제적 이상**(regulative ideal)이다[강조는 추가된 것임]. (Kekes 1995, 24)

이 장에서 토의되고 있는 좋은 삶에 대한 에우다이모니아적 설명은, 좋은 삶에 대한 모든 개념이 준수해야 하는 동일한 일반 조건들을 충족하는 다른 다양한 좋은 삶의 개념과 원리적으로 양립할 수 있다는 점에서, 넓은 의미에서 다원론적이다. 예를 들면, 좋은 삶에 대한 쾌락주의적, 욕망 만족 및 객관적 목록 이론들이 좋은 삶이 무엇인지를 명시할 뿐만 아니라 그것의 실천적 실현을 가능하게 하는 조건들을 제공하기 위한 최소한의 조건들을 충족하는 한, 그런 이론들 역시 이 장에서 전개된 지혜의 개념에 넓게 정렬될 수 있다. 이 이론들이 이런 조건을 충족하는 정도만큼 그 이론들은 좋은 삶에 대한 기술의 기여 능력을 결정하는 데에도 사용될 수 있다.

자아의 메타 기술로서의 지혜

긍정적인 에우다이모니아적 가치를 지닌 기술이 좋은 삶을 살기 위한 목적에 기여하는 도구적 수단이고, 지혜가 좋은 삶의 개념을 제공하고, 그것의 실현을 인도하는 메타 인식(이차적 인식)인 한, 지혜는 자아의 메타 기술이라 생각될 수 있다. 왜냐하면 지혜는 에우다이모니아 달성의 목적을 위한 좋은 삶의 개념, 설계, 실현을 위한 이론적이면서 동시에 실천적인 수단을 제공하기 때문이다. 좋은 삶을 실현하는 수단에는 예를 들어 컴퓨터, ICTs, AI 기술과 같은 일차적 기술들이 포함될 수 있고, 종종 포함되기도 한다. 컴퓨터가 자아의 확장이라 여겨질 수 있다면, 컴퓨터는 자아의 일부를 형성하는 정도 또한 지혜에 관한 문제가 된다.[6] 컴퓨터와 다른 기술들이 자아의 확장으로서 에우다이모니아를 달성하기 위한 좋은 삶에 어떻게 그리고 어느 정도까지 기여하는가?

일차적 기술은 좋은 삶에 기여함으로써 우리의 삶을 더 좋게 만들기 위한 수단을 제공하고, 지혜는 인간이 에우다이모니아의 달성을 위한 좋은 삶을 살 수 있도록 하는 **자아의 메타 기술**로서의 수단을 제공하는 만큼, 분명히 메타 기술로서의 지혜는 일차적 기술들의 선택과 설계를 지시해야 한다. 왜냐하면 이 기술들은 최고의 에우다이모니아적 가치와 좋은 삶에 긍정적 기여를 할 수 있는 최고의 능력을 지닌 기술이 될 것이기 때문이다.

그러나 21세기와 그 이후의 좋은 삶은 지속 가능한 좋은 삶이어야 한다.[7] 과거에는 지속 가능성의 문제와 좋은 삶의 문제는 서로 독립적으로 다루어질 수 있는 개념적으로 구별되고 실천적인 두 문제로 인식될 수 있었다. 그러나 이제는 그렇지 않다. 적어도 교토 의정서 이래로 지속 가능성의 문제는 사회적, 과학적, 정치적 논쟁의 중심 문제가 되었다. 지속 가능한 기술의 예로 물의 절약과 물의 재활용을 위해 설계된 이중 수세식 변기와 샤워 헤드, 플라스틱·유리·종이와 같은 소모품의 재활용, 가전제품·태양광 패널 설치, 보다 에너지 효율적이고 환경적으로 건전한 자동차·버스·기차·비행기(에너지 효율성을 높이기 위한 완전히 탄소 섬유로 만들어진 새로운 드림라이너(Dreamliner) 비행기*가 좋은 사례이다) 등의 운송 수단의 설계 및 생산을 고려해보자.

그러나 이 모든 사례에서 중요한 것은 에너지 절약 기술을 준수하도록 동기를 부여하는 데 있어 사람들의 욕구가 하는 역할이다. 사람들은 준수하고 싶어 해야 하고, 거기에 더해서 그러한 기술적 에너지 절약 정책과 관행이 효력을 발휘하려면 이를 준수해야 할 정당한 이유가 있음을 확신해야 한다. 예를 들어 가정 내에 에너지 소비량 측정기를 설치하여 가정의 전반적 에너지 소비량을 모니터링하는 일은 효율적인 에너지 사용 준수를 장려하는 실천적 기술적 장치가 될 것이다. 그러나 결정적으로 중요한 것은 개인이 가정 내에 그러한 장치를 설치하고 싶은 동기를 먼저 가

* 옮긴이 주: 기존의 유사 기종보다 훨씬 높은 연비로 최대 300명의 승객을 더 많은 목적지에 잦은 횟수로 실어 나를 수 있는 비행기.

져야 한다는 것이다. 그러한 초기 동기는 소비자의 욕구를 합리적으로 겨냥함으로써 가장 잘 형성될 수 있다(Spence 2008).

좋은 사람에 기술이 기여할 수 있는 능력을 통해 기술의 선과 에우다이모니아적 가치를 연결하는 EMEGOT는 좋은 삶에 대한 사람들의 욕구에 동기를 부여할 수 있다. 삶이 무한정 지속 가능한 것은 아니더라도, 생각이 추정하는 한정된 기간만이라도 삶이 지속 가능하지 않으면, 그 삶은 잠재적으로 자멸적인 것이고 에우다이모니아로 이어질 수 없으므로 좋은 삶일 수 없다는 사실을 증명하는 기술의 능력을 통해서 EMEGOT는 그런 일을 할 수 있다. 스스로 지속 불가능한 욕구를 만듦으로써, 즉 부족한 자원을 보존하기보다는 소비하고, 따라서 자원이 계속 감소하는 기술 세계에서 지속 불가능한 기술 장치가 계속해서 과다하게 증가함으로써, 지속 가능한 좋은 삶의 조건들을 준수하는 기술을 설계하고 만드는 일은 지혜로운 일일 것이다. 이러한 일은 에우다이모니아를 달성하기 위한 지속 가능한 좋은 삶에 기여할 수 있는 기술들을 설계함으로써 달성될 수 있다.

우리는 기술의 인식적 가치에서, 즉 지식을 위한 지식이나 정보(통신과 정보 기술의 경우처럼)에 기여할 수 있는 기술의 능력에서부터 기술의 에우다이모니아적 가치의 능력으로, 즉 에우다이모니아를 가능하게 하거나 에우다이모니아로 이어지는 지속 가능한 삶에 기여하는 기술의 능력으로 초점을 전환할 필요가 있다. 그러기 위해서는 지혜롭게 기술을 설계할 필요가 있고, 결국 우리의 지혜 능력을 강화하는 자아의 메타 기술을 설계하고 촉진함으로써 우리 자신을 더 지혜로워질 수 있게 할 필요가 있다. 플라톤, 아리스토텔레스, 에피쿠로스주의자들, 스토아주의자들, 심지어 퓌론주의 회의론자들의 고대 철학—그것은 본질적으로 에우다이모니아를 달성하기 위한 좋은 삶의 실천 철학자의 철학이었다—을 재검토하고 활성화하는 것이 좋은 출발점이 될 수 있다. 제3장과 제4장에서 우리가 검토했던 이 책의 주요 목표는 스토아 철학이 그러한 목적에 어떻게 적합한지를 보여주는 것이다.

기술의 선을 평가하기 위한 에우다이모니아 모델

이 장의 주요 목적은 메타 규범 모델을 개발하는 것이었다. 이 모델의 주요 목적은 CCT-GL을 설명하고 평가할 수 있도록 모든 규범적 T-GLAT가 적절하게 다루지 않으면 안 되는 필수 조건을 결정하는 일이다. 나는 좋은 삶과 기술 이론의 적절성을 다룬 절에서 내가 제안한 에우다이모니아 모델이 좋은 삶에 대해 미치는 기여(기술의 에우다이모니아적 선)를 평가하는 데 적합한 규범 모델임을 논변했었다. 이렇게 되는 이유는 그 기술이 그러한 가치론적 평가를 위한 메타 형식적 조건이면서 또한 메타 실질적 조건을 충족하기 때문이다. 그러나 내가 위에서 강조했듯이 지혜의 개념에 기반한 에우다이모니아 모델을 내가 선택했다고 해서 또한 적절함이 증명될 수도 있는 다른 가능한 규범 모델이 저절로 배제되는 것은 아니다. 앞서 언급했듯이 이 장에서 기술되는 에우다이모니아 모델은 좋은 삶에 기여하는 두 가지 특정 기술의 능력을 평가하는 데, 즉 그 기술의 특정한 CCT-GL 그리고 특히 ICTs 및 AI 기술을 평가하는 데 적용될 것이다. 그러한 선택을 한 이유는 이러한 기술들이 페이스북, 구글, 아마존, 애플, 마이크로소프트와 같은 빅테크 기업의 광범위한 사회적, 정치적, 재정적 영향력과 독점력을 통해 사회와 제도의 모든 측면에 지금까지 미쳤으며, 앞으로 계속 미치게 될 거대한 에우다이모니아적 영향 때문이다.

더 상세한 검토를 계속해서 다양한 기술이 가변적 CCT-GL—어떤 것은 더 높고, 다른 것은 더 낮은, 따라서 그러한 기술들의 특수한 기능과 사용에 따라 달라지게 되는—을 가지게 될 것이라고 가정하는 것이 합리적이다. 예를 들면, 페이스북, 구글, 애플이 운영하는 인터넷, 스마트폰과 같은 통신과 정보 기술의 사용은 개인에게 그리고 집단적으로는 사회에게 그리고 더 크게는 인류에게 선보다는 해로움을 초래함으로써 자멸적인 것이 될 수도 있다. 이 문제는 제6-9장에서 상세하게 검토될 것이다. 미국 대통령 선거와 영국 브렉시티 국민투표에 영향을 미친 페이스북과 관련한 케임브리지 애널리티카 스캔들은 제6장에서 자세하게 논의할 단 한 가지 사례일 뿐이다.

전쟁에서 사용되는 자동화된 포식자 드론과 완전 자율 무기와 같은 AI 기술은 이 기술의 CCT-GL을 결정하기 위해 더 복잡한 분석이 필요하다. 그러나 좋은 삶에 기여할 수 있는 기술 능력은 해당 기술을 규범적으로 평가하는 데 적용되는 전반적인 평가 지침 원리가 되어야 한다. 다양한 일반 유형의 기술과 그것에 상응하는 CCT-GL을 그 기능과 용도에 따라 결정하는 일은 추가 연구를 위한 가치 있는 주제가 될 것이다.

결론

이 장에서 제안된, 기술의 선을 평가하기 위한 에우다이모니아 모델(EMEGOT)은 기술이 좋은 삶에 기여할 수 있는 능력을 평가하기에 적절한 이론이다. 왜냐하면 그것은 적절한 T-GLAT의 필수적인 형식적이고 실질적인 조건을 충족하기 때문이다.

첫째, 그것은 정당화, 동기 부여, 준수의 형식적 조건을 충족한다. 왜냐하면 지혜의 개념, 즉 **인식적, 윤리적, 에우다이모니아적**인 것을 구성하는 세 가지 필수적인 범주는 동시에 기술이 좋은 삶에 기여할 수 있는 능력을 평가하기 위해 필요한 필수적인 규범 범주이기 때문이다. 동기 부여가 그런 까닭은 지혜 개념이 기술의 규범 평가를 좋은 삶과 에우다이모니아—이 양자는 대다수 사람은 좋은 삶을 살고 행복해지기를 원하므로 대다수 사람에게 매우 가치가 있는 실천 목적이다—에 곧바로 연결할 수 있기 때문이다. 권고의 가치로서의 지혜도 역시 준수 조건을 만족시킨다. 왜냐하면 지혜는 기술이 좋은 삶에 기여하는 바를 직접 연결할 수 있으므로 개인, 사회, 인류 전반의 잘삶을 위한 기술의 에우다이모니아적 가치에 따라 신흥 기술의 설계를 지시하고 안내할 수 있는 정책을 개발하기 위한 실천적인 척도를 제시하기 때문이다.

둘째, EMEGOT는 또한 적절한 이론의 실질적인 형식적 조건을 충족할 수 있다. EMEGOT는 **도구적 수단**과 **최종적인 목적**, 이 둘의 측면에서 욕구와 필요를 다루고 설명할 수 있다. 왜냐하면 지혜는 욕구와 필요를 **좋은 삶**과 **에우다이모니아**의 매우 가치 있는 두 열망적 목표와 연관시키기 때문이다. 마지막으로, EMEGOT는 **도덕적 권리**와 **지속 가능성**의 실질적 조건을 다루고 설명할 수 있다. 왜냐하면 메타 반성적 덕으로서의 지혜 역시 이러한 필수적인 질료 조건을 뒷받침하고 촉진하기 때문이다. 내가 이 장에서 논변했던 것처럼 지혜는 21세기와 그 이후 좋은 삶이 반드시 지속 가능한 삶이어야 한다고 지시하기 때문이다. 그러므로 우리는 기술과 관련된 잠재적인 위험을 검토할 때 더 신중하게 생각하고 행동해야 하며, 기술이 개인, 사회, 인류 전반을 위해, 새로운 지식을 생성하는지에 대한 측면이 아니라 주로 좋은 삶에 대한 잠재적 기여(기술의 에우다이모니아적 가치)의 측면에서 기술의 잠재적 이점을 평가해야 한다.

제 3 장

스토아 철학과 신스토아 철학

여기에 키티온(Citium)이 소중히 여겼던 위대한 제논(Zeno)이 잠들어 있다. 그는 오데사의 땅에 페리온의 산을 쌓지도 않았고, 헤라클레스의 노동을 하지도 않았지만, 올림푸스의 높은 고개를 단숨에 올라갔다. 이것은 그가 오직 절제의 길을 별들에게 알렸던 그 길이었다.

시돈의 안티파트로스(Antipater of Sidon)가
제논을 위해 작성한 비문,
디오게네스 라에르티우스(Diogenes Laertius), LCL. Book VII.

서론

지난 몇 년 동안 스토아 철학이 주목할 만큼 꾸준하게 부활하였다. 몇몇 이름을 들면, 롱(A. A. Long), 지젤라 스트라이커

(Gisela Striker), 줄리아 아나스(Julia Annas), 피에르 하도트(Pierre Hadot), 마사 누스바움(Martha Nussbaum), 브래드 인우드(Brad Inwood), 존 셀라스(John Sellars), 로렌스 베커(Laurence Becker)[1] 등의 학술적 저술은 스토아 철학, 특히 스토아 윤리학에 대한 새로운 관심을 불러일으켰다. 스토아주의는 학문적 철학 밖에서도 간접적 영향력을 발휘해왔다. 나는 지난 20여 년 동안 오프라인과 온라인에서 대중 철학, 그리고 실천적인 직업윤리가 괄목할 만한 성장을 이룩한 것에 대해 이야기하고 있다. 직업윤리는 간호, 의학, 경찰, 공학, 컴퓨터, 기술, 미디어 등 거의 모든 전문적 분야에서 기하급수적으로 성장하였다. 대중 철학과 관련해서 일상생활과 관계하는 문제들의 맥락에서 철학적 관념들의 보급과 토론은 전 세계의 카페, 레스토랑, 극장, 펍*, 포도밭, 미술관, 심지어는 오페라하우스와 같은 공공장소에서도 이루어졌다. 전문 철학자와 학계의 철학자들이 주최하는 이 대중 철학 포럼은, 그 대다수가 이전에 철학적 배경을 갖지 않은 일반 대중에게 큰 인기가 있다는 것이 확인되었다.[2] 일반적으로 볼 때, 삶의 방식이라는 이것들의 실천적 지향으로 인해, 정신에서는 헬레니즘적인 대중 철학은 그리고 보다 적게는 실천적인 직업윤리는, 이 두 가지를 특징 짓는 강력한 직업적, 정치적, 사회적 참여와 공동체의 참여 때문에 스토아적 혈통을 갖는다.[3]

에피쿠로스주의와는 달리, 스토아주의는 공동체의 정원에 단순히 은퇴하는 것이 아니라 적극적인 정치적, 사회적 참여를 장려한다.[4] 키니코스주의와는 달리, 스토아주의는 건강, 부, 사회적 지

* 옮긴이 주: 술을 비롯한 여러 음료와 음식도 파는 대중적인 술집.

위 등이 유덕한 삶의 방식에 부합하는 한, 이것들을 선호된 무관심사(preferred indifferents)라 생각한다. 그러나 스토아 철학자들은 덕만이 선한 것이고, 그것만이 좋고 행복한 삶, 즉 에우다이모니아적 삶이라고 보는 키니코스 철학자(Cynics)들과 입장을 같이 한다. 회의주의 철학자들과 달리, 스토아 철학자들은 자신들이 처한 자연적, 정치적, 사회적 환경에 관한 모든 문제에 관해 판단을 중지하지 않는다. 오히려 스토아 철학자들은 에우다이모니아, 즉 스토아 철학자들에게 궁극적인 목표를 달성하기 위해 덕을 통한 실천적 지혜를 얻기 위한 필수 조건으로 자신에 대해서뿐 아니라 자신의 자연적, 사회적, 정치적 환경에 대한 이성적 인식을 적극적이고 엄격하게 추구할 것을 조언한다. 따라서 덕과 자기 성취에 필수적인 실천적 지혜를 얻기 위한 필수적 전제 조건인 이성적 인식의 추구와 더불어 지역적, 세계적인 문화적, 자연적 환경의 정치적, 사회적, 공동체적 생활에 적극적으로 참여하는 실천적 지향은 스토아 철학, 특히 스토아 윤리학의 핵심 특징이다. 그와 관련해서, 직업윤리 지식과 실천적 지혜를 추구하는 데 있어 직업윤리와 대중 철학의 확산은, 비록 스토아주의에 직접 영향을 받지 않았더라도 적어도 지향점과 접근법의 측면에서 스토아주의의 중심 교훈과 원리 일부에 동조하고 있는 셈이다. 그리고 그것은 직업윤리와 대중 철학의 실천이 스토아주의, 더 일반적으로는 고대 그리스와 로마 철학의 정신과 이론적 근거에 매우 부합한다는 것을 보여주기에 충분하다.

스토아주의는 다른 헬레니즘 학파인 에피쿠로스주의, 키니코스주의, 회의주의와도 철학은 실천적이어야 한다는 핵심 개념을 공유한다. 왜냐하면 철학은 실천적인 한에서, 사람들이 개인으로서건 사회로서건 에우다이모니아 또는 행복의 달성을 위해 좋은 삶을 살 수 있도록 돕는 일에서 가치가 있다는 것이 증명될 수 있기 때문이다. 이 개념은 플라톤이 『국가론』(*The Republic*)에서 제기한 개념, 즉 아마 스토아 철학자들에게 영향을 준 개념, 다시 말해 정의에는 개인의 윤리적 조화와 집단적인 사회적 윤리적 조화, 이 두 가지가 필요하다는 개념과 유사하다. 그것은 세네카(Seneca)와 마르쿠스 아우렐리우스(Marcus Aurelius) 황제와 같은 스토아 철학자에게 공적인 삶에 헌신하도록 정보를 제공하고 격려를 준 생각일 것이다. 세네카의 경우, 그에 앞서 소크라테스와 마찬가지로, 그런 생각으로 인해 생명이 날아갔지만. 세네카의 경우, 지혜로운 자가 연쇄 살인범과 손을 잡았을 때는, 언제나 치명적인 위험이 발생할 수 있다. 플라톤이 시라쿠사의 왕과 관련해서 발견한 것처럼, 폭군들이 언제나 윤리적 생활 방식의 엄격한 자기 절제에 순응하는 것은 아니다.

위의 서론은 스토아 철학의 유형적이고 지속적인 유산, 특히 현대의 실천 철학과 직업윤리의 윤리는 물론, 학문 철학뿐 아니라 대중 철학의 윤리를 보여주기 위해 의도된 것이다. 그다음으로 나는 앨런 게워스의 저서인 『자기 성취』(*Self-fidfillment*. 1998)에서 특히 명시된 바와 같이, 그의 합리론적 윤리 이론이 그것의 모든 다양한 측면에서 그 구조, 범위, 근거, 비전 그리고 개략적으로 그 내용에서 패러다임적으로 그리고 본질적으로 스토아적이라는 것을 입증할 것이다. 게다가, 나는 게워스의 윤리 이론이 스토아 윤리 핵심 교설의 일부를 명료하게 하고 합리적으로 뒷받침하는 데 도움이 된다는 점을, 이때 이 교설들이 현대의 청중에게 더 설득력 있게 다가갈 수 있다는 점을 보여주고자 한다.

게워스의 윤리 이론의 본질적인 스토아적 특징을 입증하기 위해 나는 특별히 **에우다이모니아** 또는 잘삶, 덕, 이성에 관한 스토아의 견해와 관련하여 스토아 철학, 특히 스토아의 윤리와 매우 유사한 게워스의 저서 『자기 성취』(1988)의 관련 구절을 광범위하게 참조할 것이다. 나는 나의 독자적인 해석과 분석에 따라서 게워스의 **자기 성취** 개념이 스토아 **에우다이모니아**의 신스토아적 버전이라고 논변할 것이다.[5]

처음에는 그 문제에 관한 게워스 자신의 견해와 상충하는 것으로 보일 수도 있는 스토아 윤리의 한가지 핵심 교설은 논의의 여지가 있는 스토아의 주장, 즉 덕만이 유일한 선으로서 행복 또는 에우다이모니아(나는 이 장에서 이 용어들을 잘삶이라는 용어와 바꾸어가면서 사용할 것이다)에 필요하고도 **충분하다**는 주장이다. 처음에 게워스는 이 문제에 관해 덕이 에우다이모니아에 필요하지만, 충분한 것은 아니라고 믿었던 아리스토텔레스주의자와 더 가까워 보였다. 그러나 덕을 행복의 필연성뿐 아니라 충분성으로 이해하는 신스토아적 방식이 있다. 이는 로렌스 베커가 그의 저서 『신스토아주의』(*A New Stoicism*. 1998)에서 설득력 있게 설명한 것으로, 그것이 나는 내가 이 장에서 게워스에 귀속시키고 있는 신스토아적 견해에 대한 나의 분석과 잘 맞아떨어진다고 생각한다.

내가 옳다면, **자기 성취**에 관한 그의 이론에 대해 내가 신스토아적으로 재구성한 것에 근거하여 내가 그에게 귀속시키고 있는 게워스의 윤리 이론의 신 스토아적 성격은 놀랍기도 하지만 동시에 놀랍지도 않다. 놀라운 것은 내가 아는 한, 게워스 자신이 그의 윤리적이고 에우다이모니아적 이론의 명백하고 결정적인 스토아적 성격을 의식적으로 또는 공공연하게 인정하지 않았기 때문이다.[6] 자신의 이론에서 아리스토텔레스적 요소들과 칸트적 요소들을 자주 언급하기는 하지만,[7] 그는 자신의 이론과 스토아학파의 이론 사이의 유사점이나 차이점을 공공연하게 또는 심지어 간접적으로도 언급하는 경우가 거의 없었다.[8]

내가 게워스에 귀속시키고 있는 게워스적 신스토아의 이론과 스토아주의의 전통적인 고대 철학 간의 밀접한 관계를 검토하기 전에, 나는 우선 스토아 철학의 중심 특성들의 일부에 관한 짤막한 역사적 요약을 제공할 것이다. 이러한 스토아의 원리들에 대한 더 정밀하고 체계적인 분석은 스토아 철학과 이에 상응하는 게워스의 신스토아 이론에 대한 나의 비교 분석을 통하여 제공될 것이다.

스토아 철학

스토아 철학의 창시자인 제논 철학에 대해 알려진 대부분 내용은 후기 스토아 철학자, 특히 로마 스토아 철학자인, 에픽테토스, 세네카, 마르쿠스 아우렐리우스 황제의 저술을 통해서 전해진 것이다. 모든 스토아 철학자와 마찬가지로 제논도 남녀평등을 설파했으며, 남성과 여성이 똑같이 옷을 입어야 한다고 주장하였다. 남녀공용의 패션이 대세로 자리 잡은 것을 보면, 제논과 그의 스토아 철학자들은 실제로 초기 트렌드의 선구자라 할 수 있다.

스토아 철학자에 따르면 철학은 동물과 같아서, 논리학은 뼈와 힘줄에, 윤리학은 살에, 자연학은 영혼에 해당한다. 스토아의 저술, 특히 제논, 클레안테스(Cleanthes), 크리시포스(Chrisippos)

를 포함하여 초기 스토아 철학자들의 저술은 논리학을 포함하여, 인식 이론(인식론), 형이상학, 윤리학 등 모든 주제를 다루었지만, 후기 헬레니즘과 로마의 스토아 철학자, 특히 에픽테토스, 세네카, 마르쿠스 아우렐리우스의 저술을 통해 가장 크고 깊으며 지금까지 남은 영향을 미친 것은 윤리학이었다. 또한 그것의 현대적 중요성과 관련성을 고려할 때, 스토아 철학에 대한 이하의 설명은 주로 윤리학에 초점을 맞출 것이다.

덕의 삶과 지혜의 삶

스토아 철학자들에 따르면, 덕의 삶은 행복한 삶을 사는 데 필요하면서도 충분하다. 이를 이해하기 위해서는 우리의 능력과 통제안에 완전히 있는 것들과 우리의 통제안에 항상 있는 것도 완전히 있는 것도 아닌 것들을 구별하는 것이 필수적이다. 에픽테토스는 다음처럼 진술한다(2008, 221).

> 우리에게 달려 있는 것은 우리의 믿음, 우리의 충동, 우리의 욕구, 우리의 혐오, 한마디로 말해서 우리 자신이 행하는 그러한 모든 것이다. 반면에 우리에게 달려 있지 않은 것은 우리의 육체, 우리의 소유물, 우리의 평판, 우리의 지위, 한마디로 말해서 우리 자신이 행하지 않는 그러한 모든 것이다.…그래서 네가 본성적으로 노예적인 것들을 자유로운 것으로 생각하고, 너 자신의 것의 속하지 않는 것들을 너 자신의 것으로 생각한다면, 너는 장애에 부딪힐 것이고, 고통을 당할 것이고, 심란해지고, 신들과 인간들을 비난하게 될 것이라는 점을 기억하라. (『편람』, 제1장, 1-3)

스토아 철학자들에 따르면, 우리가 통제할 수 있는 유일한 것은 우리의 판단 능력뿐이다. 모든 외적 문제와 상황을 포함한 다른 어떤 것도 우리의 능력 안에 있는 것이 아니므로, 우리는 그런 것들에 대해 무관심의 태도를 취해야 한다.

> 사람들을 심란하게 하는 것은 일들 그 자체가 아니라 그 일들에 관한 그들의 판단이다. 예를 들면, 죽음은 전혀 두려운 것이 아니다(그렇지 않다면 소크라테스에게도 그렇게 여겨졌을 것이다), 죽음에 관한 판단, 즉 두렵다는 것, 바로 이것이 두려운 것이다. (『편람』, 제5장)

그러므로 불행, 좌절, 실망을 피하려면, 우리는 두 가지를 할 필요가 있다. 우리의 통제안에 있는 것들(우리의 믿음, 판단, 욕구, 태도)을 통제하고, 우리의 통제안에 있지 않은 것들(우리 외부의 것들)에 무관심해야 한다. 그러므로 이성적 존재로서 우리는 유덕한 삶을 살아감으로써 우리의 성품을 완성해야 한다. 왜냐하면 그것이 우리에게 **아타락시아**(*ataraxia*. 평온), **아우타르키아**(*autarkia*. 자족), **에우다이모니아**(*eudaimonia*. 행복)를 가져올 수 있는 유일한 것이기 때문이다. 즉 행복은 전적으로 우리의 통제안에 있다. 왜냐하면 행복은 전적으로 우리의 통제안에 있는 우리 자신의 판단에 달려 있기 때문이다.

유덕한 삶의 개념과 연관된 것이 지혜 개념이다. 스토아 철학자들에 따르면 철학의 궁극적 목적은 우리에게 지식을 가르치는 것이 아니라 지혜를 가르치는 것이며, 이때 지혜는 유덕한 삶을 사는 방법으로 이해된다. 따라서 스토아적 의미로 이해되는 지혜는 마음의 평화(아타락시아), 내면적 자유(아우타르키아), 행복(에우다이모니아), 우주적 의식을 가져다주는 삶의 방식이다. 스토아 철학자들은 "우주적 의식"을 보편 이성으로서 우주 전체에 충만해 있는 성질로 이해했으며, 그 덕에 의해 우리 모두는 인간으로서 우주의 통합된 일부가 된다. 피에르 하도트는 다음처럼 말하고 있다(1955, 273).

> 지혜의 실천은 우주적 차원을 수반한다. 보통 사람은 세상과 접촉을 끊고, 세상을 세상으로 보지 않고, 오히려 세계를 자신의 욕구를 만족시키는 수단으로 취급하는 반면, [스토아의] 지혜로운 자는 마음에 끊임없이 존재하는 전체를 소유하기를 멈추지 않는다. 그는 우주적 관점에서 생각하고 행동한다. 그는 전체에 속해 있다는 느낌을 가지며, 자신의 개인성의 한계를 넘어선다.

무엇보다도 스토아 철학자들은 철학을 인간의 고뇌를 치유하는 치료제로 여겼다. "인간의 고통을 치유하지 못하는 철학자의 말은 헛된 것"이라는 에피쿠로스(Epicurus)의 말은 120년 리키아 지방의 오이노안다의 디오게네스(Diogenes of Oinoanda)가 에피쿠로스를 기리기 위해 세운 비문에 새겨져 있다.

사회적 참여와 정치적 참여

스토아 철학의 우주적 관점과 밀접하게 관련된 것은 공동체적 관점이다. 즉 인류 공동체를 위해 봉사하는 삶과 사회적 정의에 따라서 행동하는 것에 관한 관심이 바로 그것이다. 따라서 스토아 철학자들에 따르면 철학은 공동체 참여를 수반한다. 이것은 철학을 본질적으로 정치적인 것으로 보았던 아리스토텔레스와 스토아 철학자들의 공통점이다. 폴리스의 여러 일에 관한 관심이 바로 그것이다. 그러나 스토아 철학자들에게 폴리스는 도시 국가가 아니라 전체 세계를 의미하는 코스모폴리스(cosmopolis)였다.

의미심장한 말이지만, 스토아 철학자들에 따르면 대다수 사람의 삶에서 놓치고 있는 것은 단순한 지식이나 정보의 습득이 아니라 덕에 따른 삶을 살아가는 데 필요한, 세계 내 존재 방식으로 이해되는 지혜의 실천이다. 지혜는 지식보다 훨씬 더 큰 전환을 요구한다. 세계에 관한 지식은, 심지어 추상적인 이론적인 지식도, 지혜를 위해 필요하지만, 그것으로 충분하지는 않다. 지혜로워지기 위해서는 사람들은 정보를 얻을 필요가 있을 뿐만 아니라, 더 중요하게는 삶의 방식으로서의 철학, 특히 스토아 철학의 실천을 통해 변화될 필요가 있다. 이것은 결코 쉬운 일이 아니며, 실제로 대다수 사람에게서 그것이 매우 어렵다는 사실을 확인할 수 있다. 그러나 소비재에 대한 우리의 끝없는 욕구를 충족시키기 위한 지속적인 상업적 착취 및 전 세계적으로 끊임없이 벌어지는 전쟁의 발생을 통한 자연환경에 대한 위협은 말할 것도 없고, 2020-2021년 세계적으로 진행 중인 팬데믹(pandemic)은 스토아 철학자들이 권장하는 윤리적 삶의 방식을 제안한다. 스토아 철학자들이 권장하는 윤리적인 삶의 방식은 단순하고 평화롭고, 검소하지만 행복한 삶의 방식을 강조하며, 이러한 삶의 방식은 세계 시민인 모든 개인의 윤리적 권리를 존중하는 데 그치는 것이 아니라, 제4장 후반부에서 검토하게 될 디지털 환경뿐 아니라 자연환경 전체로 그 존중을 윤리적으로 바람직한 것으로 확장한다.

삶의 방식으로서의 철학

스토아 철학자들은 철학을 단순히 흥미 있는 지적 실천이 아니라 모든 사람에게 이용될 수 있는 삶의 방식, 즉 삶의 기술 또는 "techne viou"로 보았다. 다음은 스토아 철학자들이 이런 식으로 철학을 보았던 이유에 대한 개요이다.

1. 삶의 목표는 행복이다. 행복해지고 싶지 않은 사람이 어디 있겠는가?
2. 좋은 것을 소유하는 것만이 우리를 진정으로 행복하게 할 수 있다.
3. 더욱이, 좋은 것 중 언제나 우리의 통제안에 있는 것만이 우리를 행복하게 할 수 있다.
4. 유일한 선은 덕이고, 더욱이 덕은 언제나 우리의 통제안에 있다. 유덕하게 되는 것은 언제나 우리에게 달려 있다. 여러 덕 가운데 일부의 덕은 때때로 주요 덕이라 불리며, 여기에는 정의, 절제, 사려분별 또는 지혜, 용기가 있다.
5. 그러므로 덕을 소유하는 것만이 우리를 진정으로 행복하게 할 수 있다.
6. 건강, 부, 명성, 아름다움, 지위, 인기와 같은 다른 것들의 소유는 바람직하지만, 언제나 좋은 것인 것은 아니다. 그것들의 소유는 때때로 우리를 행복이 아니라 불행을 가져다줄 수 있다. 더욱이, 그것들의 소유는 때때로 다른 사람들에게 해를 끼치고 그들의 불행을 초래하는 비윤리적이고 나쁜 행동으로 이어질 수 있다.
7. 따라서 정상적인 상황에서는 부와 지위 같은 것이 선호되어

야 하지만, 행복을 위해서는 그것들을 소유하는 것이 불필요하다. 그것들은 단순히 선호된 무관심사일 뿐이다.

8. 그러므로 유덕한 사람은 그런 것들 없이도 행복할 수 있다. 왜냐하면 유일한 선으로서의 덕만이 행복해지기 위해 필요한 것이기 때문이다.
9. 그러나 왜 덕이 유일한 선인가?
10. 덕이 유일한 선인 이유는 덕만이 무조건적으로 선한 것이기 때문이다. 왜냐하면 모든 상황에서 유덕한 행동은 자연에 따르고, 그것만이 선한 것을 결정하기 때문이다.
11. 따라서 덕은 유일한 선이다. 왜냐하면 덕은 자연과 일치해서 사는 일을 허용하기 때문이다.
12. 그러나 자연과 일치해서 사는 것은 무엇을 의미하는가?
13. 자연과 일치하는 삶이란, 자연은 전적으로 이성적이기에, 오직 이성과 일치하는 삶을 의미할 뿐이다.
14. 그러므로 유덕한 삶이란 자신의 이성의 완전성과 일치되게 살아가는 삶이다.
15. 게다가, 스토아 철학자들에 따르면 신과 자연은 하나이면서 같은 것이기에, 다시 말해 스토아 철학자들은 신을 자연 전체에 퍼져있는 보편적 이성과 동일시했기에, 이성은 우리가 자연의 모두 및 신과 공유하고 있는 무언가이다.
16. 따라서 이성적으로 그리고 유덕하게 살 때 우리는 신의 완전성에 참여한다.
17. 그리고 철학이 우리가 신의 완전성에 참여하는 삶을 살아가도록 돕는 한, 철학은 진정으로 삶의 기술이다.
18. 철학은 두 가지 면에서 삶의 기술로 여겨질 수 있다. (a) 일

단 배우게 되면 사람들에게 매일 선하고 성취하는 삶을 살 수 있게 만드는 솜씨나 기술로서, (b) 우리의 인간 본성의 완전성 즉 우리와 같은 종류, 즉 인류의 최상이 되는 것. 스토아 철학자들에게 우리의 인간 본성의 완전성은 우리의 이성적 본성의 완전성을 의미했다. 왜냐하면 스토아 철학자들에 따르면 인간 본성[자연], 일반적으로는 자연, 실제로 우주 전체의 본질은 이성이었기 때문이다. 그래서 우리의 이성적 본성을 완성할 때, 우리는 동시에 그 기술, 즉 삶의 기술의 대상이자 주체가 된다. 이것은 가장 높은 형태의 기술이었다. 왜냐하면 철학의 실천을 통해 우리의 이성적 본성을 완수하면서 우리는 신처럼 되기 때문이다. 앞서 보았듯이 스토아 철학자들은 신을 그들이 가장 이성적이고 질서정연한 것으로 보았던 자연과 동일시하였기 때문이다.

이 절의 결론에서 철학은 스토아 철학자들에 따르면 두 가지 방식에서 삶의 기술로 이해될 수 있다. 첫째, 철학을 활용하면, 터무니없는 행운의 활 및 화살과 상관없이, 행복하게 살 수 있게 되는 과정, 즉 습득되고 학습된 기술로서. 둘째, 결과물 또는 목적으로서, 즉 우리가 신과 공유하게 되는 우리의 이성적 본성의 완전성으로서. 이 둘째의 의미, 즉 이상주의적이고 열망적인 의미에서 우리는 우리의 이성적 성격의 완전성을 통해서 신과 같은 사람이 될 수 있다.

흥미로운 일이지만, 여기서 우화로 본 창세기의 창조 이야기(King James Bible, 3:22)는 신이 아담과 하와를 에덴동산에서 추방한 것을 "아담과 하와가 생명 나무의 과실을 먹고 신처럼 영원히 죽지 않게 되지 않도록"하는 예방 조치로 말하고 있다. 여기서 우화 형식이 암시하는 것은 아마도, 우리의 삶이 어떤지에 관한 실존적 메타 인식의 형식으로, 지혜를 통해서 불멸이 되고 신과 같이 될 수 있는 인간의 잠재력일 것이다. 우리는 인간과 인공지능인 AI 에이전트 간의 유익한 공생 관계의 가능성을 살펴봄으로써 이 책의 마지막 장에서 이 암시를 다시 살펴볼 것이다. 스토아 사상은 사람들이 덕을 통해 그리고 그들이 신적인 것으로 생각한 자연과 일치하는 삶을 통해 완전한 에우다이모니아를 달성하고, 신의 일부가 될 수 있다는 것이다. 각각 다르게 이해되고 있지만, 예수 그리스도의 신적인 희생을 통해 타락 이후의 인류가 구원되고 구속(救贖)된다는 그리스도교 사상과 덕을 통해 자신을 완성함으로써 신의 일부 또는 자연이 된다는 스토아의 사상은 내용과 문맥에서 다르긴 하지만, 인간이 신처럼 되고 신의 왕국을 공유하게 될 수 있는 잠재력이 인간에게 있다는 핵심 사상을 중심으로 평행선을 달리고 있는 듯이 보인다. 성경에서는 신의 천국이고, 스토아 사상에서는 이 지상의 자연 세계—스토아 철학자들이 자연과 동일시하는 신이 내재해 있고, 항상 존재하며, 전능하고, 자비로운—이다. 이것은 유신론 철학자들이 그리스도교 신에게 전통적으로 적용한 특징들이다.

스토아 철학과 게워스의 합리론 철학의 비교

첫째, 방법론에 관해 간단히 설명해보자. 게워스의 윤리 이론의 본질적인 스토아적인 특징들을 설명하기 위해, 나는 한편으로는 스토아 철학의 주요 핵심 교설과 다른 한편으로는 게워스의 저작에 등장하는, 이 교설과 유사하며 상응하는 교훈 및 원리를 나란히 배치할 것이다. 특히 게워스의 저작인 『자기 성취』(1998)—이것은 특히 에우다이모니아 또는 행복에 관한 스토아의 견해에 관한 스토아의 윤리학과 매우 유사한—의 관련 구절을 광범위하게 참조할 것이다. 나는 관련 핵심 구절의 텍스트 분석과 함께 『자기 성취』의 전체 취지가 그것의 주요 특징 모두는 아니더라도 대개 패러다임에서 스토아적이라는 점을 주장할 것이고, 이에 대한 근거를 제시할 것이다. 우리가 보게 되겠지만, "자기 성취"라는 게워스의 개념은 스토아의 "에우다이모니아"의 신토아적 버전이다. 스토아 윤리학의 교설과 게워스의 윤리적 원리 및 교훈의 비교 분석을 마무리하면서 우리는 그 분석에 기초해서 게워스의 윤리 이론은 본질적으로 신스토아적이라는 결론에 도달할 것이다. 왜냐하면 그의 윤리 이론은 모두는 아니지만 스토아 윤리학의 핵심 교설을 공유하기 때문이다.[9] 나는 그것을 나중에 자세히 설명할 것이다.

또 다른 방법론적 요점은 스토아 철학에 대한 나의 언급이 주로 2차 자료에 의존한다는 것이다. 주로, A. A. 롱, 지젤라 스트라이커, 줄리아 아나스, 마사 누스바움, 피에르 하도트와 같은 주요한 현대 스토아 학자들의 저서와 마지막이지만 특히 신스토아주의와 관련된 로렌스 베커의 저서가 그것이다. 나는 필요하면 원본 고대 텍스트 발췌 내용을 참조할 것이다. 나는 스토아 윤리학의 핵심 교설이 무엇인지에 대한 현대 스토아 학자들 간의 일반적 일치에 대한 충분한 증거가 있다고 생각한다. 따라서 나는 주로 앞서 언급한 현대 스토아 학자들의 저작에 주로 의존하여 핵심 스토아 교설을 개괄하고, 이 교설을 게워스의 저작에서 그것에 상응하는 원리와 교훈을 비교하겠지만, 필요하면 핵심 사상을 더 강조하고 설명하기 위해 원본 자료도 참조할 것이다.

마지막으로, 위의 것과 관련된 문제는, 고대 스토아 철학자들 사이에 무엇이 스토아주의, 특히 스토아의 윤리학의 핵심 교설을 구성하는지에 대한 일치가 있었는가 하는 것이다. 스토아주의의 핵심 교설들은 초기 스토아 철학자인 키티온의 제논(Zeno of Citium, 342-270 BC), 크리시포스(Chrysippus, 280-207 BC) 같은 초기 스토아 철학자, 파나이티오스(Panaetius, 180-109 BC), 포세이도니오스(Posidonius, 135-151 BC) 같은 중기 스토아 철학자, 세네카(Seneca, 4BC- AD 65), 에픽테토스(Epictetus, 55-135 AD), 마르쿠스 아우렐리우스(Marcus Aurelius, 121-180 AD) 같은 훨씬 후대인 로마 제국의 스토아 철학자들 간에 공통점을 가질까? 실제로 약간의 차이가 있었는데, 후기 스토아 철학자들은 크리시포스와 같은 초기의 스토아 철학자에 비해 더 온건하고 덜 엄격한 윤리적 교설을 채택한 것으로 보인다. 그러나 지젤라 스트라이커가 지적했듯이, 이러한 차이에도 불구하고 모든 스토아 철학자 간에는 공통된 핵심 교설이 있었던 것으로 보이며, 이는 아마도 일반적으로 키티온의 제논 이후 고대의 가장 중요한 스토아 철학자라고 생각되는 크리시포스가 발전시킨 교설에 더 가까운 것이다.[10] 이 장의 목적상 나는 이 문제에 관해 스트라이커를 따라 스토아 철학 전체에 귀속될 수 있을 정도로 스토아주의의 기본적이고 공통된 핵심 교설이 실제로 존재한다는 견해를 채택할 것이다. 특정 스토아 철학자들 간의 차이점은 스토아 철학자들과 게워스에 관한 나의 비교 분석과 중요한 관련이 있을 때만 강조할 것이다.

게워스 윤리학에 대한 논의와 분석을 위해서 선택된 스토아 철학의 핵심 교설 및 기타 특징들은 다음과 같다. (1) "궁극 목표", (2) "자연과 일치하는 삶", (3) "에우다이모니아", (4) "덕", (5) "오이케이오시스(*oikeiosis*)". 앞서 언급했듯이 스토아 철학의 핵심 교설에 대한 나의 선택은 주로, 스토아 윤리학의 핵심 교설을 구성하는 것에 관한 일치된 견해를 뒷받침하는 현대 스토아 학계의 다수의 대표적인 이차 자료[11]에 근거한 것이다. 이러한 일치는 스토아의 텍스트와 스토아 철학에 대한 나의 일반적인 독서와 일치한다.[12] 이와 관련하여 나는 이런 선택이 일반적이고 논란의 여지가 없다고 생각한다.

쉽게 비교할 수 있도록 스토아 윤리학의 핵심 교설은 게워스의 합리론 철학, 특히 윤리학의 상응하는 핵심 특징 및 교훈과 나란히 배치되었다. 이 비교는 스토아 윤리학과 게워스의 윤리학이 매우 유사하다는 것을 보여줌으로써, 게워스의 합리론적 윤리 이론이 본질적인 점에서 그리고 패러다임적인 점에서 신스토아적이라는 나의 주장을 입증하기 위한 것이다.

궁극 목적

A. A. 롱(*A. A. Long*)[13]

스토아 철학자들[14]

헬레니즘 학파마다 행복을 다른 것으로 파악했음에도, 스토아 철학자들을 포함한 헬레니즘 철학자들은 에우다이모니아 또는 행복이 좋은 삶의 궁극 목적이라고 주장했다. 에피쿠로스 철학자들은 행복을 쾌락 및 고통의 회피와 동일시했으며, 퓌론주의 회의론 철학자들은 그것을 아타락시아 또는 평온을 얻는 유일한 방법인 모든 지적 판단의 중지와 동일시했고, 스토아 철학자들은 결국 "자연"과 일치하는 삶과 동일시했던 덕의 삶을 그것과 동일시했다. 스토아 철학자들은 그들이 완전히 질서 있고 이성적인 결정론적 체계로 보았던 우주 전체와 자연을 동일시했다. 우리는 본래 이성적 존재이므로, 우리는 본질적으로 그 체계의 부분으로서 그 체계와 관련을 맺고 있다. 따라서 자연과 일치하는 삶은 이성과 일치하는 삶이며, 본래 이성적 인간은 부분으로서 관계를 맺고 있는 자연 전체와 이 이성을 공유한다. 말하자면 이성적인 것은 우리의 "자연[본성]"이며, 다양한 중간 단계를 거쳐 궁극적으로는 에우다이모니아 또는 행복으로 귀결하는 유덕하고 윤리적인 삶으로 우리를 인도하는 것은 우리의 이성적 자연[본성]이다.[15] 스토아 철학자들은 유일한 선인 유덕한 삶을 좋고 행복한 삶에 필요하면서 충분하다고 생각했기 때문이다. 그러나 완전히 유덕하게 되기 위해서는 평생에 걸친 이성과 인격의 완성이 필요하며, 그것은 스토아의 지혜로운 자가 될 수 있는 사람들에게만 주어지는 성취(*katorthoma*)였다. 이 정도로 스토아 윤리학은 이상주의적이며, 지혜로운 자는 다른 향학에 불타는 스토아 철학자들이 점차로 접근할 수 있으나 거의 도달할 수 없는 이상적 한계 상태로 인식된다. 스토아 철학자들에게는 소크라테스가 원시 스토아의 대표적인 모범이었다. 그러므로 궁극적으로 에우다이모니아에 이르는 이성적이고 도덕적인 완전성은 어떤 의미에서 유토피아적이지만, 그럼에도 추구할 가치가 있다.

위는 스토아 윤리학의 핵심 요소 중 몇 가지를 간략하게 개괄한 것이다. 이 요소 각각은 다음의 절들에서 더 상세하게 논의될 것이다. 궁극 목적으로 여겨진 에우다이모니아에 관해 때때로 간과될 수 있는 미묘한 점은 스토아 철학자들에게는 엄밀하게 말해 행복이 아니라 덕이 목적으로 여겨졌다는 것이다. 즉 스토아 철학자에 있어 좋은 삶의 목표는 우선 그 자체로 행복해지는 것이 아니라, 완전하게 유덕하게 되는 것이다. 왜냐하면 덕은 추구할 가치가 있고 궁극적으로는 소유할 가치가 있는 유일한 선이기 때문이다. 그러나 행복의 필요하고도 충분한 조건으로서 완전한 덕을 성취한 스토아 철학자는 또한 완전하게 에우다이몬(*eudaimon*), 또는 행복하게 될 것이다. 따라서 어떤 의미에서 에우다이모니아 또는 행복은 스토아 철학자에게는 직접적인 목표가 아니라, 완전하게 유덕하게 되고 유덕한 것의 결과였다. 덕은 소유할 가치가 있는 유일한 선이므로, 유덕하게 됨으로써 사람들은 본질적으로 아무것도 부족하지 않게 되기 때문이다. 그리고 사람들이 아무것도 부족하지 않다면, 그는 완전히 자기 성취를 한 것이고, 행복하게 될 것이다. 행복은 유덕한 삶을 영위하는 것에 대한 트로피였다. 덕은 정확하게 말해서 그 자체로 보상이 된다. 왜냐하면 덕이 행복에 필요하고 충분하다는 것은 덕을 소유한 사람에게 논리적으로는 행복이 뒤따라 나오기 때문이고, 인과적으로는 그 사람에게 행복을 보장하기 때문이다.

게워스[16]

『자기 성취』의 시작에 즈음하여 게워스는 다음과 같은 질문을 던진다(그리고 잠정적으로 대답한다). "모든 열망의 일반적 대상이 있는가? 행복은 그럴듯한 대답이 되는 듯이 보일 수도 있다."(1998, 46). 그의 책에서 그의 일반적인 논지, 도덕적이고 유덕한 삶이 자기 성취에 필수적(게워스에게 도덕적이고 유덕한 삶이 또한 자기 성취에 충분한지 여부에 관한 질문은 이하에서 따로 논의할 것이다)이라는 것을 예상하면서, 게워스는 다음처럼 주장한다. "능력 성취(capacity fulfillment)로서의 자기 성취[17]에 대한 기본 질문은 어떻게 나는 나 자신을 최고로 만들 수 있는가? 긍정적으로 말하면, 그러한 성취의 일반적인 공식은 다음과 같이 말할 수 있다. 당신이 당신 자신을 성취한다는 것은 당신 안에서 가능한 최고를 성취하는 것이다"(1998, 59).

그리고 게워스에게 있어 "당신 안에서 가능한 최고를 성취한다는 것"은, 즉 **능력 성취**로 여겨지는 자기 성취는…도덕과 불가분의 관계가 있다(1998, 서문). 인간으로서 우리가 될 수 있는 최고가 되는 과정으로서의 자기 성취라는 게워스의 도덕적 개념은 행복 또는 자기 성취의 필수 전제로서의 도덕적 완전성이라는 스토아적 이상에 분명하게 말해서 매우 가깝다. 나는 게워스의 『자기 성취』 안에 스토아의 에우다이모니아와 게워스의 자기 성취 사이에 밀접한 유사점을 도출할 수 있는 충분한 텍스트적 증거가 있다고 믿는다. 이러한 개념적 상응성은 논증이 진행되고 전개됨에 따라 더욱 분명하게 될 것이다. 게워스에게 삶의 궁극 목표는 능력 성취로서의 자기 성취다. 그에 따르면 자기 성취는 열망과 능력의 궁극 목적으로 이해된다. 자기 성취의 완수는 사람들이 직접적으로 헌신하는 다른 목적들의 "부산물"일 때 가장 잘 보장된다고 하더라도,…그것은 그 자체로 여전히 가치가 있다. 왜냐하면 그것은 자기 인식적, 자기 반성적 과정을 통해 자신의 가장 가치 있는 능력을 결실로 옮기는 것에서 성립하기 때문이다(1998, 223과 46, 59, 182-189, 199).

지금까지의 논의에서부터, 능력 성취로서의 **자기 성취**라는 게워스의 개념이 스토아의 에우다이모니아가 가지고 있는 모든 본질적인 특징을 모두 가지고 있다는 사실이 명확해진다. 아직 명확하지 않은 것은 덕이 스토아의 에우다이모니아에서와 마찬가지로 자기 성취를 위해 필요할 뿐만 아니라 충분한지 여부이다. 나는 이 문제에 대한 논의는 나중으로 미루겠다. 그동안 행복에 대한 **충분성 논제**를 제쳐두고, 나는 게워스의 자기 성취 개념을 스토아의 에우다이모니아에 상응하는 능력 성취로 간주할 것이다.

더욱이 나는 "행복"이라는 용어를 게워스의 "자기 성취" 및 스토아의 에우다이모니아 개념과 같은 의미로 사용하겠다.

자연과 일치하는 좋은 삶

스토아 철학자들[18]

> 키케로(Cicero)가 설명하듯이, 스토아주의에서 모든 것의 가치는 자연에 대한 참조로 정의된다. (Long 1986, 198)

> 따라서 스토아 철학자들은 삶의 목적, 즉 행복은 자연의 뜻을 의식적으로 관찰하고 따르는 데 있다고 우리에게 말한다. (Striker 1996, 224)

스토아 철학자들에 따르면, 행복은 유덕한 삶을 사는 데 있었으며, 유덕한 삶은 자연과 일치하는 삶으로서, 이들은 이 자연을 전 우주에 퍼져있는 신적 이성과 동일시했다. 덕은 유일한 선이었기에, 좋은 삶은 자연과 일치하는 삶이었다. 더욱이, 인간이 완전히 이성적이고 유덕한 삶(스토아 철학자들이 **좋은 삶**이라 생각했던 것)을 살아야만 인간은 진정으로 행복해질 수 있다. 따라서 스토아 철학자들에게는 유덕한 삶, 이성적 행위, 자연, 행복 또는 자기 성취 사이에 본질적이고 필수적인 관계가 있으며, 이 모든 것은 좋은 삶과 관련되어 있다.

게워스[19]

앞서 게워스의 자기 성취 모델에 대한 나의 설명에서 보았듯이, 능력 성취로서의 자기 성취는 자신의 능력을 발전시키고 자신의 최고의 것을 만드는 데 있다. 이를 성취하기 위해서 일반적 일관성의 원리(principle of generic consistency. PGC)에 기초하여 보편적 도덕이 요구하는 인권에 따라서 행동하는 것이 필수적이다. 왜냐하면 게워스가 모든 인간 능력 중 최고로 규정한 **이성**은 우리가 보편적 도덕의 요구에 따라서 행동하는 것을 요구하기 때문이다. 더욱이 인간 권리와 보편적 도덕의 자연적 기초를 제공하는 것은 이성적 행위자가 모두 공통으로 가지고 있는 **목적성**이라는 자연의 속성이라는 것을 그 행위자에게 보여주는 것은 이성의 "진실한 능력"(Gewirth 1998, 72)이며, 그것은 인간 행위자에게 내재적인 존엄성을 부여하는 것의 근거가 되는 바로 그것이다(Gewirth 1998, 222). 게다가 또한 이성은 덕의 발전과 가르침이 좋은 삶과 자기 성취의 삶의 중요한 수단이자 필수 구성 요소라는 것을 우리에게 보여준다(Gewirth 1998, 115, 135). 스토아 윤리학에서는 게워스의 윤리학에서와 마찬가지로 더불어 좋은 삶을 구성하는 요소 간에, 즉 유덕한 삶, 이성적 행위자, 목적성이라는 자연의 속성의 측면에서 이해된 "자연", 행복 또는 자기 성취 간에 본질적이고 필수적인 관계가 있는 듯이 보인다. 게워스가 말하고 있듯이, "자기 성취의 구성 요소들은…모두 이성적인 목적적 행위자로서의 자아라는 개념을 뿌리에서부터 여러 방식으로 도출했다"(Gewirth 1998, 217).

게워스의 의미에서 자연과 일치하는 삶은 결국 좋은 그리고 자기 성취적인 삶에 필수적인 보편적 도덕에 따르는 또는 따라야 하는 이성적 목적적 행위의 완전성에 따르는 삶이다. 그러나 우주적 자연을 신적인 것으로 보는 스토아 개념과는 대조적으로, 게워스의 "자연" 개념은 **인간의** 자연[본성]이며, 이성적인 목적적 행위로 이해된다. 그러나 게워스에서와 같이 스토아 철학자들에게서도(Long 1986, 174) 인간 자연[본성]의 개념은 기술적(descriptive)이면서도 규범적(prescriptive)이다. 흥미롭게도 A. A. 롱은 우리에게 중기 스토아의 뒤에 위치한 스토아 철학자 중 한 사람인 파나이티오스에게는 초기 스토아 철학자들의 우주적 자연보다 인간의 자연이 주 관심사였다고 말한다(Long 1986, 211). 엄밀히 말하면, 이 점에서 게워스와 파나이티오스 사이에는, 게워스와 크리시포스와 같은 초기 스토아 철학자들, 에픽테토스와 마르쿠스 아우렐리우스와 같은 로마 시대인 후기 스토아 철학자들 사이에 있었던 관계보다 더 밀접한 관계가 있는 듯이 보인다. 이성적인 목적적 행위라는 게워스의 "자연[본성]" 개념은 그 점에서 우리 현대의 자연주의적 기질에 더 호소력이 있다. 왜냐하면 게워스의 개념은 자연에 관한 스토아의 형이상학적 견해가 제기하는 방법론적 문제를 피할 수 있기 때문이다. 따라서 내가 공식화했고 그에게 귀속시켰던 게워스의 신스토아주의(Spence 2016, 제10장)는 적어도 내가 그에게 귀속시키고 있는 형식에서 스토아주의에 비해 의미 있는 방법론적 이점을 가지고 있다. 우리는 파나이티오스와 자연에 관한 그의, 보다 자연주의적 관점이 게워스의 신스토아주의를 예상하고 있었다고 말할 수 있다.

에우다이모니아

행복은…우리 윤리 이론의 북극성이다(Becker 1998, 18).

스토아 철학자들[20]

스토아 철학자들에 따르면 에우다이모니아 또는 행복은 복권의 당첨처럼 우연히 당신에게 찾아오는 무언가가 아니라 우리가 완전히 이성적이고 유덕하게 됨으로써 **성취**할 수 있는 무언가다. 소수의 사람만이 진정으로 유덕하게 될 수 있으므로 에우다이모니아에 도달할 수 있는 삶은 소수에 불과하다. 그래서 스토아 철학자들은 지혜로운 자를 이상적 모범, 즉 지혜롭고 유덕하게 됨으로써 행복하기를 열망하는 사람들의 롤모델이라 생각되는 사람으로 간주하였다. 따라서 스토아 철학자에게 행복 또는 에우다이몬이 되는 것은 카토르트토마(*katorthoma*) 또는 최고의 성취라고 생각되었다. 그것은 주어진 것이 아니라 자질로 인해 얻어진 것이다. 그러나 덕을 통한 행복의 달성은 어렵긴 하지만 실제로 가능할 뿐만 아니라 자연, 특히 이성적 인간 자연[본성]에 의해 지시되는 것이기도 하다. 유덕하게 된다는 것이 모든 사람의 통제안에 있는 한, 행복 역시 그러하다.

게워스[21]

『자기 성취』에서 게워스는 **열망 성취**(aspiration fulfillment)

로서의 자기 성취와 **능력 성취**(capacity fulfillment)로서의 자기 성취를 구별한다. 그에 따르면 전자는 인간의 가장 깊은 욕구의 만족이고, 후자는 자신의 최고를 이룩하는 과정이자 목적이다. 이 두 가지의 구별에 대해 게워스는 다음처럼 말한다.

> 열망과 그것의 성취는 인간의 실제 욕구와 밀접하게 묶여 있는 반면에, 능력 성취는 자신의 최고를 이룩하는 것과 더 관련되어 있으며, 따라서 사람들이 마땅히 가져야 하는 욕망이 무엇인가에 대한 규범적 지침의 역할을 한다. 여기서 '마땅히'는 인간의 실제적 욕구를 넘어설는지 모른다(그러나 그럴 필요는 없다)(Gewirth 1998, 107).

계속해서 게워스는 이 두 가지 서로 다른 자기 성취의 개념을 행복의 다른 두 개념과 동일시하며, 따라서 "자기 성취"와 "행복"을 동일시한다. 그는 이어서 열망 성취와 능력 성취라는 자기 성취의 두 개념을 연결할 경우, "자기 성취가 자아의 최상의 조건으로서 무엇 때문에 그렇게 높이 평가되는지 더 잘 드러난다"고 말한다(Gewirth 1998, 14-15). 게워스의 능력 성취의 개념은 스토아의 에우다이모니아에 해당한다는 점이 분명하다.

『자기 성취』를 면밀히 살펴보면, 게워스의 능력 성취로서의 자기 성취 개념이 스토아의 에우다이모니아가 가지고 있는 모든 본질적 특징을 가지고 있음이 분명하게 된다. 아직 분명하지 않은 점은 스토아의 에우다이모니아처럼 덕이 자기 성취에 필요할 뿐만 아니라 충분한지 여부이다. 이 문제에 대한 논의는 나중으로 미룰 것이다. 그동안 행복의 충분성 논제를 제쳐두고, 나는 게워스의 능력 성취로서의 자기 성취 개념이 스토아의 에우다이모니아에 상응하는 것으로 간주하겠다. 이를 주장하면서 나는 게워스의 능력 성취로서의 자기 성취 개념을 그것이 스토아의 에우다이모니아와 상응한다고 보아 **이차적 자기 성취**로 간주한다. 즉 이성적 인간으로서의 자기 성취로 간주한다. 예를 들어 최고의 테니스 선수와 같이 특수한 활동에서 그의 특정한 열망과 능력을 감안할 때, 그는 가능할 수 있는 최고가 됨으로써 **일차적 자기 성취**를 달성할 수 있다. 그럼에도 그 사람이 가능한 데도 이성적 인간으로서의 최고 인간이 되는 데 성공하지 못함으로써 제이차적 자기 성취의 수준에서 자기 성취에 실패할 수도 있다. 그러한 내가 스토아의 에우다이모니아에 상응한다고 주장하는 이차적 질서의 자기 성취의 달성은 게워스의 신스토아적 지혜로운 자와 그의 스토아적 대응자에게 가능할 뿐이다. 모든 삶의 계획과 활동에서 완전히 이성적이고 유덕하게 되는 일에 성공하지 못한 하등 인간은 그의 특정한 활동에서 **일차적 자기 성취**를 달할 수 있지만, 우선 자신의 최고가 됨으로써만, 또는 게워스의 능력 자기 성취가 스토아의 에우다이모니아에 상응한다는 나의 분석에 따를 때 신스토아적 지혜로운 자가 됨으로써만, 이차적 자기 성취를 달성할 수 있다.

이 장의 목적을 위해 나는 "행복"이란 용어를 게워스의 "자기 성취"라는 개념 및 스토아의 "에우다이모니아" 개념과 같은 의미로 사용하겠다. 능력 성취로서의 자기 성취는『자기 성취』에서 게워스의 주요 초점이다. 스토아 철학자들에게, 마찬가지로 게워스에게, 능력 성취로서의 자기 성취는 스토아의 윤리학에서처럼 이성과 도덕에 일치해서 사는 삶을 요구하는 성취이다. 왜냐하면 스토아의 윤리학에서나 게워스의 윤리학에서 (스토아 철학들의 경우에서처럼) 이성적이고 신적인 우주의 필수적인 부분으로서의 인간 이성의 자연[본성] 또는 (게워스의 경우에서처럼) 이성적인 목적적 행위로서의 인간 이성의 자연은 우리가 자기 자신의 최고를 이룩해야 한다고 지시하기 때문이다. 그리고 이것은 결국 최소한 윤리적이고 유덕한 삶을 살기를 요구한다. 게워스에 따르면, "개인주의 도덕은…사람들에게 자신의 최고를 이룩하게 만드는 그들 능력의 개인적 발전을 통해 좋은 삶을 살기 위한 조언과 교훈을 제공한다"(Gewirth 1998, 107).

게워스는 삶의 의미를 자기 성취—그것과 목적성의 관계를 통한 그리고 자신의 최고를 이루는 능력의 성취를 통한—에 둔다. 그것은 스토아주의에서처럼 신적이고 이성적인 온통 목적적인 우주에서 나오는 형이상학적 의미가 아니라, 오히려 지극히 인간적인 의미, 즉 우리 자신의 이성적이고 목적적인 자연[본성]에서 나오는 의미이다. 그것은 스토아 철학자에서처럼 현세에서 형이상학적인 보상에 대한 약속도 아니고, 플라톤에서처럼 초월적인 삶에서의 보상도 아니고, 우리 개인 자아의 완전성으로 우리를 몰고 가는 우리의 이성과 일치하는 이러한 내재적 목적성이다. 게워스의 자기 성취는 전적으로 자연주의적이다. 게워스에게, "삶의 의미는…보편주의 도덕의 합리적 정당화를 통해 인도된 개인주의 도덕의 가치 추구와 달성에서 성립하고, 행동의 이러한 필수적 선들에 기초해 있는 덕의 최고 발전의 중심이 되는 자유와 잘삶의 분석에서 성립한다"(Gewirth 1998, 189).

그러나 실천적인 목적을 위해, 스토아의 에우다이모니아와 게워스의 자기 성취는 모두 윤리적이고 유덕한 삶에 일치하는 우리의 이성적 인간 본성과 일치해서 자신의 최고를 이루려는 추구,

즉 궁극적으로는 에우다이모니아 또는 자기 성취에 이르는 추구와 같은 것이다. 스토아주의에서와 마찬가지로 게워스의 윤리적 도식에서 자기 성취는 "최대주의" 개념이다(Gewirth 1998, 216). 왜냐하면 그것은 우리 인간의 이성적 본성의 완전성을 통한 자기 자신의 완전성을 포함하기 때문이다.[22] 그리고 스토아주의에서와 마찬가지로 게워스의 윤리 이론에서도 자기 성취는 이상적이고 실천적으로 가능한 목표이지만, 그러나 결코 완전히는 도달할 수 없는 목표를 지향한다. 게워스가 말하고 있듯이, "자기 성취는 완성된 결과물이라기보다는 과정이다"(Gewirth 1998, 216).

이전의 스토아 철학자들과 마찬가지로 게워스에게도 자기 성취는 아마도 지혜로운 자만이 달성할 수 있는 그 무엇이다. 우리와 같은 단순한 인간에게는 과정이 희망할 수 있는 전부의 것이다. 그리스 시인 콘스탄티노스 카바피스(Constantine Cavafy)가 매우 암시적인 시구(*Ithaca*)에서 언급했듯이 궁극적으로 중요한 것은 여행 자체이다. 왜냐하면 그 여행을 하는 과정에서 우리는 완전히 현명해지는 것은 아니지만 더 현명해질 수 있기 때문이다. 이것이 아마 게워스가 우리에게 말하는 것과 일치할 것이다. "절정의 열반은 없지만, 소외의 영향을 극복하고 소중한 가치를 달성하는 자기 개발의 연속은 있을 수 있다. 누군가의 최고는 결코 완성되지는 않지만, 훨씬 완전하게 다가갈 수 있다"(Gewirth 1998, 227).

덕[23]과 에우다이모니아[24]

스토아 철학자들

덕에 대한 스토아 철학자들의 정의

다음은 A. A. 롱의 덕에 관한 정의이다(1986, 92).

(i) "덕은 그것이 성공적으로 촉진하는 세계 내의 결과를 통해 정의되는 것이 아니라, 자연의 이성과 완전히 일치하는 성향에서 필연적으로 뒤따라 나오는 행동 패턴을 통해 정의된다.

(ii) 올바른 행동은 덕에 따르는 것이고, 이는 덕이 완전한 이성적 존재의 본성과 일치한다고 말하는 것과 같은 것이다.

(iii) 덕은 자연이 이성적 존재자가 유덕하게 되는 특별한 기능 또는 목표라는 의미에서 자연과 일치한다."

스토아주의가 말하는 행복과 덕의 관계

스토아적 행복 개념의 또 다른 핵심적 특징은 그것과 덕의 본질적인 관계이다. 앞서 언급했듯이, 인간 본성의 일차적인 포괄적 목적으로서의 덕은 행복을 달성하기 위해 필수적 수단일 뿐만 아니라, 더 중요하게는 덕은 행복에 대해 구성적이다(Long 1986, 197). 삶의 목적이라는 점에서 덕은 행복한 삶의 수단이자 목적이다. 덕의 발전과 가르침이 행복에 이르기 때문에 수단이고, 덕의 소유가 유일한 선으로 좋은 삶을 보장하기 때문에 목적이다. 왜냐하면 덕은 행복에 대해 구성적이고, 덕의 소유가 유일한 선으로 필연적으로 우리의 행복을 보장하기 때문이다. 행복의 또 다른 관련 특징은 그것의 자족성(self-sufficiency)이다. 왜냐하면 유일한 선으로서의 덕이 전적으로 우리의 통제안에 있고, 그것만으로 행복에 충분한 한, 행복은 유덕한 자족성에 기인하기 때문이다(Long 1986, 234).

그러나 스토아 윤리학에서 행복과 덕이 서로 밀접하고 본질적으로 연결되어 있어서, 사람들은 그것들을 따로 떼어 말할 수 없으며, 그 결과로 사람들은 행복을 덕의 삶에 불과하다고 간주하게 될 수밖에 없다는 견해에 어떤 중요한 제한 조건이 있지 않으면 안 된다. 그러나 이것은 잘못일 것이다. 왜냐하면 베커가 올바로 지적했듯이, 스토아의 덕은 칸트의 의무와 같은 것이 아니기 때문이다(Becker 1998, 150-51). 스토아 윤리학에는 단지 유덕하고 언제나 마지 못한 의무감으로부터 언제나 옳은 것을 하는 것의 상태 이상의 기쁨이 있다. 스토아주의에서 덕의 소유는, 건강의 체력의 상태가 육체적으로 그리고 심리적으로 일반적인 잘삶의 느낌을 사람들에게 가득 채우는 것과 마찬가지로, 인간의 영혼에 기쁨을 가득 채운다. 플라톤의 『향연』에서 인간 완성의 사다리 꼭대기에 서서 선의 형상을 응시하는 지혜로운 자처럼, 스토아의 지혜로운 자도 선과 사랑에 빠지며,[25] 그것만으로 그 지혜로운 자에게 풍요로운 기쁨을 가득 채운다.

줄리아 아나스(1993, 329-35)가 올바르게 주장하고 있듯이, 스토아의 에우다이모니아는 덕의 삶에 지나지 않는다는 견해와는 달리, 스토아의 에우다이모니아주의자들이 궁극적으로 우리에게 제공하는 것은 단지 유덕한 삶이 아니라 행복한 삶에 대한 설명이므로 그들의 말을 우리가 받아들여야 한다. 그리고 이 두 가지는, 비록 본질적으로는 연결되어 있지만, 개념적으로는 구별된다. 마치 예를 들어 모양과 크기는 본질적으로는 연결되어 있지만, 그럼에도 개념적으로는 구별되는 것과 마찬가지다. 덕이 유일한 선이고 덕은 전적으로 우리의 통제안에 있는 한, 유일한 선의 소유는 행복을 위해 필요하고 충분하며, 잠재적으로는 모든 사람이 도달할 수 있는 범위 안에 있다. 더욱이 소크라테스, 부처와 같은 지혜로운 자는 이 견해를 단순한 철학적 추상이 아니라 실제의 실천적 가능성으로 만들어준 진정한 모범이다.

행복의 필요하고도 충분한 것으로서의 스토아 덕

인간의 덕은 이성적 완전성이며, 우리의 이성의 완전성은 자연과 일치한다는 두 명제에서 스토아 철학자들은 덕은 선이며, 유일한 선이라고 추론한다. 왜냐하면 덕만이 자연과 일치하는 삶을 허용하기 때문이다(Striker 1992, 1209). 더욱이 덕은 인간 이성의 기능이므로 우리의 이성적 통제안에 있으며, 유일한 선으로서 덕의 소유는 행복 또는 에우다이모니아로 이어진다. 덕이 유일한 선이라는 사실은 덕만이 무조건적인 선이라는 견해로부터 도출된다. 왜냐하면 모든 상황에서 자연과 일치하는 유덕한 행동만이 선이 무엇인지를 결정하기 때문이다. 따라서 덕은 자연과 일치하는 삶을 허용하는 한 유일한 선이다.

건강, 부, 친구, 사회적 지위는 적어도 일부, 또는 대개의 경우 스토아 철학자들이 "선호된 무관심사"(우연적 "선"을 뜻하는 스토아 용어)라고 부른다는 점에서 선일 수도 있지만, 이것들의 소유가 자연과 일치하는 유덕한 삶으로 이어지지 않을 수도 있으므로 언제나 선이지는 않다. 더욱 나쁜 것은, 이것들은 그러한 행동들이 자연에 따르지 않기 때문에 비윤리적이고 사악한 행동으로 이어질 수도 있지만, 반대로 궁극적으로는 자신의 이성적 본성에 따르지 않기 때문에 자연에 따르지 않는다.

내 생각으로는 위의 분석은 덕이 행복에 충분하다는 것에 관한 스토아 윤리학의 일반적 특징과 부합한다.[26] 드러나는 것은 이하의 구조다.

1. 덕은 이성적 자연[본성]의 완전성이다.
2. 덕은 이성적 자연의 완전성으로서 자연과 일치하는 삶을 살도록 허용한다.
3. 자연과 일치하는 삶을 살도록 허용하는 유일한 것으로서 덕은 유일한 선이다.
4. 그 자체로 덕은 무조건적인 선이다.
5. 무조건적 선의 소유만이 사람들을 행복하게 할 수 있다.
6. 그러므로, 덕만이 무조건적 선이므로, 덕만이 사람들을 행복하게 할 수 있다.
7. 덕은 완전히 모든 이성적 인간의 통제안에 있다.
8. 따라서 모든 이성적인 사람은 잠재적으로 (왜냐하면 모든 사람은 자연에 의해 본래 이성적이기 때문이다) 행복해질 수 있으며, 더 나아가 유덕하게 됨으로써 행복해지는 것을 목적으로 삼음이 틀림없다.

위의 8가지 개요는, 내가 분명히 희망하건대, 스토아 윤리학의 핵심 특징들, 즉 이성, 덕, 자연, 에우다이모니아 간의 본질적인 관계가 될 수 있다. 더욱이 이 개요는 스토아주의의 기술적 특징뿐만 아니라 지시적 특징에 주목한다. 더 나아가서 그 개요는 스토아 윤리학의 이상적이고 발전적 측면을 강조한다. 참되고 지속적인 행복의 유일한 가능한 상태인 지혜로운 자의 상태는, 그것이 아무리 이상적이라 하더라도, 모든 이성적 인간에게는 실천적인 가능성으로 남아 있다. 키케로는 『투스쿨룸 논총』(*Tusculan Disputations*)에서 덕이 행복에 필요하고 충분하다는 것을 옹호하는 일에 책 전체(제5권)를 할애했다. 로렌스 C. 베커는 다음의 전제들을 키케로 논증의 핵심 전제로 보았다(Becker 1998, 152).

(1) "선이 안전하고 확실하며 지속적일 때를 제외하고는 아무도 행복할 수 없다(V.xiv.40).

(2) 덕의 선이 안전하고 확실하며 지속적인 이유는 (a) 일단 달성되면, 그것의 유지는 행위자의 통제안에 있고(V.xiv.42), (b) 비참함을 낳는 영혼의 교란에서 자유롭다(V.xv.43).

(3) 더욱이 그것의 정서적 차원에서 유덕한 삶은 평온과 기쁨이 그 특징이며, 따라서 의문의 여지 없이 행복한 사람이라고 설명될 수 있다(V.xv.43).

(4) 어떤 형태의 행복도 그것이 덕 또는 옳은 것을 포함하거나 그것에 기초하지 않는 한 선일 수 없다"(V.xv.44-5).

게워스: 덕의 정의

앞에서 언급했듯이, 스토아의 덕에 대한 정의는 "덕은 그것이 성공적으로 촉진하는 세계 내의 결과를 통해 정의되는 것이 아니라, 자연의 이성과 완벽하게 일치하는 성향에서 필연적으로 뒤따라 나오는 행동 패턴을 통해 정의된다"(Long 1986. 192). 스토아 덕에 관한 이러한 정의는 덕에 대한 게워스 자신의 이해, 즉 "이성과 완벽하게 일치하는 성향"과 상당히 일치한다. 여기서 이성적 목적 행위로서의 **인간 본성**이 스토아의 **자연**(Nature)이라는 형이상학적 개념을 대신한다. 그리고 스토아 철학자들과 마찬가지로 게워스에게는 "올바른 행동은 덕과 일치하는 것이고, 이는 덕이 **완전한 이성적 존재의 본성**(nature)과 일치한다고 말하는 것과 같은 것이다(강조는 추가됨)." 게워스에게 올바른 행동은 PGC의 요건과 일치하며, 이것은 또한 "이성적 목적 행위"의 자연적 속성과 일치한다. 또한 그것은 윤리적으로 행동하고 살기 위한 성향을 부여하는 것인 덕의 발전과 가르침을 요구한다. 따라서 유덕하게 행동하고 사는 일은 적어도 신스토아의 지혜로운 자에게는 이성적인 목적적 행위자의 본성과 일치한다. 그러므로 모든 이성적 행위자가 공통으로 가지고 있는 공통된 자연적 속성인 이성적 목적적 행위는 보편적인 것이다.

게워스에서 행복과 덕의 관계

덕과 PGC를 매개로 하는 이성 및 도덕과 덕의 관계에 대한 게워스의 관심은 광범위하고 포괄적이다. 이 절에서 우리가 주목할 것은 덕과 자기 성취에 대한 게워스의 설명이다. 게워스가 표현한 그 관계는 다음과 같다. 도덕이 본질적으로 능력 성취로서의 자기 성취와 관계를 맺는 한(Gewirth 1998, 78-79), 그리고 덕이, 이성적 행위자가 PGC의 요건을 준수하면서 윤리적으로 행동하고 살 수 있게 하는 데 있어 필수적인 한(Gewirth 1998, 135), 덕은 또한 자기 성취와 본질적으로 관계를 맺는다(Gewirth 1998, 87). 덕과 자기 성취 간의 위에서 서술된 관계는 우선 도구적인 것으로 보인다. 즉 덕은 윤리적 발전을 위한 효과적 수단이며, 따라서 사람들이 PGC의 소극적 요건과 적극적 요건을 더 효과적으로 준수할 수 있게 해주기 때문에 필수적이다.

덕에 대한 이러한 도구적 이해는 또한 스토아 윤리학의 발전적 측면의 일부이기도 하다. 유덕하게 행동하고 사는 것을 지향하고 그렇게 하려고 시도함으로써 사람들은 습관화 또는 오이케이오시스(oikeiosis)를 통해서 점점 유덕한 행동이 몸에 배게 된다.

오이케이오시스의 개념은 아래에서 더 자세히 논의할 것이다.[27]

그러나 스토아 윤리학과 마찬가지로 게워스의 자기 성취 모델에서도 덕의 구성적 측면이 있다. PGC를 준수하면서 윤리적으로 행동하는 데 일단 습관화되면, 유덕한 행동은 이를테면 제2의 본성[자연]이 된다. 그러나 게워스의 신스토아의 지혜로운 자에게는 유덕한 완성의 한계에 이르면 덕은 이성과 더불어 지혜로운 자의 **첫 번째의** 유일한 본성이 된다. 이성과 덕의 완전성은 신스토아의 지혜로운 자 안에서 결합하고 일치하게 되며, 개념적인 구별이 남아 있기는 하지만 지혜로운 자의 행동에서 **실천적으로** 구별될 수 없다. 따라서 신스토아의 지혜로운 자는 그의 이성이 요구하기 때문뿐만 아니라, 그리고 더 중요하게는 그의 이성이 유덕한 행동에 맞춰져 있기 때문에 유덕하게 행동한다. 칸트의 "지혜로운 자"와는 달리, 게워스의 신스토아 지혜로운 자는, 그의 스토아적 지혜로운 자와 마찬가지로 기쁨 없는 의무감으로부터가 아니라, 선을 향한 사랑으로부터 올바른 일을 행한다. 신스토아의 지혜로운 자는, 그의 스토아의 지혜로운 자와 마찬가지로 유덕하게 됨을 즐기며, 이것은 칸트의 지혜로운 자와는 달리 그의 선이나 그의 행복을 결코 감소시키지 않는다.

덕의 **발전적** 측면과 **구성적** 측면은 다음 구절에서 게워스에 의해 설명된다. "그러나 덕을 형성하기 위해서 덕을 행동할 의무가 있다는 것과 덕을 발전시키기 위해 노력할 의무가 있다는 것 사이에는 차이가 있다. 능력 성취에 필요한 것은 후자이다"(Gewirth 1998, 135). 그러나 사람들이 이성적 인간으로서 완전히 유덕하게 됨으로써 자기 성취가 이뤄지면, 그의 발전적 덕은 그의 성격뿐 아니라 그의 행복 또는 자기 성취에 대해 구성적이게 된다. 고대 스토아의 지혜로운 자처럼 게워스의 신스토아 지혜로운 자가 덕으로부터 행동하는 것은 그의 완전한 이성적 본성으로부터 행동하는 것이다. 칸트의 "지혜로운 자"와 대조적으로 스토아의 지혜로운 자에게는 두 가지 구별되는 사고, 즉 "이것은 내가 하기를 **원하는** 것이다"와 "이것은 내가 **해야만** 하는 것이다"라는 두 사고가 분리되어 있지 않다. 욕구로부터 행동하는 것과 덕으로부터 행동하는 것은 신스토아 지혜로운 자에게서나 스토아 지혜로운 자에게서 하나이면서 같은 것이다.

행복을 위해 필요하고도 충분한 것으로서의 게워스의 덕

스토아 학파의 선호된 무관심사의 일부인 건강, 부, 명성, 사회적 지위가 PGC의 요건을 준수하는 데 필수적인 것이 아니고, 게다가 특정 상황에서 이것들을 소유하는 것이 이러한 요건을 위반하는 결과로 이어지는 한, 덕은 스토아 철학자들에게나 게워스에게나 유일하게 무조건적인 선으로 보일 것이다. 무조건적인 까닭은 덕만이 모든 상황에서 적어도 원리적으로는 이성적인 목적적 행위자가 PGC의 소극적이고 적극적인 요건에 따라 행동할 수 있도록 해주기 때문이다. 이성과 마찬가지로 덕은 소시오패스나 사이코패스가 윤리적으로 행동하도록 동기 부여할 수 없기 때문에, 나는 단지 **가능할 수 있음**을 말할 뿐이다. 이것은 부분적으로는 소시오패스의 이성적 본성과 사이코패스의 이성적 본성이 어떤 점에서 제대로 기능하지 않게 되었기 때문이다. 그러나 유일한 선으로서의 덕이, 즉 이성적 목적적 행위자가 윤리적으로 행동하고 윤리적으로 살 수 있게 하는 유일한 무조건적 선으로 이해되는 선으로서의 덕이 자기 성취를 위해 필요하다고 해도, 그것만으로 충분할까?

나의 책(Spence 2006, Ch. 10)에서 나는 이 문제를 자세히 탐구하고, 스토아 철학에서와 마찬가지로 이 장에서 내가 게워스에 귀속시키고 있는 신스토아 철학에서도 덕은 사실상 신스토아의 에우다이모니아와 스토아의 에우다이모니아 둘 다를 위해 필요하고도 충분하다고 결론 내린다. 지면의 제약으로 인해 나는 이 장에 내가 나의 책(Spence 2006, 428, 433)에서 제공했던 상세한 분석 모두를 담을 수 없다. 그러나 나는 내가 나의 책에서 도달했던 논변의 결론을 요약해서 제공하겠다. 즉 최소한의 이성적인 목적적 행위가 보존되고 유지될 수 있는 한, 그 구성적 덕[28]은 이상적인 자기 성취를 위해 그리고 이와 대등하게 게워스의 신스토아 철학의 에우다이모니아를 위해 충분하다.[29] 이는 결국 이성적 행위의 보존과 유지를 위해 충분한 물질적, 개인적, 사회적 조건의 존재를 요구하며, 그 이상도 그 이하도 요구하지 않는다. 위에서 개괄한 신스토아의 지혜로운 자의 사회적 차원을 뒷받침하는 듯이 보이는 흥미로운 대조는 줄리아 아나스의 다음과 같은 구절에서 나온다. "덕은 불행하지 않기 위해서 충분하지만, 행복하기 위해 사람들은 덕을 단지 소유하는 데 그치는 것이 아니라 또한 사용할 수 있어야 한다"(1999, 45).

오이케이오시스

스토아 철학자들[30]

발전적 덕에서 구성적 덕으로의 이행, 즉 불완전한 덕에서 완전하고 완벽한 덕으로의 이행에는 일종의 윤리적 전환이 필요하다. 통찰력 있는 구절에서 줄리아 아나스는 스토아의 행복이 요구하는 종류의 윤리적 전환을 아주 분명히 서술하고 있다.

> 행복에 관한 이론[플라톤에서 소크라테스적 행복 이론]은 대단히 까다롭다. 당신은 올바른 관점을 가질 때까지 행복에 관한 당신의 설명을 제대로 얻지 못할 것이고, 그것은 당신의 최초의 관점과는 완전히 다를 것이다. 유덕하게 된다는 것은 당신의 가치관과 우선순위의 **전환**을 요구한다(강조는 추가된 것임). 이것은 틀림없다. 전통적인 선과 악에 대한 당신의 모든 가치 평가는 잘못으로 드러날 것이다.…우리는 까다로운 도덕 이론에 익숙하지만, 다른 것이 아닌 **행복** 이론을 이해하기는 쉽지 않다. 그러나 이것은 플라톤의 이론과 같은 이론을 반대하는 주장이 아니다. 다만 그것은 유덕한 사람의 지혜에 도달하고, 따라서 온전한 당신의 삶을 살기 위해서는 상식과 관례적인 믿음에서 벗어나는 긴 지적 여정이 필요하며, 그렇게 될 때 당신의 행복 개념이 전환된다는 것을 보여준다. (Annas 1999, 50-51)

게워스 또한 이상적 자기 성취에 대한 그의 개념의 전환적 측면을 인식하고 인정한다. 그가 우리에게 이야기하듯이, "우리의 사고와 행동에서 이러한 요구 사항들을 인식하고 수용하는 것은 일종의 **자기 전환**(강조는 추가된 것임)를 수반할 수 있으며, 이를 통해 우리는 더 완전한 도덕적, 사회적 존재가 된다"(Gewirth 1998, 86).

스토아와 신스토아의 지혜로운 자가 상식적인 행복관, 주로 쾌락주의 행복관을 받아들이기 어려운 것은, 보통 사람이 스토아와 신스토아의 행복관을 "행복"관으로 받아들이기 어려운 것과 같다. 그리고 각자가 다른 각자의 행복 개념의 매력을 파악하는 데서 어려움을 겪는 것은 서로의 윤리적 관점이 크게 다르기 때문이다. 이런 이유에서, 스토아 또는 신스토아의 지혜로운 자를 열망하는 사람 안에서 쾌락주의적 행복관이 에우다이모니아적 행복관으로 전환되고 대체되기까지는 오랜 기간에 걸쳐 실천적이고 점진적인 변화가 일어나야 한다.

그러한 전환의 실천적 필연성 및 그러한 전환이 어떻게 실천적으로 **일어날 수** 있는가에 관한 개념적 설명을 제공할 필요를 깨닫고는 스토아 철학자들은 스토아 윤리학의 가장 중요하고 근본적인 교설 중 하나라고 생각되는 유명한 오이케이오시스 이론을 발전시켰다. 이 이론은, 사람이 자연의 제약을 받고 따라서 제약된 방식으로 행동할 수 있으므로, 어렸을 때 순수하게 쾌락주의적 욕구를 가지고 그런 욕구가 동기 부여하던 상태에서, 생물적, 심리적, 사회적, 그러나 더 중요하게는 이성적 발달을 거쳐 윤리적 관점을 획득하는 상태에 이르기까지 어떻게 점진적으로 발전할 수 있는가를 보여주고자 한다.

지젤라 스트라이커는 "오이케이오시스"를 자신과 타인의 "전유(專有)" 또는 "친숙함"으로 정의하거나(Striker 1992, 1209), "자신에 속한 것에 대한 인식과 감사"(Striker 1996, 281)로 정의한다. 비슷한 맥락에서 A. A. 롱은 그것은 "자신을 향해 호의를 갖는" 성향으로 정의한다(Long 1986, 172). 다음의 디오게네스 라에르티우스에게서 인용한 구절은 스토아의 오이케이오시스 개념을 잘 보여준다(Long 1986, 185-86).

> 스토아 철학자들의 주장에 따르면, 동물은 자기 자신을 보존하려는 근원적 충동이 있다. 그것은 크리시포스가 『목적에 관하여』의 제1권에서 말하고 있는 것처럼 자연은 처음부터 동물이

자기 자신과 친근한 것이 되도록 하고 있기 때문이다. "모든 동물에 있어 무엇보다도 가장 소중한 것은 자기 자신의 몸의 구성이며 이것에 대한 의식이다. 왜냐하면 자연이 동물을 자신에게 소원한 것으로도 친근한 것으로도 하지 않았다는 것은 있을 수 없는 일이기 때문이다. 그렇다면, 자연은 동물을 만들었을 때 자신에 대해 친근한 것이 되도록 한 것이라는 귀결이 뒤따른다. 따라서 동물은 자신에게 해를 끼치는 것은 밀어내고 자기와 친근한 것(또는 유사한 것)으로 나아가는 것이다."

쾌락이 동물의 일차적 충동의 대상이라는 주장은 오류임이 스토아 철학자들에 의해서 증명되었다. 그들의 주장에 따르면, 쾌락이 정말로 존재한다면, 그것은 자연이 그 자체로 동물의 체질에 적합한 것들을 찾아서 발견해주었을 때 오직 그때 생겨난 이차적인 결과물이기 때문이다. 그런 쾌락은 동물이 번성하고 식물이 꽃을 피우는 것과 같은 것이다. 자연은 식물과 동물에 절대적 차이를 두지 않았다. 왜냐하면 자연은 식물에 대해서도 충동과 감각과는 무관하게 방향을 정해주고, 우리 안에 식물의 어떤 과정이 발생하기 때문이다. 그러나 동물은 충동이라는 추가적인 기능이 있기에, 이를 이용하여 자기에게 친근한 것을 찾아 나선다. 자연에 따라서 동물은 충동에 의해 이끌린다. 그리고 더 완전한 지시에 따라서 이성은 이성적 존재자에 부여되었기에, 이성에 따라서 올바로 사는 것은 자연과 일치하게 되는 것이다. 왜냐하면 이성은 충동을 다루는 법을 터득하고 있는 기술자로서 뒤에 덧붙여 생겨나기 때문이다.

다음(전제 1-4)은 오이케이오시스에 대해 그 개념의 중요한 특징들을 반영하는 논증의 개념적 구조의 개요이다(Striker 1992, 1209-10).

(1) 두 가지 충동 중 첫 번째 충동인 자기 보존의 충동은 "자신의 건강과 체력에 유의하고, 음식과 주거지를 확보하며, 물질적 부를 획득하고, 추론 능력을 개발하고, 지식을 습득하려는 노력과 같은 자기애의 행동, 즉 도덕적으로 가치 있다고 통상 설명될 수 없는 행동 방식들을 육성한다."

(2) 두 번째 충동, 즉 사회성의 충동은 스토아 철학자들이 정의의 기초라 부르는 것이다. 이것은 "타자에 대한 존중, 적어도 종류에서 하나에 소속된 것으로 볼 수 있는 동료 인간을 돕고자 하는 열망에 기초한다."

이 두 가지 세속적인 충동, 즉 자기 보존의 충동과 사회성의 충동 또는 타자에 대한 배려 충동을 따르는 것은 인간을 "적절한 행동"이라고 할 수 있는 체계적이고 질서 있는 방식으로 사태를 추구하고 피할 수 있게 해준다.

(3) 그러나 이런 의미에서 "자연적 삶"을 영위하였던 사람도 여전히 유덕하다고 생각되지 않을 것이다. 덕은 올바르게 행동하는 문제일 뿐만 아니라, 더 중요하게는 올바른 이성에 따라 행동하는 문제이기 때문이다. 스토아 철학자들에 따르면 덕은 본능이 아니라 이성과 지식에 기반해야 한다. 결국 이성이 인간 삶의 자연스러운 충동을 통제하게 될 때, 그 사람은

그의 자연적이고 적절한 행동이 그의 개인의 행동에서 추구된 목적보다 그 자체 훨씬 더 가치가 있는 일종의 이성적 질

서를 보여준다는 사실을 인식할 수 있게 된다. 그는 선이 완전한 이성으로 구성되어 있다는 사실을 깨닫고, 그런 까닭에 자연의 이성적 질서—인간의 행동은 이것의 작은 부분에 불과하다—에 따라서 사는 것을 궁극 목적으로 삼는다. 따라서 그는 자연적 이점 그 자체를 소중히 여기지 않고, 자연과의 일치를 달성하고, 그리하여 그의 이성을 완성하기 위해서만 그 이점을 계속 추구해 나간다. **자연의 목표에 대한 추구에서부터 오직 자연과 이성적으로 일치하는 일에 대한 관심으로 전환하는 것은 덕으로의 이행이라는 특징을 갖는다**(강조는 추가된 것임).

지젤라 스트라이커의 알려진 구절에 나오는 "전환(switch)"은 게워스의 PGC 논증과 유사한 해당 "전환"을 의미한다. 즉 자기애(自己愛)적인 사려의 권리에서부터 타인애(他人愛)적인 도덕적 권리로의 중요한 이행은 이성적인 목적적 행위자라는 이유만으로 이러한 권리를 가진다는 인식을 통해 매개되었다.

(4) 마지막으로, 유덕한 사람, 즉 스토아의 지혜로운 자는 "그의 모든 행동이 제우스[또는 자연]의 의지에 대한 그의 통찰에 근거하고 그의 유일한 욕구가 자연의 법칙에 일치하는 사람이다."

위에서 서술된 네 단계는 스토아의 오이케이오시스 교설의 핵심적인 발전 단계로 구성된다. 즉 **자기 보존**의 충동, **사회성**의 충동, "자연적 충동"에만 근거하여 자신과 타자를 향해 적절하게 행동하는 것에 단순히 그치는 것이 아니라, 더 중요하게는 자신의

이성에 근거하여 그렇게 행동해야 한다는 인식이다. 그리고 마지막으로, 자연과 일치하는 완전한 이성과 덕에 따라서 항상 행동하는 성향과 실천은 **에우다이모니아**에 도달하는 결과를 낳는다. 왜냐하면 이것은 자연 또는 우주의 이성적 질서를 반영하고 또한 그 일부가 되는 자신의 이성적 자연[본성]과 일치하기 때문이다. 이성적으로 행동하는 것은 자연과 일치하기 때문에, 그리고 자연과의 일치는 삶의 목표이자 목표이어야 하기 때문에 적절하다.

게워스[31]

위에서 개략적으로 설명한 스토아의 오이케이오시스의 교설 중 (1)-(3)의 단계는 내가 앞에서 설명한 바 있는 신스토아주의의 발전적 **덕**에 상응하며, 개략적으로 이러한 **덕**을 표현한다. (4) 단계는 지혜로운 자의 마지막 단계로서 게워스의 신스토아주의 **구성적 덕**에 상응하며, 개략적으로 **이러한 덕**을 표현한다. 오이케이오시스라는 스토아의 교설의 이 네 단계는 모두, 스토아의 용어를 사용한다면, PGC의 논증의 직접적, 간접적 적용에 상응하며, 그런 적용을 개략적으로 표현한다. 지혜로운 자의 단계인 (4) 단계는, 스토아의 용어를 사용한다면, 게워스의 이상적 자기 성취 모델과 내가 게워스의 신스토아적 지혜로운 자 개념을 그 지혜로운 자에게 귀속시켰던 것에 상응하며, 개략적으로 그것을 표현한다.

확실히, PGC에 대한 게워스의 논증은, 그것의 직접적 적용에 대해서뿐 아니라 그것의 간접적 적용, 특히 게워스의 자기 성취 모델에 관한 적용에 관련해서, 정확하게 스토아의 오이케이오시스의 "요람 논증"이 아니다. 왜냐하면 초기 아동기 발달의 단계는 PGC 논증의 구조에서 빠져 있기 때문이다. 그러나 사정이 이러하므로 PGC의 형식적 구조 안에는 스토아의 오이케이오시스에서 아동 발달의 초기 단계에까지 거슬러 올라가서 언급할 수 없는 것은 아무것도 없다. 게워스의 논증이 성숙한 이성적 행위자(최소한 귀납적으로 그리고 연역적으로 추론할 수 있을 만큼 성숙한)에서 시작한다는 점을 인정하면, 그 논증이 적어도 개념적으로는 스토아의 오이케이오시스에서 초기 아동기 발달에 대해 소급해서 언급하지 못할 방법론적 이유가 없다. 게워스의 PGC 논증과 스토아의 오이케이오시스 논증에 대한 나의 비교는 스토아 오이케이오시스의 후기 단계에서의 비교를 취하지만, 그러나 여전히 오이케이오시스 논증과 같은 패턴과 근거를 따르고 있다.

다음은 상응하는 "게워스의 신스토아적 오이케이오시스"의 개요를 내가 개념적으로 구성한 것이다(전제 I-III).

(I) 게워스의 PGC 논증은 스토아의 오이케이오시스 논증이 그렇듯이 인간 발달의 최초 단계, 즉 자기 보존의 충동에서 출발한다. 게워스의 PGC 논증의 첫 번째 단계에서 행위자는 단지 자신의 특정한 목적에만 관심이 있다는 사실을 상기해보자. 도구적인 이성적 행위자에게 자신의 자유와 잘삶에 대한 자기애적인 **사려의** 권리를 주장하도록 동기를 부여하는 것은 자신의 목적에 대한 자기애적 관심이다. 게워스의 PGC 논증의 이 첫 번째 단계는 스토아의 오이케이오시스 논증의 첫 번째 단계에 상응한다. 두 논증에서 행위자의 관심사는 주로 자신과 자신의 욕망, 이익, 목적이다. 게워스의 논증에서 행위자가 사려적 권리를 주장하는 것은 자기 이익에 의해 동기가 부여되는데, 이것은 상세히는 아니지만

적어도 개략적으로는 스토아 논증에서 행위자의 자기 보존의 충동에 상응한다.

(II) 게워스의 PGC 논증에서 두 번째이자 중요한 단계는 오직 목적적 행위자이므로 자신이 자신의 자유와 잘삶에 대한 사려적 권리를 지니고 있다는 행위자의 깨달음에서 시작한다. 행위자의 내적인 변증법적 관점에서 자기애적인 사려 권리에서부터 타인애적인 도덕 권리로 중요한 "전환"을 이루는 일을 매개하는 것은 바로 이러한 깨달음이다. 게워스 논증의 이 단계는 위에서 간략하게 설명된 스토아의 오이케이오시스 논증의 (2) 단계와 (3) 단계에 상응한다. 게워스의 논증은 단지 우연적으로 이루어지는 사회성의 충동이 보편적 도덕의 기초를 증명하는 데 충분하지도 않고 심지어는 필요한 것도 아니라는 점을 인식한다. 오이케이오시스 논증의 (3) 단계에서 알 수 있듯이 필요한 것은 덕은 올바로 행동하는 문제일 뿐만 아니라 더 중요하게는 올바른 이성에 따라 행동하는 문제라는 사실에 대한 인식이다. 즉 기껏해야 단지 우연적이가 가변적일 수 있을 뿐인 사회적 본능이나 충동에서 행동하는 문제가 아니라, 이성적으로 행동하는 문제라는 사실에 대한 인식이다.

그러나 자기 보존과 사회성에 대한 충동에 의해 동기가 부여된 자연적 목적의 추구에서부터 오로지 자연과 이성적으로 일치하는 것에만 관심을 두는 것—덕으로 이행한다는 중요한 스토아적 특성이 있는—으로의 스토아적 전환은 분명히 논증을 통해서는 입증되지 않는다. 우리는 자연이 이성적이고 질서정연하다는 믿음이 우리 자신 개인의 자연[본성]은 자연적인 이성적 질서를 반영하고 그런 질서의 일부라는 믿음과 함께 아우러져 그가 자연과 일치하여 살아야 하며, 이것이 결국 유덕한 행동을 요구하게 된다는 것을 이성적으로 설득하기에 충분하다는 것을 이해하게 된다. 그러나 지젤라 스트라이커가 제대로 지적하고 있듯이(Striker 1996, 225-31), 자연이 첫째, 이성적이고 질서정연하다는 것, 둘째, 우리 자신의 개인적 자연은 그런 질서를 반영하면서 동시에 그런 질서의 일부라고 하는 이중적 깨달음은 자연적이고 사회적인 충동에서부터 이성에 따라 유덕하게 행동하고 살고자 하는 이성적 "충동"으로의 이행을 뒷받침할 만큼 충분히 강력한 것은 아니다. 왜냐하면 어떤 사람은 좋은 삶이 덕의 삶이라는 견해를 받아들일 만큼 이성적으로 강력하지 않더라도 이 두 명제의 진리에 도달할 수 있기 때문이다. 왜냐하면 우리는 자연이 이성적이면서 질서 정연하고, 우리 자신의 본성이 그 이성적 질서를 반영하고 있다는 사실을 받아들일 수 있지만, 그것이 유덕하게 사는 것을 수반하고, 자연과 일치하는 삶이 윤리적으로 선하다는 것을 받아들일 만큼 강력하지 않기 때문이다.

게워스의 PGC 논증에서 (II) 단계는 어떤 행위자가 자기모순의 고통으로 인해 자신의 이성적 본성(이성적인 목적적 행위)에 근거하여 자기애적인 사려의 관점에서부터 타자애적인 도덕적 관점으로의 이행을 인식하고 받아들일 만큼 논리적으로 강력하다는 것을 입증함으로써 스토아의 오이케이오시스 논증의 논리적 틈을 막아버린다

(Gewirth 1978; 1996; Spence 2006). 만약 나의 분석이 옳다면, 게워스의 논증은 스토아의 오이케이오시스 논증에 이 논증의 (2) 단계에서의 자연적 충동 및 사회적 충동과 (3) 단계에서 이성이 요구하는 유덕한 행동으로의 이행 간의 논리적 틈을 메우는, 빠져 있는 이성적 공백을 제공한다.

(III) 앞에서 언급했듯이, 구성적 덕과 게워스의 신스토아적 지혜로운 자로의 이행은 게워스의 자기 성취를 통해 게워스가 PGC를 간접적으로 적용함으로써 제공된다. 발전적 덕에서 구성적 덕 및 이상적 자기 성취에로의 최종적인 이행은 부분적이고 불완전한 덕에서부터 완전하고 완성된 덕으로의 스토아적 이행, 즉 스토아적 지혜로운 자의 특성을 갖는 이행에 상응한다. 결론적으로 게워스의 PGC 논증은, 상세히는 아니지만 적어도 개략적으로나마 스토아의 오이케이오시스 논증의 발전적 구조를 반영한다. 추가한다면, 한편으로는 발전적인 덕과 구성적인 덕 모두에 대한 PGC 논증에 간접적으로 제공되는 이성적 뒷받침과, 다른 한편으로는 게워스의 성취 모델을 뒷받침하기 위해 PGC 논증에 근거하여 게워스가 제공한 논증은, 덕과 에우다이모니아에 대한 다양한 스토아의 논증과 교설을 반영하고 있고, 그것에 상응한다. 게워스의 자기 성취 논증과 스토아의 에우다이모니아 모두에 핵심적인 것은 이성, 덕, 자연과의 일치라는 핵심 요소들이며, 이것은 게워스의 용어로는 이성적인 목적적 행위와 인격의 논리적 함의에 동의하는 것으로 해석할 수 있다.

결론

스토아 철학과 내가 엘런 게워스에 귀속시켰던 신스토아 철학 사이의 비교 분석은 게워스의 **자기 성취** 이론과 일반적으로는 그의 합리론적 윤리학에 대한 나의 재구성에 바탕을 둔 것으로, 그 분석에 따르면 한편으로는 게워스의 윤리학과 스토아의 윤리학 사이의 명확하고 밀접한 상응 관계가 있고, 다른 한편으로는 게워스의 이상적인 자기 성취(이차적 자기 성취)와 스토아의 에우다이모니아 간에 밀접한 상응 관계가 있다. 결론적으로, 게워스의 자기 성취 모델을 포함한 게워스의 윤리 이론은 방법론적으로 그리고 맥락에 있어 스토아 윤리학 및 스토아의 에우다이모니아와 강력하고 놀라운 유사성을 가지고 있다. 나의 비교 분석이 옳다면, 게워스의 자기 성취 모델을 포함한 게워스의 윤리 이론은 패러다임적으로나 본질적으로 신스토아적이다. 나는 이것이 현대 윤리학과 스토아학 모두에게 중요하고 환영할 만한 결과라고 생각한다. 다음 장에서 우리는 스토아 철학과 신스토아 철학이 구체적으로 어떻게 기술에 적용되는지를 검토한다.

제 4 장

스토아 철학을 기술에 적용함

> 오 나의 친구여, 위대하고 강력하며 지혜로운 아테네 시민인 당신이 무엇 때문에 돈과 명예와 명성에 관해서는 그렇게 많이 신경을 쓰면서 지혜와 진리에는 거의 마음을 쓰지 않소?…당신은 이것이 부끄럽지도 않소?
>
> —Plato, *Apology*, 1978.

서론

이 장은 스토아 철학과 신스토아 철학이 기술에, 특히 정보통신기술(ICTs)과 인공지능기술(AI)에 어떻게 적용되는지를 검토할 것이다. 편의를 위해 달리 명시하지 않는 한, 나는 이 기술들을 통칭하여 "기술"이라 칭할 것이다. 이 장은 세 부분으로 구성된다. (1) 스토아 철학과 기술의 핵심 문제, (2) 스토아 철학의 핵심 원리들과 그 원리들이 기술에 적용되는 방식, (3) 스토아 철학이 기술과 관련성이 있고 기술에 중요한 이유.

기술의 문제는 기술 그 자체가 아니라, 페이스북이나 구글과 같은 빅테크 기업이 사용자의 잘삶과 사회 전반에 손해를 입히면서 우선적인 금전적 이익을 얻기 위해 기술을 사용하는 것임을 명확히 하는 것에서 출발하고자 한다. 최근 케임브리지 애널리티카와 페이스북의 프라이버시 침해 및 사용자의 데이터에 대한 동의 부족 스캔들이 대표적 사례다. 그 사례와 그것의 규범적 함의 및 그것이 사회에 미치는 영향은 제6장에서 살펴볼 것이다.

우리가 제2장에서 보았듯이, 어떤 기술도 그 자체로 선일 수 없거나 그것들을 관리하는 빅테크 기업의 선이어서는 안 되고, 인류 전체의 선이어야 한다는 점을 감안하면, 그러한 기술의 도구적인 적극적 가치가 사회에 대해 소극적인 에우다이모니아적 영향을 희생시켜서는 안 된다. 궁극적으로, 기술의 핵심 문제는 엔지니어가 해결해야 하는 기술 문제가 아니라, 사회와 글로벌 커뮤니티가 공동으로 해결해야 할 도덕 문제이다.

스토아 철학을 기술이 사회에 미치는 영향을 평가하는 데 적용하는 가장 중요한 근거는 에우다이모니아 또는 잘삶의 달성에 초점을 맞춘 삶의 방식으로서의 스토아 철학이 기술의 에우다이모니아적 평가에 개념적, 실천적으로 관련이 있고 중요하다는 것이다. 스토아 윤리를 기술에 적용하기 위해 고안된 이중 의무 정보-지혜 이론(DOIT-지혜)은 제3장에서 살펴본 주제인 신 스토아 철학을 기술에 적용하는 데 있어 핵심적인 특징을 형성한다. DOIT-지혜 모델은 제5장에서 더 자세히 살펴볼 것이다.

스토아 철학과 기술의 핵심 문제

스토아 철학에서나 기술 모두에서 핵심 문제이자 질문이며, 이 장과 이 책 전반에 초점을 맞추고 있는 것은 누가 통제를 하는가의 문제이다. 그것은 개인으로서, 집단적 사회로서, 글로벌 커뮤니티 전반으로서의 **우리**인가 아니면 **기술**인가? 이 장은 누가 우리의 삶, 즉 **우리**나 **환경**을 통제하는가 라는 질문에 대해 스토아주의자가 제시한 답이 누가 기술을 통제하는가에 대한 물음에 대한 답을 제시하고 동기 부여한다는 것을 입증할 것이다. 그것은 개인으로서 그리고 집단적 사회로서의 **우리**인가 아니면 그 기술, 특히 ICTs와 AI 기술을 통제하는 **빅테크 기업**인가?

스토아 철학의 문제:
누가 통제하는가? 우리인가 아니면 운명인가?

스토아 철학은 스토아주의가 불교와 공유하는 핵심 특징인 터무니 없는 운명의 활과 화살에도 불구하고 불행한 세상에서 어떻게 행복할 수 있는가라는 핵심적인 메타 철학적 문제에 대답하기 위해 출발한다. 스토아주의가 제시하는 답은 방법론적으로나 논리적으로 독창적이며, 이론적이면서 동시에 실천적이다. 철학이 마음의 치료법, 즉 **테크네 비우**(*Techne Viou*) 또는 **삶의 기술**이라고 생각한 스토아주의자들은 우리가 통제할 수 있는 것과 우리가 통제할 수 없는 것이 있다고 보았다.

스토아주의자에 따르면, 덕이 에우다이모니아를 달성하는 데 필요하면서도 충분한 실천적 수단을 제공하는 유일한 본래적 선이기 때문에, 우리의 주요 관심사는 용기, 절제, 정의, 사려 또는 실천적 지혜, 공감, 연대와 같은 우리의 덕을 발전시키는 것이어야 한다. 불행을 피하기 위해 우리는 두 가지를 해야 한다. 우리가 통제할 수 있는 것들 우리의 신념, 판단, 욕망, 태도, 의욕 또는 프로하이레시스(*prohairesis*)를 통제하고, 우리가 통제할 수 없거나 적어도 완전하게 통제할 수 없는 것들, 즉 건강, 관계, 고용, 부, 권력, 죽음 등과 같은 우리의 외부에 있는 것들에 대해서는 무관심하라. 그러므로 이성적 존재인 우리는 자연에 따라 유덕한 삶을 삶으로써 우리의 인격을 완성해야 한다. 왜냐하면 그런 삶은 우리에게 아타락시아(*ataraxia*. 평정심)를 가져다주면서 동시에 아우타르키아(*autarkia*. 자족)와 에우다이모니아(행복 또는 잘삶)를 가져다줄 수 있기 때문이다. 행복은 우리가 통제할 수 있는 우리 자신의 이성적 의욕과 판단에 달려 있기 때문에, 우리의 통제 범위 안에 있다.

제3장에서 살펴보았듯이, 스토아 에우다이모니아의 중요한 특징은 덕과 그것의 본질적 관계이다. 유일한 본래적 선인 덕은 에우다이모니아의 달성을 위한 필수적인 수단일 뿐만 아니라 그것의 구성 요소이기 때문이다. 따라서 덕은 에우다이모니아 또는 행복한 삶이나 적어도 불행한 삶이 아닌 것의 수단인 동시에 목적이다. 고대 그리스어로 우리 안에 선한 데몬 또는 영혼이 있다는 것을 의미하는 에우다이모니아는 우리 안에 있는 것이므로 우리에게 달려 있으며, 따라서 우리의 통제 범위 안에 있는 것이다. 흥미롭게도 행복을 뜻하는 현대 근리스어 에우티히아(eutihia. 현대 그리스어에서는 에프티히아(eftihia)로 발음)는 행운이 있음을 의미하는데, 그것은 행복을 우리의 통제 바깥에 두므로 우리가 통제

할 수 없는 것이다. 왜냐하면 좋든 나쁘든 운명이나 환경은 우리가 통제할 수 없는 것이기 때문이다.

기술의 핵심 문제: 누가 통제하는가? 우리인가 아니면 기술인가?

기술, 특히 이 장과 관련해서는 ICTs, AI 기술의 핵심 문제는 이러한 기술들이 우리의 통제안에 있는 것이 아니라, 페이스북, 구글 등 빅테크 기업의 금전적 이득을 위해 그런 기업의 비즈니스 모델이 명령하는 불투명하고 측량 불가능한 알고리즘이 사용자의 정보를 체계적으로 감시하는 데서 드러나듯이, 이런 기업의 통제안에 있다는 것이다. 이 문제는 최근 몇 년간 많은 연구자에 의해, 특히 쇼산나 주보프(Shoshanna Zuboff 2019)와 다수의 다른 연구자들에 의해 광범위하게 조사되었다.[1]

이 장의 주된 목적은 스토아 철학이 그 문제를 이론화하는 데서 뿐 아니라 해결을 위해 실질적으로 그것에 대응하는 데 얼마나 관련되어 있고 효과적인지를 보여주는 것이다. 스토아 철학과 기술의 같은 방향의 통제 문제를 확인한 후, 이 장은 우리가 제3장에서 상세하게 검토했던 원리들을 통해서 스토아 철학이 얼마나 이론적으로 기술과 관련이 있으며, 그 기술에 대해 얼마나 실용적인지를 보여줄 것이다. 이 목적을 위해 이 장은 그러한 핵심 원리들을 개괄적으로 요약하고, 그런 원리들이 어떻게 기술에 적용되며, 특히 ICTs와 AI 기술에 적용될지를 보여줄 것이다.

원리 1: 우리가 통제할 수 있는 것들에만 관심을 가질 것

에픽테토스에 따르면(2018, 221),

> 우리의 믿음은 우리에게 달려 있다. 그리고 우리의 충동, 욕구, 혐오, 한마디로 말해서 우리 자신이 행하는 것은 무엇이나 우리에게 달려 있다. 반면에 우리의 육체는 우리에게 달려 있지 않다. 우리의 소유물도 우리의 공직도, 한마디로 말해서 우리가 행하지 않는 무엇이나 우리에게 달려 있지 않다.…따라서 네가 본성적으로 노예적인 것을 자유로운 것으로 생각하고, 너 자신의 것이 아닌 것을 너 자신의 것으로 생각한다면, 너는 좌절, 고통, 심란(心亂)을 겪을 것이고, 신과 인간을 비난하게 될 것이라는 점을 기억하라. (편람, 제1장: 1-3)

통제 문제는 스토아 철학과 기술 모두에서 발생하는 핵심 문제이므로, 스토아 철학은 이론적·실천적 평가를 제공하고 기술의 통제 문제 해결을 위한 동기를 제공할 수 있는 좋은 위치에 놓여 있다.

기술의 핵심 측면이 우리의 통제를 넘어서 있다면, 스토아 방법론에는 적어도 두 가지 옵션이 우리에게 열려 있다.

> 첫째 옵션은, 정확성, 확실성, 신뢰성, 투명성, 책임성, 프라이버시, 불가해성, 독점, 빅테크와 그 기술의 사용자인 우리 사이의 정보의 불균형, 궁극적으로는 기술 자체에 대한 통제는 우리의 통제 너머에 있기 때문에, 우리는 그러한 문제들을 무시해야 하거

나 적어도 우리가 통제할 수 없으므로 그런 문제들을 우리의 잘삶에 필요하지 않은 선호된 무관심사로 취급해야 한다는 것이다.

둘째 옵션은, 이러한 기술이 우리 삶의 대부분에 걸쳐 인식론적, 윤리적, 에우다이모니아적 특징들에 나쁜 영향을 끼치기 때문에, 이러한 기술을 사회적 통제하에 두도록 노력해야 한다. 그렇지 않으면 우리 공동의 잘삶이 위험에 처할 수 있기 때문이다.

통제라는 스토아 개념의 핵심 가정은 내면의 정신적 자유와 자율적·이성적 행위이다. 그러나 빅테크 기업이 사용자가 빅테크의 디지털 플랫폼에서 최대한 많은 시간을 보내도록 유도하기 위해 (더 많은 시간을 보내면 그 기업은 더 많은 돈을 벌 수 있으므로) 사용하는 심리적으로 설득력 있는 기술은 빅테크 기업의 주된 재정적 이익을 위해 사용자의 이성적·자율적 행위를 약화시키도록 설계된다. 이는 마치 플라톤의 **동굴의 우화**에 나오는 죄수들처럼 은밀하고 이해할 수 없는 꼭두각시들이 파우스트 미다스의 선율[2]에 맞추어 우리를 춤추게 하려는 것과 같다. 제6-제9장에서는 페이스북과 구글 같은 빅테크 기업이 불투명한 알고리즘을 적용하여 감시 비즈니스 모델을 사용하는 것이 어떻게 사용자의 명시적인 인식과 동의 없이 사용자의 데이터를 수집하고 판매함으로써 해당 기업의 주요 재정 이익을 위해 사용자의 합리적·자율적 행위를 훼손하는지를 자세히 살펴볼 것이다.

원리2: 궁극 목표

스토아 철학자를 포함한 헬레니즘 철학자들은, 각 헬레니즘 학파가 행복을 다른 무엇과 동일시했지만, 에우다이모니아 또는 행복이 좋은 삶의 궁극 목표라고 주장하였다. 에피쿠로스 철학자들은 그것을 쾌락 및 고통의 회피와 동일시했고, 퓌론주의 회의론자들은 모든 판단의 중지를 아타락시아 또는 평정심을 얻는 유일한 확실한 방법과 그것을 동일시했으며, 스토아 철학자들은 오로지 에우다이모니아를 덕의 삶, 즉 자연[본성]과 일치하는 삶과 동일시했다. 말하자면 이성적인 것은 우리의 "자연"이고, 여러 중간 단계를 거쳐 궁극적으로 에우다이모니아 또는 행복에 도달하는 유덕하고 윤리적인 삶으로 우리를 이끄는 것은 우리의 이성적 자연이다.

덕을 통한 에우다이모니아의 달성에 대한 스토아 철학자들의 강조는 기술이 우리 개인과 집단의 잘삶에 미치는 영향을 검토하는 데 중요한 의미를 갖는다. 이는 기술이 왜 그 자체로 또는 기술을 관리하는 빅테크 기업의 선이 될 수 없고 모든 인류의 공동선을 위한 것인지를 강조하고 있으며, 이는 제2장에서 검토한 주제였다.

원리 3: 덕의 삶과 지혜의 삶

제3장에서 보았듯이 덕에 대한 스토아의 정의는 다음과 같다.

(I) 덕은 그것이 성공적으로 촉진하는 결과에 의해 정의되는 것이 아니라, 자연의 합리성과 완벽하게 조화를 이루는 성향으로부터 필연적으로 나오는 행동 패턴에 의해 정의된다.

(II) 옳은 것을 행하는 것은 덕과 일치하는 것이며, 이는 완벽한 이성적 존재자의 자연과 일치하는 것이라고 말하는 것이다.

(III) 덕은 이성적 존재자가 유덕하게 되는 특별한 기능 또는

목표라는 의미에서 자연과 일치한다. (Long 1986, 192)

유덕한 삶에 대한 스토아의 원리와 연관된 것이 지혜의 원리이다. 소크라테스를 시작으로 하여 스토아 철학자들과 고대 그리스 철학자들 일반에 따르면 철학의 궁극 목적은 단순한 지식이 아니라 지혜를 우리에게 가르치는 것이다. 따라서 스토아 철학자에게 지혜는 마음의 평화, 내면적 자유, 행복, 우주적 의식을 가져다주는 덕의 삶의 방식이다. 스토아 철학자들이 이해한 "우주적 의식"은 우주 전체에 퍼져 있는 보편적 이성으로서의 자질이며, 이것에 의해서 우리는 모두 우주의 통합된 일부가 되는 것이다. 피에르 하도트는 다음처럼 말하고 있다(1955, 273).

> 지혜의 실천은 우주적 차원을 수반한다. 보통 사람은 세계와의 접촉을 잃어버리고 세계를 세계로 보지 않으며, 오히려 세계를 자신의 욕망 수단으로 취급하는 반면에, [스토아의] 지혜로운 자는 전체가 끊임없이 마음에 존재하는 것을 멈추는 일이 없다. 그는 우주적 관점 안에서 생각하고 행동한다. 그는 개인의 한계를 넘어서는 전체에 속한다고 느낀다.

중요한 것은 지혜에는 정보보다 더 큰 전환이 필요하다는 점이다. 지혜로워지려면 정보를 얻는 것뿐 아니라 삶의 방식으로서의 철학의 실천을 통해 유덕한 삶을 살도록 전환해야 한다. 빅테크 기업이 우리의 삶의 모든 측면에서 행사하는 통제를 무비판적으로 받아들이는 등 우리가 기술을 사용하는 지혜롭지 못한 방식을 고려할 때, 우리는 자신과 사회의 공공선과 잘삶을 위해 정보를 보다 유덕하고 지혜롭게 사용해야 한다. 지혜는 **마음의 메타 기술**(Spence 2011)로서 공동선을 위해 기술을 통제하고 사용하는 방법을 우리에게 안내해 줄 수 있다. 지혜에 대한 주제는 제5장에서 더 자세히 살펴볼 것이다.

원리 4: 세계시민주의

> 누군가가 어디서 왔냐고 그에게 물었을 때, 그는 "나는 세계의 시민입니다"고 답했다(Laertius 1925, Chapter 2. 22-84).

우주적 의식 개념과 밀접하게 연관된 것이 스토아의 세계시민주의 관점이다. 여기에는 세계 공동체의 공동선을 위해 공감하고 연대하는 삶이 포함되며, 우리의 집단 잘삶을 위해 글로벌 사회적 정의에 따라 행동하는 것이 포함된다. 스토아 철학자들에 따르면, 철학은 공동체 참여를 수반한다. 그러나 스토아 철학자들에게 폴리스는 도시 국가나 개별 국가 아니라 세계 국가, 즉 코스모폴리스(cosmopolis)였다.

기후 변화와 현재의 코로나-19 팬데믹으로 인한 자연환경에 대한 위협에 맞서 우리는 세계시민으로서 모든 개인의 윤리적 권리를 존중하고, 자연환경뿐 아니라 디지털 환경을 존중하는, 말하자면 스토아 철학자들이 추천하는 생활 방식을 바람직한 것으로, 더 나아가서 필수적인 것으로 보아야 한다. 우리가 살고 있는 연결된 기술 시대에서 잘삶의 달성을 위한 삶의 방식으로서 스토아적 세계시민주의는 우리의 집단적 행복을 체계적으로 훼손하는 빅테크의 감시 관행에 대한 집단적 대응을 가능하게 하는 적절하고 중요한 역할을 한다. 우리는 개인으로서 그러한 대응을 할 수 없기 때문에, 기후 변화의 해결에 대한 우리의 대응과 마찬가지로 빅테크 기업뿐만 아니라 시민, 정부, 이들과 관련된 민주적 기관 및 규제 당국까지 포함하는 전 세계적인 집단 행동이 필요하다. 스토아 세계시민주의는 이러한 집단적 공동 대응을 위한 이론적 틀과 실천적 동기를 모두 제공한다.

원리 5: 자연과 일치하는 삶

> 키케로가 설명하듯이, 스토아주의의 어떤 가치도 자연을 기준으로 정의된다(Long 1986, 198).

스토아주의의 중요하고 핵심적인 원리는 자연에 따라 살아가는 것이다. 스토아 철학자들에 따르면 에우다이모니아는 유덕한 삶을 사는 데 있으며, 자연과 일치하는 삶이다. 이러한 삶을 그들은 전 우주에 퍼져 있는 이성 또는 이성적 정신과 동일시했다. 자연은 우주적 이성과 동일시되었기 때문에, 스토아 철학자들은 자연과 일치하는 삶을 인간 이성의 완벽함과 동일시했다. 더욱이 이성적이며 유덕한 삶을 살아감으로써만 인간은 진정으로 행복해질 수 있다. 스토아 철학자들에게는 덕, 이성적 행위, 자연, 잘삶 사이에는 필수적인 관계가 존재하며, 이 모두는 에우다이모니아를 달성하기 위한 좋은 삶을 사는 것과 관계가 있다.

헤라클레이토스의 영향을 받은 스토아의 자연 개념은 정적인 것이 아니라 동적인 것이라고 생각되었기 때문에, 우리는 스토아의 자연 개념을 자연환경뿐 아니라 결정적으로 디지털 환경까지 포함하도록 확장할 수 있다. 자연과 일치하는 스토아적 삶의 원리를 적용하면, 자연환경(생물권)의 고결성을 존중하고 보호해야 할 전 지구적 책임이 우리에게 있는 것처럼, 디지털 환경(정보권)에 관해서도 동일한 책임이 있다고 말할 수 있다. 기후 변화가 생물권을 오염시키고 변화시킨다면, 빅테크의 감시 관행은 정보권을 부패시킨다. 두 가지 모두 개인과 집단의 글로벌 잘삶을 훼손하는 부패의 한 형태다. 제6장에서 우리는 페이스북과 구글과 같은 빅테크 기업의 일부 정보 및 커뮤니케이션 관행과 관련된 미디어 부패 개념을 검토할 것이다.

원리 6: 오이케이오시스

앞서 검토한 지혜를 통한 전환 문제와 관련된 것이 오이케이오시스(Oikeiosis) 원리다. 제3장에서 보았듯이, 발전적 덕에서 구성적 덕으로, 불완전한 덕에서 완전한 덕으로의 이행에는 일종의 윤리적 전환이 필요하다. 통찰력 있는 구절에서 줄리아 아나스는 소크라테스의 행복 이론이 요구하고, 스토아 철학자들이 소크라테스를 자신들의 초기 롤모델로 생각했기 때문에 확장을 통해서 꼭 같이 스토아 철학에도 적용되는 그런 종류의 윤리적 전환을 다음처럼 아주 분명히 설명하고 있다(Annas 1999, 50-51).

> 행복에 관한 이론[플라톤에서 소크라테스적 행복 이론]은 대단히 까다롭다. 당신은 올바른 관점을 가질 때까지 행복에 관한 당신의 설명을 제대로 얻지 못할 것이고, 그것은 당신의 최초의 관점과는 완전히 다를 것이다. 유덕하게 된다는 것은 당신의 가치관과 우선순위의 **전환**을 요구한다(강조는 추가된 것임). 이것은 틀림없다.

전통적인 선과 악에 대한 당신의 모든 가치 평가는 잘못으로 드러날 것이다.…우리는 까다로운 도덕 이론에 익숙하지만, 다른 것이 아닌 행복 이론을 이해하기는 쉽지 않다. 그러나 이것은 플라톤의 이론과 같은 이론을 반대하는 주장이 아니다. 다만 그것은 유덕한 사람의 지혜에 도달하고, 따라서 온전한 당신의 삶을 살기 위해서는 상식과 관례적인 믿음에서 벗어나는 긴 지적 여정이 필요하며, 그렇게 될 때 당신의 행복 개념이 전환된다는 것을 보여준다.

앨런 게워스 또한 이상적 자기 성취에 대한 그의 개념의 전환적 측면을 인식하고 인정한다. 그가 우리에게 이야기하듯이(Gewirth 1998, 86), "우리의 사고와 행동에서 이러한 요구 사항들을 인식하고 수용하는 것은 일종의 **자기 전환**(강조는 추가된 것임)를 수반할 수 있으며, 이를 통해 우리는 더 완전한 도덕적, 사회적 존재가 된다".

스토아 철학자들은 그러한 전환의 실천적 필연성을 그러한 전환이 어떻게 **실천적으로** 일어날 **수** 있는가에 대한 개념적 설명을 제공할 필요성을 깨닫고는 오이케이오시스 이론, 즉 스토아 윤리학의 가장 중요하고 근본적인 학설 중 하나로 간주되는 이론을 발전시켰다. 이 이론은 다음과 같은 점을 보여주고자 한다. 즉 자연적 제약을 받으며, 따라서 그런 제약에 따라서 행동하므로, 어렸을 때 순수하게 쾌락적 욕망을 가지고 그러한 욕망에 의해 동기가 부여된 상태에서 생물적, 심리적, 사회적, 그러나 더 중요하게는 이성적 발달을 거쳐 윤리적 관점을 획득하는 상태에 이르기까지 사람이 어떻게 해서 점진적으로 발달할 수 있는가?

제3장에서 보았듯이, 스토아의 오이케이오시스 학설의 중심

발달 단계를 구성하는 네 단계는 **자기 보존**의 충동, **사회성**의 충동, "자연적 충동"에만 근거하여 자신과 타자를 향해 적절하게 행동하는 것에 단순히 그치는 것이 아니라, 더 중요하게는 자신의 **이성**에 근거하여 그렇게 행동해야 한다는 인식이다. 그리고 마지막으로, 자연과 일치하는 완전한 이성과 덕에 따라서 항상 행동하는 성향과 실천은 **에우다이모니아**에 도달하는 결과를 낳는다. 왜냐하면 이것은 자연 또는 우주의 이성적 질서를 반영하고 또한 그 일부가 되는 자신의 이성적 본성[자연]과 일치하기 때문이다. 이성적으로 행동하는 것은 자연과 일치하기 때문에, 그리고 자연과의 일치는 삶의 목표이자 목표이어야 하기 때문에 적절하다(위의 궁극 목표 원리 참조).

제5장에서 살펴보겠지만, 제3장에서 검토된 게워스의 **자기 성취** 모델 이론의 재구성에 기초한 신스토아 철학을 발전시킨 **DOIT-지혜**는 스토아의 오이케이오시스 개념과 일치한다. 자유와 잘삶을 위한 보편적 인권을 지지하는 **일반적 일관성의 원리(PGC)**에 대한 게워스의 주장은 세부적으로는 아니더라도 적어도 개략적으로 스토아의 오이케이오시스 주장의 전개 구조를 반영한다.

추가해서 발달적 덕과 구성적 덕 모두에 대한 PGC의 주장에 간접적으로 제공되는 합리적 지지는 그리고 자기 성취 모델을 뒷받침하는 PGC의 주장에 근거하여 게워스가 제기한 주장은 덕과 에우다이모니아에 대한 스토아의 주장과 학설을 반영하고 있다. 게워스의 자기 성취 주장과 스토아의 에우다이모니아 모두에 중심적인 것은 이성, 덕, 자연과의 일치라는 핵심 요소들이며, 이것들을 게워스의 용어로 이성적인 목적 행위와 인격성의 논리적 함의에 동의하는 것으로 해석될 수 있다. 앞서 기술에 관한 통제 문제의 검토에서 살펴보았듯이, 구글이나 페이스북과 같은 빅테크 기업이 자기중심적 경제적 이익을 위해 체계적인 설득력이 있는 불투명한 알고리즘을 통해 어떻게 우리의 이성적 자율성과 행위를 노리고, 투명성과 책임감 없이 이를 실행하는가가 문제이다.

기술에 오이케이오시스 원리를 적용할 때, 우리가 왜 전환해야 하고 우리에게 명백히 해로운 것을 더는 받아들여서는 안 되는지의 필요성을 긴급하게 더 강조할 수밖에 없게 된다. 즉 빅테크 기업이 우리의 **자율성과 프라이버시**를 고의적으로 기만하고 조작하는 것이[3] 바로 그것이다. 이 책의 뒷장들에서, 특히 제5장과 제7-9장에서 우리는 자율성과 프라이버시 개념이 어떻게 밀접한 상호 관계를 가지는지 그리고 그 둘이 개인과 사회로서 우리의 존엄뿐만 아니라 자유와 잘삶에 대한 우리의 근본적인 권리에 본질적인지를 더 상세하게 검토할 것이다.

카리사 벨리즈의 중요한 저서인 『프라이버시는 힘이다』(2020, 1) 서론에서 그녀는 빅테크가 어떻게 우리의 프라이버시를 침해하고 빼앗아 개인과 집단의 잘삶을 해치는지에 대한 경종을 울리고 있다.

> 그들은 우리를 지켜보고 있다. 그들은 내가 이 글을 쓰고 있다는 것을 알고 있다. 여러분이 이 글을 읽고 있다는 것도 알고 있다. 정부와 수백 개의 기업이 여러분과 나, 그리고 우리가 아는 모든 사람을 감시하고 있다. 매일의 매 순간 그들은 우리의 위치, 우리의 통신, 우리의 인터넷 검색, 생체 정보, 사회관계, 구매 내역 등 가능한 모든 것을 수집하고 기록한다. 그들은 우리가 누구인지, 무

슨 생각을 하는지, 어디가 아픈지 알고 싶어 한다. 그들은 우리의 행동을 예측하고 영향을 미치고 싶어 한다. 그들은 너무 많은 권한을 가지고 있다. 그들의 힘은 우리, 여러분의 데이터에서 비롯된다. **이제 통제권을 되찾아야 할 때다**(강조는 추가). 프라이버시를 되찾는 것이야말로 우리 삶과 사회에 대한 통제권을 되찾을 수 있는 유일한 방법이다.

개인으로서 그리고 사회로서 우리의 자율성과 프라이버시를 통제함으로써 기술의 통제권을 되찾는 것, 이것이 또한 스토아 철학과 신스토아 철학의 규범적이고 에우다이모니아적 개념의 틀과 합리성에 따라 이 책이 의도하는 명확한 요구이기도 하다. 왜냐하면 이 장이 스토아 철학과 신스토아 철학이 우리의 삶을 누가 통제하는가, 우리인가 환경인가의 통제 문제에 대한 해결책을 제시하였으므로, 또한 이 장은 기술의 통제 문제, 즉 누가 기술을 통제하는가, 우리인가 빅테크인가의 문제에 대한 응답도 제공하기 때문이다. 따라서 빅테크에 대한 집단적인 세계시민주의의 응답은, 우리의 잘삶과 궁극적으로는 자유롭고 자율적인 인간으로서 우리가 생존하는 것이 그 응답에 달려 있기 때문에, 반드시 필요한 문제이다. 제9장에서 살펴보겠지만, AI 기술의 통제 문제를 더 자세하게 검토할 때, 인류의 생존 자체가 그 응답에 달려 있다.

원리 7: 삶의 방식으로서의 철학

어떤 인간의 고통도 치료할 수 없다는 철학자의 주장은 공허하다. 왜냐하면 육체의 병을 쫓아내지 못하는 의술이 아무 소용이 없듯이 영혼의 고통을 쫓아내지 못하는 철학도 아무 소용이 없기 때문이다(Epicurus, Nussbaum 1994, 13에서 인용)

스토아 철학의 중요한 측면은, 그리고 헬레니즘 철학의 여러 학파, 특히 위의 에피쿠로스 인용문에서 알 수 있듯이 에피쿠로스 철학의 중요한 측면은 철학이 삶의 방식 또는 삶의 기술로서 수행되어야 한다는 것이다. 제3장에서 살펴보았듯이, 철학은 두 가지 방식에서 삶의 기술로 볼 수 있다.

(a) 한번 배우면 매일 좋고 만족스러운 삶을 살 수 있는 기술로서
(b) 인간 자연[본성]의 완성—인류 최고의 인간이 되는 것. 스토아 철학자들에게 인간 본성의 완성이란 이성적 본성의 완성을 의미했다. 스토아 철학자들에 따르면 인간의 자연과 자연 일반, 사실 전 우주의 본질은 이성이기 때문이다. 따라서 자신의 이성적 자연을 완성할 때 인간은 기술, 즉 삶의 기술의 대상이자 주체가 된다. 이것은 철학의 실천을 통해 자신의 이성적 자연을 완성하는 최고의 기술 형태이다. 신스토아 이론에서 나는 게워스의 자기 성취 개념을 나 스스로 재구성하였다. 이 재구성을 바탕으로 자연과 일치하는 삶은 자신의 이성적 목적적 행위의 완성과 일치하는 삶이며, 이는 다시 선하고 자기 성취적인 삶에 필수적인 보편적 도덕성과 일치하는 삶이라는 것을 주장하였다. 그러나 보편적 자연을 신적인 것으로 보는 스토아의 개념과 대조적으로 게워스의 "자연" 개념은 인간의 자연이며 이상화된 **인간의 자연**으로서, 인간으로서 최고의 자신이 되는 것을 목표

로 하는 합리적 목적적 행위로 이해되며, 이를 위해 우리가 앞서 보았듯이 지혜를 실천함으로써 전환하는 일이 필요하다. 에우다이모니아를 달성하기 위해 덕의 삶을 사는 방법에 대한 경험적인 메타 지식의 한 형태인 지혜에는 단지 사고의 지적 실천이 아니라 삶의 방식으로서 실천적으로 살 수 있게 하는 철학이 필요하다. 피에르 하도트는 다음처럼 말하고 있다(1955, 제11장).

> 스토아 철학자들에게 철학은 삶의 방식으로 매 순간 실천해야 할 세계 내의 존재 방식이며, 그 목표는 개인의 삶 전체를 전환하는 것이었다.…철학에 대한 이러한 개념을 표현하기에 **필로-소피아**(*philo-sophia*)—지혜에 대한 사랑이라는 단어로 충분하였다.

중요한 것은 위에서 검토한 기술의 문제, 즉 우리 삶의 모든 측면에 대한 빅테크 기업의 통제 문제를 제기하고 대응하는 삶의 방식으로서 스토아 철학 및 신스토아 철학을 적용하는 것이 글로벌 디지털 네트워크 환경에 적합하다는 것이다. 두 철학 모두 기술이 사회에 미치는 영향에 대한 식별과 에우다이모니아적 평가는 물론 기술 사용자와 사회 및 글로벌 커뮤니티 전반의 공유된 집단적 규범적 대응을 통해 그 해결을 가능하게 한다. 왜냐하면 빅테크가 사용자의 정보를 이용하여 사용자의 잘삶에 해를 끼칠 수 있는 것처럼, 사용자 자신도 기술의 통제 문제에 대한 공유된 지식을 적용하여 빅테크에 대항할 수 있는 능력과 역량이 있기 때문이다. 사용자들은 단숨에 빅테크의 낚시성 링크라는 비즈니스 모델과 그에 따른 수십억 달러의 수익원에 상당한 타격을 줄 수 있고, 빅테크 기업이 사용자들의 정당한 규범적 주장에 대해 악마적인 조작 관행을 시정하기 위한 적절한 조치를 취하도록 강제할 수 있기 때문이다.

전 세계 수십억 명의 페이스북과 구글 사용자가 파업에 돌입하여 단 하루라도 플랫폼 서비스 사용을 중단한다면 어떤 일이 벌어질지 잠시 상상해보라. 두 기업 모두 막대한 손실을 보게 될 것이며, 감시 기반 비즈니스 모델은 흔들릴 것이다. 물론 그러한 공동의 집단행동이 실현될 가능성은 어려울 수도 있지만, 뜻이 있는 곳에 길이 있다는 말처럼 가능할 수도 있다. 스토아 철학은 적어도 이론적으로나 실천적으로 의지와 방법 모두에 동기를 부여하고 그것들을 제공할 정도로 준비가 잘 되어 있다.

결론: 스토아 철학을 기술에 적용하는 것이 중요한 이유

연결된 디지털 시대에 지혜라는 핵심 개념을 중심으로 인식론적, 윤리적, 에우다이모니아적 원리들을 결합한 인간 번성과 잘삶의 체계적이고 통합된 실천 철학으로서의 스토아 철학은 매우 의미가 있고, 이론적으로나 실천적으로 기술의 통제 문제에 대한 해결책에 대응하고 동기를 부여할 수 있다.

세계국가의 시민들이 잘삶을 달성하기 위해 우주적 의식에 따르듯이, 우리 개인과 집단의 잘삶을 위해 유덕하고 합리적으로 자연과 일치하는 삶을 산다는 스토아의 원리들에 따를 때, 그로 인해 디지털 환경에 대한 빅테크의 독점적 통제—이런 통제는 우리 개인과 공동체의 삶에 전반적으로 악마적 영향을 미친다— 문제에 대응할 집단 책임이 우리에게 있다.

삶의 방식으로서 자연주의적이고 공적인 관점과 방법론을 가진 비종교적인 세계시민주의 철학으로서 스토아주의는 한동안 학계에서뿐 아니라 최근에는 공적 영역에서 강력한 세계망을 갖춘 온라인을 통해 공적 영역에서도 르네상스를 경험하고 있었다. 제5장에서 검토할 DOIT-지혜 모델은 스토아 철학과 신스토아 철학의 기술에 대한 적용을 더 잘 보여준다. 그러므로 스토아의 세계시민주의적 글로벌 커뮤니티는 빅테크 기업의 감시 통제 문제에 대한 전 세계적인 공적 대응을 낳고 그런 대응에 동기를 부여할 수 있는 역량과 능력을 갖추고 있다. 『스타트랙』(Star Trek)의 오랜 팬으로서 **저항은 헛된 것이 아니라는 점**[4]을 덧붙이고 싶다.

내 친구이자 동료인 시드니 대학교 릭 베니테즈(Rick Benitez)는 팬데믹 봉쇄 조치가 처음 도입되었을 때 나에게 다음처럼 말했다. "스토아 철학이 이 도시의 유일한 게임입니다." 나는 불교와 힌두 철학 및 일부 토착 철학뿐만 아니라 아리스토텔레스 철학과 에피쿠로스 철학이 스토아주의와 자연에 관해 어떤 암시적인 유사점들이 있다는 점에서 스토아 철학과 신스토아 철학에서 배제되지 않았다고 덧붙이겠지만, 나는 그런 수사적 화려함에 이의를 제기하지는 않을 것이다.

제 5 장

지혜와 잘삶
이중 의무 정보-지혜 이론

서론

우리가 지식에서 잃어버린 지혜는 어디에 있는가?[1] 이 장은[2] 잘삶의 달성을 위한 좋은 삶과 관련하여 일반적으로는 정보와 특수하게는 디지털 정보의 이론 및 적용 규범적 평가를 위한 일반적인 철학적 토대를 제공한다. 제3장과 제4장에서 살펴보았듯이, 스토아 철학자들이 자연과 일치하는 덕의 삶으로 생각한 좋은 삶은 에우다이모니아 또는 잘삶의 달성을 위한 필요조건이자 충분조건이었다. 제2장 "기술은 무엇을 위해 좋은가?"에서 제기된 질문에 따라서 이 장의 전반적인 목표는 기술이 개인과 사회의 잘삶에 미치는 **에우다이모니아적** 영향 문제를 보다 중점적으로 다루기 위해 정보통신기술(ICT)의 윤리와 AI 기술의 윤리(이하 **기술**로 약칭)가 어떻게 확장될 수 있는지에 관한 질문을 제기하는 것이다. 이 질문에 대답하기 위해 이 장은 이론적 토대를 통해 **메**

타 지식의 유형이자 **메타 덕**의 유형으로 이해되는 지혜 개념을 제공한다. 이 개념을 통해 우리—개인과 사회, 더 나아가 인류 전체—는 좋은 삶을 구성하는 것이 무엇인가의 질문과 잘삶 또는 에우다이모니아를 달성하기 위한 궁극 목적을 위해 그런 삶을 실제로 살아가는 **노하우**로서의 그 지식을 어떻게 성공적으로 적용할 수 있는가의 질문을 원리적으로 알 수 있다. 이 대답은 이 장에서 제시되는 주요 논증, 즉 **메타 인식론적, 메타 윤리적, 메타에우다이모니아적**의 세 가지 개념으로 이해되는 지혜의 개념이 한편으로는 정보와 다른 한편으로는 잘삶 간의 필수적인 개념적 연결을 제공한다는 논증에 기초할 것이다. 디지털 정보 시대에 기술적 구성과 보급에서 정보가 잘삶과 어떤 관계에 있는지에 대한 이론적 고찰과 분석, 그리고 이 질문에 대한 적절한 답변의 준비는 디지털 정보의 이론적·실천적 함의를, 그리고 그런 정보가 개인과 사회에 미치는 영향을 어떻게 평가하는지에 대한 심층적 이해를 발전시키는 데 필수적이다.

이 장은 이러한 이론적 토대를 제공하면서 특정 상황과 사례에서 디지털 정보의 생산, 보급, 사용에서 발생하는 구체적인 규범 문제들에 대한 상세한 검토와 평가를 제시하지는 않을 것이다. 그것은 이 책의 제6-9장에서 다루게 될 주제이기 때문이다. 그러나 이 장은 '좋은 삶과 관련된 디지털 정보의 지혜와 평가'에 관한 절에서, 이 장에서 제안된 메타 이론적 틀을 사용하여 디지털 정보의 주요한 실제적 표현의 서로 다른 유형과 이와 관련된 AI의 문제를 어떻게 평가할 수 있는지에 대한 방법론적 접근을 제시할 것이다.

이 장은 세 가지 주요한 상호 관련 부분으로 구성된다. 2부인

'디지털 정보의 규범적 질을 평가하기 위한 보편적 모델'은 디지털 정보의 고유한 범주들의 측면에서 이 정보의 분석과 평가에 사용할 수 있는 메타 철학적 모델인 **이중 의무 정보 이론**(DOIT)을 입증하는 것을 주요 목표로 하는 논증의 요약을 제공할 것이다(Spence 2009). 이러한 범주들은 인식론적 범주와 윤리적 범주이다. 이 논증은 또한 이 장의 주요 논증, 즉 메타 인식적, 메타 윤리적, 메타 에우다이모니아적 **지혜**의 삼중 개념이 디지털 정보와 이와 관련된 AI 알고리즘 표현을 좋은 삶과 잘삶에 개념적으로 연결하는 필수 이론적 용어를 제공한다는 논증에 동기를 부여하고 그 논증을 발전시킬 것이다.[3] 이것이 3부, 즉 **'정보, 지식, 지혜'**의 전반적 목표가 된다. 3부는 "이중 의무 정보-지혜 이론"(**DOIT-지혜**)(Spence, E. 2011)에 기반하여 정보, 지식, 지혜의 이론적·실천적 관계를 검토하고 평가한다.[4] 이 장에서 제시되는 주요 논증은 **메타 인식론적, 메타 윤리적, 메타 에우다이모니아적** 개념으로 이해된 지혜의 개념이 한편으로는 정보와 다른 한편으로는 에우다이모니아 또는 잘삶의 달성에서의 좋은 삶 간의 필수적인 개념적 연결을 제공한다는 것이다. 디지털 정보 시대에 정보가 그것의 기술적 구성과 전파에서 좋은 삶 및 잘삶의 달성과 어떻게 관련되는지의 문제에 대한 이론적 검토와 분석, 그리고 이에 대한 적절한 해답의 제공은 개인과 사회 전반의 잘삶에 대한 정보의 이론적·실천적 함의와 이 정보가 이 잘삶에 미치는 영향을 평가하는 방법에 대한 깊은 이해를 발전시키는 데 필수적이다.

이 장의 중심 방향을 제시하는 3부의 "정보, 지식, 지혜"는 매우 중요한 부분으로 지혜라는 개념을 통해 정보 및 좋은 삶과 정보와의 관계를 평가하는 혁신적인 접근법을 제공한다. 또한 본질적으로 인식론적, 윤리적, 에우다이모니아적 특징을 포함하는 어떤 유형의 메타 정보 또는 메타 지식으로서 이해된 지혜는 정보, 지식, 좋은 삶, 잘삶 간의 직접적인 개념적·실천적 연결 고리를 제시한다. 더 일반적으로는 ICT 및 AI 기술과 좋은 삶 및 잘삶 사이의 직접적 연결 고리를 제시한다. 지혜의 개념 그 자체는 ICTs와 AI 기술을 통한 정보의 전파가 좋은 삶과 잘삶에 미치는 영향에 대한 직접적인 규범적 평가를 허용한다. 2부와 3부에 이어서 4부인 "지혜 및 좋은 삶과 관련된 디지털 정보의 평가"는 **디지털 정보**의 구체적인 평가에서 지혜가 하는 중요하고 적절한 역할을 입증하는 이론적 근거를 제시한다. 이를 위해 "정보, 지식, 지혜"의 3부에서 발전된 지혜의 개념을 적용함으로써 디지털 정보의 서로 다른 일반적 유형의 실천적 표현이 어떻게 규범적으로 평가될 수 있는지를 보여주기 위해 방법론적 접근법이 사용된다. 이러한 접근법은 또한 DOIT-지혜 이론이 스토아 철학 및 신스토아 철학—이 철학의 핵심적인 본질적 특징은 지혜이다—과 맺고 있는 밀접한 개념적 연결을 확립하는 데 도움이 된다.

그러나 계속 진행하기 전에 먼저 다음과 같은 일반적인 문제를 제기해야 한다. 지혜는 정보와 좋은 삶 사이의 관계와 도대체 왜 관련이 있는가? 정보 자체가 좋은 삶과 잘삶에서 하는 역할을 왜 직접 검토하지 않는가? **지혜**라는 매개 개념이 왜 필요한가? 답은 매우 단순하고 간단하다. 앞서 말한 것을 반복하자면 지혜는 정보(인식론적 용어)와 좋은 삶(윤리적-에우다이모니아적 용어) 간의 즉각적이고 직접적인 개념적 연결 고리를 제시한다. 메타 인식론적 용어인 지혜는 **메타 지식**의 한 형태로서, 제1차적 지식을 평가하고 적용하는 데 필요한 **반성적 지식**과 **이해**를 제공할 수 있다. 여기서 제1차적 지식은 **사실의 지식**(이론적 지식)과 **방법의 지식**(실천적 지식)을 모두 포함하며, 어떤 사람의 삶의 여러 측면(능력, 강제, 환경과 같은 일반적 측면)에 관한 그리고 그런 측면에 영향을 미치는 결정을 내리기 위한 **판단**을 하게 된다. 그렇게 하는 궁극적인 목적은 개인과 사회 전체가 잘삶에 도달하기 위해 좋은 삶을 살 수 있도록 돕고 안내하는 것이다. 적어도 원리상으로는 잘삶의 달성을 위해 좋은 삶을 제공할 수 없는 삶을 선택하고 영위하는 이유가 무엇일까? 아니면 적어도 지혜가 없는 삶보다 지혜가 있는 삶이 전반적으로 더 나은 삶이다.

이 장의 기본 전제는 지혜가 있는 것이, 모든 것이 같다면, 지혜가 없는 것 또는 의미론적이고 개념적으로 그 반대에 있는 것, 즉 어리석음보다 좋을 삶을 위해 더 좋은 지침이 된다는 것이다.[5] 이 장의 논의를 고지하는 지혜 개념은 3부에서 더 상세하게 전개되고, 지혜의 여러 정도를 포함하는 연속체를 이루는 것으로 생각된다. 연속체의 두 극단적 개념적 끝에 지혜(선=1)와 어리석음(악=0)이 있다. 내 추측에 대다수 사람은 아마 중간 어딘가에 있을 것이고, 지혜롭지도 어리석지도 않을 것이다.

그러나 지혜가 좋은 삶에서 정보가 하는 역할에 관한 탐구와 왜 관련이 있는지의 또 다른 이유는 다음과 같기 때문이다. 즉 좋은 삶과 관련된 디지털 정보의 사용에 관한 일부 문제는 타인에 대한 개인의 행동이 도덕적인가 부도덕한 것인가와는 관련이 없고, 타인과 관계하고 있는 개인의 행동이 사려의 측면에서 적절한가 적절하지 않은가와 관련이 있기 때문이다. 예를 들어 개인이 페이스북, 인스타그램, 유튜브에서 그 사람들 말고 다른 누구에게도 해롭지 않은 사진을 게시한다면, 문제는 그 자체로서 윤리의 문제가 아니라 지혜의 문제이거나 적어도 사려[6]—**사이버 공간**에서 지혜롭지 못하거나 어리석은 행동의 결과가 어떤 식으로든 자신에게 해로운 것으로 판명된 경우, 즉 그 개인이 지혜롭지 못하거나 **어리석은** 행동의 결과로 자신이 좋아하고 큰 잠재력을 보였던 직장에서 해고된 경우, 그 개인이 얼마나 지혜롭고 사려 깊게 행동했는지를 고려해야 한다—의 문제이다.

요약하면, 이 장은 지혜가 정보 및 지식과 연관되어 있지만, 결정적인 점에서 이 둘과 개념적으로 구별될 뿐만 아니라 개념적으로 다르다는 것을 보여줄 것이다. 왜냐하면 지혜는 정보나 제1차적 지식과는 달리 에우다이모니아의 달성을 위한 좋은 삶을 살기 위해 관련 정보나 지식을 **평가하고 적용하는 방법을 안다**는 의미에서 **테크네 비우나 삶의 솜씨**에 관한 이해를 사람에게 제공하며, 또한 그러한 삶이 **왜** 좋은 삶을 구성하는지를 아는지에 대한 식별을 제공하기 때문이다. 여러분은 스토아 철학자들 및 일반적으로는 헬레니즘 철학자들에게 철학이란 삶의 방식이나 테크네 비우라고 생각되었다는 것을 기억할 것이다. 가치 있는 삶을 가능하게 한다고 하는 지혜에 대한 이와 같은 관점은 "지혜란 무엇인가"라는 논문에서 그 물음에 대한 정확한 답은 "S가 잘사는 방법에 대해 일반적으로 알고 있다면, 그리고 S가 잘 사는 것의 참된 가치에 대한 일반적으로 식별할 수 있다면, S는 지혜롭다"고 결론 내린 샤론 라이언이 옹호한 지혜 개념과 유사하다(Ryan 1999, 119-39). 지혜에 대한 라이언의 견해는 3부인 이 장의 '정보, 지식, 지혜'에서 더 상세하게 논의될 것이다.

디지털 정보의 규범적 질을 평가하기 위한 보편적 모델

이 장, 이 부의 목적은 디지털 정보의 규범적 평가를 위한 메타 이론적 틀을 그것의 고유한 인식론적·윤리적 규범들의 측면에서 요약하여 설명하고 입증하는 것이다. 그렇게 하려는 주요 목표는 우선 정보와 지식 간의 개념적 관계와 지식의 유형이라고 이해되는 정보가 야기하는 인식론적 및 윤리적 책임을 입증하는 것이다. 앞서 언급했듯이, 의사소통 행위 과정으로서의 정보의 고유한 규범적 구조에 대한 논증은 해당 주제만을 다룬 이전의 출판물(Spence, E. 2009)에서 자세히 검토되고 입증된 바 있다.[7] 이 장의 주된 목표는 3부에서 논의의 주요 주제를 형성하는 정보, 지식, 좋은 삶의 규범적 관계에 더욱 동기를 부여하고 그 관계를 발전시키는 최초의 이론적 관점을 확립하기 위한 충분한 논증을 요약하는 것이다. **인식론적이고, 윤리적이며, 에우다이모니아적인** 규범적 관계에 대한 입증은[8] 정보, 좋은 삶, 잘삶 간의 직접적 규범적 연결 고리를 확립하고 입증할 것이다. 이 연구의 목적은 이러한 관계의 규범적 평가와 개인과 사회에 대해 그것이 갖는 함의와 영향을 위한 지혜 이론적 모델의 관점에서 방법론적 접근을 제공하는 것이다.

정보와 지식의 고유한 규범적 구조

정보의 규범적 평가에 사용되는 DOIT를 그것의 고유한 인식론적, 윤리적 범주들의 측면에서 설명할 때, 이 장은 정보에 대한 최소한의 핵심 정의에 기초한 의미론적 정보에 대한 인식론적 설명을 사용할 것이다(Dretske 1999, 44-45와 86). 루치아노 플로리디(Floridi 2005)에 따르면, 정보는 "진실한, 잘 형성된 유의미한 데이터"로 정의되며, 드레츠케에 따르면 정보는 "지식을 산출할 수 있는 객관적인 상품"으로 정의되고, 지식은 다시 "믿음을 유발하는 정보"로 정의된다.

이 장에서 플로리디와 드레츠케의 정보 개념을 모두 언급하는 것은 정보에 대한 두 가지 설명을 이론적으로 비교하기 위한 것이 아니다(이것은 이 장의 범위를 넘어서 있는 내용이다). 그보다는 이 설명들이 공통적으로 가지고 있는 한 가지 필수 요소, 즉 정보와 지식 모두에 필요한 것은 진리라는 점을 강조하기 위한 것이다. 진리가 없는 정보는 엄밀히 말해 정보가 아니라 오보(잘 형성되고 유의미한 거짓 데이터를 의도하지 않게 보급하는 것)이거나 허위 정보(거짓 "정보"의 의도적인 보급)이기 때문이다.

위에서 언급된 정보에 대한 최소한의 설명을 사용하여, 이제 우리는 정보에 대한 고유한 규범적 설명—이 설명은 의미론적 정보의 보급에서 특히 의사소통의 과정으로서 필연적으로 발생하는 일반적인 인식론적·윤리적 책임을 입증하고 설명한다—을 발전시킬 수 있다.[9]

간단히 말해, 논증은 다음처럼 진술된다(Spence, E. 2009). 정보가 지식의 유형인 한(그것은 지식을 산출해야 하고, 우리는 그것으로부터 배울 수 있어야 한다), 그것은 지식의 인식론적 조건에 부합해야 하고, 특히 진리의 조건에 부합해야 한다. 그리고 정보의 보급이 보급자들과 특히 사용자들 사이에서 그런 정보가 최소한의 진실 조건을 충족해야 한다는 정당하고 올바른 기대에 근거하는 한, 정보 보급자는 널리 인정되고 수용되는 특정 인식론적 기준을 준수해야 한다. 이런 인식론적 기준은 주로 정보를 생산하는 출처의 독립성, 신빙성, 정확성, 신뢰성을 포함한다. 정보의 인식론은 또한 정보의 보급자에게 정직성, 진실성, 신빙성, 신뢰성(또한 인식론적 가치들) 및 모든 시민에게 정보 상품을 동등하게 분배해야 하는 정의(正義)를 포함하여 정직성, 성실성, 진실성, 믿음성, 신뢰성 같은 특정 윤리적 원리와 가치에 대한 준수를 요구한다. 따라서 의사소통 과정으로서의 정보의 보급 측면에서 정보는 모든 사람이 창조, 생산, 검색, 의사소통, 소비 및 기타 여러 용도에 참여하도록 하는 고유한 규범적 구조를 가지고 있다. 이러한 규범은 모든 정보 보급과 관련하여 정보의 규범적 구조에 본질적이기 때문에 합리적으로 볼 때 피할 수 없는 것이므로 단순한 선택 사항이 아니다.

정보와 보편적 권리

위의 논증과 관련된 다음 논증의 목적은, 진리의 면에서 자신의 고유한 규범적 구조로 인해 보급자에게 피할 수 없는 인식론적·윤리적 기준을 강요하는 것 외에도, 의사소통의 과정으로서의 정보가 그 보급자에게 사람들의 자유와 잘삶에 대한 권리를 존중하도록 하게 한다는 것을 보여주는 것이다. 이는 행동, 특히 정보적 행동의 고유한 규범적 구조로 인해 자유와 잘삶의 본질적 특징에 기인한다(Spence, E. 2009; 2006; and Gewirth, A. 1978).[10] 정보 의사소통이 정보적 행동 유형을 구성하는 한, 의사소통의 과정과 산물로서의 정보는 개인적으로건 집단적인 것으로건 자유와 잘삶에 대한 사람들의 기본적인 권리(일반적 권리)를 침해하거나 그들의 자기 성취 능력을 훼손하는 방식으로 보급되어서는 안 된다.

그 외에도 일반적 권리와 자기 성취의 능력(적극적 권리)가 개인 스스로에 의해 보호되거나 증진될 수 없고, 그것의 보급자에게 비교할 수 없는 비용으로 보호되고 증진될 수 있을 때, 정보는 가능한 한 사람들의 일반적 권리와 적극적 권리를 보호하고 증진하는 방식으로 보급되어야 한다. 제3장에서 보았듯이 내가 여기서 사용하는 자기 성취의 개념은 내가 그 장에서 앨런 게워스에게 귀속시킨 스토아적 에우다이모니아 개념에 해당하는 신스토아적 개념이다.

지면 제약으로 인해, 그리고 스토아 철학과 신스토아 철학 및 기술에 대한 이를 기술에 적용하는 것은 이 책의 범위와 초점을 넘어서는 것이기 때문이다. 나는 엘런 게워스의 권리 도출의 근거가 되는 그의 일반적 일관성의 원리(PGC) 논증의 정당성을 자세하게 제시하지 않겠지만,[11] PGC 논증의 세 가지 주요한 단계를 개략적으로 설명하는 방식으로 그것의 근거를 요약할 것이다.

행위자의 권리: 앨런 게워스의 PGC 논증

게워스의 주요 논지는 모든 이성적 행위자는 행동에 참여함으로써 논리적 측면에서 최고의 도덕적 원리인 PGC를 받아들이게 되어 있다는 것이다. 그의 논지의 근거는 행동은 규범적 구조를 지니고 있으며, 이 구조 때문에 모든 이성적 행위자는 행위자라는 바로 그 이유만으로 어떤 필연적인 사려적·도덕적 제약을 받을 수밖에 없다는 그의 학설에서 확인할 수 있다.

게워스는 행동의 모든 행위자는 행위자의 자격으로 세 가지 주요 단계의 규범적 구조에 의해 어떤 사려적·도덕적 제약을 받을 수밖에 없다는 자신의 주장을 증명하고자 한다. 첫째, 그는 자발적이고 의도적인 행동에 참여함으로써 모든 행위자는 자신의 목적의 선함, 따라서 자신의 목적 달성을 위한 필연적 조건이 되는 자신의 자유와 잘삶의 필연적 선함에 대해 암묵적으로 어떤 평가적 판단을 내리는 것을 보여주고자 한다. 둘째, 그는 어떤 행위자가 자신의 자유와 잘삶에 부여하는 필연적 선함에 의해 자신이 이것들에 대한 권리를 가지고 있다는 주장을 암묵적으로 한다는 것을 보여주고자 한다. 이 논증 단계에서 이 권리는 단지 자기에 관한 권리일 뿐이기 때문에 사려적 권리에 불과하다.

셋째, 게워스는 모든 행위자가 자신은 자신이 달성하고자 원하는 목적을 가진 장래의 목적적 행위자(prospective purposive agent. PPA)라는 충분한 이유에 의해서 이러한 권리를 주장해야 한다는 점을 보여주고자 한다. 나아가 모든 행위자는, 자신이 PPA라는 충분한 이유로 자신의 자유와 잘삶에 대한 권리가 있기 때문에, 자기모순의 고통을 감수하면서도 모든 PPA가 자유와 잘삶에 대한 권리를 가지고 있다는 합리적 일반화도 논리적 측면에서 받아들일 수밖에 없다는 것을 인정해야 한다. 논증의 이 셋째 단계에서 이 권리들은 자기에 관한 것일 뿐만 아니라 다른 사람들에 관한 것이기 때문에 이제 도덕적 권리가 된다. PGC에 대한 게워스 논증의 결론은 사실상 PGC의 일반화된 진술, 즉 모든 PPA는 자신의 자유와 잘삶에 대한 보편적 권리를 가지고 있다는 진술이다(Gewirth 1978, 48-128).

PGC를 정보에 적용하면, 이제 우리는 아날로그 정보와 디지털 정보를 모두 포함하는 일반적 정보는 정보적 행위자의 자유(FR)와 잘삶(WB)에 대한 권리를 개별적으로건 집단적으로건 침해하는 방식으로 보급되어서는 안 된다(소극적 권리). 더욱이 정보는 가능한 FR과 WB에 대한 권리를 보호하고 증진하는 방식으로 보급되어야 한다(적극적 권리). 제4의 권력이라고 생각되는 이것은 정보 보급자, 특히 미디어, 특히 오프라인과 온라인 및 소셜 미디어의 언론인에게 중대하고 중요한 책임을 부여한다.

이 절의 결론에서 디지털 정보의 규범적 질을 평가하기 위한 보편적 모델, 즉 DOTT는 미디어(제4권력의 상속 미디어, 제5권력의 디지털 미이어(Elliott and Spence 2018), 페이스북과 구글과 같은 제6권력 미디어)를 포함한 모든 정보적 행위자가 보편적인 필연성에 의해 묶인다는—이것은 제6장에서 검토할 주제인데 — **정보적 행위**의 이중 규범적 구조를 입증한다. 정보는 일반적으로 그것의 고유한 규범적 구조와 관련해서 인식론적·윤리적으로 **내적** 평가를 받을 수 있다. 정보의 고유한 규범적 구조가 야기하는 윤리적 가치들이 FR과 WB에 대한 정보적 행위자의 권리가 존경받고 보호되며 증진되어야 한다는 점을 요구하는 한, 이 가치들은 또한 PGC의 명령도 받고, 따라서 정보는 PGC를 참조하여 **외적으로도** 평가될 수 있다. **표현적 정보**도 내적으로 또는 외적으로 또는 둘 다에 의해 이런 식으로 평가될 수 있다. 예를 들어 인터넷에서 **신원 도용**은 그것이 진실하지 않기 때문에(내적 평가) 그리고 그것이 해를 끼칠 수 있기 때문에(외적 평가) 도덕적으로 잘못된 것이다.

정보, 지식, 지혜

여기서 우리는 이 장의 핵심이자 주요한 부분을 다룬다. 즉 **정보, 지식, 지혜**라는 개념 간의 관계를 검토하고 평가하는 것을 목표로 한다.[12] 지금은 대략적으로 논의하고, 아래에서 더 논의할 예정이지만, 이 장에서 지혜는 메타 인식의 유형으로 생각된다. 이런 유형의 인식은 적절한 결정을 내릴 때 올바른 판단을 할 수 있게 하는 정보와 지식을 **평가**하고 **적용**하는 데 사용된다. 여기서 적절한 결정이란 우리의 삶에서 개인적으로 가치 있고 선하고(사려적으로 그리고 에우다이모니아적으로 선한), 다른 사람들의 삶에서 가치 있고 선하며(윤리적으로 선한), 궁극적으로 에우다이모니아를 이루는 좋은 삶을 성취하는 데 도움이 된다. 이런 방향의 연구의 전반적인 목적은 보급와 의사소통에서 정보가 관련 ICTs와 IT 기술을 통해 정보와 좋은 삶의 관계는 무엇이고 어느 정도까지 에우다이모니아의 달성을 위한 좋은 삶에 원리적으로 기여할 수 있는지를 규명하는 것이다.

이 장의 이 부에서 우리는 정보가 지혜라는 개념을 통해 좋은 삶의 개념에 어떻게 **직접** 관계하는지를 더 자세히 검토할 것이다. 만약 지혜가 개인에게 (a) 좋은 삶이 무엇인지 또는 무엇이어야 하는지를 결정하는 데 일차적이고 필수적인 조건(**메타 지식-사실과 메타 지식-이유**)이고, (b) 개인과 사회 전반에 걸쳐 그러한 좋은 삶을 사는 방법에 대한 지침과 방향을 제공하는 데 일차적이고 필수적인 조건이며, (c) 더 나아가서 지혜는 반성적 메타 덕으로서 에우다이모니아의 달성을 위한 그러한 삶을 우리가 살 수 있도록 실천적으로 가능하게 하는 성격의 권능의 성향(**메타 지식-방법**)

이라면, 정보가 어느 정도까지 그리고 어떤 방법으로 지혜에 기여하며, 더 나아가서 좋은 삶에 기여하는가?

이 장은 정보의 가치와 일반적으로 그것과 좋은 삶(그것의 전반적인 가치론적 선함)과의 관계를 평가하는 한 가지 직접적 방법은 **인식론적으로**(지식을 산출하는 정보의 능력), **윤리적으로**(소극적으로는 다른 사람에게 부당한 해를 끼치지 않음으로써, 적극적으로는 다른 사람들에게 적극적 선을 야기함으로써 다른 사람들의 도덕적 선에 기여할 수 있는 정보의 능력), **에우다이모니아적으로**(좋은 삶의 개념과 달성 모두에 기여할 수 있는 정보의 능력) 정보가 좋은 삶의 도달에 기여하거나 기여할 수 있는 **정도**를 결정하는 것이라고 가정한다. 이 장은 그런 이론적 목적에 달성하기 위해서는 지혜의 개념이 필수적으로 요구된다는 점을 보여줄 것이다.

좋은 삶의 개념과 관련하여, 일반적으로 **좋은 삶**이란 어떤 사람이 적어도 최소한으로 자기 성취, 잘삶, 행복 또는 에우다이모니아를 달성할 수 있도록 해주는 삶이라고 매우 합리적으로 말할 수 있다. 앞서 언급했듯이, 나는 방법론적인 편의를 위해 플라톤, 아리스토텔레스, 헬레니즘 철학자들, 특히 제3장에서 철학적 주제를 검토했던 스토아 철학자들을 포함하여 고대 그리스 철학자들이 의도한 대로 그 용어의 원래 의미를 유지하면서 이 모든 개념을 집합적으로 포함하고 그 개념을 지칭하기 위해 **에우다이모니아**[13]란 용어를 사용할 것이다. 이 철학자들은 에우다이모니아의 개념과 달성을 여러 다른 방식으로 설명했을는지 모르지만, 그들은 적어도 덕이 에우다이모니아적 또는 번성하는 삶의 달성에 필수적(스토아 철학자들의 경우에는 또한 충분한)이며, 나아가 덕이 그러한 삶을 구성한다는 데 모두 동의했다. 아리스토텔레스가 주장한 것처럼 에우다이모니아가 삶의 궁극적인 목표인 한 적어도 에우다이모니아의 달성으로 이어질 수 없는 삶을 선하다고 생각하기는 어렵기 때문이다. 적어도 원리적으로 삶의 궁극적인 목표를 실현할 수 없다면, 무엇 때문에 그것을 선이라 할 수 있을까?

우리와 타인에게 무엇이 선이고 악인지, 즉 그것이 우리와 타인의 에우다이모니아의 달성을 위한 좋은 삶에 어떻게 기여하거나 기여할 수 있는지에 대한 메타 지식(지식-사실, 지식-이유, 지식-방법)의 개념을 적용하여 정보를 분석하는 것이 이 장에서 처음에 **지혜**로 가정하고 있는 것이다. 요컨대, 좋은 삶이 적어도 자기 성취나 에우다이모니아로 이어질 수 있어야 한다면(그렇지 않다면 무엇이 좋은 삶인가?), 특히 능력 성취(인간으로서 스스로 최선을 다 하는 것)로서의 자기 성취로 이어질 수 있어야 한다면,[14] **지혜**(**메타 지식**의 유형으로 이해되며, 그것의 습득을 통해 사람들은 정보를 창조하고, 소통하며, 사용함으로써 가능한 한 자신과 타인이 자기 성취와 에우다이모니아를 달성할 수 있게 하는)는 **좋은 삶의 필수 조건**이다.

이 장에서 지혜가 좋은 삶의 필수 조건이라는 주장의 중요한 전제 조건은 그러한 삶이 에우다이모니아적으로 생각된다는 사실이다. 왜냐하면 이 장에서 전개되고 정보의 **가치론적인 선함**을 평가하는 데 적용되는 지혜의 개념은 그 자체 에우다이모니아적 지혜 개념이기 때문이다. 그러나 그러한 에우다이모니아적 지혜 개념은 지혜에 대한 우리의 상식 및 이론 이전의 이해와 다르지 않다. 즉 이 개념은 사람들이 지혜를 소유하면 좋은 삶을 살 수 있고 나아가 다른 사람들이 충만하고 좋은 삶을 살도록 인도할 수 있는 포괄적인 반성 능력이다. 이 지혜의 에우다이모니아적 개념은 플라톤, 아리스토텔레스, 에피쿠로스주의 철학자들이 옹호했던 지혜 개념과 비슷하며, 우리가 제3장에서 보았듯이 스토아 철학자들과 신스토아 철학자들의 지혜 개념과 비슷하다. 이들은 좋은 삶에 대한 다소 다른 개념을 가정하고 옹호했지만, 그럼에도 전체적으로는 좋은 삶에 대한 에우다이모니아적 설명을 제공하고 있는 것으로 생각될 수 있다.

지혜에 대해 인용된 모든 에우다이모니아적 설명의 공통분모는 쾌락과 욕망의 개념을 덕의 개념에 종속시켰다는 것이다. 한편으로는 쾌락과 욕망, 다른 한편으로는 덕 사이의 본질적인 연결이 에피쿠로스 철학자들의 경우에는 약하고, 스토아 철학자들의 경우에는 강할는지 모르나, 그 관계의 강도가 어찌되었든 쾌락, 욕망, 덕 사이의 연결은 좋은 삶에 대한 전통적인 에우다이모니아적 개념과 지혜에 대한 에우다이모니아적 개념의 필수적인 특징이다. 더욱이 위에서 언급되었듯이, 좋은 삶에 대한 에우다이모니아적 개념의 또 다른 필수적 특징은 그런 삶이 에우다이모니아의 달성을 가져올 수 있다는 것이다. 이처럼 매우 일반적인 의미로 이해되는 **에우다이모니아적**이라는 용어는 에우다이모니아의 달성으로 이어질 수 있다고 여겨지는 좋은 삶에 대한 서로 다른 여러 이론과 양립할 수 있다. 이것은 "행복은 모든 이성적 행위의 목적으로 모든 인간이 추구한다"고 보는 **에우다이모니아주의적 공리**(*Eudaimonist axiom*)[15]와도 일치한다.

중요한 것은 이 장에서 좋은 삶에 대한 에우다이모니아적 개념하에서 제시된 지혜와 좋은 삶의 관계는 **반사적**(*reflexive*)이라는 것이다. 왜냐하면 지혜는 좋은 삶에 대한 에우다이모니아적 개념의 선택과 그런 삶의 추구로 안내하고, 좋은 삶에 대한 에우다이모니아적 개념은 다시 에우다이모니아적 삶을 달성하는 데 무엇보다도 필수적인 반성적 덕의 형태로 지혜의 획득을 **가능하게 하는 성품**으로 안내하며, 동기를 부여하기 때문이다. 이것은 놀라운 일이 아니다, 왜냐하면 지혜는 처음에는 에우다이모니아적 삶의 달성을 위해 필요한 유능하고 유덕한 성품으로서 도구적으로 작동하지만, 일단 달성하면 에우다이모니아적 삶은 그것의 달성을 가능하게 한 지혜의 상태와 분리될 수 없기 때문이다. 에우다이모니아와 지혜의 이러한 반사성을 통해 지혜로운 사람은 일반적으로 에우다이모니아적인 사람이고, 에우다이모니아적인 사람은 일반적으로 지혜로운 사람라고 말할 수 있다. 그러나 지혜에 대한 우리의 일반적인 이해를 고려할 때, 나는 어떤 사람이 지혜롭지만, 현실적으로 불행할 수 있는 논리적 가능성을 배제하고 싶지 않다. 내 생각에 그것은 이상한 말이 될 것이고 실제로 특이한 경우일 것이다. 왜냐하면 제3장에서 보았듯이 스토아 철학자들은 실천적 지혜 또는 사려를 포함한 덕들이 에우다이모니아적 삶에 필수적일 뿐만 아니라 충분하다고 주장했기 때문이다. 제3장에서 보았듯이 자기 성취 이론을 이유로 해서 내가 앨런 게워스에 귀속시켰던 신스토아 철학 역시 에우다이모니아적 삶을 위한 덕의 충분성을 뒷받침한다.

지혜란 무엇인가?

정보와 지식이 무엇이며 그것들 사이에 존재하는 관계는 무엇인지 (즉 특징 짓는 본질적인 속성, 즉 진리의 속성에 대한 검토를 통해) 자세히 살펴본 다음, 이제 지혜라는 개념으로 관심을 돌려 정보, 지혜, 좋은 삶 사이에 존재하는 개념적 관계를 더 자세히 살펴볼 차례다.

니콜라스 맥스웰에 따르면(2007, 79),

> 탐구의 중심 과제는 지혜를 향상시키는 데 **이성**을 바치는 것이다. 여기서 지혜는 자신에게나 타인에게 삶에서 바람직하고 가치 있는 것을 발견하고 성취하려는 욕망, 적극적 노력, 능력으로 이해된다. 지혜는 지식과 이해를 포함하지만, 그것들을 넘어서 가치 있는 것에 대한 욕망과 적극적 노력, 삶의 상황에서 실제로 그리고 잠재적으로 가치 있는 것을 볼 수 있는 능력, 가치를 경험하는 능력, 가치 있는 것을 실현하려는 시도와 관련해서 생겨나는 삶의 문제를 해결하는 데 도움이 되는 능력, 가치의 실현에 필요한 지식, 기술, 이해를 사용하고 발전시키는 능력 등을 포함한다. 지혜는 지식과 마찬가지로 개인적인 측면에서뿐 아니라 제도적 또는 사회적 측면에서도 생각할 수 있다. 합리적 탐구의 기본 과제는 저 지혜로운 삶의 방식, 더 지혜로운 제도, 관습, 사회관계, 더 지혜로운 세계를 발전시키는 데 도움을 주는 것이다.

현재 우리의 목적을 위해 인용한 맥스웰의 구별에서 흥미로운 것은 그가 **이성, 지식, 이해**의 개념과 자신과 타인을 위해 삶에서 **가치 있는 것의 성취**(또는 나의 경우에는 **달성**)하기 위한 **욕구, 능력, 적극적 노력** 사이에 그가 끌어들이는 관계에 관한 것이다. 다음에 더 자세히 설명할 이해를 제외하고, 맥스웰이 주목하는 다른 개념들은 인식론적, 윤리적, 에우다이모니아적 차원에서 정보와 지식에 대한 나 자신의 규범적 분석에 포함된 개념들을 명시적, 암시적으로 모두 예상하고 반영하는 것 같다. 이러한 분석의 기초는 DOIT를 구성하는 메타 이론적 틀이며, 제4절에서 보게 될 것처럼 DOIT-지혜 모델이다.

네 가지 지혜 이론

『스탠포드 철학 백과사전』(*Stanford Encyclopedia of Philosophy*)의 한 항목에서 샤론 라이언(2007)은 네 가지 지혜 이론을 제시한다. (A) 플라톤의 『변명』(20e-23c)에서 그녀가 소크라테스에게 귀속시킨 인식적 겸손으로서의 지혜(*Wisdom as Epistemic Humility*). 거기서 소크라테스는 자신이 “가장 지혜로운 사람”이라는 델포이의 신탁에 대해 의아함을 표현하면서, 자신의 지식은 자신의 무지에 대한 지식까지 확장된다고 선언한다. 이것은 인식적 겸손의 원형적 사례라 할 수 있다. (B) 인식적 정확성으로서의 지혜(*Wisdom as Epistemic Accuracy*). 라이언은 이에 대해 다음과 같이 두 가지 버전을 제시한다. (B1) *S*는 모든 *p*에 대해 필요충분조건일 때 지혜롭다, (*S*는 *S*가 *p*를 알 때 오직 그때에만 *S*가 *p*를 안다고 믿는다)(EA1) 또는 약한 버전(B2)은 *S*는 모든 *p*에 대해 필요충분조건일 때 지혜롭다, (*S*는 *p*에 대한 *S*의 믿음이 높은 정도로 정당화될 때 오직 그때에만 *S*가 *p*를 안다고 믿는다)(EA2). (C) 지식으로서의 지혜(*Wisdom as Knowledge*): 지식은 적어도 지혜의 필요조건이라는 견해. 라이언은 아리스토텔레스(*Nichomachean Ethics*, VI, VII), 데카르트『철학의 원리』, 리처드 가렛(1966), 존 케케스(1983), 레러와 스미스(1996), 니콜라스 맥스웰(1984), 로버트 노직(1989), 플라톤(『국가론』), 샤론 라이언(1996, 1999)을 포함하여 (C)의 버전을 견지하는 몇몇 철학자를 확인한다. 라이언에 따르면 이 모든 철학자는 “지혜로운 사람이 어떤 종류의 지식을 가지는 것을 요구하는 지혜 이론을 가진다". 게다가 "이 모든 견해는 지혜로운 사람이 무엇이 중요한지를 안다고 주장한다"(Ryan 2007). 전반적으로 이러한 이론들은 라이언에 따르면 "지혜로운 사람이 알아야 할 것이 무엇인지 그리고 지혜에 요구되는 행동이 있는지 어떤지에 대해" 서로 다르다(Ryan 2007).

"지식으로서의 지혜"라는 넓은 범주에 속하는 여러 다른 지혜 개념을 더 구분하기 위해, 라이언은 지혜의 두 가지 주요 이론, 즉 소피아(*Sophia*) 즉 **이론적 지혜**와 **프로네시스**(*Phronesis*) 즉 **실천적 지혜**를 주장한 아리스토텔레스를 언급한다. 아리스토텔레스에 따르면 이론적 지혜는 "직관적 이성과 결합된, 본성상 가장 높은 것들에 관한 학적 지식"(Ryan 2007은 아리스토텔레스의 *Nichomachean Ethics*, VI, 1141b를 인용한다)이다. 이것을 기초로 해서 라이언은 아리스토텔레스의 이론적 지혜 개념을 다음처럼 해석한다. (CI) "*S*가 과학, 역사, 철학, 문학, 음악 등에 관한 광범위한 사실적 지식(*WFK*)을 가지고 있을 때 오직 그때에만 *S*는 지혜롭다"(Ryan 2007)에 사실상 이르게 되는 **광범위한 사실적 지식으로서의 지혜**. 라이언은 "가장 지식이 많은 사람 중 일부는 지혜롭지 못하다(Ryan 2007)"는 사실을 정확하게 관찰할 수 있기 때문에, 이런 지혜 개념은 받아들이기 어렵다고 생각한다. 라이언은 아리스토텔레스의 프로네시스 즉 실천적 지혜 개념이 더 합리적 이론이라고 주장한다. 아리스토텔레스에 따르면

> 어떤 특정한 측면, 예를 들어 어떤 종류의 것들이 건강이나 강함에 도움이 되는가가 아니라 어떤 종류의 것들이 좋은 삶 일반에 도움이 되는지에 관해 잘 숙고할 수 있는 것이 실천적 지혜

를 가진 사람의 표식이라고 생각된다(*Nichomachean Ethics*, VI, 1140a-1140b).

라이언은 "아리스토텔레스에게 실천적 지혜란 일반적으로 어떻게 해야 잘 살지를 아는 것을 요구한다"고 결론 내린다. 이어서 그녀는 많은 철학자가 이 점에 관해 아리스토텔레스에게 동의하지만, "이론적 지혜와 실천적 지혜가 서로 다른 것"이라는 아리스토텔레스의 입장에는 동의하지 않을 것이라고 말한다. 라이언은 "일반적으로 지혜란 실천적 지혜를 요구한다"고 결론 내린다. 실천적 지혜에 대한 이런 일반 개념을 뒷받침하기 위해 라이언은 "지혜란 잘 살고 중심 문제에 대처하며 인간이 처한 곤경에서 위험을 피하기 위해 당신이 이해할 필요가 있는 것"(Nozick 1989, 267)이라는 로버트 노직의 말을 인용한다. 또한 그녀는 "그러므로 지혜로운 사람이 아는 것은 인간의 상황을 감안할 때 좋은 삶으로 이어질 가능성이 높은 패턴을 구성하는 방법"(Kekes 1983, 280)이라는 존 케케스의 견해를 인용한다. 라이언은 이런 유형의 일반적인 실천적 지혜(C2)를 **어떻게 해야 잘 사는지의 방법을 아는 것으로서의 지혜**(*Wisdom as Knowing How to Live Well(KLW)*)로 정의한다. "*S*는 *S*가 잘 사는 방법을 알 때 그때에만 지혜롭다." 라이언에 따르면 이는 아리스토텔레스의 실천적 지혜 개념 전체와, 노직, 플라톤, 가렛, 케케스, 라이언(2007)이 주장한 관점을 포괄하는 것이다.

라이언이 고려하는 마지막 지혜 이론은 **지식과 행동으로서의 지혜**(*Wisdom as Knowledge and Action*)이다. 그녀는 이를 구체적으로 잘 사는 방법을 알고 그것에서 성공하는 것으로서의 지혜

(*Wisdom as Knowing How To, and Succeeding at, Living Well(KLS)*)로 정의한다. 사실상 이것은 다음을 의미한다. *S*는 (i) *S*가 잘 사는 방법을 알고 (ii) *S*가 잘 사는 것에서 성공할 때 오직 그때에만 지혜롭다. 라이언에 따르면, "성공 조건[KLS 조건 (ii)]의 개념은 자신의 지식을 실천에 옮기는 것"이다. 이어서 그녀는 (KLS)의 방향을 광범위하게 따르는 견해를 아리스토텔레스(그의 실천적 지혜의 개념)과 케케스 및 노직에 귀속시키고 있다. 라이언은 그가 제기한 비판(Ryan 1999)을 근거로 이 이론을 거부하지만, 내가 동의하는 그녀의 주요 비판은 (KLS)가 WFK이 요구하는 사실적 지식을 생략하는 것처럼 보인다는 것이다.

라이언의 의견에 동의하면서, 나는 또한 사람들이 세상에서 좋은 삶을 살 수 있도록 하는 데 적합한 (반드시 광범위하지는 않지만) 세상에 대한 어떤 사실적인 지식이 지혜를 위해 필요하다고 주장한다. 이 점을 고려하면서 지식과 지혜의 개념적 연관성을 탐구할 때, 중요한 구분, 즉 **지혜를 위한 지식**과 **지혜로서의 지식**을 구분하는 것을 도입할 필요가 있다. 이 둘은 서로 연관되어 있지만 매우 다르며, 그 차이는 지식과 지혜의 중요하고도 결정적인 구분을 강조한다.

의심할 바 없이 지혜를 위해서는 세상에 관한 어떤 일반적 지식—그것을 일으키고 유지하는 신뢰할 수 있고 진실한 정보를 바탕으로 얻은 지식—(Dretske 1999)이 필요하다. 이는 소크라테스의 무지 개념과 일치하는데, 여기서는 자신의 무지에 대한 지식(자신의 무지를 인지하고 자신의 지식이 부족함을 겸손하게 인정하는 것)을 갖는 것으로 이해할 수 있다. 왜냐하면 소크라테스의 무지는 자신이 그것에 대해 무지한 지식(여기서 이해된 지식은 역사, 지리, 과학, 수학, 문학, 예술 등 세상의 기본적인 측면에 대한 최소한의 일반적인 지식으로 이해됨)을 습득하도록 자극하고 동기를 부여하기 때문이다. 특별한 유형의 지식으로서의 소크라테스의 무지는 앞서 검토한 인식론적 겸손으로 보는 라이언의 지혜 이론과 일치한다. 반면에 자신이 어떤 지식이 부족한지를 알고 있다고 주장하는 사람들은 자신이 부족한 지식, 게다가 지혜의 습득하고 더 나아가 좋은 삶과 에우다이모니아를 달성하는 데 적어도 최소한의 일반적인 의미에서 부분적으로 필요한 지식을 습득하기 위한 동기 부여를 받을 수 있는 위치에 있지 않다.

따라서, 최소한, "거룩한 바보들"이 세상의 사실에 대해 완전히 무지하더라도 어떤 의미에서 "지혜로울" 가능성은 고려밖에 둔다고 하더라도, 세상에 관한 최소한의 일반적 지식은 지혜를 습득하는 데 도구적으로 그리고 사려적으로 필요하다. 적어도 최소한 소크라테스적 무지의 태도는[16] 지혜를 얻는 데 필요할 수도 있다. 왜냐하면 소크라테스의 엘렌쿠스(elenchus)는 먼저 자신의 무지를 알고 인정한 다음, 비판적 탐구와 추가 조사를 통해 그것에 관해 무지한 지식을 점차 습득하려는 동기를 부여함으로써 자신이 부족한 지식을 습득하는 방법으로 적용될 수 있기 때문이다. 존 케케스에 따르면, "엘렌쿠스는 그것을 실천하는 사람이 특별한 종류의 무지(어리석음)에서 특별한 종류의 지식(도덕적 지혜로)로 전진할 수 있게 해준다"(Kekes 1995, 39).

그러므로 우리는 세상에 관한 그러한 일반적인 최소한의 지식을 습득하거나, 그러한 지식이 부족할 때는 소크라테스적 무지의 태도를 취하는 것이 지혜의 습득에 유용하다. 왜냐하면 그렇게 하는 것이 지혜를 습득하는 데 필요한 수단, 즉 지혜를 습득할 수 있는 능력의 적어도 일부를 제공하기 때문이다. 더욱이 세상에 대한 그러한 최소한의 일반적 지식을 습득하거나 그러한 지식이 없는 경우 소크라테스적 무지의 태도를 취하는 것은 지혜의 습득에 대한 **사려**이다. 지혜의 습득이 바람직하고, 가치 있으며, 좋은 삶을 달성하는 데 필수적이라고 생각하는 한, 우리는 (규범적으로) 배움의 덕, 즉 세상에 대한 최소한의 일반적 지식을 습득하고자 하는 욕구와 적극적인 추구를 자신에게 심어**주어야** 한다. 따라서 지혜를 **위해서는** 세상에 대한 최소한의 일반적 지식이 필요하다. 스토아 철학들은 또한 지혜를 위해서는 세상에 관한 일반적 지식과 더 일반적으로는 자연에 관한 지식이 필요하다고 주장하였다. 예를 들어 마르쿠스 아우렐리우스(Marcus Aurelius)는 『명상록』(*Meditations*)에서 "각 사물의 가장 근원적인 존재, 세계 질서에서의 그것의 위치, 그 지속 기간이나 구성 분자를 이해하는 것"(Aurelius 1964, Book 10:9, 155)에 대해 언급하고 있다.

게다가 아리스토텔레스와 함께 나도 좋은 사람이 되는 것은 지혜롭게 되기 위한 필수 조건이라고 주장하고 싶다. 아리스토텔레스는 다음처럼 주장하기 때문이다. "그러므로 선하지 않고서는 실천적 의미에서 지혜로워지는 것은 불가능하다는 것은 명백하다"(*Nichomachean Ethics*, VI, 1144a). 그러나 아리스토텔레스와는 달리, 그리고 스토아 철학자들에 따라 그리고 제3장에서 게워스의 신스토아 입장에 대한 나의 재구성에 따라 나는 좋은 사람, 즉 유덕한 성격을 소유한 사람이 되는 것만으로도 스토아의 지혜로운 자, 예를 들어 소크라테스와 같은 사람에게만 주어지는 상(賞)인 에우다이모니아를 실제적으로 달성하는 데 성공하는 것은 아니더라도, 적어도 잘 사는 데 지혜를 성공적으로 적용했기에 충분히 지혜롭다고 주장하고 싶다. 존 케케스도 유덕한 성격은 지혜로운 사람의 필수적인 특징이라는 견해를 가지고 있는 것 같다. 그의 저서 『도덕적 지혜와 좋은 삶』(*Moral Wisdom and Good Lives*. 1995, ix)의 첫 문장에서 케케스는 "도덕적 지혜는 덕, 즉 반성의 덕"이라고 말한다. 케케스가 도덕적 덕에 부여하는 좀 더 상세한 특징(1995, 5-7)은 다음과 같다.

> 도덕적 지혜는 삶을 더 좋게 만들기 위해 특정 상황에서 무엇을 해야 하는지 올바르게 판단할 수 있는 능력[심리적인 능력]이다.…이 인간의 심리적 능력은 한번 발달하면 지속적이면서 중요해질 가능성이 있으므로, 그것은 성격 특징으로 식별될 수 있다.… 따라서 우리는 사람들이 적절한 상황에서 규칙적으로 그리고 예측 가능하게 지혜롭게 행동한다면, 그리고 그렇게 행동하는 것이 그들의 삶에서 지속적인 패턴이라면, 그들에게는 도덕적 지혜가 있다고 말할 수 있다.…어떤 행동이 도덕적으로 지혜로운지 어떤지는 행위자가 어떤 판단을 내리는지, 즉 무엇이 삶을 더 좋게 만들 수 있는지에 대한 그의 구체적인 개념에 따라 달라진다.

케케스에 따르면, 도덕적 지혜는 제2차적 덕이며, 그것의 주요 관심사는

> 우리의 기질 중 일부를 강화하거나 약화시켜 바람직한 방향으로 **우리의 인격을 발달시키는 것**이다[강조는 추가된 것임]. 제1차적 덕은 우리가 생각하는 좋은 삶의 관점에서 우리의 행동을 인도하고, 제2차적 덕은 좋은 삶에 대한 합리적 개념을 반영하는 그런 종류의 인격을 발달시키는 관점에서 우리의 행동을 인도한다. (1995, 9)

도덕적 지혜에 대한 케케스의 위의 주장은 스토아 철학자들과 신스토아 철학자들이 좋은 사람과 지혜로운 사람이 되기 위한 필수 요소로서의 **인격**에 부여하고 있는 중요성과 일맥상통한다.

지혜의 심리학: 베를린 지혜 패러다임

마지막으로 위에서 논의된 철학적 지혜 이론과 평행선을 **달리는 심리학적 지혜 이론**을 언급할 가치가 있다. 이것은 베를린 막스 플랑크의 인간 개발 연구소(Max Planck Institute for Human Development)의 폴 발테스(Paul Baltes)와 그의 연구진이 가정했던 지혜 이론이다. **베를린 지혜 패러다임**(*Berlin Wisdom Paradigm*)으로 알려진 이 이론은 지혜를 인간 삶의 문제에 대한 일종의 전문 지식으로 간주한다(Baltes 2004, Baltes 외 2002, Baltes and Smith 1990은 Banicki 2009를 참조한 것임). 『지혜의 핸드북: 심리학적 관점』(*A Handbook of Wisdom: Psychological Perspectives*(Robert J. Sternberg and Jennifer Jordan 2005, 115))의 한 장에서 우테 쿤츠만과 폴 B. 발테스는 지혜를 베를린 지혜 패러다임에 따라 "삶의 의미 및 행동과 관련한 근본적인, 즉 실존적인 문제를 다루는 데 있어 매우 가치 있고 뛰어난 전문성"(2005, 117)으로 정의한다.

쿤츠만과 발테스는 "그런 문제의 이론적 초점은 지혜를 **지식과 덕, 정신과 인격**을 조정하는 인간 사고와 행동의 전문가 시스템으로 정의하는 것이었다"[강조는 추가된 것임](2005, 131)고 설명하며, 이렇게 정의된 지혜는 그들에게는 "지혜의 두 구성 요소인 지성과 인격을 반영한다"(2005, 130). 그들에 따르면 "지혜는 그것이 정신과 덕, 지성과 인격의 조율을 포함한다는 점에서 다른 인간 강점과는 다르다”(2005, 131).

쿤츠만과 발테스가 위에서 설명한 베를린 지혜 패러다임의 심리학적 개념을 잘 사는 방법에 대한 지식과 그 지식을 잘 사는 데 성공적으로 적용하는 것으로서의 실천적 지혜에 대한 일반적 견해와 유사하고 광범위하게 해석하는 것은 그렇게 지나친 비약이 아니다. 그러나 문제의 지식에는 우리가 위에서 검토했던 라이언의 지혜 개념(KLS)인 세상에 관한 사실들의 지식도 포함되어야 한다는 단서가 덧붙여져 있다. 이러한 지식은 쿤츠만과 발테스의 심리학적인 지혜 개념의 경우에서처럼 “지성” 또는 “인지”(인식론적 특징)와 덕과 인격(윤리적·인식론적 특징)의 “조율”을 포함하는데, 이는 메타 인식과 메타 덕으로 생각되며, 그것은 일반적으로 보아 줄리아 아나스가 같은 제목의 책(2001)에서 개발한 지적 덕의 개념과 일치한다. 또한 우리가 위에서 검토했던 지혜 이론과 베를린 지혜 패러다임은 제3장에서 검토한 스토아 및 신스토아 철학과 일반적으로 일치한다.

지혜 및 좋은 삶과의 관계에서 디지털 정보의 평가

3부의 ‘정보, 지식, 지혜’에서 지혜의 본성, 지혜란 무엇인가, 정보 및 지식과 지혜의 관계에 관한 확장된 논의의 결과는 지혜가 특수한 유형의 메타 지식이자 메타 덕이라는 것이다. 좋은 삶의 궁극적 목적이 에우다이모니아의 달성인 한, 좋은 삶의 개념에 정보를 제공하고 에우다이모니아의 달성을 위한 적극적 추구를 지시하는 지혜는 좋은 삶의 개념과 그런 삶의 달성에 필수 조건이다. 따라서 지혜는 좋은 삶을 구상하고 안내된 방식으로 이를 적극적으로 추구하고 이것을 성공적으로 달성하는 것의 필수 조건으로서, 정보와 좋은 삶의 필수적인 개념적 연결로 설정된다. 특히 정보는 우리가 좋은 삶을 위해 필요로 하는 것들에 대한 지식을 습득하는 데 최소한으로 필요한 것이다. 따라서 지혜를 위해서는 지식을 유발하고 유지하는 신뢰할 수 있고 진실한 정보를 바탕으로 얻은 세계에 대한 일반적인 지식이 필요하다(Dretske 1999). 이를 통해 또한 우리는 좋은 삶의 개념, 특히 좋은 삶에 대한 에우다이모니아적 개념에 대한 정보의 일반적 함의와 파급 효과를 결정할 수 있다. 그러나 케케스가 지적하듯이, "좋은 삶에 대한 에우다이모니아적 개념은 특정한 삶의 형태를 지지하는 것으로 이해해서는 안 된다. 그것은 오히려 **모든 좋은 삶이 준수해야 할 몇 가지 일반적인 조건을 명시하는 규제적 이상**이다"[강조는 추가된 것임](Kekes 1995, 24). 따라서 이 장에서 살펴본 좋은 삶에 대한 에우다이모니아적 설명은 원리적으로 좋은 삶의 개념이 준수해야 하는 동일한 일반 조건을 충족하는 다른 좋은 삶의 개념과 양립할 수 있기 때문에, 넓은 의미에서 다원론적이다. 예를 들어, 좋은 삶에 대한 쾌락주의, 욕구 충족, 객관적 목록 이론들이 좋은 삶이 무엇인지 명시하고, 그것의 실천적 실현을 위한 최소한의 조건을 제시하는 최소 조건을 충족하는 한, 이 장에서 개발된 지혜 개념과도 광범위하게 일치할 수 있다.

위에서 인용된 케케스의 주장은 통찰력이 있으며, 이 장에서 DOIT-지혜를 기초로 하여 제안된 좋은 삶에 대한 에우다이모니아적 개념과 매우 일치한다. 왜냐하면 DOIT-지혜 모델(2011)은 **모든 삶이 (그리고 특히 정보화의 삶이)** 이런 삶의 특수한 맥락과 우연성과는 무관하게 **준수해야 할 몇 가지 일반 조건을 명시하는** 메타 이론적 **규제적 이상**으로만 의도된 것이기 때문이다.

특히 정보의 생성과 보급와 관련해서 모든 좋은 삶이 구속되는 일반적 조건의 중심에는 다음의 세 가지가 있다. (a) 정보의 고유한 규범적 구조에서 직접 발생하는 인식론적·윤리적 의무, (b) 모든 행위자가 누릴 수 있고 정보 행위의 고유한 규범적 구조에서 자연스럽게 발생하는 자유와 잘삶에 대한 보편적 권리, (c) 에우다이모니아의 궁극적 달성을 위해 좋은 삶을 추구하기 위한 **일반적 동기부여적 성품을 가능하게 하는** 것으로서 사려적으로 바람직하고 필요한 인격의 덕들과 이와 연관된 도덕적 정서 및 가치.

요약하면, 우리는 이러한 일반적인 메타 조건들이 이 장에서 제시된 결합 모델, 즉 내가 이 장에서 DOIT-지혜 모델이라고 통칭한 DOIT와 지혜의 모델 안에 압축되어 있다고 말할 수 있다. 또한 이 모델은 디지털 정보 평가를 위한 세 가지 필수적인 규범적 원리, 즉 인식론적 원리, 가능성 있는 기질로서의 덕들을 포함하는 윤리적 원리, 에우다이모니아적 원리를 포괄하는 삼중 구조를 결합하기 때문에, 잘삶의 달성을 위한 **정보적인 면에서 좋은 삶**에 대한 규범적 평가에 적합한 것으로 보인다. 케케스는 좋은 삶의 에우다이모니아적 개념에 따라 다음처럼 주장한 것은 정당하다.

> 일차적 가치[획일적이고 보편적인 인간 선과 필요에 관한 가치]는 도덕적 한계를 설정하는 것으로, 이차적 가치[문화적 전통, 좋은 삶에 대한 개념, 개인의 우연성과 환경의 차이에 따라서 개인마다 다른 가치]는 좋은 삶을 정의하는 도덕적 가능성을 설정하는 것으로 생각된다(1995, 25).…전자는 인간이 좋은 삶을 스스로 만들도

록 노력해야 하는 **격자**(格子)[강조는 추가된 것임]를 규정하는 반면에, 후자는 개인이 격자에 채우는 방법을 제공한다. (1995, 23)

이 장의 전반적인 목표는 그러한 개념적 격자, 즉 DOIT-지혜 모델을 제공하는 것이었다. 제3부 '정보, 지식, 지혜'에서 지혜의 개념을 통해 개인과 사회의 의사소통 과정으로서 정보의 인식론적, 윤리적, 에우다이모니아적 함의를 메타 이론적으로 논의했었다. 이 장의 마지막 부분에서 나는 디지털 정보의 생산, 보급, 소통이 개인과 사회의 좋은 삶에 대해 가지는 구체적 함의와 파급효과를 확인하기 위해 DOIT-지혜 모델을 적용하고자 한다. 그러기 전에 DOIT-지혜 모델의 삼중 구조를 개략적으로 설명하는 것이 도움이 될 것이다.

DOIT-지혜 모델(Spence 2011, 2009)은 지혜 개념에 기반한 잘삶과 관련된 기술에 대한 규범적 평가를 가능하게 한다. 이 장에서 제시된 논증은 다음의 그림에서 볼 수 있듯이 메타 인식론적, 메타 윤리적, 메타 에우다이모니아적 규범 범주들을 동시에 포함하는 삼중 개념으로 이해되는 지혜 개념이 기술(특히 정보통신 기술과 AI기술)과 잘삶 간의 필수적인 개념적 연결 고리를 제공한다는 점을 보여준다.

지혜는 왜 디지털 정보의 평가와 관련이 있는가?

정보의 규범적 평가와 좋은 삶과 그것의 관계에 관해 이 장에서 제시된 DOIT-지혜 모델은 그러한 정보가 오래된 대중 미디어에서 생성되었는지 아니면 디지털 소셜 미디어에서 생성되었는지와 관계없이, 디지털이든 아날로그든 모든 정보에 적용되는 모델이다. 그러나 이 책에서 빅테크 또는 빅5로 통칭되는 페이스북, 구글, 마이크로소프트, 애플, 아마존과 같은 기술 네트워크를 통한 인터넷 디지털 정보의 기하급수적 증가와 개인과 사회 전반의 좋은 삶에 대한 그것의 함의는 적어도 세 가지 이론적 이유에서 특별히 관심을 기울일 필요가 있다.

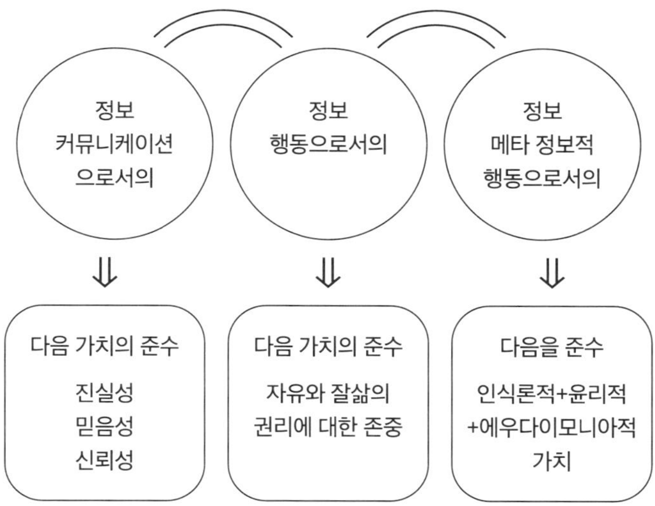

[그림] DOIT-지혜 모델

우선 **형이상학적 또는 존재론적 이유**가 있다. 정보의 디지털화는 루치아노 플로리디가 정확하게 관찰했듯이(2002) 우리는 이제 단지 생물권에서가 아니라 정보권에서 살고 있다고 말할 수 있을 정도로 우리 삶의 자연적, 기술적 경계를 확장하였다. 우리는 본질적으로 정보화 존재가 되었으며, 점점 더 정보화 존재가 되어가고 있다. 따라서 전 세계 수십억 명의 사람들이 일상생활의 많은 부분을 정보에 기반하여 생각하고, 소통하며, 일하고, 사고팔며, 은행 업무를 보고, 놀며, 사교하고, 일반적으로 말해 **정보적으로 행동한다**. 정보권, 특히 디지털 정보권에서 이 모든 다양하고 수많은 정보 활동은 개인과 사회 전체 삶의 질 및 선과 불가피하게 연관되어 있다. 따라서 이 장에서 주장된 것처럼 지혜가 정보를 좋은 삶 및 잘삶과 규범적으로 연결하는 개념적 연결 고리라면, 그 지혜는 분명히 디지털 정보 및 그것과 좋은 삶과의 관계에 대한 규범적 평가에 직접적이고 일차적인 관련 역할을 하는 것이 분명하다. 제4장에서 살펴보았듯이 스토아 철학의 핵심 원리로서의 지혜는 생물권에 적용되며, 이와 유사하게 정보권에도 동일하게 적용된다.

둘째, **기술적인 이유**가 있다. 정보의 디지털화로 인해 인터넷을 통하여, 예를 들어 스마트폰과 같은 기술 기기를 통하여 전 세계에 정보를 즉시 생성하고 전파할 수 있는 수단과 목적이 무수히 많아졌다. 이처럼 전례 없이 빠르고 광범위한 디지털 정보의 보급은 우리의 삶에 긍정적인 영향과 부정적 영향을 미칠 수 있고, 실제로 미치고 있다. 사람들은 디지털 정보를 사용하여 자신과 다른 사람에게 이익을 줄 수 있지만, 예를 들어 가짜 뉴스, 딥페이크 및 다른 형태의 잘못된 정보와 허위 정보 등 정보의 **반성**

없는 오용과 남용으로 자신이나 다른 사람에게 해를 끼칠 수도 있다.

풍부한 정보의 시대는 역설적으로 지혜의 결핍으로 특징지어진다. 정보가 많을수록 개인과 집단의 잘삶을 위해 정보를 관리하고 통제하는 데서 덜 지혜로운 것 같다. 문제는 정보가 너무 많아서 그 정보를 흡수하고, 그것의 함의를 이해하며, 우리 개인과 공동의 선을 위해 그것을 사용하는 최선의 방법을 판단할 시간이 충분하지 않다는 것이다. 정보의 과잉으로 인해 정보에 대한 탐닉이 생겨나면서 우리는 지혜롭지 못하고 어리석게 행동을 하게 된다. 이러한 지혜롭지 못하고 어리석은 온라인 행동의 예는 많다. 남아프리카 럭비팀에 대한 무분별한 트윗의 결과로 재규어(Jaguar)와 맺은 막대한 금액의 스폰서십을 잃은 호주 올림픽 3관왕 스테파니 라이즈(Stephanie Rise),[17] 개와 모의 수간 행위를 하는 사진이 인터넷에 공개되어 사퇴를 강요 당한 캔버라 레이더스 스타 조엘 모니한(Joel Monaghan)[18]을 예로 들어볼 수 있다. 또한 여러 방송인과 유명인에 대한 불미스러운 트윗을 연이어 올렸다고 해고된 더 에이지의 저널리스트 케서린 데이비니(Catherine Daveny),[19] 모리셔스에서 신혼여행 중 살해당한 젊은 여성 미카엘라 하테(Michaela Harte)에 대해 페이스북 페이지에 댓글을 올렸다가 해고된 아일랜드 출신의 저널리스트 사진작가, 이집트에서 성폭행을 당한 CBS기자 라라 로건(Lara Logan)[20]에 대한 모욕적인 트윗을 한 후 사임해야 했던 미국의 기자 니르 로젠(Nir Rosen), 훨씬 더 흔하게는 젊은이들이 자신과 친구들의 프라이버시을 침해하는 사진을 페이스북에 올리고 사이버 괴롭힘에 가담하여 프라이버시와 미래 취업 기회를 훼손해서, 일부 젊은이들을 자살로 몰아 넣을 경우도 있다. 이 문제는 광범위하고 전 세계적인 문제이다.

지혜롭지 못하고 자기 패배적인 행태의 정보 행위가 매일 수도 없이 일어나고 있지만, 이런 일은 모든 곳에 존재하는 인터넷의 모든 것을 보는 눈에는 아무렇지도 않은 일로 지나쳐 버릴 수 있다. 위키리크스(WikiLeaks)* 논란을 통해 드러난 중요한 진실은 인터넷과 디지털 정보 환경이 누구에게도 프라이버시의 확실성이나 안락함을 제공하지 않는다는 것이다. 인터넷은 그 본성상 경계가 없는 공공의 공간으로, 사적인 대화와 비밀에 적합하지 않으며, 더 나아가 그것은 정보를 무분별하게 유출한다. 정보의 디지털화는 정보를 전파하는 방식뿐 아니라 우리의 삶의 방식도 근본적으로 바꾸어 놓았다. 인터넷은 자연환경과 마찬가지로 어떤 한 개인, 대기업 또는 국가 집단에 의해 깔끔하게 제한되고 통제될 수 없다. 그리고 자연환경과 마찬가지로 인터넷은 변덕스럽고 예측할 수 없으며, 언제 어디서나 누구나 제한 없이 자유롭게 정보를 전파하는 것을 선호할 뿐이다.

인터넷에서 정보의 흐름을 통제하거나 관리할 수 없다면, 차선책은 우리 자신의 온라인 정보 행동을 통제하는 것이다. 그것은 우리가 통제할 수 있는 것이며, 그 중심 원리가 지혜인 스토아 철학 및 신스토아 철학과 일치한다. 이 점은 우리가 제3장과 제4장에서 검토하였다. 우리는 우리 개인과 집단의 잘삶을 보호하고 증진하는 방식으로 정보를 지혜롭게 사용하고 전파하는 방법을 배워야 한다. 지혜는 **더 높은 수준의 지식**(자신과 사회의 이익을 위

---

* 옮긴이 주: 정부와 기업, 단체의 불법·비리 등 비윤리적 행위를 알린다는 목적으로 2006년 12월 아이슬란드의 수도 레이캬비크에서 설립된 고발 전문 웹사이트이다.

해 성찰하고 올바른 판단을 통해 정보를 이해하고 사용하는 방법을 아는 것)으로서, 자신과 타인의 삶을 개선하기 위해 정보를 적용할 수 있는 실질적인 '노하우'를 제공한다. 또한 자신과 타인의 자기 성취, 에우다이모니아, 행복으로 이어질 수 있는, 정보권에서의 좋은 삶과 의미 있는 삶을 살기 위해 정보를 생성하고 사용하는 방법을 우리에게 가르칠 수 있는 것은 실천적 사려 형식의 반성적 덕이다. 지혜가 필요로 하는 것은 우리가 정보의 관리법을 배우는 것이다. 다시 말해 정보에 대해 성찰하는 방법, 정보를 이해하는 방법, 정보가 우리를 통제하지 못하도록 정보를 통제하는 방법, 좋든 나쁘든 그 결과를 예측할 수 있도록 정보의 의미를 판단하는 방법, 우리의 잘삶을 증진하고, 자유, 프라이버시, 존중에 대한 우리의 권리를 증진하고 보호하는 방식으로 정보를 사용하는 방법을 배우는 것이다. 정보의 시대에 더 많은 지혜와 조금 더 적은 정보를 갖는 것이 더 나을 것 같다. 가끔은 아이폰과 아이패드를 플라톤과 에픽테토스로 바꾸는 것이 좋은 출발이 될 수도 있다.[21]

위의 예에서 볼 수 있듯이 자신과 타인의 사소하고 개인적인 정보를 페이스북, 구글, 유튜브, 인스타그램과 같은 소셜 네트워크와 플랫폼, 그리고 SMS와 트위터를 통해 무비판적이고 때로는 무분별하게 보급하는 것은 지혜와 좋은 삶 전반에 도움이 되지 않을 뿐만 아니라, 오히려 해로울 수 있다. 왜냐하면 그것들은 적어도 때로는 자신이나 자신의 "친구"나 다른 사람들에게 명백히 보상할 만한 가치론적 또는 에우다이모니아적 가치가 없는 무분별하고 어리석으며 무모한 행동을 조장하는 듯이 보이기 때문이다. 좋은 삶에 대한 자신의 개념과 관련하여 가치에 대한 어떠한 보상적 실현 없이 자신과 타인에 관한 정보를 무분별하게 생성하고 접근하는 것의 함정을 고려할 때, 지혜로운 사람이라면 디지털 정보를 사용할 때 주의를 기울이는 것이 가장 바람직할 것이다. 제4장에서 보았듯이 이러한 전반적인 반성적 주의는 또한 스토아 철학의 본질적 특징, 즉 통제력과도 일치한다. 다시 말해 자신의 삶에서 통제력이 거의 또는 전혀 없는 영역을 좁혀서 통제력이 있는 삶의 영역을 확대하여 에우다이모니아 또는 잘삶을 달성하기 위한 좋은 삶의 개념에 부합하도록 정리할 수 있는 능력과 일치한다. 이것은 자기 인식 과정이며, "우리의 성격을 덜 우연적이고 더 사려 깊게 만드는 것이 목표"인 판단을 포함하는 성찰 과정이다(Kekes 1995, 127-28). 인터넷과 스마트폰 및 기타 디지털 기기 사용을 통해 자신과 타인의 디지털 정보를 반성 없이 오용하도록 허용할 때, 우리는 자신을 더 "우연적"으로 만들고, 덜 "사려적"으로 만든다. 그렇게 함으로써 우리는 운명의 인질이 된다. 왜냐하면 우리는 더는 그 정보를 통제할 수 없기 때문이다. 그 정보는 이제 영원히 **사이버 공간**에서 우리의 통제를 벗어나 떠돌고 있다. 확실히 그러한 무반성적인 행동은 지혜롭지 못할 뿐만 아니라, 주의 깊게 생각해 보면, 우리가 생각하는 좋은 삶에 대한 개념과 그 에우다이모니아적 실현의 개념을 훼손한다면, 극단적 상황에서는 어리석고 궁극적으로는 자멸적일 수 있다.

지혜가 좋은 삶에서 디지털 정보가 수행하는 역할에 대한 탐구와 주된 관련이 있는 세 번째 이유는, 좋은 삶을 위해 디지털 정보를 사용하는 것과 관련된 문제 중 일부는 개인이 타인에 대해 도덕적이거나 부도덕한 행동을 하는 것과 관련이 있다는 것이 아니라, 개인이 자신과 관련해서 사려적 측면에서 적절한 행동을 하거나 부적절한 행동을 하는 것과 관련된다는 것 또는 더 정확하게 말해서 자신에게 무엇이 좋은지—자신의 삶과 잘삶에 좋은 것이 무엇인지와 관련이 있다는 것이다. 예를 들어 어떤 개인이 자신 외에는 누구에게도 해를 끼치지 않는 자신의 신상 사진을 페이스북에 게시한 경우, 이 문제는 윤리의 문제가 아니라 지혜의 문제 또는 적어도 사려의 문제이다.[22] 공개 사이버 공간에서 지혜롭지 못한 행동의 결과가 의도하지 않은 방식으로 자신에게 해로운 것으로 밝혀진 경우, 그렇게 행동한 개인이 얼마나 지혜 또는 사려가 있는지의 문제이다. 가령 지혜롭지는 않았지만, 반드시 비윤리적 행동이 아닌 결과로 그 개인이 자기 성취를 위해 즐겼고 의지했던 직장에서 해고되었다고 가정해보자.

인터넷에 근거한 그리고 페이스북, 인스타그램, 구글, 유튜브, 트위터 등 기술 네트워크를 통한 다양한 정보 상호작용을 포함한 디지털 미디어로 인해 우리는 전례 없이 방대하고 다양한 정보와 데이터에 접근하고 이를 활용할 수 있게 되었다. 명실상부한 정보와 빅데이터 시대이다. 그러나 앞서 살펴본 지혜의 특성에서 알 수 있듯이 적절한 성찰과 판단, 이해 없이 많은 정보에 무비판적으로 접근하고 사용하는 것은 지혜에 도움이 되지 않을 수 있으며, 결과적으로 개인과 사회의 좋은 삶에 도움이 되지 않을 수 있다. 따라서 더 많은 정보를 무비판적으로 축적하고 사용하는 것이 반드시 더 많은 지혜에 도움이 되는 것은 아니며(지혜에 필수적인 것이 아니기 때문이다), 좋은 삶에 더 도움이 되는 것도 아니다. 반대로, 정보가 지혜에 의해 지시되는 경우(더 적은 정보), 그리고 지혜가 그렇지 않은 경우(더 많은 정보), 때로는 더 많은 정보보다 더 적은 정보가 더 나을 수도 있다.

맥락화된 정보에 비판적으로 접근하고 사용하는 경우에도, 그 정보가 달성하고자 하는 목적에 대한 명확한 이해나 그 목적의 가치에 대한 명확한 이해 없이 단지 도구적으로만 사용된다면, 그러한 정보는 지혜와 좋은 삶에 도움이 되지 않을 수도 있다. 지혜는 우리 행동의 수단뿐만 아니라 목적도 지시한다는 것을 기억하라. 예를 들어, 우리의 스마트폰에서 수많은 맥락화된 정보에 접근하고 그 정보를 사용하려는 목적의 가치에 대한 명확한 이해 없이 그 정보를 사용하는 것은 잘해봐야 우리 삶의 선과 관련하여 중립적일 수 있으며, 궁극적으로 우리 개인과 사회 전체에 가치론적 가치(인식론적, 윤리적, 에우다이모니아적)가 거의 또는 전혀 없는 정보를 획득하기 위해 우리의 인지적 및 사회적 자원을 너무 많이 사용한다면 삶의 선에 더 해로울 수 있다. 더 심각한 문제는 이어지는 장(제6-9장)에서 보게 되겠지만, 페이스북과 구글과 같은 빅테크 기업이 불투명하고 책임감 없는 알고리즘을 통해 사용자 및 데이터 주체로서 우리의 정보를 체계적으로 표적으로 삼아 자신들의 경제적 이익을 추구하는 페이스북과 구글 같은 빅테크 기업이 우리의 자율성, 프라이버시, 무결성 및 디지털 정체성을 훼손하는 결과를 초래할 수 있다는 것이다.

결론

이 장의 목적은 좋은 삶과 잘삶의 개념과 관련하여 일반적으로는 정보, 특수하게는 디지털 정보가 어떻게 규범적으로 평가될 수 있는지 탐구하는 것이다. 이를 위해 이 장은 정보를 어떻게 규범적으로 평가할 수 있는지 설명하기 위한 근거로 메타 이론적 모델인 DOIT-지혜 모델을 개발하여 적용했으며, 이를 위해 이러한 가치론적 범주와 통합적으로 관련된 덕을 포함하여 상호 관련된 규범 범주인 인식론적, 윤리적, 에우다이모니아적 범주의 삼중 클러스터를 사용하였다. 이때 이 규범적 범주들은 제3, 4장에서 해당 모델을 기초로 해서, 그리고 스토아 철학과 신스토아 철학을 기초로 해서 분석되고 옹호되었다. 이러한 규범적 범주의 중심에는 동시에 메타 인식론적, 메타 윤리적, 메타 에우다이모니아적인 지혜의 개념이 있고, 이 개념이 한편으로는 정보와 다른 한편으로는 개인과 사회 전반의 좋은 삶과 잘삶 개념 간의 직접적인 개념적 연결 고리를 확립한다. 더 구체적으로 이야기하면, 이 장에서 입증되었던 지혜는 디지털 정보의 규범적 평가에서 특별하고 중요한 규범적 관련 역할을 한다. 제4부의 '좋은 삶과 관련된 디지털 정보의 평가와 지혜'에서 다른 디지털 미디어와 네트워크를 포함한 인터넷상의 디지털 정보의 보급에 관해 인용된 사례는 정보, 좋은 삶, 잘삶 사이의 필수적인 개념적 연결 고리로서의 지혜 개념이 인터넷에서 모든 유형의 디지털 정보의 생성, 사용, 보급을 가치론적으로(인식론적으로, 윤리적으로, 에우다이모니아적으로) 평가하기 위해 **방법론적으로** 어떻게 사용될 수 있는지를 입증하기 위한 개념 증명으로 예시적으로 사용되었다. 예를 들어, 가까운 친구, 가족, 동료와 정기적으로 소통하기 위해 스카이프(Skype)나 줌(Zoom)을 사용하는 것과 같은 일부 디지털 정보 평가는, 친구, 가족, 동료와의 관계가 좋은 삶과 잘삶에 도움이 된다는 점과 특히 코로나 19 팬데믹 기간 동안 관계를 형성하고 유지하는 것이 일반적이라는 점을 고려한다면, **지혜로운** 행위로 긍정적인 면을 가질 수 있을 것이다. 위의 페이스북, SMS*, 트위터의 예와 같은 다른 디지털 정보 평가는 좋은 삶과 잘삶에 도움이 되지 않고, 아마 잘삶의 감소에 도움이 될 수 있으므로 지혜롭지 못한 것으로 부정적으로 평가될 수 있다.

사태를 그대로 기술해본다면, 우리는 지금 정보 시대에 살고 있다고 말할 수 있지만, 우리 자신의 에우다이모니아적 선과 다른 사람의 그것을 위해, 특히 단순한 정보와 빅데이터를 지식으로 착각하고, 단순한 지식을 지혜로 착각할 수 있는 미래 세대를 위해 지혜의 시대(Age of Wisdom)를 촉진하려면 우리는 지혜로워야 하거나 아니면 적어도 지혜롭기를 열망해야 하며, 이를 위해서 우리는 **예방적 방식**으로 행동해야 한다. 이 장은 스토아 철학과 일반적으로 그리스-로마 및 헬레니즘 철학의 핵심 원리인 지혜 개념을 통해 일반적으로는 정보에 대한, 특수하게는 디지털 정보에 대한 규범적 평가를 위한 이론적 토대를 주장했다. 일상적으로 사람들의 삶에 긍정적이든 부정적이든 영향을 미치는 정보의 특정 유형의 좋은 사용과 나쁜 사용에 대해 더 광범위한 조사와 평가가 이루어져야 한다는 것은 의심할 여지가 없다. 이 책의 제7-9장에서 이 주제를 살펴볼 것이다. 가상 세계를 포함한 정보권에서 점점 더 많은 삶을 사는 데 적응해야 하므로, 이는 바람직하고 실제로 필요한 일이 되고 있다. 나는 이것이 현재 진행 중인 연구 프로젝트의 시작에 불과하기를 바란다.[23]

* 옮긴이 주: 휴대 전화로 문자 메시지를 보낼 수 있는 단문 메시지 서비스의 영어인 Short Message Service를 줄여서 SMS라고 한다.

제 6 장

정보화 시대의 기술 미디어 부패

오 브루투스여 잘못은 우리 별에 있지 않아. 우리 자신에 있는 것이지.

—Shakespeare. Julius Caesar, Act I, Scene III, L. 140-141.

서론

이 장의 주요 목적은 페이스북, 구글과 같은 빅테크 기업을 통해 점점 더 생성, 보급, 매개, 엄선된 디지털 정보가 제4권력(the 4th Estate) 및 제5권력(the 5th Estate)와 동일한 규범적 원리를 준수해야 하는지 검토하는 것이다.[1] 예시적 사례로서 페이스북이 본질적으로 **미디어 기업**이라는 점을 확인한 후, 이 장의 제2부는 제5장에서 검토한 **이중의무정보이론**(DOIT)을 기초로 하여, 페이스북도 다른 제4권력 및 제5권력의 미디어 기업들과 동일한 규범적 원리와 요건을 준수한다는 점을 입증할 것이다. 이 장의 제3부는 케임브리지 애널리티카 사건에서 페이스북의 역할이 모든 미디어 기업이 준수해야 하는 기본 규범 원리와 요건을 위반했을 뿐만 아니라, 나아가 페이스북의 행위가 미디어 부패에 해당했는지를 검토할 것이다.[2] 더 일반적으로 케임브리지 애널리티카 사건에서 나타난 페이스북의 미디어 부패는 그 설계와 관행에서 체계적인 미디어 부패에 기여하는 비즈니스 모델에서 비롯된 이해 상충과 관련이 있다(Spence 2020).

쇼샤나 주보프(2019), 프랭크 파스콸레(2015) 등 학자들의 최근 논문과 뉴욕타임스, 영국타임스, 가디언, 워싱턴포스트, 월스트리트저널, 시드니모닝헤럴드 등 기존 신문사의 탐사보도 기자들이 쓴 여러 기사, 그리고 컨버세이션 등에서는 이러한 관행이 적어도 불법적이고 비윤리적이라는 설득력 있는 증거를 제시하고 있다. 하지만 이러한 관행도 부패, 특히 언론의 부패에 해당할까?

페이스북, 구글과 같은 기술 기업을 매개로 한 디지털 미디어, 더 나아가서 소셜 미디어는 전통적인 레거시 미디어의 전통적 역할과 정당성에 도전하는 제4권력, 더 나아가 소셜 미디어를 통해 사용자가 생성한 정보를 포함하는 제5권력 형태의 디지털 미디어이다(Elliott and Spence 2018, 6장). 페이스북, 구글과 같은 빅테크 기업이 등장하기 전까지는 제4권력과 제5권력이 **융합 미디어**로서 대중에게 전달되는 주요 정보 출처를 구성했다(Elliott and Spence 2018, 4장). 인터넷, 트위터, 스마트폰, 페이스북, 인스타그램, 구글, 유튜브와 같은 소셜 네트워크 및 플랫폼을 통해 이용 가능한 디지털 미디어는 사회의 사회생활과 민주적 절차 및 관행에 지대한 영향을 미치고 있다.

제5권력은 일반적으로 사이버 공간에서 활동하며 개인 또는 그룹으로서 전 세계에 공공의 관심사에 대한 정보를 전파하는 모든 전 세계 거주자들과 시민으로서 저널리즘적 의도를 가지고 활동하는 일부 사람들, 즉 제5권력의 저널리스트로 구성된 미디어 자산으로 정의된다. 이 장에서 언급하는 융합 미디어는 레거시 미디어(제4권력)의 저널리스트와 소셜 미디어를 포함한 디지털 미디어(제5권력) 간의 공생 관계로 구성된다. 현재 많은 저널리스트가 이 두 영역에서 활동하고 있다. 두 미디어 권력의 공생 관계가 5장에서 살펴본 DOIT의 규범적 요건에 따라 적절하게 운영될 때 대중에게 전달되는 정보의 질과 양이 증대되고 숙의 민주주의의 내용과 범위가 강화된다(Elliott and Spence 2018, 6장).

진실, 신뢰, 대중의 알 권리는 미디어 직업, 특히 저널리즘이 제4권력, 더 나아가 제5권력으로서의 역할을 수행하는 데 있어 기본 원리이다.[3] 이러한 원리는 정보의 본질과 제4권력과 제5권력의 다양한 커뮤니케이션 방식의 규범적 함의를 기반으로 미디어에서 일반적으로 발생하는 규범적 문제를 식별, 분석 및 평가하기 위해 특별히 고안된(Spence 2011, 2009) DOIT에서 의무적으로 요구하고 있는 사항이다. 이 장은 크게 세 가지 주요 목표로 구성된다.

이 장에서 제4권력, 제5권력과 개념적으로 구분하기 위해 **제6권력**으로 지칭하는 것의 구체적 사례로 **페이스북**을 선택하면서, 이 장 제1부의 첫 번째 목표는 페이스북과 같은 기술 기업을 통해 점점 더 많이 생성, 보급, 매개되는 디지털 정보도 제4권력, 제5권력과 동일한 규범 원리를 적용받는지 검토하는 것이다. 만약 그렇다면, 정보의 창조자, 큐레이터, 중재자, 전달자로서 미디어의 역할을 페이스북과 같은 테크 미디어 기업까지 포함하도록 일관되게 확장해야 하지 않을까?[4]

이 장의 제1부에서 페이스북이 본질적으로 미디어 기업이라는 사실을 확인했다면, 이 장의 제2부는 DOIT에 근거하여 페이스북과 일반적으로 유추해서 구글과 같은 다른 기술 기업도 제4, 5권력의 다른 미디어 기업과 동일한 규범 원리와 요건을 적용받는다는 사실을 입증할 것아다. 이는 케임브리지 애널리티카 사건에서 페이스북의 미디어 역할에 대한 검토를 통해 설명할 것이다.

이 장의 제3부는 케임브리지 애널리티카 사건에서 페이스북의 역할이 모든 미디어 회사가 준수해야 하는 기본 규범 원리와 요건을 위반했을 뿐만 아니라, 나아가 페이스북의 행위가 미디어 부패에 해당하는지 살펴본다. 더 일반적으로는 케임브리지 애널리티카 사건에서 드러난 페이스북의 미디어 부패는 그 설계와 관행이 조직적인 미디어 부패에 도움이 되는 비즈니스 모델에서 비롯된 이해 상충과 관련이 있다.

마지막으로, 이 장은 케임브리지 애널리티카 사건에서 페이스북이 디지털 정보와 커뮤니케이션에 끼친 악영향을 분석하여 민주주의와 그 기반이 되는 정치 제도, 그리고 시민의 권리를 훼손하는 페이스북의 행태에 대해 살펴본다.

페이스북의 전문적이고 제도적인 역할은 무엇인가?

페이스북도 진실성, 신뢰성, 공익과 같은 다른 미디어 기업과 동일한 기본 규범 원리를 준수하고 있는지, 그리고 어떻게 준수하고 있는지 알아보기 전에 먼저 정보통신기술 기업으로서 페이스북의 직업적 역할이 무엇인지 명확히 해야 한다. 페이스북의 전문적인 역할은 사용자 정보의 중개자 역할인가? 사용자 정보의 관리자인가? 사용자 정보의 큐레이터? 사용자 정보의 수탁자? 사용자 정보의 거래자? 페이스북은 본질적으로 미디어 정보/커뮤니케이션 회사인가, 아니면 완전히 다른 무엇인가, 그렇다면 가장 중요한 전문적이고 제도적인 역할은 무엇인가? 결국, 매일 수십억 명의 정보 이용자들이 페이스북을 통해 수많은 정보와 커뮤니케이션을 주고받는다. 적어도 표면적으로만 보면 페이스북은 그 기능과 설계로 볼 때 미디어 회사로 운영되고 있는 것으로 보인다. 얼핏 보기에 적어도 페이스북은 자신이 다루는 정보와 커뮤니케이션에 대해 규범적으로 책임이 있으며, 다른 미디어 기업과 마찬가지로 인식론적, 윤리적, 도덕적 책임과 의무를 져야 하는 듯이 보인다. 왜 아니겠는가?

페이스북은 자신들의 전문적이고 제도적인 역할을 정확히 어떻게 인식하고 있는지에 대해 정확히 알려주기를 꺼려하며, 단지 "플랫폼"에 불과하다는 사실을 알리는 데 만족하고 있다. "플랫폼"이라는 용어가 주제 중립적이고 페이스북을 통한 정보의 보급 및 소통과 관련하여 어떠한 규범적 약속도 없는 것처럼 보이기 때문에 편리하다. 이는 제4부와 5부의 융합 미디어와 일반적으로 월드와이드웹에서 다른 사람에게 정보를 보급하고 소통하는 모든 사람에게 적용되는 규범적 의무를 페이스북에 적용하지 않으므로 DOIT-지혜 모델에 근거하여 페이스북에 적합한 것으로 보인다.

5장 앞부분에서 살펴본 바와 같이 DOIT는 정보 소통의 규범성을 인식적, 윤리적, 에우다이모닉적 특징으로 구성된 정보의 내재적 규범 구조에서 찾는다(Spence 2011, 2009). 이러한 정보의 규범적 특징은 일반적으로 모든 정보 전달자, 특히 미디어 기업인 페이스북을 포함한 미디어 기업에 진실성, 정확성, 믿음성, 신뢰성 및 공익의 원리를 준수할 의무를 부여한다. 나아가 '케임브리지 애널리티카 사건에서 페이스북의 부분은 미디어 부패에 해당하는가?'를 다루는 절에서 예시될 수 있듯이 페이스북이 이러한 기본적인 미디어 원리를 위반한 것 역시 미디어 부패에 해당할 수 있다. 앞으로 살펴보겠지만, 이는 사용자의 콘텐츠를 기반으로 광고 수익을 창출하는 비즈니스 모델이 미디어 역할과 직접적으로 충돌할 때 체계적으로 발생하며, 이는 DOIT가 요구하는 규범적 약속과 책임을 위반하는 결과를 초래한다.

자세히 들여다보면, 페이스북은 "플랫폼"이라는 자칭 전문적 역할과 상관없이 광고와 마케팅을 통해 수익을 창출하기 위해 사용자가 생성한 정보를 큐레이션, 매개, 전달하는 미디어 회사로 본질적으로 미디어 회사로 보아야 한다. 따라서 페이스북은 미디어 회사로서 라디오, 텔레비전, 영화, 비디오, 신문, 잡지, 서적 및 기타 모든 유형의 미디어 방송과 팟캐스트, 그리고 공공 영역에서 아날로그 및 디지털 채널을 통해 정보를 생성, 보급, 교환, 매개 및 소통하는 출판물을 포함한 다른 미디어 기업과 마찬가지로 일반적으로 사용자와 대중에 대한 규범적 책임과 의무가 있다. 페이스북이 단순히 "플랫폼"으로 운영되고 있다는 주장을 받아들인다고 하더라도, 페이스북은 정보 통신 플랫폼에서 발생하는 일에 대해 규범적으로 책임과 의무를 져야 한다. 스콧 갤러웨이는 다음처럼 주장한다(Galloway 2017, 117).

> 페이스북은 자신들이 미디어 매체가 아니라 플랫폼이라고 주장하며 콘텐츠에 대한 비판을 회피하려고 한다. 플랫폼이라는 용어가 기업의 피해에 대한 책임을 면제하기 위한 것이 아니라는 점을 고려하면 그럴듯하게 들린다. 맥도날드가 소고기의 80%가 광우병에 걸린 소고기라는 사실을 알고도 자신들은 패스트푸드점이 아니라 패스트푸드 플랫폼이기 때문에 책임을 질 수 없다고 주장한다면 어떻게 되는가? 우리는 그것을 용납할 수 있을까?

여기서 갤러웨이가 하고자 하는 말은 페이스북이 "플랫폼"으로서 어떤 일을 하는지 단순히 설명한다고 해서 플랫폼에서 발생하는 불법 또는 비윤리적 위반에 대한 책임과 의무가 면제되는 것은 아니라는 점이다.

DOIT의 규범적 함의가 페이스북 운영에 미치는 직접적인 관련성을 다시 한번 강조하기 위해 케임브리지 애널리티카 사건을 다루는 절에서 더 자세히 검토할 것이다. DOIT는 정보 커뮤니케이션의 규범성을 인식론적, 윤리적, 에우다이모닉적 특징으로 구성된 정보의 고유한 규범적 구조 내에서 위치시킨다. 이러한 정보의 규범적 특징은 일반적으로 모든 정보 전달자, 특히 미디어 기업인 페이스북을 포함한 미디어 기업에 진실성, 정확성, 신뢰성, 믿음성 및 공익이라는 필수 원리를 준수할 의무를 부여한다. 또한, "케임브리지 애널리티카 사건에서 페이스북의 부분은 미디어 부패에 해당하는가?"를 케임브리지 애널리티카 사건에 대한 논의를 통해서 다루는 절에서 설명된 바와 같이 페이스북이 이러한 기본적인 미디어 원리를 위반한 것 역시 미디어 부패에 해당할 수 있다. 앞으로 살펴보겠지만, 이는 페이스북의 **비즈니스 모델**이

미디어 역할과 직접적으로 충돌할 때 체계적으로 발생하며, 그 결과 DOIT에 근거하여 요구되는 규범적 약속과 책임을 위반하게 된다. 이 장에서 제시된 미디어 부패 모델 및 5장에서 자세히 살펴본 미디어 부패 모델과 DOIT가 어떻게 맞물려 작동하는지 더 명확하게 살펴볼 것이다. DOIT와 미디어 부패 모델은 함께 작동하여 페이스북 비즈니스 운영의 핵심에 있는 미디어 부패가 드러난다.

이제 페이스북의 실제 역할이 무엇인지 좀 더 자세히 살펴보고자 한다. 왜냐하면 페이스북을 플랫폼이라고 부르는 것은 (1) 페이스북의 핵심적인 역할이 무엇인지 명확하게 정의하거나 설명하지 못하며 (2) "플랫폼"이라고 부르는 것이 페이스북의 관행에 대한 법적 또는 윤리적 책임을 면제하지 않기 때문이다. 페이스북은 전 세계 약 22억 명(Galloway 2017, 90)의 사람들이 **페이스북, 왓츠앱, 인스타그램**을 통해 텍스트 및 시각적 정보를 전파하고 소통하는 매체이다. 페이스북은 자신을 **플랫폼**으로 생각하고 정의하기를 좋아하지만, 앞서 살펴본 바와 같이 플랫폼이라고 부르는 것은 페이스북의 규범적 책임을 면제하는 것이 아니라 페이스북의 실제 역할이 무엇인지 모호하게 할 뿐이며, 페이스북이 실제로 무엇을 하는지 면밀히 살펴보면 **미디어 회사**의 역할이다. 페이스북은 사용자의 정보를 수집, 저장, 큐레이션, 중재 및 조정하는데, 이는 뉴욕 타임스, 영국 타임스, 가디언과 같은 신문사가 각 신문 "플랫폼"에 게시한 댓글을 통해 구독자가 제공한 정보를 처리하는 방식과 다르지 않기 때문이다. 페이스북이 관여하는 추가 활동은 케임브리지 애널리티카의 경우처럼 사용자의 명시적인 지식이나 동의 없이 광고주 및 기타 정보 계약업체에 사용자 정보를 판매하여 수익을 창출하는 것이다. 그러나 신문, 상업 라디오 및 TV 방송국 형태의 일부 전통적인 미디어 회사들이 편집자 논평으로 위장한 유료 광고 및 홍보 보도자료를 청중에게 제공하는 방식으로 이와 유사한 행위를 해왔으므로, 이 또한 완전히 새로운 것은 아니다. 이는 업계에서 일반적으로 기사 형식의 광고로 알려져 있다. 그런 광고는 인식론적, 윤리적 원리를 위반할 뿐만 아니라 미디어 부패를 촉진하는 영역이기도 하다(Spence 2021; Spence 2008; Spence 외 2011).

종류에서 비슷한 데도 실제로는 다르게, 훨씬 더 큰 범위로 표현되고 있다. 즉 케임브리지 애널리티카의 경우처럼 사용자의 명시적인 지식과 동의 없이 사용자 정보를 수집하여 광고주 및 기타 정보 중개업체에 판매하여 수익을 창출하는 것이 페이스북의 비즈니스 모델의 본질적인 형태인 것이다. 페이스북이 하는 일과 기존 미디어가 광고를 사용하는 방식의 가장 큰 차이점은 페이스북에서 사용하는 콘텐츠는 사용자가 제공하고 광고주에게 은밀하게 판매된다는 점이다. 그러나 미디어 청중과 페이스북 사용자는 모두 광고 타겟 관행으로 사용된다.

지금까지의 분석으로 보면, 페이스북은 사실상 22억명의 사용자가 콘텐츠를 제공하는 **미디어 회사**로 운용되는 것으로 보인다. 페이스북이 광고주와 기타 정보 브로커에게 판매하여 애플, 아마존, 마이크로소프트, 구글과 함께 세계에서 가장 부유한 회사 중 하나로 될 정도로 매우 가치 있는 콘텐츠를 제공한다. 2018년 페이스북의 시가총액은 5,340만 달러였다(Galloway 2017, 7). 당신이 그것을 얻을 수 있고 그것으로 처벌받지 않는다면 좋은 일이다!

따라서 사용자가 생성한 정보 콘텐츠를 수집, 저장, 큐레이션 및 매개하는 주요 역할로 인해 페이스북이 미디어 기업임을 인정한 이상, 적어도 활동별로 보면 다른 미디어 기업과 동일한 규범적 기준과 책임을 져야 한다. 이 장의 앞부분에서 살펴본 바와 같이 제4, 5부를 구성하는 융합형 미디어도 사용자가 생성한 콘텐츠에 대해 규범적으로 책임을 져야 한다는 점을 잊지 말아야 한다. 논증의 동등성에 따라, 이 장에서 제6권력[5]으로 지칭되는 페이스북도 동일한 규범적 미디어 기준을 준수해야 한다. 이를 위해서는 페이스북이 다른 미디어 회사 및 출판사와 마찬가지로 사용자가 플랫폼에 배포하는 정보를 모니터링하고 편집하는 데 책임감 있게 행동해야 한다. 위키피디아를 예로 들 수 있다. 비록 정보가 사용자로부터 제공된다고 하더라도, 그렇다고 해서 해당 정보의 규범적 품질과 무결성을 확인해야 하는 페이스북의 1차적 책임이 면제되는 것은 아니다. 특히 **가짜 뉴스**, **잘못된 정보** 및 **허위 정보**와 관련해서는 더욱 그렇다.

이제 이러한 규범적 기준과 원리 및 책임이 페이스북의 역할 도덕성에 어떤 영향을 미치는지 DOIT와 5장에서 살펴본 DOIT-지혜 이론에 근거하여 더 구체적으로 살펴보기로 한다. 따라서 이 장에서는 특별한 언급이 없는 한 경제성과 편의성을 위해 DOIT라는 용어를 사용하겠다.

미디어 기업으로서 페이스북의 규범적 약속

페이스북은 미디어 기업으로서 다른 모든 미디어 기업과 마찬가지로 진실과 신뢰, 그리고 진실하고 신뢰할 수 있으며 투명하게 정보를 제공 받을 대중의 권리라는 기본 원리에 따라 이러한 원리를 준수하기 위해 최선을 다하고 있다. 이는 페이스북이 정보의 수집, 큐레이션 및 커뮤니케이션을 매개하는 미디어 회사라면 5장에서 살펴본 것처럼 정보의 내재적 규범 구조에서 비롯되는 규범적 약속에 구속되기 때문이다.

DOIT의 규범적 요구사항에 따라 미디어 기업으로서 페이스북은 다른 미디어 기업과 동일한 규범적 원리와 책임에 구속된다는 점을 고려할 때, 일반적으로 DOIT의 요구사항에 대한 페이스북의 규범적 위반은 최소한 두 가지 주요 방식으로 나타난다.

첫째, 페이스북은 플랫폼에서 오보, 허위 정보, 가짜 뉴스를 적절히 모니터링하고 정정 및 편집하지 않음으로써 미디어 기업으로서 DOIT의 규범적 요구 사항을 위반하고 있다. 페이스북은 경쟁 정당이 플랫폼에 게시한 정치 광고 콘텐츠를 모니터링하고 사실 확인 및 편집할 규범적 책임이 없다고 부인해왔으며(Milkman 2019), 따라서 DOIT가 요구하는 미디어 기업으로서의 규범적 책임을 편리하게 회피하고 있다. 그러나 페이스북에서 2019년 마크 저커버그(Mark Zuckerberg)가 발표한 성명(Zuckerberg 2019)과 2020년 파이낸셜 타임스에 실린 "빅테크에는 더 많은 규제가 필요하다"(Zuckerberg 2020)라는 사설에 따르면, 이는 바뀔 수도 있다.

페이스북이 미디어 기업으로서 DOIT의 규범 요건을 위반하는 두 번째 방법은 불투명한 알고리즘과 비즈니스 모델을 통해 사용자 정보를 수집하고 이를 광고주 및 기타 정보 브로커에게 판매하여 수익을 창출하는 것이다. 그리고 케임브리지 애널리티카의 사례에서 볼 수 있듯이 사용자의 정보에 입각한 동의 없이 정보를 수집한다. 페이스북의 규범적 미디어 책임 위반의 폐해를 다루는 절에서 자세히 살펴보겠지만, 이러한 일반적인 관행은 케임브리지 애널리티카 사례에서 보듯이 미디어 기업으로서의 역할과 광고 수익을 위해 사용자의 정보를 사용자의 정보에 입각한 동의 없이 판매하는 것을 주요 목표로 하는 비즈니스 모델 간의 **이해 상충**을 수반한다. 이러한 이해 상충은 페이스북 운영의 핵심에 있으며, 아래에서 자세히 살펴보겠지만 조직적인 미디어 부패를 조장한다. 이 절에서는 DOIT가 요구하는 미디어 기업으로서의 규범적 책임을 체계적으로 위반한 페이스북의 두 번째 사례는 제4부로 대표되는 전통적인 미디어 레거시 기업뿐만 아니라 제 부로도 존재하는 미디어 부패의 한 형태를 반영하고 있다는 점만 이야기하겠다. 미디어 부패의 유형은 **광고**의 형태로, 유료 콘텐츠를 광고 또는 보도자료의 형태로 편집 또는 뉴스 콘텐츠로 기만적으로 제시하는 관행이다(Spence 2008).

제4, 5부 언론사의 전통적인 광고의 경우, 콘텐츠는 광고주 또는 홍보 회사와 제휴한 해당 언론사를 통해 생성되고, 그 콘텐츠는 사용자가 기만과 조작을 인지하지 못한 상태에서 신뢰할 수 있고 객관적인 저널리즘 콘텐츠 또는 편집 논평으로 독자에게 제시된다. 이러한 관행을 저널리즘, 광고, 홍보 간의 "부정한 동맹" 또는 "담합에 의한 미디어 부패"라고 부르기도 한다(Spence 2018, 2017, 2014, 2008; Spence et al. 2011). 흥미롭게도 페이스북의 경우 이 과정이 역전되어 있다. "광고"는 사용자 모르게 또는 정보에 입각한 동의 없이 사용자의 콘텐츠를 통해 생성된 후 광고주에게 판매된다. 그러면 광고주는 페이스북의 알고리즘에 의해 생성된 사용자 개별 프로필에 맞게 맞춤화된 광고를 통해 사용자를 표적화한다. 아래 절에서 살펴보겠지만, 케임브리지 애널리티카 사건에서 페이스북의 규범 위반 케임브리지 애널리티카의 경우, 2016년 비슷한 광고 기법이 사용되어 미국 대통령 선거와 영국 브렉시트 국민투표(Brexit Referendum)에 영향을 미쳤다.

제4권력, 5권력 미디어의 전통적인 광고를 포함하는 과정과 페이스북의 비즈니스 모델에 기반한 감시 광고 관행은 그 유형은 다르지만, 종류는 비슷하다. 둘 다 잘못된 정보를 통해 사용자를 속이고, 조종하고, 착취하도록 설계되었다. 두 가지가 공통적으로 가지고 있는 또 다른 특징은 **이해 상충**이다. 대중에게 정보를 전파하고 전달하는 미디어 기업의 직업적 역할 도덕성과 페이스북의 경우 사용자들이 신뢰하는 정보를 매개하고 큐레이션하는 미디어 기업으로서의 역할 도덕성의 충돌, 그리고 그 갈등의 이면에는 광고 수익이라는 페이스북의 경제적 이익이 충돌하는 경우, 특히 후자의 이익이 전자의 이익보다 우선하여 충돌하도록 허용되는 경우의 충돌이 있다. 이에 대해서는 아래 절에서 더 자세히 살펴보겠다. 페이스북의 규범적 미디어 책임 위반의 부패 효과, 페이스북과 유사하게 구글의 경우처럼 광고의 형태로 표현되거나 프로파일링을 통한 감시 표적 광고의 형태로 표현되는 이러한 역할 충돌과 관련된 이해 상충은 미디어 부패를 촉진할 뿐만 아니라 DOIT가 요구하는 인식론적, 윤리적 원리에 위배된다. 이상에서 살펴본 바와 같이 DOIT의 규범적 요구 사항과 미디어 부패 모델의 규범적 요구 사항 사이에는 도덕성이라는 공통의 규범적 분모로 설명되는 긴밀한 개념적 관계가 분명히 존재한다. 이는 일반적으로 미디어 부패와 부정부패가 근본적으로 도덕적 문제인 이유를 설명하는 데 도움이 된다(Miller 2018; Miller, Roberts, and Spence 2005).

DOIT가 요구하는 규범 원리와 관련하여, 그리고 적어도 미디어 부패 모델과 관련하여 페이스북의 두 가지 일반적인 규범 위반 유형을 살펴보고, 이 둘 사이의 긴밀한 개념적 연관성을 확립한 후, 이제 케임브리지 애널리티카 사건에서 페이스북의 규범 위반과 실패를 더 구체적으로 살펴보고자 한다. 그 목적은 해당 사례 연구를 분석하여 이러한 규범적 실패 중 어느 것이 미디어 부패에 해당하는지, 더 일반적으로는 조직적 미디어 부패에 해당하는지를 확인하는 것이다.

케임브리지 애널리티카 사건

페이스북과 관련된 가장 크고 논란이 많았던 사건 중 하나는 수백만 명의 사용자 데이터를 사용자 모르게 제3자 정보 브로커에게 판매한 사실이 드러난 케임브리지 애널리티카 사건이다. 이러한 노출의 결과로 페이스북은 미국 연방거래위원회와의 합의에 따라 50억 달러의 벌금을 부과받았고(USA Today 2019), 영국 정보위원회(ICO)로부터 500,000 GBP의 벌금을 부과받았다. 이 사건과 다른 유사한 사건, 즉 페이스북과 구글은 물론 다른 기술 기업들과 관련된 유사한 사건에서 흥미로운 점은 이들 기업의 비윤리적이고 불법적인 관행을 폭로하는 데 있어 제4, 5부가 어떤 역할을 했는가 하는 점이다. 제4권력, 제5권력의 융합 미디어가 이러한 새로운 기술 미디어 회사들로 구성된 제6권력을 견제하는 사례이다.

위키백과에 설명한 대로(각주 6을 참조) 케임브리지 애널리티카 사건을 요약하면 다음과 같다.

> 2018년 3월, 여러 언론 매체에서 케임브리지 애널리티카의 비즈니스 관행에 대한 소식을 전했다. 뉴욕 타임스와 옵서버는 이 회사가 학술 목적으로 수집한다고 페이스북에 밝힌 외부 연구자로부터 페이스북 사용자에 대한 개인 데이터를 입수하여 사용했다고 보도했다. 얼마 지나지 않아 BBC 채널 4는 닉스[케임브리지 애널리티카 CEO 알렉산더 닉스]가 매춘부, 뇌물 수수 공작, 함정을 이용해 야당 정치인의 신용을 떨어뜨리고 회사가 "(도널드 트럼프의) 모든 디지털 캠페인을 운영했다"고 자랑하는 잠복 수사 영상을 방영했다. 언론 보도에 따라 영국 정보위원회는 이 회사의 서버를 수색하기 위해 영장 발부를 추진했다. 페이스북은 케임브리지 애널리티카가 속았다며 자사 플랫폼에서 광고를 금지했다. 2018년 3월 23일, 영국 고등법원은 정보위원회에 케임브리지 애널리티카의 런던 사무실을 수색할 수 있는 영장을 발부했다. 최대 8,700만 명의 페이스북 사용자의 개인 데이터는 "이것이 당신의 디지털 라이프"라는 페이스북 앱을 사용하는 2억 7,000만 명의 페이스북 사용자를 통해 수집되었다. 2015년 이 타사 앱에 데이터 수집 권한을 부여함으로써 이 앱은 사용자의 친구 네트워크 정보에도 접근할 수 있게 되었고, 그 결과 약 8,700만 명의 사용자의 데이터가 수집되었다. 이 중 대다수가 케임브리지 애널리티카에 데이터에 대한 접근 권한을 명시적으로 부여하지 않았다. 앱 개발자는 해당 데이터를 케임브리지 애널리티카에 제공함으로써 페이스북의 서비스 약관을 위반했다. 2018년 5월 1일. 케임브리지 애널리티카와 그 모회사는 파산 절차를 신청하고 영업을 중단했다.

(https://en.wikipedia.org/ wiki/Cambridge Analytica)

이 사건과 다른 유사한 사건—알 수 없는 제3자에게 사용자 데이터를 수집하고 배포하여 알 수 없는 목적으로 사용한 사건—의 핵심 쟁점은 페이스북이 데이터를 수집하여 케임브리지 애널리티카에 넘긴 8,700만 명의 사용자로부터 정보에 입각한 동의를 받았는지 여부이다. 페이스북이 자신의 페이스북 프로필과 친구의 프로필에서 정보를 수집할 수 있는 앱을 설치하여 동의를 받은 페이스북 사용자는 27만 명에 불과했으며, 이들은 앱 제작자에게 정보를 제공했고, 앱 제작자는 이를 다시 케임브리지 애널리티카에 전달한 것으로 밝혀졌다. 그러나 앱을 설치했으므로 해당 앱의 사용 목적에 동의한 것으로 추정할 수 있는 27만 명의 페이스북 사용자를 제외한 나머지 8,700만 명의 페이스북 사용자 대부분은 자신의 정보가 이러한 방식으로 수집되었다는 사실과 트럼프 대선 캠페인의 유권자 표적화에 사용된다는 사실을 알지 못했다(Tufekci Zeynep 2018). 따라서 대부분의 페이스북 사용자들은 페이스북이 자신의 정보를 수집하는 것에 동의하지 않았을 뿐만 아니라, 더 나아가 그 사용 목적, 즉 트럼프 대선 유권자 표적화에 동의하지도 않았다. 이러한 이유로 페이스북은 사용자 개인정보 침해에 대한 유죄 판결을 받았으며, 미국 연방거래위원회와 영국 ICO로부터 벌금을 부과 받았다.

케임브리지 애널리티카 사건에서 페이스북의 규범 위반

케임브리지 애널리티카 사건의 핵심 사실을 확인했으니 이제 DOIT를 적용하여 이 사건의 구체적인 규범적 쟁점을 살펴보기로 한다.

페이스북이 케임브리지 애널리티카의 사용을 위해 사용자 정보 수집을 허용한 것은 **정보에 입각한 동의에 대한 권리**, **프라이버시 권리**, 결정적으로 자율권에 대한 인식론적, 윤리적 침해이다. 왜냐하면 사용자들은 자신의 정보가 수집되어 제3자에게 전송된다는 사실을 전혀 알지 못했고, 나아가 케임브리지 애널리티카가 자신의 정보를 사용할 목적에 대해서도 알지 못한 채 이러한 행위가 이루어졌기 때문이다. 그렇게 함으로써 페이스북은 신뢰, 신뢰성, 진실성이라는 기본적인 커뮤니케이션 원리와 정보 커뮤니케이션 주체로서의 기본적 자율권을 뒷받침하는 사용자의 자유와 잘삶에 대한 권리를 침해했다(Gewirth 1978, Spence 2006).

게다가, 앞서 케임브리지 애널리티카 사건에서 살펴본 바와 같이, 페이스북이 "광고 기사(*advertorial*)" 형태로 사용자 정보를 사용자 모르게 동의 없이 광고 수익을 위해 판매한 행위는 기존 미디어가 사용한 전통적인 광고 기사의 경우와 마찬가지로, 페이스북의 "광고 기사" 사용은 DOIT의 규범 위반에 해당할 뿐만 아니라 미디어 부패에 해당하며, 이에 대해서는 제8, 9장에서 더 자세히 살펴볼 것이다. 나는 기존 미디어에서 사용되는 광고의 유형과 페이스북에서 사용되는 유형을 구분하기 위해 다음과 같이 설명한다. 이 장에서는 페이스북이 사용하는 "광고 기사"를 "광고 장식(advert-facetorials)"이라는 신조어를 사용하여 기존 미디어의 전통적인 광고 기사와 페이스북의 감시형 "광고 기사"를 구분하고자 한다.

요약하자면, 이 사건에서 페이스북의 행위는 적어도 누락과 의뢰 모두 비윤리적인 행위였다. 케임브리지 애널리티카 사건에서 페이스북의 행위가 어떻게 미디어 부패에 해당하는지, 그리고 이것이 일회성 부패 사례인지 아니면 조직적 부패의 사례인지에 대해 자세히 살펴보기 위해 이제 부패의 특징과 일반적으로 부패의 필요조건과 충분조건, 특히 미디어 부패의 특징이 무엇인지 살펴볼 것이다. 이를 위해 플라톤의 『국가론』에 나오는 기게스의 신화를 살펴볼 것이다(Spence 2008).

기게스의 신화와 부패의 독특한 특징

옛날에 리디아에 사는 기게스라는 양치기가 양을 돌보던 중 반지를 발견다. 그는 곧 반지를 손가락에 끼면 자신이 투명 인간이 될 수 있다는 사실을 알게 되었다. 며칠 후 그는 목자 대표단과 함께 왕을 만나러 궁전에 갔다. 그는 자신을 투명 인간으로 만들어 왕비를 유혹하고 왕을 죽인 후 자신이 왕이 되어 모든 권력을 장악했다. 또 다른 등장 인물인 글라우콘은 기게스처럼 비슷한 마법의 반지를 손에 넣으면 자신을 투명 인간으로 만드는 능력을 가진 평범한 사람을 상상해보라고 이야기를 이어간다. 투명 인간이 되면 그 사람은 마음대로 비윤리적인 행동을 해도 아무런 처벌을 받지 않을 수 있다.

글라우콘은 이러한 가능성을 "정의롭지 않은데도 정의로운 것으로 간주되는 불의의 최고치"라고 표현한다. 그는 이를 "가장 완벽한 불의"라고 부른다(Plato 1952). 이러한 가능성이 주어졌을 때, 기게스와 같은 사람이 부패하지 않고, 그 대신 오히려 도덕적일 수 있는 이유는 무엇일까? 완벽한 불의라는 기게스의 조건에서 "왜 도덕적이어야 하는가"라는 질문은 윤리 문헌에서 "도덕성의 권위적 질문"이라고 불린다(Spence 2006; Spence 외. 2011; Gewirth 1978).

적어도 초기에는 부패의 특징으로 보이는 다섯 가지 특징, 즉 **권력의 소유**, **그 권력을 행사하려는 성향**, **그 권력을 행사할 기회**, **보이지 않음** 또는 **은폐**, **이기주의적 이득**이 등장한다. 우리는 권력을 의도하고 원하는 특정 결과를 가져올 수 있는 방식으로 행동할 수 있는 능력 또는 능력의 소유로 정의하고, 그 권력을 행사하려는 성향을 그 권력을 의도적으로 행사하려는 사전 성향, 찬성 태도, 의지의 소유로 정의하며, 기회를 자신에게 주어지거나 자신에 의해 설계된, 어떤 활동—그것을 위해 사람들은 권력을 가지고 참여하려는 사전 성향을 갖는다—에 참여하는 기회를 갖는 것으로 정의하고, **보이지 않음** 또는 **은폐**를 행위의 동기와 정체성을 다른 사람의 시선에서 보이지 않게 하거나 은폐하거나 숨길 수 있는 행위자의 능력과 자질로 정의한다. **이기주의적 이득**은 반드시 금전적 이득이 아니더라도 행위자 개인 또는 그 행위자가 소속된 단체 행동의 결과로 대리인 개인 또는 단체에 발생하는 모든 이득을 말한다. 보이지 않음 조건과 관련하여, 행위 자체는 적어도 그 효과와 결과와 관련하여 보이지만, 그 행위의 정체성은 보이지 않는다. 아니면 적어도 부패한 행위자의 의도는 자신의 행위를 보이지 않게 하거나 은폐하는 것이다.

부패의 다섯 가지 독특한 특징은 거의 항상 존재하며 부패 행위에 수반된다. 의도하고 원하는 결과를 가져올 수 있는 방식으로 행동할 수 있는 능력으로 이해되는 권력이 없으면 부패 행위를 저지를 수 없다. 그러한 권력을 기꺼이 행사하려는 성향이 없으면 부패 행위에 가담할 수 있는 권력을 소유하고도 이를 행사하지 못할 수 있다. 마찬가지로, 부패 행위를 할 수 있는 힘과 성향을 모두 가지고 있어도 기회가 없으면 부패 행위를 할 수 없다. 보이지 않는 것 또한 부패의 독특한 특징으로 보이며, 항상 그런 것은 아니지만 일반적으로 부패 활동의 경우에 존재한다.

보이지 않음은 적어도 도구적으로는 바람직한 것으로 보인다.[7] 보이지 않는 것이 없으면 우리는 발각을 피할 수 없고, 따라서 다른 사람이나 국가로부터의 사회적 비난과 징벌적 보복을 피할 수 있기 때문이다. 기게스와 같은 사람이라 하더라도 비도덕적 행위를 저지른 자신의 행위의 정체성을 숨기는 것은 사회적 비난을 불러일으켜 결국 자신의 통치력을 약화하고 비윤리적 행위로 그가 해를 끼친 사람들로부터 보복을 초래할 수 있으므로 사려적일 필요가 있다. 글라우콘의 완벽하게 불의한 사람처럼 완벽하게 부패한 사람은 겉으로는 성실하고 정의롭고 도덕적인 모습을 유지하면서 자신의 부패한 행위를 은밀하게 수행한다. 이러한 방식으로 그들은 자신이나 자신이 속한 집단 또는 자신이 헌신하는 대의에 대한 도구적 비용을 거의 또는 전혀 들이지 않고도 개인적으로 또는 자신이 속한 집단이나 대의에 얻을 수 있는 이기주의적 이득을 극대화한다.[8]

때때로 자신의 행위의 부패와 인격의 타락은 부패 행위자 자신에게도 보이지 않을 수 있다. 보이지 않는 것은 자기를 정당화하는 합리화로 인해 자기 유도적일 수 있으며, 무지는 자기 성찰과 자기 인식의 부족으로 나타나고 표현될 수 있다. 일반적으로 자기를 정당화하는 합리화와 무지는 밀접한 관련이 있다. 왜냐하면 종종 부패한 행위자는 자기를 정당화하는 합리화를 위해서 무지—자기 점검과 자기 성찰의 부족—가 필요하기 때문이다. 부패한 행위자가 자기 점검과 자기 성찰을 하지 않거나 실제로 하지 않기 때문에 부패와 비윤리적 행위가 때때로 보이지 않을 수 있다고 주장하는 것은 타당하다.

위의 다섯 가지 특징이 모두 통상적으로 부패의 전형적인 사례를 수반하는 일상적인 특징이라 해도, 부패의 특징을 완전히 파악하는 데는 충분하지 않다. 만약 그것들이 충분하다면 집절도범이나 전문 은행 강도는 부패한 것으로 여겨질 것이기 때문에 충분하지 않은 것이다. 그러나 집절도범이나 은행 강도의 행동은 부도덕하기는 하지만 우리가 통상 부패하고 묘사하는 것과는 다르다. 여기서 빠진 충분 조건은 한편으로는 부패한 사람 또는 부패한 집단과 다른 한편으로는 이러한 사람이나 집단 행위로 인해 피해를 본 사람이나 집단 사이에 존재하는, 사회적으로 확립되고 널리 인정된 신뢰 관계이다.

집절도범이나 은행 강도가 통상 부패한 것으로 여겨지지 않은 이유는 한편으로는 집절도범이나 은행 강도, 다른 한편으로는 이들의 행동으로 인해 피해를 본 사람들, 즉 집 소유자·은행·은행 고객들 간에 존재하는 사전 신탁 관계가 존재하지 않기 때문이다. 신탁 의무라는 조건을 추가한 것은 “부패”의 전통적인 사전적 정의 중 하나인 “본래 건전한 상태에서 변질됨” 또는 “건전한 상태에서 불건전한 상태로 변함" 또는 "본래의 순수한 상태에서 변질됨"[9]에 부합하는 것이다. 따라서 신탁 의무 위반은 부패의 여섯 번째 특징이다.

신탁 관계는 정치적, 직업적, 제도적, 사회적 또는 가족적 용어로 표현할 수 있다. 따라서 자신이 돌보는 아동을 성적으로 학대하는 성직자, 종교 목사 또는 교사는 금융 사기의 경우처럼 금전적 이득이 없더라도 부패한 행동을 하는 것이다.

케임브리지 애널리티카 사건에서 페이스북의 역할은 미디어 부패에 해당하는가?

부패와 미디어 부패를 특징짓는 여섯 가지 특징과 이를 가능하게 하는 조건이 케임브리지 애널리티카 사건에서 페이스북이 보인 행동 방식에 구체적으로 모두 존재하는 것으로 보인다. 즉, **권력의 소유**, **그 권력을 행사하려는 성향**, **그 권력을 행사할 기회**, **보이지 않음**이나 **은폐**, **이기주의적 이득**과 **신탁 관계**의 남용이 그것이다. 페이스북은 그러한 권력을 행사할 수 있는 권력, 성향, 기회를 가지고 있었으며, 270,000명을 제외한 8,700만 명의 다른 사용자들에게 알리지 않고 그들의 정보에 입각한 동의를 얻지 않은 채 은밀하게 그러한 권한을 행사했다. 이러한 사용자들의 정보를 수집하고 케임브리지 애널리티카에 전달하여 자기 이익을 추구할 목적으로, 사용자들이 기대하는 신탁 의무를 위반하고, 이를 통해 사용자들에 대한 신탁의 의무를 위반한 것으로 판단된다. 따라서 케임브리지 애널리티카 사건에서 페이스북의 위임과 부작

위에 의한 행위는 미디어 부패의 6가지 특징을 모두 가지고 있다고 결론 내릴 수 있다.

이 평가는 앞서 살펴본 분석도 뒷받침한다. 케임브리지 애널리티카 사건에서 우리는 미디어 부패의 한 형태인 광고 기사 관행에 대해 논의했다. 케임브리지 애널리티카 사건에서는 2016년 미국 대선과 영국의 브렉시트 국민투표에서와 마찬가지로 사용자 콘텐츠를 수집하여 표적 정치 광고에 사용하도록 허용한 페이스북의 역할이 **광고 기사** 형태의 미디어 부패에 해당한다. (4)에서 언급되었듯이, 이것은 사용자 모르게 정보에 입각한 동의 없이 "감시 대상 광고"의 형태로 사용자에게 제공된 사용자 콘텐츠를 기반으로 하는 페이스북 유형의 "광고 기사"이다. 다음 절에서 살펴보겠지만, 광고 기사는 일반적으로 미디어 부패와 타락의 특징적인 특징을 모두 가지고 있다. 페이스북의 규범적 미디어 책임 위반의 부패적 영향 또한, 대부분의 경우 일반적으로 미디어 부패 및 부패를 촉진하는 이해 상충을 수반한다. 이는 페이스북의 사례와 같이 이러한 이해 상충이 조직적 부패를 야기하는 경향이 있기 때문에 특히 윤리적으로 문제가 된다는 것을 잘 보여준다. 이 시점에서 다시 한번 강조하고 싶은 점은 케임브리지 애널리티카 사건에서 페이스북의 역할이 이 책에서 사용한 DOIT와 미디어 부패 모델 간의 긴밀한 개념적, 규범적 관계를 보여준다는 것이다. 즉, 페이스북의 규범적 요건 위반은 미디어 부패라는 형태의 추가 위반을 위한 전제 조건이었다는 것이다. 위에서 살펴본 페이스북의 DOIT 위반 사례와 같이 미디어 부패는 근본적으로 인식론적, 윤리적 문제이자 신뢰의 문제이기 때문이다.

페이스북은 270,000명의 사용자가 동의한 정보를 친구 등에게 전달할 것이라는 사실을 몰랐다는 이의를 제기할 수 있다. 설사 그렇다고 하더라도, 페이스북이 시스템 작동 방식과 사용 방식에 대해 잘 알고 있다는 점(더 많은 사용자의 클릭이 많을수록 페이스북에 재정적으로 더 유리하다는 점)을 고려하면 최소한 페이스북은 부주의하게 행동했다고 볼 수 있다. 이는 사용자에 대한 규범적 책임과 사용자에 대한 신탁 의무를 위반한 것이므로 여전히 과실에 의한 미디어 부패에 해당한다. 비유하자면 의사가 올바른 치료법을 알았거나 알 수 있었음에도 부주의하게 잘못된 치료를 시행한 의사의 과실로 인해 환자가 피해를 입은 경우와 비슷하다.

페이스북 비즈니스 모델의 핵심에 있는 이해 상충

DOIT에 따르면 윤리적, 인식론적, 에우다이모니아적 요건과 책임을 포괄하는 페이스북 운영의 핵심 규범적 문제는, 한편으로는 비즈니스 모델을 고려한 페이스북의 재정적 이익과 다른 한편으로는 미디어 기업으로서의 역할 도덕성을 고려한 사용자의 규범적 이익 간의 **이해 상충**이다. 이해 상충은 부패의 원인이 될 수 있다. 페이스북의 이해 상충은 케임브리지 애널리티카 사건과 같은 사례에서 알 수 있듯이 주로 광고주, 정치 행위자 및 기타 정보 브로커에게 사용자 콘텐츠를 판매하기 위한 목적으로 정교한 AI 알고리즘을 통해 방대한 양의 사용자 데이터를 감시, 추적 및 수집하는 것을 기반으로 하는 비즈니스 모델에서 비롯된다. 그러나 케임브리지 애널리티카의 경우, 페이스북 사용자의 규범적 이익,

즉 인식적, 윤리적, 에우다이모니아적 이익은 제공되지 않았을 뿐만 아니라 훼손되고 침해당했다. 페이스북의 사용자는 이 불평등하고 불공평해 보이는 거래의 인적 자원에 불과하며, 아이러니하게도 이 인적 자원은 페이스북의 성공과 막대한 부를 창출하는 콘텐츠를 제공한다.[10]

페이스북의 규범적 미디어 책임 위반으로 인한 부패의 결과

이제 이 절에서 더 구체적으로 살펴봐야 할 것은 페이스북의 비윤리적이고 부패한 행동의 실제 **부패 결과**는 무엇이며, 누가, 무엇을, 어떤 방식으로 부패했으며, 그러한 부패의 도덕적 함의는 무엇인가 하는 것이다. 관련된 부패가 제도적 부패이므로, 우리가 결정해야 할 것은 (a) 미디어 회사로서의 역할로 인해 기관 자체에 미친 부패 결과, (b) **제도적 역할 점유자** 또는 **참여자**로서의 제도인(人), 이 경우 페이스북 사용자, (c) 관련된 다른 기관 행위자, 이 경우 광고주로서 페이스북의 고객과 사용자 정보를 판매한 제3자(예: 케임브리지 애널리티카), 마지막으로 (d) 민주주의 정치기관에 미친 부패 결과이다. 그러기 전에 부패의 **인과적 부패 결과**의 측면에서 부패를 구성하는 것이 무엇인지 상기해 보자.

위에서 언급한 부패의 독특한 특징과 마찬가지로, 일반적으로는 부패와 관련하여 그리고 구체적으로는 미디어 부패에 적용하여 부패의 필요조건과 충분조건을 더 자세히 살펴보는 것도 유용할 것이다(Spence 2021; Miller 2018; Spence 외 2015).

1. 제도적 부패의 사례는 한 행위자 또는 일련의 행위자가 수행한 행위 또는 공동 행위 또는 일련의 행위가 해당 제도의 정당한 제도 역할, 절차, 목표 또는 목적(공동선으로 이해되는)을 훼손하거나 훼손하는 경향이 있거나 훼손하는 데 기여하는 경우 및/또는 제도의 역할 점유자, 즉 제도 역할 점유자의 도덕성 훼손의 결과를 초래하는 경우이다. 이것이 **제도적 행위자 조건**(*Institutional Actor Condition*)이다.
2. 어떤 행동 또는 일련의 행동은 무언가 또는 누군가를 부패시킬 때만 부패한다. 이것이 **원인과 결과 조건**(*Cause and Effect Condition*)이다.
3. 어떤 행동 또는 일련의 행동은 그 행동을 수행하는 역할 담당자가 의도했거나 그 행동의 부패한 결과를 예견했거나 최소한 부패한 결과를 예견할 수 있었고 예견했어야 하거나 합리적으로 그 행동을 피할 수 있었던 경우에만 부패한 행동이다. 이것이 바로 **도덕적 책임 조건**(*Moral Responsibility Condition*)이다.

그러나 필요조건은 아니지만, 기관 부패의 공통적인 특성은 주로 **조직적인** 성격의 것이라는 점이다. 케임브리지 애널리티카에서 예시한 부패가 일회성 사건이라고 하더라도, 그 영향력이 크고 비윤리적 파급력이 크며 대중의 신뢰를 훼손하기 때문에 부패로 여겨질 수 있긴 하지만, 그것이 필요조건인 것은 아니다.

부패의 또 다른 일반적인 특징은 모든 형태의 부패가 부도덕하지만, 모든 형태의 부도덕이 부패에 해당하는 것은 아니라는 점이다. 정치 뇌물 수수와 같은 많은 형태의 부패는 불법이지만, 저널리즘 및 광고의 기사 조작과 같은 일부는 그렇지 않다(Spence 외 2015). 따라서 이 책과 이 장에서 구체적으로 이해하고 설명하는 부패는 근본적으로 도덕성의 문제이다(Spence 외 2015; Miller 2018). 이는 케임브리지 애널리티카 사건에 DOIT를 적용한 사례에서 볼 수 있듯이 부패와 비윤리적 행위 사이의 밀접한 개념적 연관성을 통해 더욱 잘 설명된다.

케임브리지 애널리티카 사건과 관련하여 페이스북의 감시 비즈니스 모델에서 직접적으로 발생하는 세 가지 유형의 제도적 부패는 **정보통신 부패**, **민주적 정치 부패**, **시민 부패**이며, 후자는 일종의 **제도적 개인적 부패**의 한 유형에 해당한다.

정보통신 부패

위의 부패 정의의 세 가지 조건을 적용하면, 페이스북이 케임브리지 애널리티카에 관여한 행위는 이용자들이 페이스북 사이트를 신뢰하고, 미디어 기업으로서 신탁 의무(즉, **역할 도덕성**)와 정보 통신에 적용되는 DOIT의 규범적 요구 사항에 따라 수집, 중개, 큐레이션 및 관리되는 정보 및 통신 과정과 목적을 훼손하는 데 있어 제도적 미디어 역할에 부패한 결과를 미친다는 것을 입증할 수 있다. 이는 또한 위에서 언급한 DOIT와 미디어 부패 모델 간의 긴밀한 개념적 관계에서 알 수 있듯이 일반적으로 부패와 특히 미디어 부패는 근본적으로 도덕적 문제라는 것을 보여준다.

케임브리지 애널리티카 사건에서 드러난 페이스북의 미디어 부패의 또 다른 측면은 페이스북의 감시 유형인 "광고 기사"를 기존 미디어의 전통적인 광고와 구별하기 위해 이 장에서 사용하는 신조어인 "광고 장식"을 사용했다는 점이다. 페이스북이 광고 장식을 사용한 사례는 2016년 미국 대선과 영국 브렉시트 국민투표에서 사용자 정보를 수집하여 정치 광고에 사용함으로써 유권자에게 영향을 미쳤다. 또한 앞서 살펴본 바와 같이, 페이스북의 비즈니스 모델이 불투명한 알고리즘을 통해 생성한 광고 장식의 사용은 적어도 은유적으로는 기게스 신화의 "보이지 않는 반지"와 유사하며, 사용자의 사전 동의 없이 광고주 및 기타 정보 계약자에게 사용자 정보를 판매하여 이익을 취하는 이러한 형태의 미디어 부패가 보다 일반적으로 **조직적인 미디어 부패**에 해당한다는 사실을 입증한다.

민주적 정치 부패

위와 같은 부패 정의의 세 가지 조건을 적용하면, 페이스북이 2016년 도널드 트럼프의 대선 캠페인에서 8,700만 명의 사용자 프로필을 표적화하여 사용하도록 허용한 행위는 선거 과정을 훼손하는 결과를 가져왔으며, 이는 민주주의 시스템 자체를 구성하는 정치 제도 자체도 훼손하는 결과를 가져왔다는 사실을 입증할 수 있다. 페이스북이 케임브리지 애널리티카가 유권자 프로파일링을 위해 사용자 정보에 무단으로 접근하는 행위를 의도하지 않았다고 하더라도, 이러한 행위가 민주주의 절차에 미칠 수 있는 부정적 영향을 예견하고 사용자 프로필이 케임브리지 애널리티카에 배포되지 않도록 조치를 취했어야 했다. 제넵 투페키(Zeynep Tufekci)가 뉴욕타임스 기사(2018년 3월 19일)에서 다음과 같이 정확하게 지적했다.

방대한 데이터 감시에 기반한 비즈니스 모델과 이러한 종류의 광범위한 프로파일링을 기반으로 사용자를 불투명하게 표적화하여 고객에게 요금을 부과하는 비즈니스 모델은 필연적으로 오용될 수밖에 없다. 진짜 문제는 공공 영역과 정치의 건전성을 희생하여 수십억 달러를 벌어들이고 있으며, 중요한 결정이 아무런 견제나 책임 없이 일방적으로 이루어지고 있다는 것이다.

투페키의 예리한 관찰은 앞서 살펴본 바와 같이 페이스북의 감시 비즈니스 모델이 조직적인 미디어 부패의 원인이 되는 페이스북의 내재적이고 일반적인 역할 충돌에 대한 우리의 우려를 확인시켜주는 것 같다.

페이스북과 케임브리지 애널리티카의 공동 행동에서 볼 수 있듯이 제도적 정치 부패와 관련하여. 데니스 톰슨(Dennis Thompson)은 위의 제도적 부패에 대한 분석에 부합하는 지적을 하고 있으며 이를 뒷받침한다. 톰슨의 제도적 정치 부패에 대한 이해에 따르면 다음과 같다.

> 공무원이 [우리의 목적상] 부적절한 영향력을 행사할 수 있는 조건에서 행동했다는 사실만으로도 공무원의 동기가 무엇이든 부패가 성립할 수 있다. (Thompson 2013, 13; Miller 2018)

앞서 이해 상충과 역할 충돌에 대한 분석에서와 마찬가지로, 부패 행위 또는 적어도 부패에 도움이 되는 행위와 역할을 판단하는 데 결정적인 것은 동기가 아니라 정당한 제도적 목적이나 역할을 훼손하는 **부패 경향**이다. 톰슨에 따르면 [관행]이 [핵심] 프로세스를 훼손하여 기관의 주요 목적을 좌절시키는 경향이 있는 유형이라면 부패한 것이다(Thompson 2013, 7 in Miller 2018).

지금까지의 분석을 통해 도출할 수 있는 일반적인 결론은 페이스북의 감시 비즈니스 모델과 미디어 기업으로서의 역할이라는 두 가지 역할 간의 내재적 충돌이 사용자의 정보 및 커뮤니케이션의 목적과 과정을 부패시켜 미디어 역할을 약화하는 경향이 있으며, 이러한 정보 과정이 지원해야 하는 민주적 정치 기관의 정당한 목적과 역할도 약화시키는 경향이 있다는 것이다. 그 결과 소셜 미디어의 힘을 통해 밀접하게 관련되어 있는 민주적 정치 제도뿐만 아니라 우리의 정보 및 커뮤니케이션 시스템에 대한 부패의 피해가 상당하고 현재진행형이기 때문에 **더할 수 없이 나쁜 상황**(*perfect storm*)이 발생하고 있으며 큰 우려가 되고 있다.

플라톤의 기게스의 신화를 다시 떠올려보면, 케임브리지 애널리티카 사건에서 보듯이 페이스북이 보이지 않음의 외피를 쓴 채 기게스처럼 사익과 이익을 위해 부패하게 행동하는 동시에 인류의 공동선을 위한 타당성과 정당성이라는 표면적인 명분을 유지하고 있다는 사실을 더욱 명확하게 알 수 있다. 플라톤은 이를 "완벽한 불의가 당신이 없는 바로 그 순간에만 나타나는 현상"이라고 표현했다.

결론: 정보 수집 및 마케팅의 체계적 문제

불투명한 알고리즘을 통해 사용자 정보를 수집하고, 수집한 후 사용자 모르게, 종종 사전 정보에 입각한 동의 없이 광고주에게 판매되는 문제는 페이스북에만 국한된 문제가 아니다. 구글도 페이스북과 마찬가지로 **검색** 기능을 통한 정보 관행과 커뮤니케이션 및 큐레이션 관행을 통해 미디어 회사로 운영되고 있으며, 지메일(Gmail) 등의 앱을 통해 사용자 정보를 프로파일링하고 수집한다. 예를 들어, 페이스북과 마찬가지로 광고주에게 수익을 위해 판매하고, 2016년 미국 대통령 선거 기간 동안 인터넷 전반, 특히 인터넷에서 잘못된 정보, 가짜 뉴스 및 딥페이크의 확산에 부분적으로 책임이 있는 것으로 드러난 유튜브 관행이 그것이다.[11] 구글의 미디어 역할도 페이스북과 마찬가지로 제6권력의 범주에 속한다. 따라서 이 장에서 페이스북과 관련하여 살펴본 규범적 문제 중 일부는 불투명한 알고리즘을 통해 사용자 정보를 선별, 수집, 수집한 다음 사용자 모르게 또는 정보에 입각한 동의 없이 광고주에게 영리 목적으로 판매하는 행위와 같이 구글에도 동일하게 적용된다. 페이스북의 경우와 마찬가지로 이러한 문제는 미디어 회사로서의 역할에 따른 사용자 정보 수집 및 큐레이션과 광고주에게 사용자 정보를 판매하여 막대한 수익을 창출하도록 특별히 설계된 비즈니스 모델 간의 이해 상충이라는 구조적인 문제이다. 그리고 페이스북의 경우처럼 사용자가 구글 검색에 더 많은 시간을 보내고 다른 앱을 더 많이 클릭하고 유튜브 시청 시간이 늘어날수록 알파벳-구글은 더 많은 돈을 벌게 된다. 그 자체는 문제가 되지 않는다. 문제는 사용자 정보를 수익화하고 무기화하여 우리 삶의 모든 측면에 영향을 미칠 수 있는 막대한 권한과 통제권을 구글에 부여하는 것이다.

공동선을 위한 사회적 계약 안팎에서 기계스처럼 운영되고 있다.[12] 구글은 불투명한 AI 기반 알고리즘을 은폐한 채 거의 독점적인 방식으로 운영함으로써 다른 미디어 기업이 준수해야 하는 투명성, 책임성, 신뢰성 등의 인식론적, 윤리적 책임을 벗어나서 회피할 수 있다. 케임브리지 애널리티카 사건에서 볼 수 있듯이 페이스북의 운영 방식도 마찬가지다. 구글의 운영은 시민의 프라이버시, 자율성, 잘삶에 대한 민주적 권리뿐만 아니라 민주주의 시스템과 관련 제도를 훼손한다. 구글과 페이스북의 방식과 관행의 진짜 문제는 침습적이고 불투명한 사용자 데이터 수집과 불공정하고 무책임하며 투명하지 않은 사용이다(Pasquale 2015, 55). 제4권력, 제5권력의 일부 관행에서 나타난 댓글 대가 및 광고의 경우처럼 정보 관행과 광고의 혼합과 혼동은 현재 구글과 페이스북이 운영하는 전례 없는 글로벌 수준과 규모에서 이루어질 경우, 훨씬 더 크고 통제할 수 없는 인식론적, 윤리적, 에우다이모니아적 문제가 될 수 있다. 프랭크 파스콸레가 구글에 대해 신랄하게 말했지만, 페이스북에도 똑같이 적용될 수 있는 "악하지 말라"는 말은 이제 과거의 일이며, 블랙박스와 신뢰 관계를 형성할 수 없다(Pasquale 2015). 이 장에서 제시된 미디어 부패 모델의 기반이 되는 기게스의 신화를 언급하며, 프랭크 파스콸레는 다음과 같이 정확하게 관찰한다(2015, 190).

> 블랙박스 내부자는 착용자를 보이지 않게 할 수 있는 기게스의 반지를 끼고 있는 것처럼 보호받지만, 플라톤이 『국가론』에서 경고했듯이 이는 나쁜 행동에 대한 공개적인 초대장이기도 하다.

이어서 그는 플라톤 이래 철학자들이 던져온 매우 중요한 질문이자 쇼샤나 주보프가 저서 『감시 자본주의의 시대』(2019)에서도 던진 질문이자 내가 이 책에서 던지고 있는 질문인 "이것이 어떤 사회를 만드는가?"라는 질문을 던진다. 우리가 원하는 사회인가, 인간에게 적합한 사회인가? 스토아 철학자를 비롯한 헬레니즘 철학자들과 그 이전의 플라톤과 아리스토텔레스가 분명히 밝혔듯이, 대다수 인간의 주된 목적이 에우다이모니아 또는 잘삶을 달성하는 선하고 가치 있는 삶이 되는 사회는 가능할까? 오직 자신에게만 책임을 지고 사회의 공동선보다 자신의 사익을 추구하는 소수의 기술 과두 정치가 지배하고 다스리는 세상에서 우리는 행복할 수 있을까? 우리가 만들지도 설계하지도 않았고 우리가 통제할 수도 없는 세상, 우리가 선택한 세상이다. 프랭크 파스콸레는 다음처럼 예리하게 관찰한다(2015).

> 책임감에는 인간의 판단이 필요하며, 우리의 사회적 관계가 점점 더 자동화됨에 따라 지배와 차별이 보이지 않게 [블랙박스] 코드에 내장되지 않도록 하는 중요한 기능을 수행할 수 있는 것은 오직 인간뿐이다.

이 장에서 페이스북 운영의 핵심이자 이와 유사하게 구글 운영의 핵심에서 확인된 주요 시스템적 문제는 한편으로는 미디어 기업으로서의 페이스북의 역할과 DOIT가 요구하는 사용자 정보 보호에 대한 규범적 책임과 약속 사이의 내재적 이해 상충이다. 다른 한편으로는 사용자 데이터를 광고주에게 판매하여 수익을 극대화하는 침습적이고 공격적인 비즈니스 모델에 의해 결정되는 페이스북의 재정적 이익, 즉 사용자의 정보에 대한 권리보다 페이스북의 재정적 이익을 우선시하도록 설계된 비즈니스 모델에 의해 결정되는 이해관계가 상충하고 있다.

구글의 운영에서도 사용자의 규범적 정보권보다 구글의 금전적 이익을 우선시하는 비즈니스 모델 간의 이해 상충이라는 유사한 시스템적 문제가 드러난다면, 이 장에서 분석한 것처럼 페이스북의 경우와 마찬가지로 구글의 시스템적 문제도 조직적 미디어 부패의 원인이 될 수 있다. 따라서 체계적인 제도적 부패는 특히 사회 전반에 문제가 되고 해롭다. 이 문제는 제4장에서 살펴본 기술 통제 문제에 적용된 스토아적 통제 문제와 유사하며, 더 나아가 스토아적 통제 문제에 적용될 수 있다. 즉, 우리의 잘삶을 위한 근본적인 필요조건인 자율적이며 목적적인 행위를 통제하는 것은 누구인가? 우리 삶의 모든 측면은 아니더라도 대부분을 통제하는 불투명한 설득 알고리즘을 사용하는 빅테크 기업들인가, 아니면 우리 자신인가? 제4장에서 주장한 것처럼 전자에 해당한다면, 개인과 집단의 잘삶이 자율적이며 목적적인 행위에 달려 있기 때문에 우리는 이 자율적이며 목적적인 행위를 보호하고 지켜야 한다.

연결된 디지털 시대에 제4장에서 살펴본 스토아 철학은 지혜라는 중심 개념을 중심으로 인식론적, 윤리적, 에우다이모아적 원리를 결합하여 인간의 번영과 잘삶에 대한 체계적이고 통합된 실천 철학을 제공하며, 이는 기술의 통제 문제와 관련이 있고 이 문제에 대한 이론적, 실천적 해결책에 적절하게 대응하고 동기를 부여할 수 있다.

우리의 개인과 집단의 행복을 위해 자연과 일치하여 선하고 합리적으로 살아야 한다는 스토아 철학의 원리에 따라, 잘삶의 달성을 위한 우주적 의식을 가진 세계시민사회의 시민으로서 우리는 인터넷이라는 디지털 환경에 대한 빅테크의 독점적 지배가 우리 삶에 전반적으로 악마적인 영향을 미치는 문제에 대응해야 할 집단적 책임이 있다. 이러한 해결책을 위해서는 학제적이고 집단적 사회적 접근이 필요하며, 이에 대해서는 7장과 8장에서 더 자세히 살펴볼 것이다.

제 7 장

ICT 기술이 잘삶에 미치는 규범적 영향

모든 인간은 다른 모든 고려 사항을 초월하는 타고난 인간의 존엄성을 지니고 있다.

—Scott Morrison, 오스트레일리아의 전 총리

(*The Australian*. April 30, 2021)

서론

이 장에서 우리는 스토아 철학과 신스토아 철학의 적용을 통해 페이스북과 구글과 같은 빅테크 기업이 사용하는 정보 통신 기술이 잘삶에 미치는 규범적 영향을 검토하고 평가한다.

제6장에서 살펴본 것처럼 프라이버시, 자율성, 투명성, 정확성, 책임성, 진실과 신뢰와 같은 규범적 이슈와 케임브리지 애널리티카 사건의 평가 분석을 통한 이러한 이슈의 설명 및 맥락화를 포

함하는 주요하고 중심적인 관심사 중 하나는 **기술 미디어의 부패**(*Tech Media Corruption*)이다.

요약하면, 이러한 문제의 본질이 무엇인가를 상기시키기 위해 제6장의 목적은 페이스북과 유사하게 구글의 일부 정보 및 통신 감시 관행이 어떻게 조직적인 미디어 부패가 되는지 보여주는 것이었다(Spence 2020). 이용자들이 플랫폼에서 정보를 집단적으로 공유하고 교환할 수 있도록 이용자들이 제공하는 정보 통신을 큐레이팅하고 중재하는 페이스북의 역할은 페이스북이 단순한 "플랫폼"이 아니라 본질적으로 **미디어 기업**임을 보여준다. 따라서 제5장에서 살펴본 이중 의무 정보 이론-지혜(DOIT-지혜) 모델의 규범적 분석에 따르면 페이스북은 다른 미디어 기업과 동일한 규범적 책임을 져야 할 의무가 있다. 이 이론에 따르면, 페이스북과 유사하게 구글과 같은 다른 빅테크 기업들은 미디어 기업으로서 가짜 뉴스, 딥페이크, 그리고 자사 플랫폼에서 보급되는 다른 형태의 오보와 허위 정보를 예방적으로 탐지하고 수정해야 할 **규범적 편집 책임**을 져야 한다. DOIT-지혜의 규범적 요구 사항에 근거해 보면, 페이스북 그리고 확장된 유추에 따라서 구글과 같은 다른 빅테크 기업들은 설득력 있는 알고리즘을 통해 수집한 사용자 정보를 사용자의 정보에 입각한 동의나 인지 없이 광고주 및 기타 정보 브로커에게 판매하여 수익을 창출하는 행위에 대해 규범적 책임이 있다.

제6장에서 살펴보았듯이 이 일반적 관행은 미디어 회사로서의 역할과 광고주 및 기타 정보 브로커에게 사용자 정보를 판매하여 수익을 창출하는 행위 사이의 **이해 상충**을 수반한다. 이러한 이해 상충은 페이스북의 비즈니스 모델에서 비롯된 운영의 핵심

이며, 따라서 **조직적인 미디어 부패**를 조장한다.

마지막으로 제6장에서 살펴본 것처럼, 페이스북과 구글과 같은 빅테크 기업의 사례에서 볼 수 있는 미디어 부패의 조직적 문제는 제4장에서 스토아 철학의 이론적 렌즈를 통해 살펴본 **기술 통제 문제**와 유사하고, 그것을 확장해서 스토아 철학에 적용할 수 있다. 즉, 우리의 의사 결정 선택과 행동, 따라서 개인과 집단의 행복을 위한 근본적인 필요조건인 자율적이고 목적적인 행위를 누가 통제할 수 있는가 하는 문제이다. 우리 삶의 거의 모든 측면에 대한 정보 통제권을 행사하는 불투명한 설득 알고리즘을 사용하여 그러한 선택과 행동의 기초를 형성하는 우리의 추정된 목적적이고 자율적인 행위에 이르기까지 우리인가, 그렇지 않다면 시민으로서의 우리이어야 하는가, 아니면 빅테크 기업이어야 하는가? 제4장에서 주장한 바와 같이 전자에 해당한다면, 즉 우리가 개인으로서 그리고 사회로서 집단적으로 빅테크 기업이 아닌 우리 자신의 목적적이고 자율적인 행위를 통제해야 한다면, 우리는 시민으로서 개인과 집단의 잘삶이 모두 목적적 자율 행위에 의존하기 때문에 우리의 목적적 자율 행위를 긍정하고 보호해야 한다.

이 장에서 우리는 스토아의 원리, 즉 우리 개인의 자율적 행위는 항상 타인의 통제가 아닌 우리의 통제안에 있어야 한다는 원리를 출발점으로 삼아, 이 원리가 빅테크 기업, 특히 페이스북과 구글의 탐욕스러운 비즈니스 모델에 의해 촉진되는 기술 통제 문제에 어떻게 더 구체적으로 적용되는지 이론적으로 분석하여 더 자세히 살펴볼 것이다.

이 절에서는 스토아학파의 통제에 대한 개념과 그것이 기술에 어떻게 적용되는지를 자율성, 진실성, 존엄성 개념들을 통해 검토하고 분석할 것이다. 여기서 이 개념들은 특히 스토아학파에 따르면 우리가 통제할 수 있는 유일한 것이자 우리의 잘삶과 직접적으로 관련되어 있어서 에우다이모니아적으로 중요한 유일한 것인 **자기 통제** 특히 자신의 성격을 통제하는 것이 무엇을 의미하는지에 대한 스토아의 이해로 인해 존재하고 그런 이해가 함축하고 있는 것이다. 스토아 철학자들에 따르면 우리의 이성적 능력은 판단, 동의, 충동의 세 가지 별개의 작용으로 구성되며, 이 세 가지 모두 아리스토텔레스에 이어 A. A. 롱이 "결정을 통한 선택"이라고 정의한 **프로하이레시스**(*prohairesis*) 또는 의지(volition)의 일부를 형성한다(Long 2002, 213).

롱(2002, 207)에 따르면, **프로하이레시스**는 "인간의 목적적이고 자기 의식적인 중심을 뜻하는 에픽테토스가 좋아하는 명칭"이다. 에픽테토스의 **프로하이레시스** 용어에 대한 롱의 정의와 제3장에서 살펴본 앨런 게워스의 일반적 일관성 원리(principle of generic consistency. PGC) 주장의 중심에 있는 자율적이고 목적적인 행위에 대한 정의가 유사하다는 점에 주목하라. PGC와 게워스의 **자기 성취** 이론은 그 장에서 살펴본 게워스의 신스토아주의 이론과 전통 스토아 철학과의 비교에서 필수적인 부분을 구성한다는 점을 상기해 보라. 에픽테토스가 선호하는 **프로하이레시스** 또는 의지에 상응하는 용어는 헤게모니콘(hegemonikon)으로, 말 그대로 "지배하는 능력"을 의미하는 것으로 초기 스토아 철학자들이 사용한 용어이다. 롱(2002, 211)에 따르면, "인간의 **헤게모니콘**은 이성의 자리이자 그 사람의 중심이며, 그런 점에서 한 사람의 인식론적, 도덕적 성향이다."

롱은 이어서 에픽테토스도 **프로하이레시스**라는 용어를 "'자연적' 상태를 확보해야 할 필요성과 다른 것에 의해 통제될 수 없음"[에픽테토스 『대화록』, 4.5.4]으로 사용하는 것과 같은 식으로 그 용어를 사용한다고 말한다. 롱은 더 나아가 (2002, 212) 다음과 같이 말한다.

> 에픽테토스는 그의 기본 규칙—우리의 인상(impressions)에 대한 올바른 사용의 조건—을 **프로하이레시스**와 연관시킨다. 그것은 판단, 동의, 충동이라는 순전히 내면의 영역에 속하는 것이기 때문에 우리가 그것을 어떻게 사용하는지는 우리에게 달려 있다.… 에픽테토스는 **프로하이레시스**라는 용어를 선택해 다음과 같은 더 제한적인 측면에서 인간의 마음을 파악했다. "우리", 말하자면 우리가 직접 판단하고, 결정하며, 바랄 수 없는 측면에서 "전적으로 **우리 자신에 의해서 그리고 우리 자신을 위해서**[강조는 추가된 것임].…에픽테토스는 프로하이레시스를 '우리에게 달려 있는 것'과 연관시킨다." 이것은 외부의 것들과 구별되며, 종종 이 두 가지 유형을 **프로하이레티카**(*prohairetika*)와 **아프로하이레타**(*aprohaireta*)라고 부르는데, 후자의 용어는 우리 몸을 포함하여 **프로하이레시스**의 범위를 벗어난 모든 것은 "우리에게 달려 있지 않다"는 것을 의미한다.

롱과 비슷한 맥락에서 피에르 하도트는 에픽테토스의 말을 인용하여 다음과 같이 말한다(1998, 83).

우리에 의존하는 것은 가치 판단(*hypolepseis*(하이포레시스)), 행동에 대한 충동(*horme*(호르메)), 욕망(*orexis*(오렉시스)) 또는 혐오, 한마디로 우리 자신이 행하는 모든 것이다. 우리에게 의존하지 않는 것은 신체, 재물, 명예, 지위, 한마디로 우리 자신이 행하지 않는 모든 것이다. (에픽테토스, 『편람』, 1, 1)

그는 계속 다음처럼 말한다(1998, 84).

여기서 우리는 스토아의 가장 근본적인 태도 중 하나를, 즉 광활한 사건과 운명의 강 한가운데서 우리 자신의 자유 영역을 **자율성이라는 난공불락의 섬**으로서 규정하고 있음을 엿볼 수 있다. [강조는 추가된 것임]. 따라서 우리에게 달려 있는 것은 우리가 자유롭게 선택할 수 있기 때문에 우리 영혼의 행위이다. 우리는 우리가 원하는 방식으로 판단하거나 판단하지 않을 수 있고, 욕망하거나 욕망하지 않을 수 있으며, 의지하거나 의지하지 않을 수 있다. 이와 대조적으로 우리에게 의존하지 않는 것—에픽테토스는 우리의 신체, 명예, 재물, 지위 등을 나열한다—은 자연의 일반적인 흐름에 의존하는 모든 것이다. 우리 신체는 우선 우리가 움직일 수 있는 것은 사실이지만, 우리가 완전히 통제할 수 있는 것은 아니다. 따라서 그 스토아 철학자는 자율성의 중심인 영혼을 육체와 반대되는 개념으로, **프로하이레시스**로서 지도 원리인 **헤게모니니콘**을 나머지 영혼과 반대되는 개념으로 구분한다. 이 지도 원리 안에 자유와 우리의 진정한 자아가 있다. 또한 도덕적 선과 악은 오직 거기에서만 찾을 수 있다. 도덕적 선과 악만이 자발적인 선과 악이기 때문이다.…여기에 스토아주의 전체의 중심 마디인 내면적 대화의 마디가 있다.…에픽테토스와 마르쿠스 아우렐리우스가 지치지 않고 말했듯이, 모든 것은 판단의 문제이다. 우리를 괴

롭히는 것은 사물 자체가 아니라 사물에 대한 우리의 표상, 사물에 대해 우리가 형성하는 생각, 그리고 사물에 대해 우리가 공식화하는 내면적 대화이다.

나는 위의 롱과 하도트의 전문을 인용했다. 왜냐하면 그들의 구절은 스토아 철학에서 자유와 자율성의 기본 원리의 본질을 담고 있을 뿐만 아니라, 자율성 개념과의 본질적 관계를 아래에서 더 자세히 설명하기 위해 살펴볼 **무결성**과 **존엄성**의 관련 개념도 담고 있기 때문이다. 제3장에서 살펴본 바와 같이 게워스는 그의 도덕 철학을 합리적이고 목적적인 행위에 기반을 두고 있으며, 자유와 잘삶에 대한 보편적인 자연권을 이런 행위에 기반해서 도출한다. 이러한 권리는 자명하고, 예비적 목적 행위자(PPA)라는 점에서 개인에게 적용되지만, 이러한 권리(자유와 잘삶에 대한 권리)는 절대적으로 인격들에게 적용된다. 인간을 **행위자**이자 동시에 **인격체**로 보는 이러한 **이중적 관점**은 임마누엘 칸트의 도덕 철학에서와 마찬가지로 게워스의 도덕 철학의 기본이다. 칸트의 도덕 철학에서 그의 **정언명령**(*Categorical Imperative*)의 공식은 특히 **목적의 왕국**(*The Kingdom of Ends*)에 대한 그의 주장을 도출하는 형식의 정언명령의 공식은 인간이 항상 그 자체로 양도할 수 없는 존중이나 존엄성을 지닌 목적으로 취급되어야 하며 결코 타인의 목적을 위한 단순한 수단으로만 취급되어서는 안 된다는 것이다.

지금까지 살펴본 바에 따르면, 불투명하고 이해하기 어려운 알고리즘을 적용하여 설득력 있는 기술을 사용하여 사용자 모르게, 그리고 사용자의 동의 없이 사용자의 정보를 표적화하고 수집하여 이윤을 추구하는 페이스북과 구글과 같은 빅테크 기업의 감시 관행은 사용자들이 빅테크 기업의 경제적 이익을 위한 수단으로만 취급되는 것이 아니라 그 자체로 존중받을 가치가 있는 목적으로 취급되어야 할 인격체의 기본권을 침해하고 있음을 알 수 있다. 스토아주의와 신스토아주의의 관점에서 볼 때, 위에서 설명한 바와 같이 개인의 근본적인 자율성과 잘삶을 침해하는 것이다. 자율성과 존엄성에 대한 기본적이고 절대적인 천부적 권리는 인간에게 고유한 것이다.

피에르 하도트가 웅변하듯, 그것은 "광활한 사건과 운명의 강 한가운데서 난공불락의 자율성의 섬으로서 우리 자신의 자유 영역"이며 "스토아 학자가 자율성의 중심을 구분하는 곳"이다. 그리고 이 장에서 논의할 중요한 내용으로서 하도트는 계속해서 다음처럼 지적한다. "자유와 우리의 진정한 자아는 바로 이 지도 원리[**프로하이레시스**로서의 **헤게모니콘**] 안에 있다.…여기에 스토아주의 전체의 중심 마디, 즉 내면적 대화의 마디가 있다." 앞서 인용한 구절이 인용된 하닷의 책 제목은 적절하게도 『내면의 성채』(*The Inner Citadel*, 1998)이다.

자기 존중의 개념

스토아 철학과 신스토아 철학의 핵심적인 중요성, 특히 제4장에서 살펴본 스토아주의와 기술의 병행 통제 문제와 관련하여 이 장에서는 자기 존중 또는 존엄성의 개념을 그리고 이 개념과 자율성 및 진실성의 본질적인 관계를 더 자세히 살펴볼 것이다. 이 장의 목적과 이 책 전반에 걸쳐 달리 명시되지 않는 한, 나는 자기 존중과 존엄의 개념을 같은 의미로 사용할 것이다.

제1선으로서의 자기 존중: 삶과 죽음의 문제

롤스는 "자기 존중(self-respect)과 자신의 가치에 대한 확실한 자신감이 아마도 가장 중요한 일차적 선"이라고 말한다(1972, 396). 그는 또한 "인간이 자기 존중을 확보하는 것은 분명히 합리적이다"라고 말한다(Rawls 1972, 178). 게워스의 PGC 논증은 인간의 자기 존중이 어떻게 자신의 합리성에서 비롯되는지를 보여줌으로써 이 두 진술이 모두 진실임을 입증한다.[1] 예를 들어, 알츠하이머 진단을 받은 아서(Arthur)라는 사람의 경우를 생각해 보자. 그는 의학적 근거에 따라 곧 기억력과 인간으로서의 정체성을 잃게 될 것이며, 결국 인간으로서의 자유와 잘삶을 통한 자기 존중의 원천을 잃게 될 것이라는 말을 듣는다.[2] 아서는 자신의 잘삶이 더는 존엄한 삶을 살 수 없을 정도로 감소했기 때문에 자기 존중을 잃게 된 것이다. 그는 또한 자신이 행동할 자유가 있기 때문에 알츠하이머가 발병하기 전에 삶을 마감하여 자신의 존엄성을 보호해야 한다는 것을 인식하고 있다. 그리고 자신의 삶을 끝내려는 계획을 실행하는 데 방해가 된다면 현재 직면하고 있는 것보다 더 큰 수치심에 직면하게 될 것임을 인식하고 있다. 그는 다른 사람들의 선택을 통해 자비를 받을 수는 있지만, 자신의 고통에 대해서는 자비를 받지 못할 것이다. 따라서 우리는 아서의 자유와 잘삶이 그의 자기 존중에 필수적이라는 것을 알 수 있다. 그의 잘삶이 그런 이유는 쇠약해지는 질병으로 인한 지속적인 해악이 그의 존엄성과 자기 존중을 날로 감소시키기 때문이고, 그의 자유가 그런 이유는 자유가 없으면 자기 존중을 보호하고 유지하기 위해 행동할 수 없기 때문이다. 따라서 자기 존중을 지키기 위해 아서는 자유와 잘삶을 모두 가져야 한다. 그의 자유와 잘삶은 그가 선택한 목적을 달성하는 데 필요한 것일 뿐만 아니라 인간으로서의 자기 존중과 가치감을 보존하고 유지하는 데도 필요하다.

이 제한적인 사례에서 우리는 자유와 잘삶이 자신이 선택한 목적을 달성하는 데 필요할 뿐만 아니라, 어쩌면 더 중요한 것은 자기 존중을 지키고 유지하는 데도 필요하다는 것을 알 수 있다. 이것은 중요한 발견이다. 첫째, 자기 존중이 없는 삶은 살 가치가 없다는 것이 일반적인 경험이기 때문이다. 여기서 말하는 "자기 존중"이란 부풀려진 의미의 자기 존중이 아니라 인간이 정상적인 사람으로서 최소한의 기능을 할 수 있는 최소한의 자기 존중, 즉 자신의 삶을 살기에 충분한 자유와 잘삶을 누릴 수 있는 자기 존중만을 의미한다. 400년 동안 계속된 오스만의 점령 끝에 1821년에 시작된 오스만과의 독립 전쟁에서 그리스 당파들이 사용한 구호는 "자유 아니면 죽음"[3]이었다. 그리스 국민은 노예와 비슷한 조건에서 더는 살 가치가 없는 삶, 존엄한 삶을 살 수 없다는 의미였다. 그들에게 자유는 자기 존중과 존엄성, 그리고 무엇보다도 정체성을 위한 최소한의 필수 조건이었으며, 따라서 가치 있는 삶을 위해 필수적이었다. 이처럼 자유와 잘삶을 통해 확보된 자기 존중은 자신의 삶에 가치와 가치를 부여하는 것이 바로 자기 존중이기 때문에 가치 있는 삶을 위해 필수적이다.

둘째, 아서의 경우처럼 신체적 필연성 때문에 더는 정상적인 사람으로서 최소한의 기능도 할 수 없게 되더라도, 즉 자신의 삶을 존엄하게 살 수 없게 만드는 불리한 외부 조건에 방해받지 않고 자신이 선택한 목적을 추구할 수 있는 충분한 자유와 잘삶을 누릴 수 없게 되더라도 스스로 목숨을 끊음으로써 그러한 필연성에서 벗어날 수 있다. 그것은 운명에 대한 의지의 최종 승리이다. 그렇다고 금욕적으로 "터무니없는 행운의 화살을 맞으면서" 불행을 이겨낼 수 없다는 말은 아니다. 그러나 어떤 의무감으로 인해 견딜 수 없는 조건에서 계속 살아가려면 모범적인 용기와 인내가 필요하다. 그러나 그러한 성자적 인내는 정상적인 상황에서는 지극히 경멸적인 것으로 여겨질 수 있으며, 덜 성자적인 보통 사람에게는 불가능할 것이다. 아마도 이것이 햄릿이 유명한 독백의 첫 문장에서 의도한 질문일 것이다. "사느냐, 아니면 죽느냐, 그것이 문제다." 알베르 카뮈는 그의 저서 『시지프의 신화』(*The Myth of Sisyphus*)에서 이것이 철학의 근본적인 문제라고 생각했다.

> 정말 심각한 철학적 문제는 단 하나, 바로 자살이다. 삶이 살 가치가 있는지 없는지를 판단하는 것은 철학의 근본적인 질문에 답하는 것과 같다. 세상이 3차원인지 아닌지, 정신이 9가지인지 12가지인지 등 나머지 모든 것은 그다음에 따라오는 문제이다. 이것은 게임이며, 먼저 대답하지 않으면 안 된다. (Camus 1975, 11)

이 질문은 소크라테스의 질문이기도 하다. 버나드 윌리엄스는 그의 훌륭한 저서 『윤리와 철학의 한계와 윤리학』(*Ethics and the Limits of Philosophy*)에서 다음의 질문으로 시작한다. "소크라테스는 말했다. 그것은 사소한 질문이 아니다. 우리가 이야기하는 것은 사람이 어떻게 살아야 하는가 하는 것이다."(Williams 1985, 1) 그것은 실제로 사소한 질문이 아니며, 나는 그것이 사실 철학의 가장 근본적인 질문이라는 카뮈의 의견에 동의하는 편이다. 이 질문에 스스로 답할 수 없다면, 즉 스스로 답을 찾을 수 없다면 삶은 진정한 의미가 없는 무의미한 "게임"의 연속에 불과할 것이기 때문이다. 그런 삶은 의미가 없는 공허한 삶이 될 것이다. 소크라테스가 "성찰하지 않는 삶은 살 가치가 없다"고 말했을 때 염두에 둔 것이 바로 이러한 가능성일 것이다. 자신의 삶을 끊임없이 성찰할 때 비로소 좋은 삶이 무엇인지 가장 잘 판단할 수 있다. 위에서 살펴본 바와 같이 스토아학파가 던진 질문이 바로 이것이다. 그러나 어떤 삶을 선택하든, 각자의 개인적인 특성과 환경을 고려할 때, 최소한의 자존심을 지키며 살아갈 수 있어야만 그 삶은 살 만한 가치가 있다. 자신의 자기 존중이 낮아지면 타인과 사회에 대한 존중감도 낮아지는 것은 일반적인 현상이다. 그렇기 때문에 자존감은 도덕성에서 가장 중요한 요소이다. 그렇다. 내가 제안하건대 그것은 도덕성의 초석이다. 아리스토텔레스가 말했듯이 "타인에 대한 모든 친절한 감정은 자기 자신에 대한 감정의 표현이다"(Aristotle 1976, 300). 따라서 우리 사회에서 사회적, 정치적 차원에서 이러한 신념을 장려하고 시민 개개인의 자존감을 키울 수 있는 제도를 확립하는 것이 중요하다. 존중은 사회적으로 대칭적인 관계로, 자기 존중은 타인에 대한 존중을 촉진하고 타인의 존중은 자신의 자기 존중을 촉진하고 유지하는 데 도움이 된다. 도덕적으로 안정된 사회는 "상호 숭배" 사회라고 말할 수 있다. 이 장에서 자기 존중과 타인 존중의 관계에 대해서는 나중에 더 자세히 살펴보겠다. 여기서는 도덕성에 대한 자기 존중의 중요성과 게워스의 주장이 그 중요성을 어떻게 입증하는지 강조하고 싶을 뿐이다.

요약하면, 게워스의 주장은 먼저 행동의 필수 조건인 자유와 잘삶이 자기 존중에 필수적이라는 것을 보여줌으로써 도덕성에 대한 자기 존중의 중요성을 보여준다. 자유와 잘삶 없이는 행동할 수 없을 뿐만 아니라 최소한의 존엄성과 자기 존중 없이는 삶을 살아갈 수 없다. 앞서 언급한 아서가 더는 존엄성 없이 살고 싶지 않아 자유를 행사하고 생을 마감하기로 결정한 사례가 대표적인 예이다. 아서의 경우, 그의 자유는 "어떻게 살아야 하는가?"라는 소크라테스의 질문과 햄릿의 비슷한 질문인 "사느냐, 아니면 죽느냐?"를 떠올리게 하는 가슴 아픈 의미를 담고 있다. 삶을 마감하는 선택을 할 때, 아서는 반드시 그렇게 할 수 있는 자유를 누려야 한다. 아서는 마지막으로 자유를 행사함으로써 자신의 자유를 필연적으로 만드는 물리적 필연성의 제약에서 벗어나는 것을 선택한다. 삶을 마감하는 것을 선택하면서. 아서는 자신의 자유를 끝내기 위해 자유를 행사한다. 따라서 아서는 죽음을 통해 자신의 상황에서 삶을 견딜 수 없고, 살 가치가 없게 만드는 신체적 필연성으로부터 탈출하기로 선택함으로써 가장 급진적인 자유, 즉 존재하지 않기를 선택할 수 있는 자유를 행사한다.[4]

아마도 이것이 칸트의 선험적 자유 개념을 이해하는 한 가지 방법일 수 있지만, 형이상학적인 사변을 피하기 위해 이 점을 너무 강조하고 싶지는 않다. 그렇더라도 아서는 자신의 삶을 끝내고 현재 상황에서 자신의 삶을 살 수 없게 만드는 육체적 필연성에서 벗어나기로 선택한 것 같다. 아서는 어떤 의미에서 선험적인 종류의 자유를 행사하고 있으며, 적어도 그 의도에는 그의 삶을 살 가치가 없게 만드는 육체적 필연성에서부터 그를 해방할 수 있는 힘이 담겨 있으므로 선험적이다. 이러한 급진적 의미로 이해되는 "자유"는 적어도 우리가 지금까지 살펴본 극단적 사례에서는 자유를 단순히 바람직한 것 이상으로 자신을 목적적 행위자로 만드는 필연성을 내포하고 있다. 햄릿이 자신의 삶이 살 가치가 있는지에 대한 질문에 직면했을 때 제한적 사례의 행위자가 이해한 것처럼, 자신의 자유와 잘삶을 휴가나 새 차처럼 바람직한 것이 아니라 자신의 자기 존중에 필수적인 소유물, 즉 권리로 만드는 것은 바로 이러한 급진적 필연성이라고 나는 주장한다.

위의 논의에 이어서, 나는 게워스의 행위자가 자신의 자유와 잘삶을 단순히 도구적, 수단적으로, 즉 자신이 선택한 모든 목적을 달성하는 데 필요한 수단으로서뿐 아니라, 자신의 진실성과 자기 존중의 본질적인 요소로서 중요하게 여긴다고 제안하고 싶다. 윌리엄스(Williams, 59)는 "나에게 좋은 것은 나의 직접적 목적을 넘어서는 나의 이익이나 잘삶에 대한 언급을 포함하며, 나의 자유는 나의 근본적인 관심사 중 하나"라고 말한다. 게워스의 행위자에게 자유와 잘삶은 인간됨의 본질적인 특징인 자기 존중에 직접적이고 본질적으로 기여하기 때문에, 그의 두 가지 근본적인 관심사이다. 나의 자유와 잘삶이 단순히 나의 목적적인 행동을 수행하는 데 필요한 도구적 수단에 그치는 것이 아니라 자기 존중의 본질적인 구성 요소 또는 특성임을 인식함으로써, 나는 윌리엄스의 말처럼 "나 자신의 존재 개념에 대한 더 깊은 질문을 다루기 시작했다"(Williams 1985, 59)고 말할 수 있다.

자기 존중의 기본 구성 요소인 자유와 잘삶

게워스의 주장에 따르면 사람은 예비적 목적 행위자인 PPA라는 이유로 자신의 자유와 잘삶에 대한 권리를 가진다고 한다. "자기 존중"의 개념을 분석해 보면 사람이 사람으로서 온전히 기능하기 위해서는 자기 존중의 속성 또는 자질을 갖추어야 한다는 것을 알 수 있다. 그러나 사람으로서 필수적이고 근본적인 자기 존중의 속성 또는 자질을 갖추기 위해서는 자유와 잘삶이 있어야 하는데, 자유와 잘삶은 사람의 자기 존중의 필수적이고 근본적인 구성 요소이기 때문이다. 따라서 행위자는 자유와 잘삶이 자신의 모든 목적 행위의 필수 조건이라는 이유로 자신의 자유와 잘삶에 대한 권리를 주장해야 할 뿐만 아니라, 자유와 잘삶이 자아 존중의 본질적이고 근본적인 구성 요소이기 때문에 자신의 자유와 잘삶에 대한 권리도 주장해야 한다. 요컨대, 행위자는 자발적이고 의도적인 행동을 하는 존재, 즉 PPA인 존재이기 때문에 자신의 자유와 잘삶에 대한 권리가 있을 뿐만 아니라 자기 존중을 필요로 하는 존재, 즉 사람이라는 존재이기 때문에 자신의 자유와 잘삶에 대한 권리가 있다고 생각해야 한다. 확실히 행위자는 사람이기 때문에 PPA이기도 하다. 그러나 위의 분석은 단순히 자발적이고 의도적인 행동을 하는 PPA라는 점 외에도 사람이라는 존재의 또 다른 중요하고 근본적인 측면을 강조하기 위한 것이다.

이제 우리는 사람이 행위자로서 무엇을 하든 하지 않든 간에 사람이라는 이유만으로 자유와 잘삶에 대한 일반적인 권리를 가진다는 것을 알 수 있다. 모든 사람은 자신이 무엇을 하든 하지 않든 간에 자기 존중이 필요하다. 모든 사람은 사람이라는 이유로 동등하게 자기 존중을 필요로 하기 때문에, 각 사람은 자신의 인격을 보존하고 유지하기 위해 최소한의 자기 존중을 보존하고 유지하기 위해 어느 정도의 자유와 잘삶, 특히 후자의 자유와 잘삶이 필요하다. 사람이 자신의 자기 존중을 유지하기에 충분한 자유와 잘삶을 누릴 권리가 있는 한, 그 권리는 절대적이다. 사람이 자신의 자기 존중을 보존하고 유지하기에 충분한 최소한의 자유와 잘삶에 대한 권리는 행위자의 인격에 필요한 조건을 동시에 제거하지 않고는 제거될 수 없다. 게워스 자신도 절대적 권리를 주장한다. 게워스(1982, 219)는 다음처럼 주장한다.

> 밤은 절대적이며, 어떤 상황에서도 뒤집힐 수 없으므로 정당하게 침해될 수 없으며, 어떠한 예외 없이 충족되어야 한다.
>
> 따라서 절대적 권리의 개념은 **이중 규범적**[강조는 추가된 것임]이며, 모든 청구권에 공통적으로 적용되는 특정 행위의 이행 또는 불이행에 대한 정당한 청구 또는 권리의 개념뿐만 아니라 요구대로 그 행위를 이행하거나 이행하지 않는 것의 **예외 없는 정당성**[강조는 추가된 것임]에 대한 개념도 포함한다.

행위자의 이중 관점

절대적 권리의 이중 규범성에 대한 게워스의 생각은 칸트 정신에 입각한 것이며, 칸트 자신이 『도덕형이상학 정초』(*Grounding for the Metaphysics of Morals*)에서 인격성에 대해 말한 것과도 일치한다(Kant 1981, 36).

> 이성적 존재자는 **인격[사람]**이라 불린다. 왜냐하면 이성적 존재자의 본성은 이미 그 이성적 존재자가 목적 자체임을, 즉 단지 수단으로만 사용되어서는 안 되는 그러한 어떤 것임을 표시하고, 따라서 그런 한에서 **존경의 대상**인 그런 존재자의 모든 자의적(恣意

的) 사용을 **제한**하기 때문이다. 그러므로 인격은 단지 우리 행위의 결과로서 존재하는 주관적 목적이 아니고 **객관적 목적**이다. 즉 **그 자체 목적으로서 존재한다**[강조는 추가된 것임].

앞서 살펴본 바와 같이 사람을 그 자체로 목적으로 취급하는 것은 PGC에서 직접적으로 비롯된 것이라고 게워스는 주장한다. 다음 구절이 이를 뒷받침한다. 게워스는 자유와 잘삶에 대한 권리를 존중함으로써 사람을 목적으로 취급하는 것이 도덕 철학의 실체적 질문에 대한 칸트적 해답을 제공한다고 주장한다.

다른 사람의 어떤 이익을 호의적으로 고려해야 할까?

이 실질적 질문에 대한 게워스의 칸트적 대답은 "행위의 필연적 내용에서 파생되는 근본적 이익은…자유와 잘삶이며, 이는 각각 행위의 절차적 조건이고, 실질적 필수 조건이며, 그런 행위의 일반적 특징이라는 것"이다. 게워스는 계속해서 "사람을 그 자체로 목적으로 취급한다는 것은 그를 간섭하지 않고 특정 상황에서 그가 그것을 갖거나 유지하도록 도와줌으로써 행동의 필수 조건에 대한 그의 욕구를 존중[경]하는 것"이라고 말한다.

게워스의 주장을 행위자가 자신의 자유와 잘삶을 도구적이고 구성적으로 또는 본질적으로 존중하고 평가하도록 요구하는 것으로 이해하는 이 방식은 칸트의 다음 주장과 잘 부합한다. 행위자 또는 사람[인격]은

그가 자신을 존중하고 자신의 힘의 사용 법칙을, 따라서 모든 그

의 행동의 법칙을 알 수 있는 **두 관점**을 갖는다[강조는 추가된 것임]. 첫째, 그가 자연의 법칙(타율성)에 종속하는 감각의 세계에 속하는 한에서. 둘째, 자연과 독립적이고, 경험적이지 않으며, 이성에만 근거한 법칙에 종속하는 지성적 세계에 속하는 한에서.

그러나 경험적 시공간적 세계와 지성적 또는 관념적 세계라는 두 개의 분리된 세계인 칸트의 "두 가지 관점"과는 달리, 게워스의 논증을 재구성한 결과에 따라서 내가 위의 행위자에게 부여한 두 관점은 동일한 하나의 자연적 세계에 속한다. 내 생각에 내가 재구성한 게워스의 논증의 가장 큰 장점 중 하나는 그것이 존재론적으로 독립된 두 세계, 즉 자연계와 지성계를 포함하는 칸트의 문제의 형이상학에 의지하지 않고도 자연계 내에서 한 행위자의 서로 다르지만 일치하는 두 가지 이중적 입장을 모두 설명할 수 있다는 것이다.

칸트와 그 이전의 플라톤이 자연계와 지성계로 구성된 이원론적 형이상학적 관점을 지지했다면, 앞서 살펴본(제3장과 4장) 게워스와 스토아 철학자들은 하나의 자연 세계 내에서 행위자의 이중적 관점을 부여했다. 이는 이 책의 제3장에서 내가 신스토아 철학의 기원을 게워스에서 찾으려는 주장과도 일맥상통한다. 이와 유사하게. 하도트는 행위자의 이중적 관점과 관련하여 칸트적 존재론적 관점과 스토아적 존재론적 관점을 유사하게 구분한다. 그는 칸트의 『실천이성비판』(*Critique of Practical Reason*)의 마지막 쪽들에서 직접 인용하면서 다음과 같이 말한다.

그것에 대해 자주 그리고 계속해서 숙고할수록, 점점 더 새롭고 점점 더 큰 경탄과 외경으로 마음을 채우는 두 가지가 있다. **내 위의 별이 빛나는 하늘과 내 안의 도덕 법칙**이다. 이 둘은 내가 어둠 속에 감춰져 있거나 초월계 안에 있는 것으로 내 시야 밖에서 찾고 추측해서는 안 되는 것들이다. 나는 그것들을 눈앞에서 보고, 그것들을 내 존재의 의식과 직접 연결한다. 전자는 **감성계 안에서 내가 차지하고 있는** 자리에서 시작하여, 내가 서 있는 그 연결점을 무한히 세계들 위의 세계로, 천체 중의 천체들로, 그뿐 아니라 그것들의 주기적인 운동의 한없는 시간 속에서 그 시작과 지속을 확장한다. 후자는 나의 볼 수 없는 자아 또는 나의 **인격성**에서 시작하여, 진정한 무한성을 갖는, 그러나 지성에게만은 알려질 수 있는 세계 안에서 나를 표상한다. 이 세계와 함께(그리고 동시에 볼 수 있는 모든 세계와 함께) 나는 내가 보편적이고 필연적인 연결 관계에 있음을 인식한다. 무수한 세계 집합의 첫 번째 광경은 동물적 피조물로서의 나의 중요성을 없애 버린다. 동물적 피조물은 그것으로 그가 된 질료를, 어떻게 그리된 것인지는 모르지만, 짧은 시간 동안 생명력을 부여받은 후에는, 다시 우주 안의 한낱 점에 불과한 행성에게 되돌려줄 수밖에 없다. 반면에 두 번째 광경은 예지자로서의 나의 가치를 나의 인격성을 통해 무한히 **증가시킨다.** 인격성에서 도덕 법칙은 동물성으로부터, 나아가 점 감성 세계로부터 독립해 있는 삶을 나에게 개시한다. (Hadot 1998, 182, from a quotation of Immanuel Kant's, *Critique of Practical Reason*. Hamburg, 10th edition, 1990, 186)

나는 하도트가 인용한 칸트의 심오한 시적 구절을 인용하는 데 약간의 지면을 할애했는데, 이는 하도트 자신이 의도한 대로 칸트의 행위자의 이중 관점이 스토아 철학자들의 그것과, 나아가 이와 유사하게 게워스의 그것과 얼마나 밀접한 친화력과 관계를 맺고 있는지를 보여주기 위해서였다. 그러나 하도트가 정확하게 관찰했듯이, 스토아 철학자들은 칸트의 이성적 세계와 지성적 세계를 구분하는 것을 받아들이지 않았을 것이며, 앞서 존엄성 개념에 대한 PGC의 주장을 재구성하는 과정에서 보았듯이 게워스 역시 내가 그에게 귀속시키는 신스토아주의와 스토아 학파의 단일 자연관을 일치시키는 것을 받아들이지 않았을 것이다. 그러나 하도트가 지적하듯이 스토아학파의 경우 칸트와 마찬가지로, 비록 칸트가 지성적 세계를 언급하고 있다는 전제를 달긴 했지만 (Hadot 1998, 182), 칸트는 다음과 같이 말한다. "자아를 변화시켜 필연의 영역에서 자유의 영역으로, 자유의 영역에서 도덕의 영역으로 연속적으로 넘어가게 하는 것은 자아에 대한 자각이다. 이로써 광대함 속에서 무한한 지점에 있는 자아는 변형되어 보편적 이성과 동등하게 된다."

위의 구절에서 하도트가 말하는 변화는 제3장에서 살펴본 스토아 철학의 오이케이오시스 개념을 떠올리게 한다. 즉, 자연과 일치하는 덕과 이성적 행동을 통해 자신의 인격이 변화됨으로써, 스토아 철학자들에 따르면 우주 전체에 퍼져 있는 보편적 이성의 일부가 되고, 그 덕에 인간은 서로 그리고 전체 자연계, 즉 코스모스와 공유하는 공통의 합리성에 의해 관계를 맺게 된다. 따라서 우리의 타고난 보편적 이성은 인간으로서의 불가침의 존엄성을 우리에게 물려주고, 스토아적 관점을 직접적으로 언급하지는 않지만, 우주 공동체의 시민으로서 우리를 하나로 묶어준다. 게워스는 1996년 출간된 그의 저서 제목인 『권리의 공동체』(*Community of Rights*)라고 말한 것은 적절한 것이다.

자율성과 진실성

A. A. 롱에 따르면 에픽테토스는 자율성을 "인상의 올바른 사용"과 연결한다. 그는 "인상은 우리에게 대상을 인식하게 한다는 의미에서만 인과관계가 있다"고 말하지만, 우리가 인상을 받아들이거나 거부하는 것은 전적으로 우리에게 달려 있으므로, 우리가 그 인상을 가지고 무엇을 하느냐는 전적으로 우리에게 달려 있다. 롱(2002, 216)에 따르면, 인상이 우리의 도덕적 인격에 반하는 나쁜 것을 떠오르게 한다면 그러한 인상의 결과는 다음과 같다.

우리는 우리 자신의 주체성을 포기하고 그들에 의해 "정복당하거나" "교란되거나" "현혹되는" 입장에 처하게 된다.…그러한 상승의 결과는 이성이나 정념의 불안정이다.…자율성의 상실과 함께 비윤리적인 목표를 추구하게 만드는 인상을 허용할 수 있으며, 따라서 진실성을 잃게 된다.

그는 "에픽테토스"의 중요한 요점은 "인상은 우리가 허용하는 결과만 가진다"는 것이라고 말한다(2002, 214-216).

> 에픽테토스와 초기 스토아 철학자들이 생각한 인간의 인상은 일반적으로 참이거나 거짓이라고 말하는 명제적 구조를 갖는다.… 그러나 겉으로 보이는 진리는 실제 진리와는 거리가 멀기 때문에 인상을 판단하고 해석하는 작업을 인간의 합리성, 일관성, 도덕성에 대한 중요한 시험으로 삼았다.

스토아 철학자들에게 자율성과 청렴성 사이의 연관성은 위의 구절과 에픽테토스 『대화록』의 많은 부분에서 롱이 설명하듯이 행위자의 행동이 갖는 이성적이고 도덕적인 일관성에서 온다. 이런 일관성에서 행위자의 이성적 판단과 도덕적 행동이 대개 행위자의 통제 밖에 있는 우연적인 외부 상황과 무관하게 항상 행위자의 이성적이고 유덕한 성격 안에서 조화롭고 일관되게 통합된다. 롱에 따르면, 에픽테토스와 일반적으로 스토아 철학자들은 우리의 **프로하이레시스**에 대해 중요한 주장을 하는데, 롱은 이를 **의지**라고 해석한다(2002, 220).

> 우리 개개인의 자아 외부에는 우리가 원하거나 원하지 않는 것에 대한 궁극적인 권한을 가진 것이 없다는 것이다. 에픽테토스는 이러한 **능력**[강조는 추가된 것임]을 자아에 대한 기본 사실로 제시한다. 이것은 행위자로서 우리의 힘에 관한 주장이지만, 이때 그 행위자는 우리가 외부 세계에 변화를 가져올 수 있는 것의 행위자가 아니라 우리 마음의 행동의 행위자이다.…에픽테토스는 자아의 본질을 모든 신체적 행동에 필연적으로 선행하는 정신적 과정과 성향에서 찾는다. 왜냐하면 프로하이레시스는 문자 그대로 "선택 전" 또는 "선택 이전의 선택"을 의미하기 때문이다. 이것이 바로 그 용어에 대해 스토아주의가 정의하는 방식이다.

내가 위의 구절에서 **능력**이라는 용어를 강조한 것은 우리에게 달려 있지 않은, 따라서 우리가 통제할 수 없는 외부 환경에서부터 자유로운, 방해받지 않는 자아라는 스토아적 도식에서 우리 자신의 자율성과 **프로하이레시스**에 대해 우리가 가지고 있다고 생각되는 내적 통제와 관련하여 그 중요성을 강조하기 위해서이다. 롱이 정확하게 고찰하고 있듯이(2002, 221). "에픽테토스가 선포하는 자유 의지는 보편적인 심리적 기준이 아니라 스토아 철학의 숙달에 해당하는 험난한 기획이다." 롱이 언급한 다음 구절에서 에픽테토스는 모든 인간 행위자가 본성적으로 가지고 있는 **자유에 대한 능력**을 명확하게 설명한다.

> 자기가 원하는 것에 접근할 수 있는 구속되지 않는 사람은 자유롭다. 반면에 자신의 의지에 반하는 것에 제약을 받거나 강요당하거나 방해받거나 내동댕이를 당하는 사람은 노예다.
>
> **누가 구속되지 않지?**
>
> 자신의 것이 아닌 것을 추구하지 않는 사람이다.
>
> **무엇이 자신의 것이 아니지?**
>
> 소유하거나 소유하지 않는 것 또는 그런 식의 자격이 있거나 그런 성향이 있는 것이 우리에게 달려 있지 않은 모든 것. 그러므로 신체는 자신의 것이 아니고, 지체도 자신의 것이 아니며, 재산도 자신의 것이 아니다. 그런데도 이런 것들에 대해 그것들이 마치 자기 것인 것처럼 집착한다면, 자기 것이 아닌 것들을 추구하는 사람에게 당신은 적절한 벌을 내릴 것이다. 자유로 이어지는 길, 노예의 굴레에서 벗어나는 유일한 해방은 진정으로 다음처럼 말할 수 있는 것이다. 제우스여 운명의 여신이여 당신이 나를 위해 정한 곳으로 나를 인도해 주십시오(Epictetus 4.1. 128-131).

위의 에픽테토스의 구절에 대해 언급하면서, 롱은 정확하게 다음처럼 고찰한다. (2002, 222)는 "에픽테토스가 자유와 운명을 연결하는 한, 그는 인과적 결합이 어떻게 완전히 제약되지 않는 동의 능력과 양립할 수 있는지를 묻기보다는, 미리 결정된 상황에 자발적으로 순응하는 사람을 자율적인 사람으로 취급하고 있다."

롱이 자유와 운명을 연결한 에픽테토스의 구절에 대한 설명의 중요성은 아무리 강조해도 지나치지 않다. 왜냐하면 스토아 윤리와 관련하여 스토아적 삶의 방식에 전념하지만 스토아 철학자들의 결정론적 형이상학 이론에 회의적인 사람은, 이 세계가 가장 합리적이고 최선이라는 스토아 학파의 낙관적 형이상학 교설 동의하지 않고도 스토아 윤리와 자신의 이성적 통제 범위 내의 것들에만 관심을 둔다는 스토아적 근거에 따라 행동할 수 있기 때문이다. 사실 우주에 대한 에피쿠로스적 형이상학적 관점을 채택하면서도 스토아 철학이 권장하는 합리적이고 윤리적인 교훈에 따라 삶을 살아갈 수 있다. 내가 제3장에서 게워스의 신스토아 철학과 전통 스토아 철학을 비교하면서 주장했듯이, 내가 제안한 신스토아주의는 다른 모든 면에서 스토아 철학과 유사하지만, 스토아주의처럼 특정한 형이상학적 우주관에 집착하지 않는다는 이론적 이점이 있다. 그러나 이는 스토아 형이상학에 대한 전념이 스토아 윤리적 삶의 방식에 대한 전념을 위해 필요하지 않다는 앞서 말한 요점을 더욱 강조할 뿐이다. 이는 마르쿠스 아우렐리우스가 그의 『명상록』(*Meditations*)에서 표현한 견해, 즉 에피쿠로스적 형이상학적 관점을 받아들이든 스토아적 형이상학적 관점을 받아들이든, 두 관점 모두 스토아 윤리와 일치한다는 견해에 의해 강화된다(Hadot 1998, 148에서 인용).

> 모든 것이 신이라면, 모든 것은 선하다. 그러나 모든 것이 우연에 의해 지배된다면, 그대 역시 우연에 의해 지배되는 것은 아니다(IX. 28, 3).
>
> 그런 폭풍 속에서 내 안에 인도하는 지혜가 있음을 만족해야 한다(XII, 14, 4).

어느 가설이든, 우리는 평온함을 유지하고 사건을 있는 그대로 받아들여야 한다. 원자를 탓하는 것은 신을 탓하는 것만큼이나 미친 짓일 것이다(VIII, 17).

따라서 우리가 우주의 모델을 선택한다고 해서 사건들에 동의하는 스토아 철학의 근본적인 성향, 즉 욕망의 규율이 달라지는 것은 아무것도 없다((X, 7, 4).

하도트는 우주에 대한 두 가지 형이상학적인 상반된 견해와 그 도덕적 함의에 대한 마르쿠스의 입장을 다음과 같이 요약한다(1998, 148).

따라서 마르쿠스는 스토아주의와 에피쿠로스주의의 두 가지 우주 모델에 반대한다. 그렇게 하는 이유는 어떤 가설이든, 그리고 자연학 분야에서 스토아주의와 가장 정반대되는 모델을 받아들이더라도 스토아적 도덕적 태도가 여전히 유일하게 가능한 모델이라는 것을 보여주기 위해서이다. 스토아적 자연 이론, 즉 우주의 합리성을 받아들인다면 스토아적 도덕 태도, 즉 욕망의 절제 또는 보편적 이성에 의해 초래된 사건에 대한 이성적 동의는 아무런 어려움을 일으키지 않으며, 그저 이성에 따라 살면 된다. 그러나 우주가 우연에 의해 생성된 원자의 먼지이며 통일성이 결여된 모델인 에피쿠로스적 물리 이론을 받아들인다면 인류의 위대함은 혼돈에 이성을 도입하는 데 있다.

위의 구절들은 스토아 윤리에서 **자율성**, **진실성**, **인간의 존엄성**이, 그리고 프로하이레시스 또는 헤게모니콘을 통한 적극적인 표현과 적용이 얼마나 중요한 역할을 하는지를 다시 한번 강조한다. 『팡세』(*Pensées*)에서, 블레즈 파스칼(Blaise Pascal)은 인간을 "생각하는 갈대"라고 말하면서다음과 같은 울림과 감동을 주는 구절에서 **인간의 위대함**을 표현한다(Pascal 1966, 59)

> **생각하는 갈대**. 내가 인간의 존엄성을 찾아야 하는 것은 공간에서가 아니라 내 생각의 지배에서이다. 땅을 소유하는 것은 나에게는 전혀 좋은 것이 아니다. 공간을 통해 우주가 나를 포위하고 하나의 점처럼 삼켜 버리지만, 나는 사고를 통하여 세례를 파악한다. (113: 348, 59)
>
> 인간의 위대함은 자신이 비참하다는 것을 아는 데서 나오지만, 나무는 자신이 비참하다는 것을 알지 못한다. 그러므로 자신이 비참하다는 것을 아는 것은 비참하지만, 자신이 비참하다는 것을 아는 데서 위대함이 존재한다. (114: 397, 59)
>
> 인간의 위대함. 인간의 위대함은 그의 비참함에서 추론될 수 있을 만큼 명백하다. 동물의 본성이 무엇인가에 대해 우리는 인간의 비참함이라 부른다. 이로써 우리는 현재 동물의 본성과 같다면, 인간은 한때 그의 것이었던 더 나은 본성에서 타락했음이 틀림없다는 것을 인식한다. (117: 398, 59)

마찬가지로, 알베르 카뮈(Albert Camus)는 그의 저서 『시지프의 신화』에서 인간 정신을 이와 유사하게 환기하고 있다. 시지프가 신들로부터 영원히 반복해서 바위를 언덕 위아래로 미는 일을 쉬지도 않고 반복하는 형벌을 받는 부조리함 속에서 그는 인간의 존엄성과 행복을 정확히 짚어낸다. 그는 다음처럼 말한다(1955, 110-111).

행복의 안내서를 쓰고 싶은 유혹을 받지 않고는 부조리를 발견할 수 없다. 부조리한 느낌은 행복에서 비롯되기도 한다. 오이디푸스(Oedipus)는 "나는 모든 것이 좋다고 결론을 내린다."라고 말하는데, 이 말은 신성한 말이다. 이 말은 인간의 거칠고 유한한 우주를 반영한다. 모든 것이 소진되지 않았고, 소진되지 않았으며, 소진되지 않았다는 것을 가르친다. 그것은 불만족과 헛된 고통을 선호하며 이 세상에 들어온 신을 이 세상 밖으로 몰아낸다. 그것은 운명을 인간들 사이에서 해결해야 하는 인간의 문제로 만든다.

시지프의 모든 침묵의 기쁨은 그 안에 담겨 있다. 그의 운명은 그의 것이다. 그의 바위는 그의 것이다.…그림자 없는 태양은 없으며 밤을 아는 것이 필수적이다.…나머지를 위해 **그는 자신이 자신의 시대의 주인임을 알고 있다**[강조는 추가된 것임].…바위는 여전히 굴러가고 있다.

나는 산기슭에 시지를 떠난다! 사람은 언제나 자신의 짐을 다시 찾는다. 그러나 시지프는 신을 부정하고 바위를 들어 올리는 더 높은 충실성을 가르친다. 그 역시 모든 것이 잘 되었다고 결론을 내린다. 이제 주인이 없는 이 우주는 그에게 무미건조하거나 무의미해 보이지 않는다. 저 돌의 원자 하나하나, 밤이 가득한 산의 광물 조각 하나하나가 그 자체로 하나의 세계를 형성한다. 높은 곳을 향한 투쟁 자체만으로도 사람의 마음을 채우기에 충분하다. **시지프가 행복해하는 모습을 상상해 보라**[강조는 추가된 것임].

나는 지금까지의 논의에 이어 두 가지 관련되고 중요한 점을 강조하기 위해 카뮈의 구절 전체를 인용했다. 첫 번째는 에피쿠로스주의, 스토아주의, 파스칼의 그리스도교, 카뮈의 실존주의가 서로 다른 형이상학적 관점에도 불구하고 인간은 깊은 도덕적 정서와 이성적 사고에 의해 중심을 차지한다는 것이다. 서로 다르지만 서로 연관된 이 모든 형이상학적 관점의 핵심은 자유, 진실성, 인간의 존엄성이며, 스토아학파가 체계적 이성 원리에서 밝힌 것처럼 우리는 모두 자신의 삶을 통제할 수 있는 주인이라는 점, 즉 도덕적 인격과 같이 우리가 통제할 수 있는 것들에만 관심을 두고 그 밖의 모든 것에 무관심해야 한다는 것이다. 그래야만 바위를 언덕 위로 밀어 올리는 시지프도 행복할 수 있다고 상상하는 것이 완벽하게 이해된다. 즉, 그가 스토아 철학자처럼 생각하고 행동한다면 말이다.

권리의 존엄성 부여 가치

중요한 점은, 자유와 잘삶에 대한 보편적 자연권에 대한 게워스의 PGC 주장은 제3장에서 내가 게워스의 자기 성취 이론을 중심으로 한 신스토아 철학을 제안한 근거로, 행위자는 행위자로서 표면상의 권리를 가질 뿐만 아니라, 더 나아가 존엄성이나 자기 존중에 대한 절대적 권리를 가진다는 것을 확립한다. 절대적 권리의 존엄성 부여 가치는 결정적이고 중요한데, 이제 우리는 페이스북과 구글과 같은 빅테크 기업만이 불투명한 설득 기술과 이해하기 어려운 알고리즘을 통해 사람들의 개인적 자율권을 훼손할 뿐만 아니라, 더 나아가 인격체로서 존엄성에 대한 절대적 권리를 갖는 사람들을 침해한다고 주장할 수 있기 때문이다. 또한, 그들의 존엄성이 필연적으로 의존하는 자유와 잘삶에 대한 권리도 침해한다. 나아가, 개인으로서 사람들의 존엄성이 침식됨에 따라 세계시민주의적 공동체라는 우리의 집단적 감각과 그러한 공동체가 제공할 수 있는 도덕적 연대감도 훼손된다. 이는 또한 빅테크 기업들이 플랫폼 사용자이자 시민으로서의 공통된 권리와 가치, 즉 자율성, 자유, 프라이버시, 신뢰 및 책임에 대한 권리와 인간으로서의 존엄성에 대한 절대적 권리를 훼손하는 것을 중단하라고 요구하는 집단행동을 취하는 우리의 노력에도 문제가 된다. 제6장에서 보았듯이, 빅테크 기업들은 이러한 권리와 가치를 체계적으로 침해하고 있으며, 이로 인해 개인적으로나 집단적으로 우리의 잘삶이 훼손되고 있다.

행위자가 된다는 것과 사람이 된다는 것의 구별은 사람이 행위자로 겪을 수도 있는 해악과 사람으로 겪을 수도 있는 해악의 관점에서 명확하게 입증될 수 있다. 우리는 다른 사람에 의해 자유와 잘삶이 방해를 받아 어떤 사람이 특정한 해악을 겪는 것을, 행위자의 목적적 행동과 관련하여, 자기 존중의 상실 없이 명확하게 상상할 수 있으며, 또한 어떤 사람이 다른 사람에 의해 어떤 식으로든 폄하를 받아 자기 존중의 상실을 겪는 것을, 행위자의 목적적 행동의 수행에 대한 어떠한 방해도 없이 명확하게 상상할 수 있다. 첫 번째 경우, 행위자는 자신의 목적적 행동 중 일부를 수행할 수 없으므로, 행위자로서 도구적 해악을 겪을 것이다. 두 번째 경우, 행위자는 자기 존중의 상실로 인해 사람으로서 개인적 해악을 겪을 것이다.

한편으로는 행위자이자 사람이 되는 것과 다른 한편으로는 행위자로서 도구적 해악을 겪고 사람으로서 개인적 해악을 겪는 것에 대해 내가 했던 구별은 게워스가 그의 논문 “권리는 왜 필수적인가”(Why Rights are Indispensable)에서 말한 것에 의해 강력한 문헌적 뒷받침을 받게 된다.

> A가 X에 대한 권리를 가질 경우, X에 대한 그의 이익을 보호하는 것은 전체 효용에 추가되기 때문에 정당화되는 것이 아니라, X가 A에게 개인적으로 빚지고 있고, 따라서 X를 가질 개인적 권리가 그에게 있기 때문에 정당화되는 것이다. X가 A에게 주어지지 않는다면, 그는 피해를 볼 뿐만 아니라—그의 중요한 이익이 악영향을 받음—, 자신에게 직접 속한 것을 갖지 못한다는 점에서 **개인적으로 피해를 본다**[강조는 추가된 것임]. (Gewirth 1986a, 335)

게위스에 따르면, 권리, 특히 일반적 권리의 중요한 측면은 그 권리가 "정당화 근거에서 그리고 권리 보유자와 의무 부담자의 관계에서 파생되는 개인적 방향성"을 갖는다는 것이다(1986, 334-335). 게위스의 존엄성 논증에 따르면, 자유와 잘삶에 대한 일반적 권리는 자유와 잘삶이 그의 자기 존중을 구성함으로써, 그리고 자유와 잘삶이 행위자의 목적적 행동을 달성하기 위해 필요한 수단이 됨으로써 단순히 **도구적으로**가 아니라 **개인적**이고 **구성적으로** 또는 **본질적으로** 행위자와 관련되기 때문에 "개인적인 방향성"을 가진다. 일반적 권리가 개인의 자기 존중과 관련하여 갖는 이러한 개인적 방향성 때문에 행위자는 도구적으로 부당함을 당하는 것 외에도 "개인적으로 부당함"을 당할 수 있다. 그리고 개인적으로 잘못을 당하면 행위자는 "자신에게 직접적으로 속하는 무언가를 갖지 못하게 된다"는 것, 즉 게위스의 주장을 재구성하면 한 인간으로서의 **자기 존중**을 잃게 된다.

"권리는 왜 필수적인가"에서 게위스는 "권리의 존엄성 부여 가치"에 대해 이야기한다. 게위스는 권리의 존엄성 부여 가치의 근원을 "적절한 연령과 정신 능력을 가진 모든 권리 보유자에게 해당되는 청구인의 지위"에서 찾는다(1986, 335-336). 게위스의 주장에 따르면, 권리, 특히 일반적 권리를 갖는 것은 존엄성이 그 권리의 대상, 즉 자유와 잘삶에 의해 본질적이고 근본적으로 구성되기 때문에 인간에게 존엄성을 부여한다.

"청구인이라는 지위"는 "권리 보유가 사람에게 부여하는 존엄성의 중요한 원천"(Gewirth 1986, 335)이다. 게위스의 논증에 따르면, 자유와 잘삶은 행위자임과 사람임의 일반적 특징으로서 행위자가 자신을 위해 주장하는 일반적 권리의 대상이자 행위자가 사람이라는 이유로 소유하는 개인 존엄성의 속성이 갖는 본질적이고 근본적인 구성 요소이다. 한편으로는 일반적 권리의 대상인 자유와 잘삶, 다른 한편으로는 존엄성 속성의 본질적이고 근본적인 구성 요소인 자유와 잘삶 사이의 이러한 본질적 관계 때문에 행위자의 일반적 권리 주장은 "존엄성 부여 가치"를 갖는다. 즉, 이러한 권리의 대상이 존엄성 속성의 본질적이고 근본적인 구성 요소이기 때문에 존엄성 부여 가치를 갖는 것이다. 자유와 잘삶이 단지 행동에 필요한 도구적 수단으로서만 가치가 있고 그 자체로 행위자의 존엄성의 본질적이고 근본적인 구성 요소로서도 가치가 없다면, 행위자가 일반적 권리를 주장하는 것은 게위스가 말하는 존엄성 부여 가치를 갖지 못할 것이다. 물론 자유와 잘삶은 단지 행동에 필요한 수단으로서 행위자에게 중요한 가치를 가질 것이다. 그러나 행위자가 자신의 존엄성을 보존하고 유지하는 데 필수적이라고 생각하여 자유와 잘삶을 그 자체로 목적으로 삼는 사람이 아니라면, 행위자의 자유와 잘삶에 대한 권리는 그가 사람—개인의 존엄성이 문제가 되는—이라는 사실에 의해서 그의 일반적인 권리가 갖는 존엄성 부여 가치가 결여될 것이다.

개인적 존엄성의 사회적 차원

존엄성의 이중적 측면은 또한 게워스에 의해 『이성과 도덕』에서 제시되고 있다.

> PGC는 이러한 자기 존중[자기 존경]에 두 가지 방향의 사회적 차원을 포함할 것을 요구한다. 행위자의 자기 존중은 다른 사람의 처지에서 그에 상응하는 존중으로 반영되어야 하며, 행위자 자신도 다른 사람에 대해 상응하는 존중을 가져야 한다. (1978, 242)

게워스의 위의 구절은 존엄성의 구성보다는 그것의 방향성과 관련하여 존엄성의 이중적 측면을 언급하고 있지만, 그렇더라도 게워스가 존엄성 개념의 사회적 차원을 인정하고 있음이 분명하다. 존엄의 개념에 대한 나의 설명은 존엄성의 구성과 방향성 모두에서 존엄의 이중적 측면을 설명한다. 존엄성의 구성과 관련하여. 나는 위에서 사람의 존엄성이 개인적 요소와 공동체적 요소를 모두 가지고 있으며, 각각 개인의 자유와 잘삶, 그리고 그가 속한 공동체의 자유와 잘삶으로 구성되어 있다고 주장했다. 물론 개인의 존엄성을 구성하는 이 두 가지 요소의 조합은 개인적 소속감과 공동체적 소속감의 정도에 따라 사람마다 다르다. 어떤 사람에게는 특정 상황에서 두 구성 요소 중 하나가 다른 구성 요소를 압도하고 무시할 수 있다. 예를 들어 소시오패스의 경우처럼 개인적인 병이 존엄성의 공동체적 요소를 압도하고 무시하는 경우도 있고, 반대로 자살 폭탄 테러범의 경우처럼 공동체적 의지가 존엄성의 개인적 요소를 압도하고 무시하는 경우도 있다. 두 경우 모두 사회적으로 방향을 잃은 외톨이 또는 소시오패스와 비인격화된 광신도는 다른 개인을 인격체로서 도덕적으로 무시하고 무례하게 대하며, 이는 모든 사람에 대한 상호 평등 존중이라는 PGC의 요건을 정면으로 위반하는 행위이다. 개인이자 공동체의 구성원이라는 이중적 측면에서 다른 사람을 도덕적으로 무시하는 것은 제3장과 4장에서 살펴본 스토아 철학의 기본 원리 중 하나인 세계시민주의에도 정면으로 위배된다. 중요한 것은, 존엄성이라는 중요한 개념을 중심으로 PGC에 대한 게워스의 주장을 재구성함으로써, 이 장에서 내가 게워스에게 부여한 존엄성의 사회적, 공동체적 차원이 스토아적 세계시민주의와 일치하며 같은 종류의 것이라는 것을 보다 명확하고 직접적으로 알 수 있게 되었다는 점이다. 여기서 스토아적 세계시민주의는 불가침의 존중을 받을 자격이 있는 인간으로서 누릴 수 있는 기본적 보편적 권리를 표현하고 있다.

게워스의 주장은 도덕성에서 존엄성이 핵심임을 드러냄으로써 도덕의 보편성과 공감을 설명할 수 있다. 그것은 다른 사람의 행동으로 인해 한 사람이 겪은 모멸감은 그 사람과 그의 공동체뿐만 아니라 인류 전체에 영향을 미치고 해를 끼친다는 사실을 드러냄으로써 이를 설명한다. 타인의 손에 의해 한 사람이 겪는 극단적인 모욕은 행위자와 피해자 모두에게 해를 끼치고 타락시킬 뿐만 아니라, 적어도 상징적으로 권리에 의해서, 즉 우리가 모두 인간이라는 사실에 의해서, 다시 말해 존중받을 만한 가치가 있는 사람이라는 사실에 의해서 우리가 모두 마땅히 누려야 하는 보편적인 최소한의 가치를 훼손함으로써 우리 모두의 인격을 해치고 타락시킬 수 있다.

결론

각 사람은 다른 사람으로부터 존경으로 대우받을 권리가 있다는 것을 입증하는 게워스의 PGC 논증은 각각의 사람은 사람이라는 이유만으로 존경을 받을 가치가 있으며, 따라서 다른 사람에 의해 존경으로 대우받아야 한다는 우리의 공통된 믿음과 완벽하게 번성적 균형을 이룬다. 또한 존엄성의 이중 측면 개념을 중심으로 한 게워스의 PGC 논증은 각 사람이 자신의 이성에 따라 다른 사람의 자유와 잘삶에 대한 자명한 권리(행위자로서의 자신의 목적적 행동에 필요한 수단으로서)뿐 아니라 자유와 잘삶에 대한 절대적 권리(그들의 사람으로서의 존엄성과 사람임의 본질적이고 근본적인 구송 요소로서)도 존중해야 한다는 것을 보여줌으로써 칸트의 명백하고 은유적인 "역설"을 해결한다.

> 이성적 본성으로서의 인간성의 단순한 존엄성은, 이것에 의해 도달될 아무런 다른 목적이나 이익 없이, 따라서 이성적 본성으로서의 인간성이라는 단순한 이념에 대한 존경은, 그렇지만 가차 없는 의지의 지령으로 되어야 한다는 것, 그리고 준칙의 숭고는 준칙이 그와 같은 모든 동기로부터 독립해 있다는 것에 존립하며, 그리고 각 이성적 주체가 목적의 왕국에 있어서 입법하는 한 성원일 수 가치도 또한 여기에 존립한다는 것, 그 이유는 만일 그렇지 않다면 그는 자기의 욕구라는 자연법칙에만 복종하는 것으로 생각되지 않을 수 없다는 것이 그것이다. (Kant 1981, 43)

존엄성의 이중적 측면의 개념을 강조하고 있는 게워스의 논증은, 그 논증이 "인간의 존엄성"과 우리 자신의 개인적 존엄성이 자유와 잘삶을 통해 한편으로 행동과 행위의 필수 특징이자 다른 한편으로는 개인의 존엄성과 사람임의 기본 구성 요소로서 어떻게 밀접하게 상호 연관되는지를 보여주기 때문에, "칸트의 역설"을 해결한다.

> [일반적] 권리의 궁극 목적은 각 개인에게 어떤 근본적인 도덕적 지위, 즉 타인의 행위에 대한 의존적이고 수동적인 수용자가 아니라, 상호 존중과 협력을 바탕으로 타인과 관계할 수 있는 자기 통제적이고 자기 발전적인 행위자라는 의미에서 이성적인 자율성과 존엄성을 갖는 지위를 확보하는 것이다.

각 개인의 "근본적인 도덕적 지위"는 칸트의 "예지적 자아"와 같은 불필요한 형이상학적 장치 없이 단순하고 현실적이며 자연스럽게 게워스의 논증에 의해 입증된다. 게워스의 PGC 논증은 자유와 잘삶을 행위의 필수 조건이자 사람임의 기본적인 구성 요소로 삼아, 사람은 그 자체로 목적으로서 존중 받을 가치가 있으므로 적어도 사람으로서 서로를 존중함으로써 서로에게 자비로운 이성적이고 도덕적인 의무를 갖는다는 것을 증명한다. 게워스의 논증은 불필요한 형이상학적 장치나 비현실적인 인식론적 가정과 요건 없이, 행위자와 사람이라는 우리의 이중 능력에서 개인의 자유와 잘삶의 합리적이고 도덕적인 함의를 입증함으로써 이 현실적인 최소한의 자비를 간단하고 자연스럽게 달성한다.

『이성과 도덕』(1978)에서뿐만 아니라 여러 저서를 통해 게워스 자신이 그랬던 것처럼, 게워스 논증에서 잘삶의 개념을 풀어낼 때, 자유와 잘삶의 일반적 권리와 "자아" "성격" "공동체" "사회" "세계시민주의" 같은 개념들 사이의 더 넓은 도덕적 연관성이 내가 그에게 귀속시켰던 신스토아 철학을 통해 분명해진다. 자유와 잘삶의 일반적 권리와 위에 열거한 개념들 사이의 중요한 도덕적 연관성을 밝히는 것이 이 장에서 내가 부분적으로 목표로 한 것이었다.

나는 일반적 권리가 행동과 존엄성, 행위와 인격 모두에 기초함으로써 우리의 가장 널리 퍼져 있고 만연한 도덕적 현상들을 어떻게 정당화하고 설명할 수 있는지를 보여주고자 노력했다. 내 생각으로는 PGC에 대한 게워스의 논증이 가장 직접적이고, 단순하며 자연적 방식으로 그리고 내가 제3장에서 그에게 귀속시켰던 신스토아 철학과 일치되게 아주 다양한 도덕 현상을 설명할 뿐 아니라, 우리의 삶 전반에 걸쳐 도덕이 공감을 일으키고 널리 퍼져 있다는 사실을 설명할 수 있다는 것이 이 논증의 장점 중 하나이다. 마이클 보일란(Michael Boylan)이 말했듯이, 게워스의 이론은 도덕의 최고 원리, 즉 PGC를 뒷받침하는 적절한 정당성을 제공할 뿐만 아니라, 도덕에 대한 적절한 **이해**도 제공한다. 이는 목적적 행동의 필수적인 특징인 자유와 잘삶, 특히 내가 재구성한 논증의 근거를 바탕으로 생성될 수 있는 풍부한 경험적 내용을 통해 그렇게 할 수 있다.

내가 집단 문화에서 가져온 다양한 사례를 통해 보여주려고 노력했던 것처럼, 인간으로서 우리는 개인적 존엄성과 공동체적, 사회적 표현 모두에서 개인의 존엄성을 가장 중요하게 여긴다. 그것은 우리가 사람으로서 누구이며 무엇인지를 매우 광범위하게 묘사한다. 위에서 주장했듯이, 개인은 자신을 위해 또는 자신이 속한 공동체를 위해 개인의 존엄성을 지키고자 하기 때문에 때로는 자신의 목숨을 걸고, 더 극단적인 경우에는 스스로 목숨을 끊거나 노예나 불명예스러운 죽음을 선택해 자신과 공동체의 존엄성을 보호, 보존, 유지하기 위해 노력하지만 드물게는 스스로 목숨을 끊는 경우도 있다. 이는 제한적인 사례로 간주될 수 있지만, 나는 또한 덜 극단적이고 평범하고 일상적인 사례를 통해 사람들이 자신의 존엄성을 가장 중요하고 진지하게 생각한다는 것을 보여주려고 노력했다.

사람들은 자신의 존엄성에 관해 적어도 최소한의 관심이 있기 때문에, 그들은 자유와 잘삶을 목적 행동에 필요한 수단으로서뿐만 아니라 그 자체로 목적으로서도 소중히 여기는 것이다. 바로 이것들이 자신의 존엄성의 본질적이고 기본적인 구성 요소인 까닭이다. 왜냐하면 자유와 어느 정도의 잘삶이 없다면 사람은 자신의 존엄성을 보존하고 유지할 수 없으며, 따라서 자신의 인격을 보존하고 유지할 수 없기 때문이다. 이것이 개인의 존엄성과 인격에 대한 나의 최소한의 논지이며, 내 생각에 이것은 그 주제에 대한 이론 이전의 일반적인 보통 사람들의 믿음과 잘 일치한다. 또한 적어도 호메로스(Homer)와 현재 사이의 시간대에 걸처 적어도 서구에서는 우리의 문화적 관념, 관습 및 전통에 내재된 관념과도 일치한다. 앞서 언급했듯이, 자유와 잘삶이라는 개념을 통해 존엄성과 인격이라는 개념에 관한 우리의 공통된 문화적 신념과 전통을 정당화하고 설명할 수 있다는 것이 게워스의 PGC 논증의 가장 큰 장점 중 하나이다.

제 8 장

AI 기술이 잘삶에 미치는 규범적 영향

통제의 궁극적인 형태는 자기 소유권, 특히 자신의 신체, 선택, 데이터에 대한 가지 소유권으로 이해되는 개인의 주권이다. 디지털 주권을 위한 싸움은 획기적인 투쟁이다.

-Luciano Floridi, 2019.

서론

7장에서 우리는 스토아 철학과 신스토아 철학의 중심이 되는 존엄성의 개념을, 특히 스토아 철학에서 표현된 통제 문제와 관련해서, 그리고 유추적으로 기술, 특히 ICTs와 AI 기술에 적용되는 통제 문제와 관련해서 검토했고 분석했다. 이러한 기술 사용의 주요 문제 대부분은 AI 알고리즘의 사용을 통해 발생하기 때문에, 이러한 문제는 이러한 기술이 잘삶에, 개인과 사회 전반에 미치는 규범적 영향과 함께 분석될 것이다.

이 장에서 우리는 AI 머신러닝[기계 학습]과 신경망 알고리즘의 두 가지 주요 문제, 즉 **불가해성** 또는 **블랙박스** 문제와 **통제 문제**에 대한 면밀한 분석을 통해 ICTs와 AI 기술이 잘삶에 미치는 영향[1]을 보다 자세히 검토하고 평가한다.[2] 또한 이 두 가지 문제에 대한 가능한 해결책, 그중 일부는 최근 AI 연구자들에 의해 제안된 것들도 제시할 것이다. 이 두 가지 문제가 제기하는 핵심적인 우려는 투명성이 없으면 책임성이 없고, 책임성이 없으면 AI 시스템이 사회에 미칠 수 있는 부정적이고 해로운 영향을 모니터링할 수 있는 규범적 방법이 없다는 것이다. 그렇게 되면 사회와 인류 전반의 공동의 공동선이 위태로워질 수 있다.

이 장에서 또한 우리는 불투명성이나 통제 부족으로 인해 인공지능 기술이 잘삶에 미치는 악영향을 예방하거나 최소한 최소화하기 위해 설계[3]를 통한 사전 예방적 규범 통제 개념을 소개한다. 제7장에서와 마찬가지로 이 장과 이 책 전반에서 살펴보는 기술의 핵심 문제는 기술을 누가 통제하는가, 우리인가, 아니면 빅테크 기업인가 하는 것이다.

통제 문제와 디지털 주권

루치아노 플로리디는 통찰력 있고 유익한 글, "디지털 주권을 위한 싸움: 그것이 무엇이며, 특히 유럽연합에 중요한 이유"(The Fight for Digital Sovereignty: What It Is, and Why It Matters, Especially for the EU. Floridi 2019)에서 **주권**을 "합법적이고 통제하는 권력의 한 형태"로 기술한다(2019, 372). 이어서 그는

주권 개념과 관련하여 "통제"를 다음과 같은 의미로 정의한다 (2019, 371),

> 어떤 것(예를 들어, 발생, 생성, 파괴)와 그것의 동력(예를 들어, 그것의 행태, 발전, 작용, 상호 작용)에 영향을 미치는 능력과 그러한 영향에서 벗어나는 것을 확인하고 수정하는 능력. 이런 의미에서 통제는 여러 단계로 나뉘며, 무엇보다도 집중될 수 있고 이전될 수 있다. 이것은 **통제의 궁극적 형태**가 자기 소유권, 특히 자신의 신체, 선택, 데이터로 이해되는 **개인의 주권**[강조는 추가된 것임]이기 때문에 매우 중요하다.…가장 눈에 띄는 충돌은 기업과 국가 간의 충돌이며, 그것은 **비대칭적**이다[강조는 추가된 것임].

나는 위의 플로리디의 인용문에서 스토아 철학의 핵심이 되는 핵심 용어와 이전 장, 특히 제7장에서 살펴본 기술의 통제 문제와의 관계를 강조했다. 제4장과 제7장에서 살펴보았듯이, 스토아 철학자들에게는 인간으로서 우리가 가진 궁극적이고 유일한 통제는 우리의 판단, 선택, 충동에 대한 통제이며, 스토아 철학자들은 이를 개인의 의지 또는 **프로하이레시스** 또는 **헤게모니콘**과 동일시했다. 스토아 철학자들에게 결정적으로 중요한 것은 우리 자신에 대한 내적 통제는 특히 자기 존중과 관련하여 우리의 신체를 포함하지 않는다는 것이다. 왜냐하면 그것은 우연적이고, 대부분 우리의 통제 바깥에 놓여 있으며, 언제나 우리의 통제를 벗어난 외부 상황과 조건들에 종속되어 있기 때문이다. **개인의 주권**과 관련하여, 마찬가지로 우리의 자율성과 관련하여, 우리는 제7장에서 빅테크 기업이 설득력 있는 기술의 **비대칭적** 힘을 통해 어떻게 우리의 자율성에 침투하여 영향을 미치고 조작함으로써 개인의 주권을 훼손하고 결과적으로 개인과 집단의 잘삶을 훼손하는지를 살펴보았다.

게다가 제6장에서 살펴본 것처럼 **케임브리지 애널리티카** 사건에서 볼 수 있듯이 이는 조직적인 미디어 부패로 이어질 수 있다. 여기서 주목할 점은 페이스북이나 구글과 같은 빅테크 기업이 사회와 우리에 대해 행사하는 독점적 헤게모니가 스토아 철학자들이 우리의 개인적 **헤게모니콘**, 즉 우리 자신의 내적 의지로 표현한 **개인 주권의 헤게모니**를 결정적으로 약화시킨다는 것이다. 플로리디가 정확하게 관찰했듯이 이 중요한 싸움은 주로 국가와 페이스북, 구글과 같은 기업 간의 싸움이다. 디지털 시대에 개인 시민은 **감시 자본주의**의 영향을 받아 전통적인 **유권자-소비자에서 팔로워-사용자**로 변화하고 있기 때문이다(Floridi 2019, 372). 플로리디는 "우리의 프로필은 국가뿐만 아니라 단어에서 알 수 있듯이 세계화된 다국적 기업에 의해 생성, 소유, 착취되고 있다"고 예리하게 관찰한다. 그는 계속해서 이렇게 말한다(Floridi 2019, 372-373),

> 디지털 시대는 우리에게 주권의 본질에 대해 다시 생각하도록 강요하고 있다. 현대 아날로그 주권은 여전히 필요하지만, 점점 더 불충분해지고 있다.…누적된 우위가 독점 체제를 만들면 진정한 경쟁이 사라지고 소비자의 선택권이 사라지며, 특정 시장을 지배하는 기업의 진정한 책임도 사라진다.

민주주의 국가에 의한 적절한 규제를 통해 독점적인 빅테크 기업의 규범적 남용으로부터 개인과 집단의 디지털 주권을 보호하고 통제할 수 있는 가장 적합한 주체가 누구인지에 대한 질문은 이 장의 뒷부분에서 자세히 살펴볼 주제이다. 지금은 이미 미국, 유럽연합, 호주에서 빅테크 기업의 독점적 반독점법 위반에 대한 여러 법적 소송이 진행 중(2020년 12월 기준)이라는 점만 이야기하겠다. 최근 2020년 7월 29일 제프 베조스(아마존), 팀 쿡(애플), 순다르 피차이(구글)와 마크 저커버그(페이스북)는 "온라인 플랫폼과 시장 지배력에 관한 반독점, 상업 및 행정법, 제6부: 아마존, 애플, 페이스북, 구글의 지배력 조사에 관한 하원 사법부 소위원회 청문회에서 질문을 받았다"(Floridi 2019, 373). 이러한 발전은 특히 빅테크 기업이 기술에 대해 행사하는 통제권, 특히 개인으로서 그리고 사용자로서 우리의 자율성과 디지털 주권에 대해 행사하는 통제권과 관련하여 논의하는 데 있어 중요한 의미를 갖는다.

현재 빅테크가 우리의 디지털 데이터를 독점적으로 통제하는 문제는 스토아주의와 신스토아주의 관점에서 보면 그 통제의 정당성, 더 정확하게는 **불법성**에 대한 중대한 문제가 된다. 이는 우리가 통제할 수 없는 것뿐만 아니라, 결정적으로 빅테크 기업의 통제가 아닌 개인의 통제안에 합법적으로 있어야 하는 것에도 영향을 미치기 때문이다. 플로리디가 정확하게 지적했듯이, 이는 궁극적으로 우리 **개인 주권**의 문제이며, 제7장에서 설명했듯이 그 정당성은 행위자로서의 자유와 잘삶에 대한 우리의 자명한 자연권과 인간으로서의 존엄성에 대한 **절대적인** 불가침의 권리에 기초하고 있다.

통제 문제와 알고리즘의 규범성

앞 절에서는 빅테크 기업들이 불투명하고 책임지지 않는 알고리즘을 매개로 한 독점적 관행을 통해 우리의 디지털 데이터에 대한 주권을 어떻게 통제하는지 살펴보았다. 이 절에서는 알고리즘이 어떻게 그리고 어떤 방식으로 디지털 행위자 및 사용자로서의 우리의 규범적 권리를 훼손하는 데 사용되는지 자세히 살펴볼 것이다. 이 책의 앞부분, 특히 제5장에서 이중 의무 정보-지혜(DOIT-지혜) 모델의 적용을 통해 살펴본 것처럼 이러한 권리는 인식적, 윤리적, 에우다이모니아적 권리로 구성된다.

획기적인 논문인 "알고리즘의 윤리: 논쟁의 지도 그리기"(The ethics of algorithms: Mapping the debate. Mittelstadt 외 2016)의 저자들은 알고리즘의 윤리가 규범적으로 의문시될 수 있는 다양한 방식을 검토하기 시작했다. 이 장에서 우리는 저자들의 분석을 출발점으로 삼아 다양한 유형의 알고리즘의 규범성과 그 알고리즘이 제기하는 문제를 살펴본다. 또한 이러한 알고리즘의 사용이 기술의 통제 문제와 관련하여 우리의 권리와 주체로서의 자율성에 대한 주권적 통제를 어떻게 약화시키는지 살펴볼 것이다. 전반적으로 알고리즘은 분석의 **규모**, AI 머신러닝 기술을 사용하여 이루어지는 의사 결정의 **복잡성**, 알고리즘이 **자율적으로** 실행하는 작업의 **불확실성**과 **불투명성**으로 인해 인간의 통제력이 부족하고 결과적으로 사용자로서의 자율성을 훼손하기 때문에 규범적으로 어려운 문제이다. 자율성은 개인과 집단의 통제를 정의하고 결정하며, 머신러닝 자율 알고리즘에 의해 자율성이 제거되면 인간의 통제력도 사라지기 때문이다(Mittelstadt 외 2016,

3). 즉, 사용자로서의 우리의 통제는 행위자이자 인격체로서의 우리의 능력 모두에서 이루어지며, 이는 제4장과 제7장에서 스토아 철학 및 신스토아 철학과 관련하여 살펴본 기술에서의 통제 문제로 되돌아간다. 미텔슈타트 등은 다음처럼 지적했다(2016, 3-4).

> 알고리즘은 새로운 입력을 처리하기 위한 의사 결정 규칙을 정의한다. 중요한 것은 인간 운영자가 알고리즘이 만든 의사 결정 규칙의 근거를 이해할 필요가 없다는 것이다.…학습 능력은 알고리즘에 어느 정도의 자율성을 부여한다. 이러한 자율성의 영향은 어느 정도 **불확실성**[강조는 추가된 것임]을 유지해야 한다. 결과적으로 머신러닝이 수행하는 작업은 사전에 예측하기 어렵다.…따라서 불확실성은 알고리즘의 설계와 운영에서 윤리적 문제를 식별하고 시정하는 것을 방해할 수 있다.

위의 인용문에서 알 수 있듯이 머신러닝 자율 알고리즘에 대한 인간의 감독과 통제의 부재는 사실 두 가지 측면이 있다. 첫째, 기술 기업의 인간 운영자에 의한 내부적 통제 상실과 둘째, 제4장 초반에서 살펴본 것처럼 자율성을 가진 사용자 자신과 정부 기관의 규제 및 감독에 의한 외적 통제 상실이 그 원인이다. 제6장과 7장은 페이스북과 구글과 같은 빅테크 기업들이 사용자의 자율적인 의사 결정에 영향을 미치도록 설계된 설득력 있고 침습적인 알고리즘을 통해 체계적으로 표적화하여 사용자의 자율성을 훼손하고 있다. 따라서 빅테크 기업들이 주로 자신들의 이익을 위해 사용자의 자율성과 통제권을 훼손하는 것은 사용자의 자유, 잘삶 및 자율권에 대한 규범적 침해에 해당하며, 결정적으로 7장에서 살펴본 것처럼 절대적 인권인 존엄성에 대한 절대적 권리를 침해하는 것이므로 인격체로서 사용자의 권리에 대한 규범적 침해에 해당한다.

미텔슈타트와 그의 공동 저자들은 "알고리즘 윤리의 지도"(map of the ethics of algorithms)를 다음과 같이 여섯 가지 영역으로 구분한다(2016, 4).

(1) **결정적이지 않은 증거**는 알고리즘이 아마도 그러나 불가피하게 불확실한 지식을 생성하는 경우 발생하는데, 사용된 통계적 방법이 유의미한 상관관계를 식별할 수 있지만, 인과관계를 나타내기에 충분하지 않기 때문이다. 이는 분명히 인식론적 한계이지만 저자가 결론 내리듯이 윤리적 문제이기도 하다. "틀릴 위험은 인식론적 책임에 영향을 미친다." 잘못 해석된 상관관계는 해를 끼칠 수 있기 때문이다. 예를 들어 **경찰 프로파일링**에서 피험자가 저지르지 않았을 수 있는 범죄와 통계적으로 부당하게 상관관계가 있는 경우이다. 불확실한 증거 기준에 따른 주요 인식론적 및 윤리적 우려는 (a) "인과성은 알고리즘이 생성한 증거에 따라 행동하기 전에 확립되지 않는다"는 것과 (b) 중요한 방법론적 우려의 문제는 저자들이 올바르게 지적했듯이 상관관계 또는 인과 지식이 강하더라도 "이 지식은 행동이 개인을 대상으로 하는 동안에만 집단에 관련될 수 있다"는 것이다. 그들은 "귀납적 상관관계[집단 수준]에 따라 취해진 행동은 타당성과 무관하게 인간의 이익에 실제적인 영향을 미친다"는 것을 올바르게 지적한다(2016, 5). 이것이 **숫자에**

따른 윤리의 사례일까? 이것은 우리가 이 장에서 살펴볼 대다수 문제의 핵심인 개인 자율성이라는 개념에 영향을 미치기 때문에 나중에 탐구할 중요한 질문이다.

(2) **불가사의한 증거**는 우리가 예상했듯이, 투명성, 통제 및 책임성과 관련된 주요 규범적 문제로 확인된다. 앞서 살펴본 바와 같이 알고리즘의 불투명성은 책임성과 통제력의 부족을 초래하여 감독 부족으로 이어져 빅테크 기업가 개인 및 집단 데이터를 통제하고 주권을 행사할 수 있다. 미텔슈타트와 그의 동료 저자들에 따르면, 투명성의 주요 구성 요소는 정보의 접근성과 이해성인데, 둘 다 알고리즘의 설계와 적용을 대중의 시야에서 벗어나게 하려는 빅테크 기업가 대중의 시야에 두는 것이다. 이 책의 앞부분에서 이미 살펴본 바와 같이, 이는 빅테크 기업의 상업적 및 재정적 이익을 선호하는 정보의 비대칭성을 만들어내고, 사용자의 이익과 대중의 이익에 반한다.

정보의 **비대칭성**은 지식과 의사 결정권의 불균형을 초래하여 디지털 데이터의 큐레이터, 소유자, 처리자로서 빅테크를 선호하게 되고 결과적으로 인식론적으로, 윤리적으로, 에우다이모니아적으로, 개인으로서, 사회로서 우리의 집단적 규범적 선을 훼손한다. 미텔슈타트와 동료 저자들이 올바르게 관찰했듯이, "기계 학습 알고리즘의 불투명성은 감독을 방해한다"(2016, 6). 그리고 감독 없이는 투명성이 있을 수 없고 결과적으로 책임과 통제도 없다. 저자들은 "정보는 접근 가능할 뿐만 아니라, 투명성을 위해 이해 가능해야 한다"라고 고찰한다(2016, 6). 이는 중요하고 결정적인 사항이다. 왜냐하면 데이터 주체인 사용자가 자신에 대해 수집되고 생성된 정보가 어떻게 되는지, 그리고 그것이 빅테크 기업의 데이터 기반 관행에 의해 내려지는 결정에 어떻게 영향을 미치는지 알고 이해하는 데 관심을 두는 것이 합법적이라는 것을 고려하면, 사용자에게는 알고리즘이 자신의 데이터로 무엇을 하는지, 그리고 그것이 어떻게 이루어지는지에 대한 투명하고 이해 가능한 지식에 대한 합법적 권리가 있기 때문이다. 간단히 말해서, 데이터 주체와 빅테크 기업 간에 존재하는 정보의 비대칭성은 결과적으로 데이터 주체의 디지털 데이터에 대한 자율권과 주권에 대한 권리를 부당하게 침해하는 결과를 초래한다. 미텔슈타트 등은 다음처럼 올바르게 지적한다(2016, 6).

> 알고리즘 의사 결정에서 의미 있는 감독과 인간의 개입은 "기계가 운영자보다 정보적 우위를 가지고 있을 때,…[또는] 기계가 처리 속도와 다양한 운영 변수로 인해 인간이 실시간으로 제어할 수 없을 때 불가능하다."(Mathias 2004, 182-183). 이는 다시 한번 블랙박스 문제이다.

저자들이 언급하는 블랙박스 문제는 알고리즘의 작동과 근거의 불투명성과 이해 불가능성으로 인해 발생하는 문제로, 이는 대체로 모호하고 운영자가 쉽게 접근할 수 없는 상태로 남아 있다. 왜냐하면 머신러닝 알고리즘은 앞서 언급했듯이 자율적으로 작동하기 때문이다. 결과적으로 이는 감독을 방해한다. 운영자 자신에 내부적으로, 정부와 관련 규제 기관, 그리고 사회 전반에 외부적으로 모두 해당된다. 알고리즘의 난해성과 관련된 또 다른 중요한 문제는 대부분의 인간 행위자가 이해할 수 없으므로, 결정의 합법성을 이해하기 어렵고 따라서 이의를 제기하기 어렵다는 것이다. 특히, 정보의 비대칭성은 사용자로서의 데이터 주체와 사회 전반의 이익보다 빅테크 기업을 선호하기 때문이다. 이는 불공평하고 부당한 경쟁이다. 미텔슈타트 등은 다음처럼 올바르게 고찰한다(2016, 7).

> 이런 조건에서는 의사 결정이 투명하지 않으며,…처리 논리를 데이터 주체가 이해할 수 있도록 제공하지 않으면, 그것은 **데이터 주체의 행위를 무시하는 것**이다[강조는 추가된 것임].…불투명성으로 인해 **위험 평가가 배제**되면, 데이터 처리에 대한 의미 있는 동의가 불가능하다[강조는 추가된 것임].

나는 이 장에서 그리고 일반적으로는 이 책에서 우리의 논의가 중요하다는 것을 강조하기 위해 위의 인용문에서 일부분을 강조했다. **존중**과 **위험 평가**라는 개념은 모두 ICTs와 AI 기술의 규범성을 평가하는 데 중요한 역할을 하기 때문이다. 제7장에서 자기 존중, 자율성, 존엄성과 관련하여 이미 살펴본 것처럼 존중은 앨런 게워스의 일반적 일관성 원리(PGC)과 제5장에서 살펴본 DOIT-지혜 모델에서 예시한 자유와 잘삶에 대한 자연적 권리에 기반한 기본적 권리이다. 물론 스토아 철학과 신스토아 철학의 필수적인 부분을 형성하기 때문이다.

마찬가지로, 위험 평가는 이 장에서 나중에 볼 수 있듯이, 이러한 원리들과 가치를 훼손하는 빅테크 기업의 정보 및 감시 관행에 대한 **입법**, 정부 및 사회적 통제와 관련하여 매우 중요하다.

위험 평가는 또한 스토아 철학에서도 매우 중요하다. 스토아 철학은 인간이 통제할 수 없는 것에 대한 의존도를 줄이고, 자율적 의지 또는 헤게모니콘과 같이 우리가 통제할 수 있는 것에만 초점을 맞추는 이론적 방법을 통해 이루어진다. 그러나 우리가 이미 보았듯이, 우리의 자율성, 존엄성, 자유는 빅테크 기업의 불투명한 설득 기술에 의해 체계적으로 훼손되고 있다. 빅테크 기업에 대한 감독이 현재 우리의 통제를 벗어났을 뿐만 아니라 통제 바깥에 있을 때, 우리 인간의 자율성에 대한 위험은 실존적 위험 못지않다. 우리는 이런 위험의 불법성을 사회와 글로벌 공동체의 공동선을 위해 사회적 및 공동체적 통제 내에 가져와 투명하게 만들어야 한다. 쇼샤나 주보프가 적절하게 표현했듯이, "우리는 빅테크 기업이 지배하는 감시 문화 속에서 **투자의 미래**가 되었다."(Orlowski 2019)

데이터 주체와 빅테크 기업 간의 불공평한 정보 비대칭으로 인해 악화된 투명성 부족과 관련된 또 다른 문제는 건강한 민주주의에 중요한 문제인 신뢰 문제이다. 미텔슈타트 등에 따르면 (2016, 7) "데이터 처리자 및 통제자(빅테크 기업과 같은)의 투명성 공개는 미래에 데이터 주체와 신뢰 관계를 유지하는 데 중요할 수 있다." TED 토크(2013년 6월)에서 오노라 오닐은 신뢰(trust)와 신뢰성(trustworthiness)을 매우 유용하게 구분하고 있다. 현재 우리의 목적을 위해 신뢰성에 대한 그녀의 언급은 적절하고 유용하다. 즉, 우리는 좋은 증거와 좋은 판단에 근거하여 우리가 **신뢰할 만하다**는 것을 아는 사람만 신뢰해야 한다. 그녀가 다음과 같이 올바로 고찰하고 있다.

> 판단을 내리려면 세 가지를 살펴봐야 한다. 유능한가? 정직한가? 신뢰할 수 있는가? 그리고 만약 어떤 사람이 관련 문제에 유능하고, 신뢰할 수 있으며, 정직하다고 판단한다면, 우리는 그들을 신뢰할 만하므로 그들을 신뢰할 아주 좋은 이유를 가질 것이다.…따라서 이 모든 것의 교훈은 신뢰에 대해 훨씬 덜 생각할 필요가 있다는 것이고, [그리고] 신뢰할 수 있는지에 대해 그리고 당신이 사람들에게 당신이 신뢰할 만하다는 적절하고, 유용하며, 단순한 증거를 어떻게 제공할 것인지에 대해 훨씬 더 생각해야 한다.

오노라 오닐은 유능, 정직성, 신뢰성이라는 세 가지 조건이 동시에 존재해야 신뢰할 수 있다고 말한다. 나는 지금까지 언급한 것에서부터 우리는 페이스북이나 구글과 같은 빅테크 기업의 알고리즘과 그 사용 및 통제는 기술적으로는 유능하더라도 투명성과 책임성이 부족하고 이해할 수 없으며, 게다가 빅테크 기업과 데이터 주체 사이에 정보 비대칭이 존재하여 신뢰성 부족을 더 악화시키기 때문에 신뢰할 수 없다는 데 동의할 수 있을 것이다. 특히 이제 우리는 빅테크 기업의 비즈니스 모델이 설계와 의도에 따라 어떻게 조작되고 오해를 유도하는지를 알게 되었다.

이 장의 뒷부분에서 살펴볼 이 문제는 인공지능 기술이 인간을 훨씬 능가하는 지능인 초지능을 획득할 경우 더 악화되어 인류에게 훨씬 더 심각한 실존적 문제가 될 수 있다. 이 문제는 9장에서 더 자세히 살펴볼 것이다.

(3) **잘못된 증거**와 (4) **차별을 초래하는 불공정한 결과**. 나는 이 두 가지 문제를 서로 밀접하게 연관되어 있기 때문에 함께 묶었다. 미텔슈타트 등은 다음과 같이 진술한다(2016, 7).

> 알고리즘은 필연적으로 편향된 결정을 내릴 수밖에 없다. 결과적으로 [알고리즘] 작성자의 가치가 의도적이든 아니든 코드에 고정되어 그 가치를 효과적으로 제도화한다.…사회적 편견은 개별 설계자가 의도적으로 시스템 설계에 포함될 수 있으며, 예를 들어 검색 엔진 색인 및 순위 기준에 대한 수동 조정에서 이런 편견을 볼 수 있다. 사람이 태그한 데이터와 사람이 태그한 데이터로 학습된 머신러닝 알고리즘은 실수로 태그하는 사람의 편견을 반영하는 방법을 학습한다.…데이터의 결함이 알고리즘에 의해 의도치 않게 채택되어 생성된 결과물과 모델에 숨겨지고, 알고리즘도 해석이 필요하며, 상관관계를 설명하려면 추가적인 정당화가 필요하다.

잘못된 증거 문제에 대한 위의 분석은 알고리즘과 알고리즘이 개별 개인에게 적용되는 통계적 상관관계를 만드는 데 사용되는 알고리즘이 때로는 부당하고 해로운 결과를 초래할 수 있으며 객관적이고 편견이 없는 것과는 거리가 멀다는 견해를 뒷받침한다. 적어도 인간의 편견의 경우에는 이를 조사하고 대중에게 공개하고 이의를 제기할 수 있지만, 자율 알고리즘의 경우에는 그렇지 않은 것 같다. 따라서 인간의 감독과 통제 없이 알고리즘을 무비판적으로 사용하는 것에 대해 경각심을 갖고 우려해야 한다. 미텔슈타트 등은 “검토된 문헌의 대부분은 편향된 증거와 의사 결정으로 인해 차별이 어떻게 발생하는지를 다루고 있다”(2016, 8)며 알고리즘에 의한 프로파일링을 주요 원인 중 하나로 꼽으며 “실제 행동이 아닌 그룹 수준에서 상관관계를 파악하고 행동에 대한 예측을 하기 때문에, 실수로 차별을 유발하는 증거 기반을 만들 수 있다”고 지적한다. 그들은 그것을 지적하면서 다음과 같은 결론을 내린다 (2016, 8).

> 편견은 의사 결정 자체의 차원인 데 반해, 판별은 알고리즘 의사 결정으로 인한 부정적인 불균형적인 영향이라는 측면에서 의사 결정의 효과를 기술한다.…[그리고] 의사 결정에 사용되는 요소의 개인적 관련성을 조사하는 개인의 능력은 불투명성과 자동화에 의해 억제된다.

지금까지 살펴본 모든 이슈의 공통점은, 특히 빅테크 기업의 알고리즘 사용이 인간의 자율성과 자유, 그리고 스토아 철학자들이 합리적이고 유덕한 판단과 선택을 통해 최소한 통제권을 행사할 수 있는 핵심 영역으로 파악했던 개인의 행동 통제권을 훼손한다는 점이다. 이제 이러한 내부의 자율적 통제조차도 집단 수준의 통계적 상관관계에 기초한 이해할 수 없고 책임감 없는 알고리즘에 의해 접근되고 평가되며, 이는 우리에게 인식론적, 윤리적, 에우다이모니아적으로 부당한 영향을 미칠 수 있으며, 그 결과 조지 오웰의 소설 『1984』에 묘사된 것과 다를 바 없는 디스토피아 사회가 될 수 있다. 그러나 조지 오웰의 디스토피아적 비전이나 악몽과는 달리, 사회적으로 건강하지 않고 용납할 수 없는 이 상황을 멈추고 더 늦기 전에 빅테크 기업에 도전할 시간은 아직 충분히 있다. 우리의 미래가 그것에 달려 있다.

(5) **혁신적인 효과**. 이 주제에서 확인된 주요 쟁점은 알고리즘에 의한 피험자 데이터의 개인화가 피험자의 자율성에 위협이 된다는 것이다. 이는 중요한 문제이며, 빅테크 기업이 우리의 자율성을 통제하기 위해 고안된 설득 기술을 사용하여 우리의 판단과

의사 결정에 대한 기술의 통제권을 행사하는 것과 관련하여 제3-7장에서 스토아 철학 및 신스토아 철학의 관점에서 살펴본 바 있다. 다시 한번, 데이터 주체의 자율성에 대한 통제는 알고리즘의 규범적 영향이 개인과 사회 전반에 미치는 영향과 관련하여 가장 포괄적이고 중요한 문제라는 것을 알 수 있다. 미텔슈타트와 공동 저자들은 다음처럼 예리하게 지적했다(2016, 9).

> 개인화 알고리즘은 선호도, 행동, 영향력에 대한 취약성에 관한 심층적인 **이해**를 바탕으로 사용자에게 어떤 정보가 제공되는지 필터링함으로써 **결정**을 지원하는 것과 **통제하는 것** 사이의 미세한 경계를 넘나든다[강조는 추가된 것임](Bozdag 2013; Goldman 2006; Newell and Marabelli 2015; Zarsky 2016). 행동 데이터의 분류와 흐름은 정보를 데이터 주체의 관심사 및 속성과 일치시키는 데 사용된다. 원하는 선택이 개인의 이익보다 제3자의 이익을 반영하는 경우, 정보 주체의 의사 결정 자율성은 **무시**된다[강조는 추가된 것임]. (Applin and Fischer 2015; Stark and Fins 2013)
>
> 예를 들어, 주체는 "자신의 선호보다는 제도적으로 선호되는 행동"을 하도록 강요받을 수 있다(Johnson 2013). 또한 예를 들어 온라인 소비자는 상품이 표시되는 방식을 필터링하여 시장의 요구에 맞게 조정함으로써 "자신의 선호가 아닌 제도적으로 선호되는 행동"을 하도록 개입될 수 있다(Coll 2013)

흥미로운 생각은 개인화 알고리즘이 "사용자의 의사 결정 자율성을 강요하는 것과 지원하는 것 사이의 균형을 유지함으로써 윤리적으로 행동하도록" 학습될 수 있다는 것이다(2016, 9). 그러나 이론적으로는 강압을 줄이고 데이터 주체의 자율성을 존중하는 것이 현실적인 대안이 될 수 있지만, 실제로는 작동하지 않는다. 정보 주체의 의사 결정과 선택에 대한 동기 부여 또는 행동 넛지[간섭] 및 강압은 정보 주체의 자율성에 심리적으로 영향을 미치는 것을 주된 목적으로 빅테크 기업이 비즈니스 모델에 따라 알고리즘에 의도적으로 설계한 것이다. 정확한 관찰이 필요하다.

미텔슈타트 등이 말했듯이,

> [개인화를 통해] 모순된 정보가 없는 "에코 챔버"(echo chamber)*를 생성하는 필터링 알고리즘은 의사 결정의 자율성을 저해할 수 있다(Newell and Marabelli 2015). 알고리즘은 피험자의 프로파일링된 관심사에 대한 예외로 나타나는 "새로운 것, 아이디어 및 옵션의 자발적인 발견"을 복제하지 못할 수 있다(Raymond 2014).

미텔슈타트 등이 제안한 것처럼 개인화 알고리즘이 "정보 주체의 선택권을 강화할 수도 있고, 따라서 자율성을 훼손할 수도 있다"고 하더라도, 중요한 문제는 정보 주체의 데이터 자율성이 완전히 통제할 수 있는 것이 아니며 현재 빅테크 기업과 정보 주체 사이에 존재하는 정보 비대칭성을 고려할 때 정보 주체가 자신의 자율성에 대해 얼마나 많은 통제권을 가지고 있는지 불분명하다는 점이다. 스토아 철학자들에 따르면 자율성과 프로하이레시스, 즉 행복이나 에우다이모니아에 대한 통제력을 확보하는 데는 족하지도 않고, 충분하지도 않은데, 이는 다른 사람의 의지와

---

* 옮긴이 주: 에코 챔버, 즉 반향실 효과는 뉴스 미디어에서 전하는 정보가 해당 정보의 이용자가 갖고 있던 기존의 신념만으로 구성된 커뮤니케이션에 의해 증폭 및 강화되고, 같은 입장을 지닌 정보만 지속적으로 되풀이하여 수용하는 현상을 비유적으로 나타낸 말.

지시에 인질이 되는 것이다.

이 부분에서 지금 검토할 또 다른 중대하고 중요한 문제는 **프라이버시**의 문제다. 왜냐하면 미텔슈타트 등이 올바로 고찰하고 있듯이 "알고리즘은 프라이버시 개념의 변화를 주도하고 있다.… 정보 프라이버시 이익에서 파생된 신원(身元)에 대한 권리는 불투명하거나 비밀스러운 프로파일링이 문제가 되고 있음을 시사한다"(2016, 10). 중요하고 시의적절한 새 책 『프라이버시는 힘이다』(Privacy is Power)에서 카리사 벨리즈(2020)는 이를 정확하게 관찰하고 있다.

> 감시는 자유, 평등, 민주주의, 자율성, 창의성, 친밀감을 위협한다. 우리는 계속해서 거짓말을 해왔고, 우리의 데이터가 도난당해 악용되고 있다. 더는 안 된다. 프라이버시가 너무 적은 것은 사회가 잘 작동하는 것과 상충한다. 감시 자본주의는 사라져야 한다. 시간과 노력이 필요하겠지만 우리는 프라이버시를 되찾을 수 있고 되찾을 것이다(2020, 5). 아리스토텔레스는 덕의 일부가 상황에 맞는 감정을 갖는 것에 관한 모든 것이라고 주장했다. 프라이버시 권리가 침해당했을 때 도덕적 분노를 느끼는 것은 당연한 일이다. 프라이버시는 무관심이나 체념을 느끼는 것이 적절한 권리가 아니다.…정당한 이유가 있으면, 프라이버시를 방어해야 한다(2020, 201).

물론 벨리즈의 통찰력 있고 논쟁적인 분석은 옳다. 스토아 철학자들의 경우, 아리스토텔레스의 경우도 마찬가지이지만, 자신의 정보 프라이버시를 통제하는 것은 제7장에서 살펴본 것처럼 자신의 의지 또는 프로하이레시스에 기초하여 판단과 선택에 대해 내부 통제를 행사할 수 있는 완전한 자율적 주체가 되는 것의 핵심적인 부분임이 분명하다. 특히 제3자가 본인의 사전 동의 없이, 그것도 본인도 모르게 자신의 정보에 접근할 수 있다는 생각은 스토아 철학 및 신스토아 철학의 핵심 원리를 근본적으로 위반하는 것으로 여겨질 수 있다. 외부 상황은 우리가 통제할 수 없기 때문이며, 우리의 판단과 선택, 자유로운 자율적 주체이자 자기를 존중하는 인간으로서 우리의 의지만이 우리의 행복과 에우다이모니아에 직접적인 영향을 미치는 유일한 것으로서 항상 우리 인간의 통제안에 있어야 하기 때문이다. 제3자가 우리의 정보 프라이버시에 대한 통제권을 공유하도록 허용하는 것은 우리 자신에 대한 통제권을 포기하는 것이며, 따라서 우리의 자유, 존엄성, 진실성을 포기하는 것이며, 결과적으로 우리의 행복이 아니라 타인의 이익에 따라 결정되도록 허용하는 것과 같다. 또한, 제7장에서 스토아 철학자 앨런 게워스의 자기 성취 개념을 스토아주의적으로 재구성한 신스토아 철학에 대해 살펴본 것처럼(제3장 참조), 개인의 정보 프라이버시에 대한 침해는 행위자로서 그리고 인간으로서 자유와 잘삶에 대한 권리를 침해하는 것이 될 수 있다.

미텔슈타트 등이 고찰하고 있듯이,

> 정체성[신원] 확인은 점점 더 많은 행동 데이터의 흐름을 이해하는 분석을 통해 생성되는 지식의 영향을 받고 있다. '식별 가능한 개인'이 반드시 이러한 프로세스의 일부가 되는 것은 아니다. 프로파일링은 개인을 의미 있는 그룹으로 묶어내는 것을 목표로 하며, 이 경우 정체성은 중요하지 않다(Floridi 2012; Hildebrandt 2011; Leese 2014). 반 웰과 로야커스(2004, 133)는 알고리즘에

의한 외부 정체성 구성은 일종의 **탈 개인화** (강조는 추가된 것임) 또는 "개인의 특성과 장점이 아닌 집단 특성에 근거하여 사람들을 판단하고 대우하는 경향"이라고 주장한다.…개인의 정보 정체성 (Floridi 2011)은 데이터 세트 내에서 주체를 다른 사람과 연결하는 알고리즘이 생성한 의미에 의해 침해된다(Vries 2010).…데이터 주체가 알고리즘 결정의 타당성에 의문을 제기할 수 있는 메커니즘이 부족하면 자신에 대한 **정체성[신원] 및 데이터 통제**의 어려움이 더욱 악화한다(Schermer 2011). [강조는 추가된 것임]

말할 필요도 없이, 미텔슈타트와 공동 저자들의 위의 예리한 관찰과 의견은 자율성, 자기 주권, 정체성, 프라이버시, 자유, 특히 통제에 관한 대단히 중요하고 결정적인 문제를 제기한다. 통제는 이 장과 제7장에서 강조한 것처럼 통제는 앞서 이 장과 제7장에서 강조했듯이 빅테크 기업이 우리에 대해 행사하는 외부 통제 및 내부 통제—개인으로서의 우리는 우리 자신의 자율성, 자유, 존엄성, 진실성을 가져야 하며, 행위자로서 그리고 중요하게는 사람으로서 우리는 무조건적 존중을 받고 우리의 존엄성에 대한 절대적 권리를 가져야 한다—에 관련하여 가장 중요한 규범적 문제이다.

위에서 인용한 구절에서 명확히 알 수 있듯이, 우리의 개인 정체성은 불투명하고 이해하기 어렵고 책임지지 않는 알고리즘을 통해 우리도 모르게, 혹은 우리의 동의 없이, 우리의 자연적 개인 정체성과 거의 공통점이 없는 그룹 차원에서 수집된 통계 데이터를 기반으로 디지털 정체성을 구성하는 디지털화 및 데이터화에 의해 위협받고 있다. 그러나 그룹 수준의 정체성은 우리의 자연적 정체성에 영향을 미치는 결정을 내리기 위한 근거로 사용되며, 이것은 비인격적인 프로파일링을 통해 개인의 자연적 자아에 대한 부당한 결과를 초래할 수 있다.

역설적이게도, 프로파일링을 통해 누군가가 자연적 정체성은 자신이 저지른 사실조차 알지 못하는 디지털 **그룹 수준의 정체성** [신원] 프로필을 근거로 자신이 저지른 것으로 추정되는 범죄를 저질렀거나 적어도 저질렀을 가능성이 있거나 곧 저지를 것으로 추정되는 범죄로 간주될 수 있을 때, 우리의 디지털 정체성은 우리의 자연적 정체성과 대립하며, 충돌하는 것처럼 보이기도 한다.

그러나 데이터 주체뿐만 아니라 인류 전반의 또 다른 교활하고 잠재적으로 심각한 실존적 문제는 우리의 정체성[신원]이 두 가지 별도의 정체성으로 분리된다는 것이다. 하나는 알고리즘에 의해 외적으로 통제되는 **집단 디지털 정체성**과 다른 하나는 개인으로서 우리에 의해 내부적으로 통제되는 **자연적 개인 정체성**이 그것이다. 그러나 개인의 자율성 또한 페이스북과 구글 같은 빅테크 기업의 설득력 있는 기술에 의해 위태롭게 체계적으로 통제되기도 한다.

우리 중 『스타트랙』을 잘 아는 사람들에게, **디지털 집단 정체성**(DGI)과 **자연적 개인 정체성**(NII)이라는 상반되고 충돌하는 정체성 문제를 통해 우리는 다른 행성을 정복하고, 그곳의 시민들을 자신의 디지털 집단적 하이브에 '동화'되며, 이때 피해자의 동의나 의지와 상관없이 디지털 집단 하이브에 강제로 '동화'되어, 결과적으로 인격이라는 정체성과 개인의 정체성을 잃게 되는 외계 종족 보그의 집단적 디지털 정체성을 떠올릴 수 있을 것이다. 보그는 잠재적 피해자들의 저항에 부딪히면, **저항은 헛된 것**(*Resistance is Futile*)이라는 경고 문구를 내건다. 스타트랙 시리즈

『보이저』(*Voyager*)에서 어린 시절 보그에게 동화되었던 인간 젊은 여성 **세븐오브나인**(*Seven-of-Nine*)은 보이저호의 인간 승무원들에게 구출되어 원래의 개인 정체성을 회복하지만, 세븐오브나인은 다시 인간 개개인이 되는 법을 배우기 위해 자신의 생각, 판단, 선택, 의지를 가지고 많은 어려운 변화와 적응에 직면해야 한다. "세븐오브나인"의 사례는 적어도 은유적으로는 정체성 도용의 한 사례일 뿐만 아니라, 자연적 개인 정체성의 디지털화와 비인간화를 통해 집단적 정체성 집단에 동화되어 자신의 자연적 개인 정체성을 부정할 때 겪는 **정체성 기억상실증**의 한 사례라고 할 수 있다.

이는 다음의 역설을 낳는다. 즉 우리의 NII의 자율성이 빅테크 기업에 의해 체계적이고 조직적으로 박탈당한다. 이러한 일은 빅테크 기업의 설득력 있는 기술을 통해, 그리고 그런 기업의 자율 알고리즘—알고리즘은 우리의 DGI를 생성하는 프로파일링을 통해 사용된다—을 통해 이루어진다. 그런 다음 이것은 우리의 디지털 개인 정체성을 더욱 훼손하며, 따라서 통계적 그룹 수준의 프로파일링으로 인한 불공정하고 부당한 결과(위의 (3), (4))를 초래할 수 있다는 우리의 자율성을 침해하는 데 적용된다. 빅테크 기업 입장에서는 케이크(기업의 알고리즘)를 가지면서 또 그 케이크(우리의 데이터)도 먹는 경우가 된다. 쇼샤나 주보프가 예리하게 지적했듯이(2019), 감시 자본주의 시대에서 **우리는 상품이다**. 매우 가치 있는 데이터 상품, 즉 빅테크 기업이 제3자에게 판매하여 엄청난 부를 축적하고, 매우 강력하며, 책임을 지지 않는 상품이다.

(6) **추적 가능성**. 마지막인 (6)에서 미텔슈타트 등은 알고리즘의 추정 가능성과 그에 따른 도덕적 책임을 검토한다(Mittelstadt 외 2016, 10-11). (6)에서 검토된 가장 중요한 규범적 쟁점은 앞서

검토된 다른 쟁점들과 마찬가지로 **기술의 통제 문제**, 특히 데이터 주체로서의 개인의 자율성, 즉 행위자이자 인격체로서의 우리의 이중 능력에 대한 통제에 관한 것이다. 여기서 중요하게 제기되는 주요 쟁점은 다음과 같다. 알고리즘의 이해 불가능성과 그것의 투명성과 감독의 부족을 고려할 때, 알고리즘의 의사 결정과 선택에 대해 누가 규범적으로 책임을 져야 하는가, 자율 또는 반자율 머신러닝 알고리즘이 내린 결정과 선택에 대해 그 알고리즘이 전적으로 또는 부분적으로 책임져야 하는가, 누가 이러한 책임에 대한 감독을 제공하는가? 머신러닝 알고리즘은 윤리적으로 행동하도록 설계되고 학습되어야 할까? **그룹 수준의 디지털 정체성**(DGI)과 **자연적 개인 정체성**(NII) 사이의 규범적 관계는 무엇인가? 두 정체성이 모두 빅테크 기업의 알고리즘에 의해 적어도 어느 정도 통제된다면, 우리의 자율성에 대한, 즉 우리의 디지털 자율성과 자연적 자율성 모두에 대한 규범적 결과는 무엇이며, 빅테크 기업의 조작과 착취로부터 행위자와 인격체로서의 개인의 권리를 보호하기 위해 누가 어떻게 감독을 제공해야 하는가? 미텔슈타트와 그의 공동 저자들이 제기한 다양한 쟁점을 강조할 필요가 있는 것으로 보인다. 요약하면 다음과 같다. 알고리즘에 대한 윤리적 책임은 누구에게 있는가? 인간의 감독과 책임, 어떻게 그것을 이행하고, 누가 그것을 이행해야 하는가? 설계자의 통제와 머신러닝 알고리즘의 자율적 행동으로 인한 **책임 공백**의 문제. 자율 알고리즘에게 윤리적 책임과 의무를 부여해야 하는가? 알고리즘에 대한 도덕적 책임을 인간 운영자와 알고리즘이 분산하여 분담해야 하는가? 도덕적 추론과 행동을 알고리즘과 인공 에이전트에 설계해야 하는가, 한다면 어떻게 설계해야 하는가?

이 장 전체에서 언급했듯이, 앞서 요약한 여러 쟁점 중 가장 중요하고 핵심적인 이론적이고 실천적인 규범적 문제는 **통제**라는 결정적 규범적 쟁점이다. 즉, 자율 알고리즘과 인공지능 에이전트를 누가 통제해야 하는가? 데이터 주체로서 그리고 사회 일반으로서 개인적인 그리고 집단적인 **우리**인가, 아니면 **빅테크** 기업인가? 이 장의 앞부분과 제7장에서 스토아 철학 및 신스토아 철학과 관련하여 살펴본 바와 같이, 통제 문제는 인간 행위자와 인격체로서의 우리의 자율성, 그리고 결과적으로 우리 자신의 자율적 판단, 결정, 선택에 대한 최소한의 자기 통제에 의존하는 우리의 잘삶에 관한 문제이다. 제7장과 이번 장에서 자세히 살펴본 바와 같이 이러한 통제는, **우리**와 **빅테크** 기업 사이에 존재하는 정보 비대칭성과 빅테크 기업의 설득력 있는 기술과 알고리즘에 의한 체계적인 표적화 및 자율성 훼손을 고려할 때, 인간의 자율성에 대한 개인 및 집단적 통제력이 위태로워지고 있음을 보여준다. 다음 절에서는 앞서 언급한 문제에 더해, 이 장에서 **정체성 역설**이라고 부르는 것과 관련하여 자율성과 관련된 통제 문제를 다루고 검토할 것이다. 이는 위에서 언급한 문제에 대한 암시적이긴 하지만 추가적인 쟁점이자 문제이다.

정체성 역설

나는 처음에 알고리즘의 **혁신적 효과**에 관련하여 위의 '혁신적 효과'라는 하위 절에서 **정체성 역설**(*identity-paradox*) 또는 **난제**(*conundrum*)라는 관련되고 결정적인 쟁점을 살펴보았다. 즉, 우리의 자연적 개인 정체성과 거의 공통점이 없는 집단 수준에서 모인 통계 데이터를 기반으로 우리가 알지 못하거나 동의하지 않은 채 우리에게 디지털 정체성을 구성하는 불투명하고 이해할 수 없으며 책임지지 않는 알고리즘을 통해 우리 개인의 정체성이 위협받고 있다는 것을 살펴보았다. 그러나 우리의 그룹 수준의 정체성은 우리의 자연적 정체성에 영향을 미치는 결정을 내릴 때 근거로 사용되는 것으로, 비인격적인 프로파일링을 통해 우리 개인의 자연적 자아에 대한 부당한 결과를 초래할 수 있다(위의 차별을 초래하는 불공정한 결과 하위 절 참조). 역설적으로 말하자면, 프로파일링을 통해 누군가가 자연적 정체성은 알지 못하는 데도 디지털 그룹 수준의 신원 프로필을 근거로 그가 저지른 것으로 추정되는 범죄, 또는 적어도 저지른 것으로 추정되거나 저지르려고 하는 범죄에 대해 유죄로 간주될 수 있는 경우처럼, 우리의 디지털 정체성은 우리의 자연적 정체성과 규범적으로 대립될 뿐 아니라 이 정체성과 충돌하는 것처럼 보이기도 한다. 또한, 데이터 주체뿐만 아니라 인류 일반의 또 다른 교활하고 잠재적으로 중요한 실존적 문제는 다음과 같다. 우리의 정체성이 두 개의 별개의 정체성으로 분리된다는 것이다. 즉, 알고리즘에 의해 외부에서 통제되는 **그룹 디지털 정체성**과 자율적인 개인으로서 일반적으로 내부에서 통제되는 **자연적 개인 정체성**이 그것이다. 그러나 이러한 분리는 또한 페이스북이나 구글과 같은 빅테크 기업의 설득력 있는 기술에 의해 위태롭게 조직적으로 조작 통제된다. 따라서 우리의 디지털 정체성과 자연적 정체성 모두 점점 더 빅테크 기업 및 기타 제3자의 이기적인 외부 통제하에 놓이게 되며, 종종 우리가 알지 못하거나 동의하지 않는 경우가 많다. 스토아 철학자들과 신스토아 철학자들의 관점에서 볼 때, 이는 제7장에서 살펴본 것처럼 행위자의 자명한 권리와 인격체로서의 절대적 권리를 가진 행위자와 인격체로서의 우리의 근본적인 자율성을 침해하는 것이므로 규범적으로 용납될 수 없는 일이다. 제7장에서 살펴본 칸트와 게워스의 합리적 논증에 의해 그리고 스토아 철학과 신스토아 철학의 원리들에 의해 이론적으로 뒷받침되는 개인 정체성과 행위라는 이중적 측면을 적용함으로써, 이제 우리는 다음을 입증할 수 있다. 즉 빅테크 기업의 알고리즘이 만들어내는 이 정체성 역설의 문제가 어떻게 정보 주체의 자연적 개인의 자율성뿐만 아니라 집단적 디지털 자율성을 동시에 훼손하고, 따라서 디지털 행위자와 개인 인간으로서의 정보 주체의 존엄성을 두 가지 방식으로 파괴하고 침해하는지를 입증할 수 있다.

따라서 데이터 주체에 대한 규범적 피해와 시민으로서 개인들의 집단적 통일체인 사회에 대한 피해는 두 배로 증가한다. 이제 우리는 행위자와 인격체로서 우리의 존엄성에 대한 이러한 용납할 수 없는 피해를 제거하거나 최소한 완화하기 위해 무엇을 해야 하는지를 고려해야 할 시점에 이르렀다. 미텔슈타트 등(2016, 11-12)에 따르면. "의사 결정의 자동화는 인간과 알고리즘 간의 윤리적 일관성 문제를 야기한다." 스토아 철학자들은 유덕한 행위의 일관성이 올바른 결정과 선택을 통해 개인의 잘삶에 기여하는 규범적 자율성과 **헤게모니콘** 또는 의지의 필수적인 측면인 개인의 진실성을 보장하는 데 필요한 원리였기 때문에 당연히 동의할 것이다. 합리성, 덕, 논리적 논증과 원리를 강조하는 스토아 철학 및 신스토아 철학은, 7장의 '권리의 존엄성 부여 가치' 절에서 검토했던 존엄성의 가치를 핵심으로 하여 행위성과 인격성의 이중 개념을 중심으로 명확하게 된 자유와 잘삶에 대한 자연권을 강조한 게워스의 신스토아 철학과 더불어, 제3장과 4장에서 검토했던, 현재 진행 중인 논쟁에 중요하고 가치 있는 공헌을 할 수 있는 위치에 있게 된다.

이 책에서 제시되는 신스토아 철학 모델은 게워스의 합리주의 권리 윤리(제3장과 4장 참조)에 기초하여 빅테크 기업의 침해와 위반이 우리의 이중적 자율성에 미치는 규범적 영향을 **덕**과 **자연권** 양 측면에서 정의하고 평가할 수 있게 한다는 점에서 의의가 있다. 이는 이 책에서 주장하는 스토아의 이론과 신스토아의 이론처럼 합리주의 윤리, 덕 윤리, 에우다이모니아적 윤리와 같은 다양한 유형의 규범적 평가 이론을 고려하는 알고리즘의 윤리에 대한 더 미묘한 평가를 제공하는 데 도움이 된다. 이때 스토아 이론과 신스토아 이론은 이 세 가지 접근 방식, 즉 자연권 윤리, 덕 윤리, 중요하게는 에우다이모니아적 윤리를 모두 하나의 이론에 결합하고 있는데, 이는 우리가 보았듯이 이 책의 제5장에서 검토한 DOIT-지혜 규범 모델에서도 특징적으로 나타난다. 미텔슈타트와 그의 공동 저자들이 강조한 어려움, 즉 "자동화로 인해 대체된 사회적·윤리적 의무를 실질적으로 재배치하는 방법에 대한 합의된 견해가 아직 존재하지 않는다"(2016, 11-12)는 점은 다소 과장된 것으로 보지만, 이 어려움은 자세히 살펴보면 공리주의, 계약론, 공동체주의, 돌봄의 윤리 이론과 같은 대부분의 윤리학 이론과 게워스, 칸트의 이론과 같은 합리주의 이론이 모두 평등권, 존엄성, 피해의 완화, 집단적 공동선의 증진, 돌봄의 의무, 평등, 존중, 존엄성과 같은 주요 윤리적 원리에 수렴하기 때문에 극복될 수 있다.

따라서 이러한 이론들은 우리의 자율성과 사회 공동선을 체계적으로 훼손하는 빅테크 기업들의 침략적이고 조작적인 관행을 규범적으로 문제가 있고, 악마적이며 해로운 것으로 평가할 것이다. 지금까지 살펴본 바와 같이, 이 책에서 빅테크 기업들은 우리의 인식론적, 윤리적, 에우다이모니아적 권리와 개인과 사회로서의 공동선 및 잘삶을 체계적으로 훼손하고 침해하고 있다.

공동 책임, 규정 준수 및 법률

미텔슈타트와 그의 공동 저자들이 제기한 마지막 두 가지 문제는 (a) 인간 운영자와 자율 알고리즘 간의 **공유되고 분산된 윤리적 책임**의 추적 가능성, 그리고 결과적으로 (b) 책임과 윤리적 준수에 관한 것이다. 이 저자들은 다음처럼 말한다(2016, 12-13).

> 상당한 **신뢰**[강조는 추가된 것임]가 이미 알고리즘에 존재하며, 어떤 경우에는 인간 행위자의 **책임 회피** 또는 "컴퓨터 뒤에 숨어" **자동화된** 프로세스가 기본적으로 옳다고 가정하는 경향에 영향을 미친다(Zarsky 2016, 121). 의사 결정을 알고리즘에 위임하는 것은 인간 의사 결정권자의 책임을 다른 곳으로 옮길 수 있다.…알고리즘 주도 의사 결정 시스템에서 이러한 영향의 확산을 이해하고 해로운 행위의 의도치 않은 정당화를 최소화하는 방법을 파악하기 위한 추가 연구가 필요하다(Davis 외 2013).…그리고 알고리즘 설계의 윤리적 이상이라 하여 오작동된 것을 복원하고자 하는 요구사항을 구체화하는 작업도 추가적으로 필요하다.

자율 알고리즘에 대한 신뢰의 두 가지 주요 결정적 문제는 알고리즘의 불투명성과 불가해성, 그리고 데이터 주체와 해당 알고리즘을 통제하는 빅테크 기업 간에 존재하는 정보 비대칭이 앞서 살펴본 바와 같이 알고리즘을 신뢰할 수 없게 만든다는 것, 따라서 데이터 주체와 사용자, 그리고 사회 전체로서의 우리의 신뢰는 인간 운영자로서 거의 통제할 수 없고 인간 사용자로서 전혀 통제할 수 없는 이러한 자율 알고리즘에 무비판적으로 신뢰해서는 안 된다는 것이다. 왜냐하면 더욱이 우리는 인간 행위자에게 미치는 알고리즘의 해로운 영향에 대한 우리 자신의 개인적이고 집단적인 규범적 책임을 기꺼이 포기해서는 안 되며, 그렇게 하면 미텔슈타트 등이 올바르게 지적했듯이 인간 행위자의 **책임 회피**를 초래하고, 더 나아가 행위자와 인격체로서의 우리 인간과 사회 일반의 사실상의 **비인간화**로 이어질 수 있기 때문이다. 스토아 철학자들과 신스토아철학자들이 올바르게 주장한 자율성(제7장 참조)은 행위자와 인격으로서 인간이 된다는 의미의 근본적인 특징이다. 스토아학파가 정확히 지적했듯이 자율성은 우리가 통제할 수 있는 유일한 것이기 때문에 무책임하게 또는 무의식적으로 자율성을 위임하는 것은 우리에게 최선의 이익이 되지 않는다. 그러므로 자율성의 상실이나 감소는 우리의 행복에 직접적인 영향을 미치며, 따라서 적어도 우리가 자율성을 상실하는 것은 직무상 의무를 저버리는 행위가 될 수 있기 때문에, 우리는 우리 자신의 자율성에 대한 전반적인 통제권을 유지해야 한다. 책임감 없는 불투명한 알고리즘을 통한 빅테크 기업의 조직적인 침입과 조작 관행으로 인해 개인과 사회로서의 자율성에 대한 통제력을 상실하는 것 또한 제7장 초반에서 살펴본 것처럼 인간으로서의 존엄성에 대한 우리의 기본적 절대권을 침해하는 것이다.

투명성 및 윤리 규정 준수와 관련하여. 미텔슈타트와 그의 공동 저자들은 다음과 같이 정확하게 지적한다(2016, 12-13). "투명성을 어떻게 운영할 것인지는 특히 머신러닝의 경우 여전히 미해결 과제로 남아 있다." 그들은 계속해서 다음처럼 말한다.

> 알고리즘의 코드를 투명하게 만드는 것만으로는 윤리적 행동을 보장하기에 충분하지 않다. 설명 가능성을 위한 한 가지 가능한 경로는 데이터 프로세서(Zarsky 2016), 외부 규제기관(Pasquale 2015)과 (Tutt 2016) 또는 실증적 연구자(Kitchin 2016; Nayland 2016), 사후 감사 연구(Adler 외 2016) 또는 알고리즘 자체에 설계된 보고 메커니즘(Vellido 외 2012)을 사용하여 수행하는 **알고리즘 감사**(*algorithmic auditing*)[강조는 추가된 것임]이다. 모든 유형의 알고리즘에 대해 감사는 올바른 기능을 검증하기 위한 필수 전제 조건이며, 이를 위해서는 연구자, 개발자, 정책 입안자 간의 협력이 필요하다.

위에서 미텔슈타트와 그의 공동 저자들이 정확히 지적한 것처럼 윤리적 준수를 보장하기 위해서는 빅테크 기업과 같이 알고리즘을 사용하는 기업 내부적으로, 그리고 정부 및 독립적인 제3자 규제기관이 입법을 통해 외적으로 감사를 실시하는 것이 필요하다. 알고리즘 투명성과 윤리적 규정 준수의 필요성과 관련하여 앞서 인용한 미텔슈타트와 공동 저자들의 의견은 내 저서인 『정보 시대의 미디어 부패』(*Media Corruption in the Age of Information*. Spence, E. 2021)에서 제가 주장한 내용과 일치한다. 요약하면, 제기된 주요 이슈는 다음과 같다(Spence, E. 2021, 7장, 15-27).

페이스북 CEO인 마크 저커버그는 파이낸셜 타임스(February 16, 2020)에 게재된 "빅테크, 더 많은 규제가 필요하다"라는 기고문에서 2019년 3월 30일 페이스북에 게재한 이전 기고문과 유사한 노선을 따라 더 많은 규제를 주장하고 있다. 이는 페이스북의 환영할 만한 시도이며, 이 장과 제6장에서 살펴본 제안, 즉 정보권에서의 정보와 커뮤니케이션, 특히 페이스북과 구글과 같은 빅테크 플랫폼을 통한 정보의 전파에 대한 규범적 무결성을 보호하고 지키는 것은 기술 기업, 정부, 시장 행위자, 미디어, 시민 등 모든 관련 주요 이해관계자, 즉 사용자 및 모든 정보 전달자가 공동으로 공유하는 인식론적, 윤리적, 에우다이모니아적 공동 책임이 되어야 한다는 제안과도 일치한다. 마크 저커버그는 다음처럼 올바로 진술한다.

> 사람들은 이러한 문제[규제 문제]를 개별 기업이 스스로 해결하는 데 의존해서는 안 된다. 우리는 **사회**로서의 우리가 원하는 것이 무엇인지[강조는 추가된 것임], 그리고 규제가 어떻게 도움이 될 수 있는지에 대해 더 폭넓은 토론을 해야 한다. 지금이…앞으로 사람, 기업, 정부에 대한 명확한 책임을 정의해야 할 때이다. (Zuckerberg 2019)

이는 『플랫폼 사회』(*The Platform Society*. Van Dijck, Poell and De Waal 2018, 139)의 저자들도 다음처럼 설득력 있게 주장한 바 있다.

> 공익을 위한 공공의 가치를 창출하는 것은 시장, 국가, 시민사회 주체들의 공동 책임이어야 한다. 빅 5[페이스북, 구글, 아마존, 애

> 플, 마이크로소프트]는 생태계의 주요 형성자로서 민주주의 사회의 규칙을 다시 쓸 수 있지만, 새로운 글로벌 세계 질서에서 어떻게 책임감 있게 행동할 수 있을까?…공공기관은 사회적 신뢰와 민주적 공유지의 **수호자**[강조는 추가된 것임]로서 특별한 기능을 가지고 있다.

세 저자는 "플랫폼화는 소비자와 시민의 권리를 보호하기 위해 부문별 접근이 아닌 통합적 접근이 필요하다"고 올바르게 제안한다(2018, 139).

위에서 인용한 마크 저커버그와 『플랫폼 사회』의 저자들의 의견은 이 장에서 주장한 인터넷 규범 규제에 대한 공유되고 통합된 글로벌 접근 방식을 더욱 뒷받침한다. 여기에는 공공 윤리적 원리와 가치의 채택과 주입, 그리고 이러한 원리와 가치의 준수를 보장하기 위한 정부 규제가 포함되어야 한다. 제5장에서 살펴본 DOIT-지혜 이론은 전 세계적으로 적용할 수 있는 정보통신 규범 모델을 제공하기 위한 목적으로 특별히 고안되었다. 글로벌 네트워크인 인터넷에 적용되는 규범 원리는 전 세계적으로 적용될 수 있는 규범 모델이 필요하다.

마크 저커버그가 파이낸셜 타임스 기고문(2020)에서 강조한 규제와 관련된 또 다른 중요한 영역은 단순한 자율 규제를 넘어 외부 정부 규제의 필요성을 명확하고 모호하게 제시하는 감독과 책임이다. 그는 해당 기고문에서 다음과 같이 말한다.

> 사람들은 글로벌 기술 플랫폼이 누군가에게 책임이 있다고 느껴야 하므로 규제를 통해 기업이 실수를 저질렀을 때 책임을 물어야

한다.

그는 계속해서 이야기한다.

사람들이 **합법적**[강조는 추가된 것임]이라고 느끼는 표준을 만들지 않으면 제도나 기술을 신뢰하지 않을 것이다.(Mark Zuckerberg 2020).

저커버그의 이 진술은 적어도 두 가지 중요한 이유에서 의미가 있다.

1. 이 진술은 페이스북과 구글의 과거 "실수"에 대해 부과된 것과 같은 기술 기업에 부과된 상당한 벌금을 통한 회고적 규제뿐만 아니라, 결정적으로 정기적이고 지속적인 "감독"을 통한 전향적 규제를 제안한다. "감독"이라는 용어는 예를 들어 재무 제표와 세무 보고서에 대한 연간 독립 감사의 경우와 마찬가지로 사전 예방적 지속적 규제를 제안한다.
2. 사실 저커버그는 앞서 인용된 2019년 기고문 "인터넷 규제를 위한 네 가지 아이디어"(Four Ideas to Regulate the Internet)에서 감독을 통한 선제적 규제에 대한 이러한 해석을 제안한다. 그는 "정부와 규제 기관의 보다 적극적인 역할 필요성"을 강조한다. 그 고문의 후반부에서 그는 페이스북이 플랫폼에서 유해한 콘텐츠를 제거하는 효과에 대해 게시한 투명성 보고서를 언급하는데, 그는 모든 인터넷 서비스가 이를 제공해야 한다고 믿고, "재무 보고만큼이나 중요하

다"고 생각한다.

나는 학계 철학자가 되기 전에 영국(런던)과 호주(시드니)에서 수년간 전문 회계사 및 감사관으로 일했다. 위의 마크 저커버그의 "재무 보고만큼 중요하다"는 발언이 나의 즉각적인 관심을 끌었다. 감사를 전문으로 하는 독립 회계사로서 나는 많은 사적 및 공적 기업과 정부 부서의 외부 감사를 수행했다. 여기에는 기본적으로 해당 기업이 작성한 연간 재무제표의 진실성뿐만 아니라 재무제표 보고의 기반이 되는 해당 기업의 내부 기본 시스템도 조사해야 했다. 예를 들어, 기업의 주식 회계 시스템에 오류가 있거나 보고된 재무제표에서 해당 기업의 보고된 주식 가치가 부정확하다면, 이는 부정확하기 때문에 신뢰할 수 없다.

예를 들어 페이스북 및 구글과 같은 기술 회사의 내부 시스템과 관련하여 보고된 수익을 창출하는 사용자 정보를 수집, 상품화, 선택 및 수익화하는 것과 유사하게, 독립적인 외부 감사는 해당 프로세스가 위에서 언급한 것과 같은 수용 가능한 규범적 공공 원리, 가치 및 표준, 즉 **프라이버시**, **투명성**, **정확성**, **신뢰성**, **책임**, **책임성**에 따라 수행되었는지 확인하기 위해 시도할 것이다. 이는 사용자의 규범적 이익을 존중하고 이러한 이익이 기술 회사의 재정적 이익과 공정하게 균형을 이루고 기술 회사의 재정적 이익에 의해 무시되지 않는다. 기술 회사에 대한 이러한 독립적인 외부 규범적 감사는 외부 규제의 형태로 상당히 효과적인 감독을 제공할 것이며, 이는 현재 대부분의 사적 및 공공 기업 회사의 기존 재무 감사와 유사할 것이다. 대부분 투명하지 않고 대중의 책임 대상이 아닌 빅테크 기업의 불투명한 알고리즘을 언급하면서

프랭크 파스콸레는 『블랙박스 사회』(*The Black Box Society*, 2015)에서 페이스북 및 구글과 같은 빅테크 기업에 대한 외부 플랫폼 감사에 대한 내 제안을 뒷받침하는 것처럼 보인다. 그는 "훨씬 더 많은 알고리즘이 일반 대중이 아니라면 적어도 신뢰할 수 있는 감사관에 의해 검사받을 수 있도록 공개되어야 한다"고 말한다 (Pasquale 2015, 141).

"인터넷 규제를 위한 네 가지 아이디어"(2019)라는 기고문에서 마크 저커버그는 다음과 같이 진술하면서 이러한 가능성을 암시하기도 한다.

> 한 가지 아이디어는 제3자 기관이 유해 콘텐츠 배포를 규제하는 기준을 설정하고 해당 기준에 따라 기업을 측정하는 것이다. 규제는 금지되는 사항에 대한 기준을 설정하고 기업이 유해 콘텐츠를 최소한으로 유지하기 위한 시스템을 구축하도록 요구할 수 있다.

저커버그의 진술은 구체적으로 유해한 콘텐츠를 언급하고 있지만, 적어도 원리적으로는 개인 정보 보호 및 데이터 보호 문제와 정치 광고 모니터링을 통한 선거 보호 문제로 확장할 수 없는 이유가 없다. 그는 해당 기고문에서 이에 대해서도 언급했다. 마크 저커버그가 해당 기고문에서 표현한 일반적인 아이디어는 그가 2020년 파이낸셜 타임스 기고문에서 한 포괄적인 규범적 성명과도 일맥상통한다. "기술 기업은 사회에 봉사해야 한다."

이는 제6장의 케임브리지 애널리티카 사건에서 볼 수 있듯이, 기술 기업의 좁은 재정적 이익이 항상 사회의 공동선에 기여하는 것은 아니라는 점을 암묵적으로나마 인정하고 강조한 페이스북

CEO의 중요하고 의미 있는 진술이다.

이 책의 제2장에서 살펴본 것처럼 기술은 그 자체로 선한 것이 아니라 사회와 인류 전체의 공동선에 기여할 때만 선한 것이며, 이는 기술이 사회에 봉사해야 한다는 마크 저커버그의 주장을 이론적, 규범적으로 뒷받침해 준다.

기술 기업에 대한 독립적인 감사를 통해 공공 규범 원리와 가치로 구성된 공통 표준의 준수 여부를 평가한다는 아이디어는 위에서 제안한 바와 같이, 이러한 까다로운 역할을 수행하는 외부 규제 기관(여기서는 **플랫폼 감사관**으로 지칭)이 적절한 전문성과 전문 능력을 갖추고 있는지에 대한 도전에 직면해 있다. 위에서 언급한 것처럼 독립적인 외부 감사관을 언급하지는 않았지만, 『플랫폼 사회』의 저자들은 일반적으로 집행 기관이 이러한 규제 역할을 수행할 때 직면할 수 있는 몇 가지 문제를 개괄적으로 설명한다. 그들은 다음과 같이 주장한다(2018, 158).

> 규제를 집행하도록 지정된 집행 기관은 가장 기본적인 형태의 책임조차도 관리할 수 있는 **장치가 충분하지 않다**. 규제를 수정하려면 기술과 비즈니스 모델이 어떻게 작동하는지, 사용자 관행과 관련하여 복잡한 플랫폼 메커니즘이 어떻게 배포되는지, 그리고 이러한 메커니즘이 사회 활동에 어떤 영향을 미치는지에 대한 상세한 통찰력이 필요하다. 정부 규제 당국은 이러한 복잡한 메커니즘을 조사하기 위해 기술 및 법률 지식을 겸비한 전문 디지털 팀이 필요하다.

위에서 설명한 바와 같이 외부 준법 감사를 통해 기술 기업에 대한 외부 규제를 도입하는 것은 어렵지만, 극복할 수 없는 것은 아니다. 예를 들어 영국과 호주의 공인회계사 협회와 같은 전문 회계법인에서 일하는 독립 외부 감사관이 수행하는 국내외 기업에 대한 전통적인 대규모 재무 감사는 복잡성이 없는 것은 아니며 감사 대상 기업의 시스템에 대한 전문 지식이 필요하다. 감사 관리자로서 감사팀과 함께 일했던 내 경험에 따르면, 감사 대상인 각 회사의 다양한 부서의 관리자 및 직원들과 긴밀히 연락하여 회사 내 각 부서의 시스템이 무엇이고 그 시스템이 어떻게 작동하는지를 먼저 파악해야 했다. 컴퓨터 시스템을 포함한 회사의 시스템에 대한 전반적인 이해를 얻은 후에는 해당 시스템의 기능, 정확성 및 적절성을 테스트하기 위한 감사 점검 및 통제 방안을 고안했다. 물론 페이스북이나 구글과 같은 기술 기업의 알고리즘 시스템은 훨씬 더 복잡할 수 있지만, 앞으로 기술 기업에 대한 규제 감사를 수행하는 감사관은 최소한 테스트할 수 있도록 기술 기업의 머신러닝 컴퓨터 시스템이 어떻게 작동하는지에 대한 기본 지식을 갖추고 특별히 훈련받아야 할 것이다. 이를 위해서는 향후 플랫폼 감사팀에 컴퓨터와 알고리즘을 포함한 AI 시스템에 대한 충분한 지식을 갖춘 감사관이 포함되어야 할 것이다.

빅테크 기업들이 위에서 언급한 것과 같은 공공의 규범적 원리와 가치를 준수하는 것이 사회와 그 기반이 되는 민주주의 시스템, 그리고 정치 및 시민 관련 기관의 공동선을 위해 필수적이라면, 위에서 제시한 것처럼 독립적인 외부 감사관을 통한 방식이든 다른 효과적인 방식이든 정부의 외부 규제는 바람직할 뿐만 아니라 필수적이다. 따라서 마크 저커버그가 정부 외부 규제의 필요성을 인정한 것은 이러한 정부 외부 규제 시스템에 동기를 부여하는 중요한 첫걸음이다. 위에서 살펴본 바와 같이 인터넷의 바람직한 제어를 위해서는 기술 기업, 시장 행위자, 정부, 시민 등 사회의 모든 이해관계자와 사실상 모든 인터넷 사용자들의 공동 노력이 필요하다. 역사적으로 정부는 사회 공동선을 위한 사회 계약에 근거하여 부여된 정치적 권한을 통해 시민과 소비자의 권리를 보호하기 위한 규제 시스템을 도입할 권한과 관할권을 가지고 있다.

영국의 정보위원회(ICO), 미국의 연방거래위원회(FTC), 유럽연합(EU)은 일반개인정보보호규정(GDPR)을 도입하여 페이스북과 구글의 위법 행위에 대해 모두 막대한 벌금을 부과했다. 2019년 10월, 호주 경쟁과 소비자위원회(ACCC)는 개인 데이터 사용에 대해 고객을 오도한 혐의로 구글을 법정에 세웠다. ACCC 위원장 로드 심스(Rod Sims)는 다음과 같이 말했다.

> 이러한 화면 표현의 결과로 구글이 소비자의 정보에 입각한 선택 없이 소비자의 위치에 관한 매우 민감하고 귀중한 개인 정보를 수집, 보관 및 사용했다고 주장하여 구글을 상대로 법정 소송을 제기한다. (Hunter 2019)

2019년 7월 ACCC가 발표한 디지털 플랫폼 조사에서 소비자 데이터 보호 강화 등 빅테크 기업에 대한 규제를 대폭 변경할 것을 제안하는 법원 조치가 나왔다. 조쉬 프라이덴버그(Josh Frydenberg) 호주 정부 재무장관은 ACCC의 규제 제안에 대해 이렇게 설명했다.

> 이들 기업(페이스북과 구글)은 세계에서 가장 강력하고 가치 있는

기업 중 하나이며, 책임을 져야 하고 그들의 활동은 더욱 투명하게 공개되어야 한다. (Hunter 2019)

적어도 미국, 유럽연합, 호주 3개 대륙에서 이러한 정부 입법은 플랫폼의 다양한 활동을 통해 사회, 정치, 금융 등 모든 분야에서 막대한 독점적 글로벌 영향력을 행사하는 빅테크 기업, 특히 페이스북과 구글에 대한 규제에 있어 중요한 진전이다. 마크 저커버그가 위에 인용한 두 개의 글에서 인정한 바와 같이, 정부 규제를 통해 빅테크 기업을 제도적 감독하에 두어 책임성을 부여하는 것은 사회의 공공선을 보호하고 증진하기 위한 긍정적인 조치이다.

정부 규제 외에도 시민으로서 시민사회 활동가들은 생물권에서와 마찬가지로 정보권의 규범적 무결성을 보호하고 증진해야 할 공동의 책임이 있다. 이는 앞서 제2장과 제5장에서 살펴본 바와 같이, 정보권에서 디지털 정보의 보급과 소통은 정보의 보급자이자 소통자로서 전 세계 우리 모두에게 인식론적, 윤리적 원리와 가치에 대한 책임이 있음을 보여주는 DOIT-지혜 이론에서도 규범적으로 요구되는 사항이다. 『플랫폼 사회』의 저자들이 정확하게 관찰했듯이, 사회의 플랫폼화는 "시민과 소비자를 장애물이나 착취해야 할 자원이 아니라 사회의 공동 사회적 선을 위해 함께 일하는 파트너로 보는 신뢰와 협력을 기반으로 하는 새로운 사회계약"을 도입했다(Van Dijck 외 2018, 151). 이 저자들의 말에 따르면,

디지털 플랫폼은 개별 시민이 단결하여 민주적 절차에 영향을 미

> 치기 위한 공공의 옹호 활동에 힘을 실어줄 수 있다.…사용자 지표가 플랫폼 경제의 가장 큰 통화 중 하나이기 때문에 개인은 집단적 힘을 강화하고 영향력을 발휘할 수 있다.

시민들이 자신의 개인정보와 정보의 무결성을 집단적으로 보호할 수 있는 권한을 부여하는 것은 바람직할 뿐만 아니라, 이 책의 제6장에서 살펴본 것처럼 페이스북이나 구글과 같은 플랫폼 사용자들이 정보의 무결성을 보호하고 오용을 방지하기 위해 공동으로 공유해야 할 **규범적 책임**이기도 하다. 케임브리지 애널리티카 스캔들에서 보았듯이, 페이스북이나 구글과 같은 기술 기업의 행동으로 인해 사용자 정보가 오용될 수 있으며, 경우에 따라서는 조직적인 미디어 부패를 초래할 수도 있다. 이러한 행위는 개인으로서 사용자의 정보 권리를 훼손할 뿐만 아니라 시민으로서의 집단적 권리를 훼손하고, 결과적으로 민주주의 자체와 관련 및 지원 기관을 훼손하는 행위이다.

인터넷의 초기 개척자 중 한 명이자 오픈 소사이어티 재단(*Open Society Foundation*)을 설립한 팀 버너스 리(Tim Berners Lee)는 시민들이 정보와 데이터 흐름을 민주적으로 통제할 수 있는 민주적이고 공정하며 안전한 인터넷을 지지해 왔다. 2017년 오픈 소사이어티 재단의 목표를 발표할 때 그는 인류를 위한 도구로서 월드와이드웹(웹)의 미래에 대해 세 가지 주요 우려를 제기했다. 개인 데이터에 대한 **통제력 상실**, 웹에서 잘못된 정보가 얼마나 쉽게 퍼질 수 있는지, 그리고 케임브리지 애널리티카 사건에서 볼 수 있듯이 정치 광고 캠페인이 사용자를 직접 겨냥하는 불투명한 방식이었다(Van Dijck 외 2018, 153). 팀 버너스 리의 인터넷에 대한 세 가지 주요 관심사는 시민사회 주체들이 공공 및 정부 기관과 함께 사회 공동의 이익을 위해 빅테크 기업에 대한 보다 효과적인 규제를 위해 함께 노력해야 하는 동기를 부여한다. 이를 위해서는 마크 저커버그 페이스북 CEO가 제안한 것처럼 기술 기업 스스로의 참여도 필수적이다. 반 데이크 등(2018, 162)은 다음처럼 올바르게 주장하고 있다.

> 대기업이 압도적인 시장 지배력과 정치적 행위자에게 영향력을 행사하는 디지털 세상에서는 매우 불균형한 **정치**가 발생하게 된다. 플랫폼화 시대에 민주주의가 작동하려면 시장, 국가, 시민사회 등 모든 주체의 공동 노력이 필요하며, 지속 가능하고 **신뢰할 수 있는**[강조는 추가된 것임] 글로벌 플랫폼 생태계를 구축하기 위해서는 견제와 균형은 물론 책임이 분산된 시스템을 갖춰야 한다.

디지털 권리와 정체성에 대한 권리

위에서 살펴본 것처럼 게워스의 자유와 잘삶에 대한 보편적 자연권에 대한 논증은 인격으로서의 행위자가 행위자로서 자명한 권리를 가질 뿐만 아니라 나아가 자신의 존엄성 또는 자기 존중에 대한 절대적 권리를 갖는다는 점을 입증한다. 이때 나는 이를 바탕으로 게워스의 자기 성취와 자기존중 이론을 중심으로 한 신스토아 철학을 제안한다. 존엄성을 부여하는 절대적 권리의 가치는 페이스북이나 구글과 같은 빅테크 기업들이 사람들의 개인적 자율성을 훼손할 뿐만 아니라 더 나아가 사람들이 인간으로서의 존엄성에 대한 절대적 권리와 그 존엄성이 필연적으로 의존하는 자유와 잘삶에 대한 권리를 침해한다는 것을 보여준다는 점에서 매우 결정적이고 중요한 의미를 지닌다. 제7장에서 살펴본 바와 같이, 한편으로는 일반적 권리의 대상인 자유와 잘삶이, 다른 한편으로는 존엄성이라는 인격적 속성의 본질적이고 기본적인 구성 요소인 자유와 잘삶이 **존엄성을 부여하는 가치**를 갖는 것은 이러한 본질적 관계 때문이다. 즉, 이러한 권리의 대상, 즉 자유와 잘삶이 동시에 존엄성의 속성이라는 본질적이고 근본적인 구성 요소이기 때문에 존엄성 부여 가치를 갖는다는 것이다. 자유와 잘삶이 단지 행동에 필요한 도구적 수단으로서만 가치가 있고 행위자의 존엄성의 본질적이고 근본적인 구성 요소로서도 가치가 없다면, 행위자의 일반적 권리는 게워스가 말하는 존엄성 부여 가치를 갖지 못할 것이다.

제7장에서 살펴본 바와 같이 존엄성이 개인의 정체성의 근본적이고 필수적인 속성인 한, 사람들은 때때로 자신의 존엄성을 보존하는 유일한 방법으로 타협하거나 포기하는 대신 삶을 끝내는 것을 선택하기 때문에 존엄성은 또한 개인의 정체성의 필수적인 가치 특성이다. 사람이 존엄성을 위해 죽음을 선택할 수 있지만, 존엄성은 죽은 후에도 보존하고 기억되기를 원하는 **자신의 정체성**의 본질적이고 근본적인 특성이므로 존엄성을 보존하고 싶기 때문에 그렇게 한다는 점에 유의해야 한다. 즉, 존엄성과 진실성을 지닌 사람으로서 존경받을 만한 가치가 있다. 스토아 철학의 로마 원로원 의원 카토는 자신이 지휘하던 공화정의 군대가 패배한 후 줄리어스 시저에게 항복하고, 시저가 기꺼이 사면을 허락한 그 사면을 요청하는 대신, 삶을 끝내기로 선택한 것은 바로 이러

한 이성적인 이유 때문이었다. 카토는 율리우스 카이사르에게 항복하고 카이사르의 사면을 받아들이는 것이 자신과 로마 공화정의 원리를 용납할 수 없는 타협이라는 것을 알고 있었기 때문에 죽을 각오를 하고 있었다. 위에서 살펴보았듯이(정체성 역설 섹션 참조), 게워스(1985, 743)에 따르면.

> [일반적] 권리의 궁극적인 목적은 각 개인에게 어떤 근본적인 도덕적 지위를 확보하는 것이다. 즉 타인의 행위의 의존적이고 수동적인 수용자가 아니라, 상호 존중과 협력을 바탕으로 타인과 관계할 수 있는 자기 통제적이고 자기 발전적인 행위자라는 의미에서 합리적 자율성과 존엄성을 확보하는 것이다.

그리고 마찬가지로 같은 정신으로 칸트는 다음처럼 주장한다(1981, 43),

> 단지 이성적 본성으로서의 인간성의 존엄성은…준칙의 숭고함을 이루며, 이성적 주체가 목적의 왕국에서 **입법하는 성원**[강조는 추가된 것임]일 수 있는 가치를 이룬다.

앞서 언급한 칸트와 게워스의 합리적 논증에 의해 그리고 자유와 잘삶의 일반적 권리에 대한 게워스의 정당화를 구체화하는 신스토아 철학의 원리에 의해 이론적으로 뒷받침되는 개인 정체성과 행위라는 이중적 측면을 적용함으로써, 우리는 이제 행위자이자 인격으로서의 데이터 주체는 자유와 잘삶에 대한 일반적 권리와 행위자로서의 절대적 권리를 모두 가지고 있다는 결론을 내릴 수 있다. 왜냐하면 제5장에서 살펴본 바와 같이 DOIT-지혜 모델은 아날로그와 디지털을 막론하고 모든 정보 행위 주체가 보편적 필요성에 의해 헌신하는 **정보 행위**의 이중 규범 구조를 보여주기 때문이다. 따라서 일반적으로 정보는 그 고유의 규범적 구조를 참조하여 내부적으로 인식론적, 윤리적, 에우다이모니아적으로 평가될 수 있다. 이러한 구조는 모든 정보 배포자에게 디지털과 아날로그의 모든 행위자의 윤리적, 인식론적, 에우다이모니아적 보편적 권리를 부여한다. 따라서 빅테크 기업들은 DOIT-지혜 모델에 따라 정보 주체의 아날로그적 권리와 디지털적 권리를 모두 존중할 것을 약속하며, 이는 행위자이자 인격자라는 이중적 자격을 모두 갖추고 있다.

알고리즘에 관한 데이터 주체의 권리와 관련하여 EU GDPR은 데이터 통제자의 여러 책임과 데이터 주체의 여러 권리를 규정하고 있다. 미텔슈타트와 공동 저자(2016, 13-14)에 따르면,

> 전자와 관련하여 프로파일링을 수행할 때 개인정보 처리자는 데이터 보호 영향 평가를 통해 데이터 처리 활동의 잠재적 결과를 평가해야 한다(Art. 35(3)(a)). 개인정보 보호 위험을 평가하는 것 외에도 데이터 통제자는 이러한 위험을 관련 당사자에게 전달해야 한다. Art. 13(2)(1) 및 14(2)(g)에 따라 데이터 통제자는 기존의 프로파일링 방법, 그 중요성 및 **예상되는 결과**에 대해 정보 주체에게 알려야 할 의무가 있다.

그러나 저자들은 다음과 같은 사실을 정확하게 예측하고 인식하고 있다(2016, 14).

> 새로운 권리와 책임을 실천하기 위한 규범적 지침과 실질적인 메커니즘을 마련하고,…프로파일링의 논리와 결과에 대해 알 권리를 가진 정보 주체의 권리와 데이터 통제자에 부과되는 부담 사이의 적절한 균형을 맞추기 위한 추가 작업이 필요하다.

EU GDPR 규정에 따른 정보 주체의 권리는 매우 중요하고 시의적절하며, PGC에 대한 게워스의 주장, DOIT-지혜 모델, 제3-5장에서 살펴본 게워스의 신스토아주의 이론을 토대로 데이터 주체의 행위자이자 인격체의 존엄성과 디지털 정체성에 대한 이중적 권리를 합리적, 도덕적으로 정당화하는 것에 대한 앞서 언급한 논의와 일치하고 평행한다.

특히 중요한 것은, 이 장과 제7장에서 살펴본 바와 같이, 게워스의 신스토아주의 이론이 보편적 권리 이론을 통합하고 적용함으로써 신스토아 이론을 현대에 더 적합하고 적절하게 만들 수 있다는 것을 입증하는 능력이다. 왜냐하면 완전한 권리 개념은 존재하지도 않고 방법론적으로 전통 스토아 철학의 일부를 형성하지도 않기 때문이다. 이 책에서 다루고 지지하는 게워스 신스토아 이론의 독특한 특징은 덕과 권리를 결합하여 덕 윤리와 권리 중심의 합리주의 윤리에 모두 부합하는 이론이라는 것이다. 정체성에 대한 권리와 관련하여. 미텔슈타트와 공동 저자들은 "데이터 주체는 정체성에 대한 권리를 가진 것으로 간주될 수 있다"(2016, 16)는 위의 분석에 대해서도 동의한다. 그들은 다음과 같이 지적한다.

> 이러한 권리는 다양한 형태를 취할 수 있지만, 정체성에 대한 권리의 존재는 논쟁의 여지가 없다. 플로리디(2011)는 개인 정체성

을 정보에 의해 구성되는 것으로 정의한다. 이렇게 볼 때 정보 프라이버시에 대한 권리는 기본적으로 자신의 정체성을 구성하는 자신에 대한 정보를 관리할 수 있는 권리로 이해되며, 유럽인권협약에서 파생된 인격권과 연결될 수 있다.

흥미로운 점은 플로리디의 정보로 구성된 정체성 개념이 적어도 이론적으로는 커뮤니케이션이라는 정보의 고유한 구성적 특성에 기초하여 정보의 규범성을 내부적으로 도출하는 DOIT-지혜 모델과 규범적으로 일치한다는 점이다. 따라서 정보에 의해 구성되는 것으로 이해되는 디지털 정체성도 마찬가지로 인식론적, 윤리적, 에우다이모니아적 규범적 특성을 지니게 된다. 따라서 위에서 살펴본 바와 같이 인간의 존엄성과 관련된 디지털 정체성에 대한 권리의 침해는 그 구성 요소, 즉 인식적, 윤리적, 에우다이모니아적 구성 요소에 대한 침해에 해당한다. 따라서 이 장과 제7장에서 살펴본 것처럼 빅테크 기업이 설득력 있는 불투명한 기술을 통해 우리의 디지털 정체성을 속이고 조작하는 행위는 인식론적, 윤리적, 에우다이모니아적인 것, 이 세 가지 방식으로 데이터 주체로서 우리와 사회 전반에 악영향을 미친다. 제9장에서는 인공일반 지능과 초지능의 가능성 측면에서 기술의 통제 문제를 더 자세히 살펴보고, 현재 인간 행위자에게 부여되는 것과 유사한 정체성의 권리를 AI 행위자에게도 부여해야 하는지에 대한 정체성의 권리문제를 살펴볼 것이다.

"AI에서 인권을 위한 설계"라는 제목의 논문에서. 에브게니 아이젠버그와 제로엔 반 덴 호벤(Evgeni Aizenberg and Jeroen Van Den Hoven 2020, 1-2)도 기본적 인권의 중요성을 주장한다.

그들은, 우리가 이 장의 앞부분에서도 언급했듯이, 다음과 같이 정확하게 지적하고 있다.

> 인공지능(AI) 시스템은 우리가 증거에 기반한 결정을 내리는 데 도움을 주기도 하지만, 자동적이고 정량적으로 이루어지기 때문에 이로 인해 우리는 정확하다고 잘못 가정되는 부당한 차별적 결정에 직면할 수도 있다. 이러한 기술 발전이 사람들의 기본적 인권에 영향을 미친다는 사실이 분명해진다.

이 장과 제7장에서 살펴본 바와 같이. 아이젠버그와 반 덴 호벤은 또한 위의 인용문에서 언급한 인권의 설계 과정을 **인간의 존엄성**, **자유**, **평등**, **연대**의 가치에 두고 있는데, 이 일은 유럽연합 기본권 헌장(Charter of Fundamental Rights of the EU)에 기반하여 이루어진다. 이어서 그들은 자신들의 "의도가 AI가 EU 내 사회의 핵심 가치를 위해 어떻게 설계될 수 있는지 보여주는 데 있다"고 말한다(2020, 3). 이러한 관찰을 확장하여, 우리는 이러한 권리와 가치가 기본적이고 보편적인 것이며, 게워스의 PGC, 스토아 철학 및 신스토아 철학은 물론 DOIT-지혜 모델에 따라 모든 인간에게 행위자와 인격체로서 전 세계적으로도 적용된다고 덧붙일 수 있다. 연대의 가치는 데이터 주체, 데이터 사용자, 디지털 정보 전달자로서 우리의 행동을 보장하기 위해, 생명권뿐 아니라 정보권의 규범적 진실성을 보호하기 위해—이 두 생명 영역은 규범적으로 상호 연관되어 있으므로—, 세계 시민(코스모폴리탄)으로서 우리가 가지게 되는 집단적 책임을 반영하고 그 책임에 관계한다(스토아의 연대와 세계시민주의에 관해서는 제4장 참조). 특히 이 장과 제7장에서 주장한 바와 같이 존엄성이 인권과 잘삶에 미치는 영향에 대한 규범적 평가에서 수행하는 가장 중요하고 핵심적인 규범적 역할과 관련성이 있다. 아이젠버그와 반 덴 호벤(2020, 9)은 다음과 같이 말한다.

> 인간의 존엄성은 유럽연합 헌장의 기본 가치이자 AI에서 성패가 달려 있는 중심적인 핵심 가치이다. 헌장의 공식 지침 설명(Official Journal of the European Union, 2007:C303/17)에 명시된 바와 같이, "인간의 **인격**(강조는 추가된 것임)의 존엄성은 그 자체로 기본권일 뿐만 아니라 기본권의 실질적 기초를 구성한다."

위에서 인용한 아이젠버그와 반 덴 호벤의 통찰력 있는 구절은 기술의 통제 문제와 관련하여 존엄성의 근본적이고 중심적인 중요성과 자율성 및 완전성과의 관계에 대한 우리 자신의 검토와 분석에 매우 부합하며, 이 장의 추가 분석을 통해 제7장에서 자세히 살펴본 것처럼 추가적인 지지를 제공한다. 이는 빅테크 기업이 데이터 주체를 단지 이윤 창출이라는 목적을 위한 수단으로 취급하는 경우처럼, 사람은 그 자체로 존중받을 가치가 있는 목적이며 다른 사람의 목적을 위한 수단으로 취급되어서는 안 된다는 칸트의 정언명령 논증과 제7장의 게워스의 유사한 지지 논증을 상기시켜 준다. 제7장에서 살펴본 바와 같이 인간의 존엄성은 인간의 절대적인 기본권이라는 점도 강조할 필요가 있다. 그것은 어떤 상황에서도 무시하거나 침해할 수 없는 권리이다. 따라서 유럽연합이 기본권 헌장에서 존엄성을 기본 가치로 간주하는 것은 놀라운 일이 아니다. 아이젠버그와 반 덴 호벤도 유럽 데이터 보호 감독관(2020, 9)에서 존엄성의 핵심 역할을 다음과 같이 지적하고 있다(2015, 12). "인간의 존엄성을 더 잘 존중하고 보호하는 것은 현재 개인이 직면하고 있는 만연한 감시와 권력의 비대칭성에 대한 균형추가 될 수 있다. 이는 새로운 디지털 윤리의 핵심이 되어야 한다."

위에서 살펴본 바와 같이, 아이젠버그와 반 덴 호벤이 논문에서 인간의 존엄성 외에 언급되는 다른 세 가지 상호 연관된 기본 가치는 자유, 평등, 연대이다. 저자들은 EU 기본권 헌장 내에서 자유의 가치가 자율성의 가치와 밀접하게 연관되어 있음을 관찰한다(2020, 10). 이는 제4장과 제7장에서 살펴본 통제 문제와 관련하여 스토아학파가 자유와 자율을 얼마나 중요하게 여겼는지를 상기시켜 준다. 자유와 자율이 없다면 우리는 자유롭고 자율적인 행위자로서 우리 자신에 대한 유일한 통제권을 잃고 타인의 의지에, 기술의 통제 문제와 관련해서는 페이스북이나 구글과 같은 빅테크 기업의 의지에 종속되어 개인적·집단적 잘삶에 해를 끼칠 위험이 있기 때문이다. 아이젠버그와 반 덴 호벤(2020, 10-11)에 따르면,

> 알고리즘 시스템의 맥락에서…이러한 알고리즘에 의한 예측과 판단은 일반적으로 인과적 증거보다는 통계적 상관관계에 기반한다. 이러한 상관관계와 인과관계의 충돌은…**데이터 결정론**이라는 더 광범위한 문제를 불러일으킨다…[**통계적 비인간화**[강조는 추가된 것임]에 기여하고…개인의 자율성과 직접적으로 상충하며…데이터 결정론과 차별을 초래한다.

나는 아이젠버그와 반 덴 호벤의 구절을 인용했다. 왜냐하면 그 구절은 앞서 보았듯이 스토아 철학과 신스토아 철학의 중심이자 근본적인 원리인 자율성, 자유, 자기 통제의 핵심 원리와 관련하여, 이 장, 특히 이 장의 3절과 제7장에서 제기된 주요한 논증들을 더 강조하고 추가적인 뒷받침을 제공하기 때문이다. 아이젠버그와 반 덴 호벤이 통찰력 있게 **통계적 비인간화**라고 부르는 것을 초래하는 알고리즘의 **데이터 결정론**은, 그것이 우리가 이 장과 제7장에서 그리고 이 책 전체에 걸쳐서 검토했던 기술의 통제 문제 핵심에 접근하기 때문에, 특히 규범적 관심사가 된다. 이 책이 스토아 철학자와 신스토아 철학자를 통해서 구체적으로 다루는 것은 중요한 문제이다. 왜냐하면 통제 문제는 스토아학파 철학이 개인으로서, 그리고 사회 전체로서 에우다이모니아 또는 잘삶을 달성하기 위해 좋은 삶을 사는 것과 관련하여 다루는 핵심 문제이기도 하기 때문이다.

제4장에서 주장했듯이, 스토아학파의 자율성과 자유, 성격의 진실성은 우리가 통제할 수 있는 유일한 것이며, 게다가 우리의 잘삶은 전적으로 이것들에 달려 있다는 의미에서, 그리고 그것들이 없다면 에픽테토스가 말했듯이 우리는 노예에 불과하고 다른 사람들의 의지와 변덕에, 즉 우리가 통제할 수 없는 것에 인질로 잡혀 있다는 의미에서, 이것들을 우리는 통제할 수 있어야 한다. 또한 알고리즘이 우리를 통제함으로써 발생하는 우리의 비인간화는 우리 집단적 인간성과 잘삶을 위험에 빠트리므로, 실존적으로 우려되는 것이기도 하다. 에반 셀링거와 브렛 프리쉬만이 쓴 책 제목인 『인간 재공학』(*Re-Engineering Humanity*. 2018)이 이를 정확하게 포착한다. 우리의 집단적 인간성과 잘삶은 아마존, 애

플, 페이스북, 구글과 같은 몇몇 빅테크 기업이 소유한 AI 기계의 통제를 점점 더 많이 받고 있으며, 이 모든 기계는 개인적·집단적 통제를 넘어 공동의 이익에 반하는 불투명하고 책임을 질 수 없는 독점 기업이다. 아이젠버그와 반 덴 호벤이 와처와 미텔슈타트(2019, 20)를 인용하여 올바르게 관찰했듯이 "자동화된 의사 결정 및 프로파일링과 관련된 이러한 냉각 효과는 자기 결정과 표현의 자유를 훼손하고, 따라서 개인에 대해 도출할 수 있는 추론에 대한 더 많은 통제를 정당화한다." 아이젠버그와 반 덴 호븐은 다음과 같이 말한다(2020, 11).

> 더욱이 사람들의 자유는 **그들이 모르는 사이에** 침해될 수 있다. [강조는 추가된 것임]…따라서 개인이 자신의 자율권을 행사할 수 있는 능력은 알고리즘 프로파일링의 대상이 된다는 인식과 알고리즘적 결정의 근거에 이의를 제기할 수 있는 능력에 크게 좌우된다.

자동화된 의사 결정 및 프로파일링과 관련하여 자기 결정을 훼손하는 냉각 효과(Wachter and Mittelstadt 2019, 20)가 체계적으로 **데이터 결정론**으로 이어지고 결과적으로 **통계적 비인간화**(Van den Hoven and Manders-Huits 2008)로 이어지는 방식이 이제 더 명확해져야 한다. 여기에 우리는 또한 이전에 은유적으로 **보그 문제**로 확인했던 **비개인화**(Vedder 1999)와 **사람들의 정체성 집단화**를 추가할 수 있다. 기억하겠지만 보그는 다른 행성을 정복하고 디지털 집단 하이브 내에서 시민들을 "동화"시키는 외계 종족(『스타트랙』 참조)을 말한다. 희생자들의 동의나 의지 없이 강제로 집단 디지털 하이브에 동화되어 결과적으로 자신의 인격적, 개인적 정체성을 잃게 된다. 공상과학의 보그와, 개인의 자율성에 대한 빅테크 기업의 비대칭적이고 책임감 없는 통제에 관한 현재의 곤경 간의 차이점은 기술의 통제 문제가 너무나 현실적이라는 것이다. 이는 명백하고 현재의 위험을 초래한다. 슬라보예 지젝(Slavoj Zizek 2018, 41-42)은 다음처럼 예리하고 통찰력 있게 논평했다.

> 이러한 통제와 조작의 전체 범위를 파악하려면 사기업과 정당 (케임브리지 애널리티카의 경우처럼) 간의 연계를 넘어 구글과 페이스북 같은 데이터 처리 기업과 국가 안보 기관의 **상호 침투**(강조는 추가된 것임)로 이동해야 한다. 최신 생물 유전학 발전에 대해 알고 있는 것과 결합하여 나타나는 전반적인 이미지는 20세기의 좋은 오래된 "전체주의"를 다소 원시적이고 어설픈 **통제 기계**로 만드는 새로운 형태의 사회 통제에 대한 적절하고도 무서운 비전을 제공한다. [강조는 추가된 것임] 개인은 계속해서 자신을 자유롭고 자율적인 삶의 행위자로 경험할 때 원하는 방향으로 훨씬 더 잘 통제되고 "개입을 받게" 된다.

지젝의 마르크스주의 분석(2018)의 맥락에서, 우리는 스마트폰과 같은 조작적 설득 기술을 통해 개인에 대한 기계 통제를 통해 만들어진 "자유"와 "자율성"의 속임수가 일종의 "상품 물신주의"의 한 형태라고 덧붙일 수 있다. 감시 자본주의 시대(Zuboff 2019)에 우리는 이제 스마트 머신의 통제를 스토아 철학자들이 노예화의 한 형태로 본 스마트 머신의 우리에 대한 통제를 "자유"와 "자율성"으로 해석하는 제품과 상품이 되어 버린다. 라나 포루하르가 잘 표현했듯이, "악마는 우리의 휴대전화에 산다"(2019,

119)는, 적어도 그의 경우에는 더 많은 **지식**을 얻기 위해, 그러나 지금 우리에게 더 나쁜 것은 더 많은 **정보**를 얻기 위해, 악마에게 영혼을 팔아넘긴 파우스트의 이야기를 다시 한번 불편하게 떠올리게 할 것이다. 우리에게 지금의 대가는 우리의 자유롭고 자율적인 정신에 대한 통제력을 잃는 것이다.

기술의 통제 문제와 스토아 철학에서 탐구한 삶의 통제 문제(제4장 참조)의 관계는 이제 더욱 분명해져서, 스토아 철학이 삶의 통제 문제에 제시한 해결책을 통해 기술이 제기한 문제를 해결하는 것의 근본적이고 중요한 관련성을 다시 한번 강조해야 한다. 즉, 엄청난 운명의 화살과 투석에도 불구하고 행복을 얻기 위해 유덕한 행동을 통해 우리의 결정과 삶의 선택에 대한 자기 통제를 달성하는 방법이다. 이 과제는 각 개인이 자유 행위자와 인격체로서 자신의 자율성과 자기 주권을 행사함으로써만 달성할 수 있으며, 이는 자신의 잘삶 및 사회와 글로벌 커뮤니티의 공동 잘삶을 위한 것이다. 좋은 책이 적어도 우리에게 비유적으로 말해주고 있듯이, "사람이 온 세상을 얻고도 제 목숨을 잃으면 무슨 소용이 있겠느냐?"(*King James Bible*. Mathew 16:26).

위에서 자율성의 상호 관련 원리와 관련하여 살펴본 자유의 원리와 연관된 것은 프라이버시의 원리이다. EU 헌장 제8조(2020, 12)에 따르면, 수집된 데이터는 "특정 목적을 위해 그리고 해당자의 **동의**[강조는 추가된 것임] 또는 법률에 의해 규정된 다른 합법적 근거에 따라" 처리되어야 한다는 중요한 프라이버시 조항을 제공한다(Official Journal of the European Union, 2012: C326/397). 더욱이 모든 개인에게는 "자신에 관해 수집된 데이터에 접근할" 권리가 제공된다. 아이젠버그와 반 덴 호벤은 다음과 같이 올바르게 주장한다 (2020, 12).

> 대규모 데이터 수집에 기반으로 하는 프로파일링 알고리즘의 광범위한 보급을 고려할 때, AI의 맥락에서 이러한 조항은 프라이버시와 투명성에 중대한 영향을 미친다.…프라이버시는 이러한 자율성을 행사하는 데 필수적이기 때문에 여기에는 자기표현에 대한 개인의 자율성과 실질적인 연관성이 있다.

앞서 살펴본 것처럼(제4장과 제7장), 아이젠버그와 반 덴 호벤이 정확하게 주장한 것처럼 프라이버시는 자율성을 행사하기 위한 필수 조건이기 때문에 **자율성**, **자기 표현**, **프라이버시** 원리 사이에는 실제로 규범적 연결 고리가 존재한다. 페이스북이나 구글과 같은 빅테크 기업은 불투명하고 책임지지 않는 설득 알고리즘을 통해 점점 더 우리의 자율성에 대해 행사하는 통제의 효과를 개선하고 있는데, 스토아 철학에서 이러한 연결 고리는 이러한 기술 통제 문제에 규범적으로 대응하는 데에도 필요한 것이다. 또한, 빅테크 기업이 우리의 정당한 자율성을 통제하는 것은 개인과 사회 전체의 자기 결정권을 약화시키는데, 이는 위의 “통제 문제와 디지털 주권”의 절에서 디지털 주권이라는 주제로 살펴본 문제이다. 또한, 콘텐츠 개인화 알고리즘과 연동된 소셜 미디어의 허위 정보 버블은 뉴스 피드[가장 최신 뉴스]와 같이 정보 다양성에 영향을 미치고 결과적으로 민주주의 시스템 자체에 규범적인 디스토피아적 영향을 미칠 수 있으며, 최근 2021년 1월 6일 트럼프 지지자들이 “지옥 같은 빛”이라고 선동하는 잘못된 정보 트윗의 결과로 미국 국회의사당을 습격한 사건에서 목격된 것처럼 민주주의 시스템 자체에 디스토피아적 영향을 미칠 수 있다. 그들은 기꺼이 그렇게 했다.

EU 기본권 헌장(*Official Journal of the European Union*, 2012)에 포함된 4대 기본 가치 중 하나인 평등의 가치는 자율성, 자유, 연대의 가치와도 밀접하게 연관되어 있으며, 위에서 살펴본 자율성의 가치와 앞으로 살펴볼 연대의 가치와도 상당히 밀접하게 연관되어 있다. 아이젠버그와 반 덴 호벤이 정확히 관찰했듯이(2020, 13), "[AI 알고리즘에서] 평등을 위한 설계는 개인 데이터의 노출이 부당한 특혜로 이어지는 상황을 피하기 위해 프라이버시를 위한 설계도 수반한다." 『프라이버시는 힘이다』의 저자는 다음과 같이 표현했다(Véliz C 2020, 5). "프라이버시가 너무 적은 것은 잘 작동하는 사회와 상충한다. 감시 자본주의는 사라져야 한다. 시간과 노력이 필요하겠지만 우리는 프라이버시를 되찾을 수 있고 되찾을 것이다."

평등은 모든 윤리 이론은 아니더라도 대부분의 윤리 이론의 기본 원리이며, 여기에는 공리주의, 결과론, 덕 이론, 계약론, 합리주의적 권리 중심 이론, 스토아학파 및 신스토아학파 이론 등이 포함된다. 이는 평등의 원리와 밀접하게 연관된 연대의 원리로 이어진다. 이 원리는 개인이 "출산, 질병, 노령에 따른 의존, 실직"과 같은 상황에서 이러한 권리를 행사하지 못하고 존엄성을 유지할 수 없는 경우 개인이 권리를 침해당할 수 있음을 인정한다(*Official Journal of the European Union*, 2012: C326/402). 아이젠버그와 반 덴 호벤(2020, 13)에 따르면,

이는 통계적 상관관계를 기반으로 작동하는 알고리즘 시스템을

> [위한] AI 설계에 중요한 의미를 갖는다.…즉, 중요한 것은 상황의 본질이나 개인의 경험이 아니라,… 그것들이 인구 표본과 비교되는 방식이다. 인구 표본은 연대의 공감 정신에 모순되는 탈개인화이다.…문제의 **개인의 존엄성**에 대한 섬세하고 인도적인 고려가 [강조는 추가된 것임] 수학적 측정 시도로 대체되기 때문이다.[4]… 결과적으로 개인과 공동체가 자신들의 권리를 행사하는 그들의 능력을 사회적 환경이 훼손하는 위험이 존재하게 된다.

연대 원리가 제기하는 두 가지 중요한 규범적 쟁점은 첫째, 행위자와 인격체로서의 **이중**(***dual***)적 지위를 가진 **개인**(*indivi**duals***)의 존엄성(제7장 참조)과 둘째, 이 장에서 살펴본 빅테크 인공지능 알고리즘이 초래하는 규범적 침해와 침해로부터 개인의 기본 인권을 보호하고 적극적으로 증진해야 할 관련 사회적 이해관계자로서 우리 모두가 갖는 공동의 책임이다. 다시 한번 그 중요성을 강조하자면, 이 장과 앞서 제7장에서 주장한 **존엄성의 권리**는 **절대적인 권리**이며, 인공지능 알고리즘이 제공할 수 있는 모든 인식된 이익이나 "교환"을 넘어선다. 즉, 이러한 교환과 관계없이 존엄성의 권리가 침해되거나 위반되는 일은 결코 정당화될 수 없다.

결론

이 장과 이 책 전체에서 주장한 바와 같이, **인간의 존엄성**, **자유**, **평등**, **연대의 기본 원리**, **자율성**과 같은 기본 원리와 **프라이버시**, **투명성** 같은 연계 원리는 통합적으로 정렬되어 있으며, EU 기본권 헌장의 근간을 이루는 스토아 철학 및 신스토아 철학의 핵심 원리를 이룬다. 그것은 특히 "대낮의 도둑"(Zizek 2018)처럼 규범적 책임이 거의 없거나 불충분하게 작동하는 빅테크 기업과 그들의 불투명하고 이해하기 어려운 조작 알고리즘의 체계적인 규범 위반과 침해로 인해 우리 인간성을 정의하는 핵심 원리가 점점 더 위협받고 있는 현시점에서, 이러한 원리가 중요하고 핵심적이라는 것을 보여준다. 영국의 ICO, 미국의 FTC, 유럽연합(EU)의 GDPR 도입, 호주 소비자권익위원회(ACCC) 등 전 세계 정부 규제 기관에서 상당한 벌금을 부과하고 있음에도 불구하고, 이들은 여전히 그렇게 하고 있다. 모두 페이스북, 구글, 애플의 독점적 관행과 규범 위반 행위에 대해 수백만 달러에 달하는 막대한 벌금을 부과했다. 앞서 언급한 바와 같이 2019년 10월, ACCC는 개인 데이터 사용에 대해 고객을 오도한 혐의로 구글을 법정에 세웠다.

이 장을 마무리하기 전에, 이 장의 핵심적인 중요성과 관련성, 특히 기술의 통제 문제와 스토아 철학과의 관계를 고려할 때 **디지털 매개 자율성**의 몇 가지 측면과 쟁점을 마지막으로 살펴볼 필요가 있다. 버르, 타데오, 플로리디의 디지털 잘삶의 윤리에 대한 주제별 검토에 따르면(2020, 2329),

> 자율성은 인간 사용자와 디지털 기술, 특히 사용자의 선호도를 파악하고 미리 정해진 목표를 향해 사용자의 행동을 유도하는 설득 기술과 관련하여 중요한 주제가 되었다. 따라서 당연히 자율성과 관련된 윤리적 문제는 심리학, 철학, 공중보건, 디자인 연구와 같은 분야를 아우르는 광범위한 기록에서 논의되고 있다.

그들의 관찰을 설명하기 위해. 버르, 타데오, 플로리디(2020, 2329)는 건강 및 잘삶 앱이 정보 소통에 미치는 역할에 대한 자율성의 5차원 개념을 제안한 루기니스 외(2015)의 한 가지 예를 선택한다. 그 차원은 다음과 같다.

1. 사용자가 앱 내에서 통제 및 관여하는 정도
2. 앱 기능에 대한 개인화 정도
3. 사용자에게 제공되는 정보의 진실성 및 신뢰성 정도와 이것이 사용자의 결정에 미치는 영향
4. 사용자의 목표 추구에 대한 사용자 자신의 이해도 및 앱이 사용자의 대리인에 대한 인식을 촉진하거나 방해하는지 여부
5. 앱이 권장하는 행동에서 어떤 형태의 도덕적 심의 또는 도덕적 가치를 장려하는지 여부

자율성과 잘삶의 관계에서 버르, 타데오, 플로리디는 올바르게 "자율성 논쟁에서 가장 중요한 것은 **선택과 자기 결정의 자유**가 단순히 잘삶을 확보하기 위한 수단이 아니라 본질적인 선이나 권리로 이해되는 경우가 많다는 점을 염두에 두는 것"이라고 고찰한다(2020, 2329).

이 장에서 우리에게 중요한 것은 버르, 타데오, 플로리디가 그들의 논문에서 논의하고 위에서 인용한 구절과 참고문헌에서 알 수 있듯이 디지털 매개 자율성은 이 장과 제7장에서 검토하고 지지하는 자율성과 자기 결정에 대한 스토아 및 신스토아적 개념과 일치한다는 것이다. 스토아학파의 자율적 의사 결정 과정은 항상 개인의 **프로하이레시스** 또는 **헤게모니콘**에 부합해야 하며, 개인

의 반성적 자기 통제 안에 있어야 하고, 결과적으로 유덕한 행동에 동기를 부여하는 의사 결정 선택의 지침을 제공해야 하기 때문이다. 따라서 디지털 넛지 및 기타 디지털 개입을 통해 디지털로 매개되거나 디지털로 강화된 개인의 자율성이 스토아 및 신스토아 철학의 원리에 부합하고, 항상 개별 행위자의 **자율적 자기 통제** 범위 내에 있으며, 나아가 인식론적, 윤리적, 에우다이모니아적으로 개인과 사회 전체에 전반적으로 유익한 규범적 영향을 미치는 한, 디지털로 매개된 자율성은 스토아 및 신스토아 철학에 이론적 또는 실제적 문제를 제기하지 않을 것이다. 그러나 다시 한번 강조하자면, 이러한 디지털 매개 자율성은 다음과 같은 중요한 단서에 부합해야 한다. 즉 디지털 매개 개입을 통해 매개되는 기술적으로 매개된 자율성은 항상 개인의 **자율적 자기 통제권** 내에 있으며, 개인이 알지 못하거나 동의하지 않은 외부의 재정적 또는 기타 제3자 이익에 의해 그리고 그들의 자연적 자율성과 잘 삶에 부정적인 영향을 미칠 수 있는 그런 이익에 의해 어떤 식으로든 매개되어서도 독점되어서도 안 된다는 것이 그 단서이다. 그러나 이러한 디지털 매개 자율성이 개인 행위자의 방해받지 않는 자율적 통제의 범위 내에서 유지될 수 있을지는 여전히 의문으로 남아 있다.

최근 개봉한 키아누 리브스(Keanu Reeves)의 2019년 공상과학 액션 영화에서, 치명상을 입은 군인의 뇌를 로봇 몸에 이식한 복제인간 『레플리카』(*Replicas*)가 등장한다. 그러나 죽은 병사가 의식을 되찾자 처음에는 의아해하다가 자신도 모르게 동의 없이 이런 일이 벌어졌다는 사실에 분노하고, 점점 더 불안, 초조, 분노를 느끼며 자신에게 무슨 일이 벌어진 것인지 묻다가 로봇의 금속 머리에 큰 타격을 가하며 스스로를 파괴해 나간다. 결국 키아누 리브스가 연기한 과학자에 의해 스위치가 꺼지면서 자비롭게 안락사된다. 공상 과학 소설을 바탕으로 한 영화에 불과하지만, 이 이야기는 **자율성**과 **정체성**이 개인의 주관적인 경험, 개인사, 관계, 개인적 지향성을 가진 개별 인간으로서 **우리가 누구인지**에 대한 중요하고 근본적인 특징이라는 측면에서 해석할 수 있다. 이는 우리의 자율성을 강화할 뿐만 아니라 자율성을 통제하는 주체가 아닌 객체가 될 정도로 자율성을 빼앗을 수 있는 **외부의** 디지털 매개 개입을 허용하는 것에 대해 잠시 멈추고 주의를 기울여야 한다. 내부 자율성을 아웃소싱하기 시작하면 어디에서 멈춰야 할까? 이 장에서 살펴본 것처럼 불투명한 설득력 있는 알고리즘이라는 트로이의 목마를 통해 빅테크 기업이 우리도 모르게 우리의 자율성에 규제되지 않고 책임지지 않는 접근을 허용함으로써 현재처럼 우리 내부의 주권적 자율성의 바깥에 있는 다른 사람들이 자율성에 접근하는 것을 막을 수 있을까?

슬라보예 지젝은 테슬라(Tesla)의 새로운 **테크킹**(*Techking*)으로 떠오른 일론 머스크(Elon Musk)가 글자 그대로 우리를 위해 염두에 두고 있는 새로운 기술 프로젝트에 대해 시의적절한 경고를 하고 있다. 이것은 소크라테스적 아이러니를 살짝 가미한 그의 흉내 낼 수 없는 논쟁적인 스타일로 우리에게 들려주는 이야기이다(Zizek 2018).

> 일론 머스크는 빌 게이츠와 같은 그룹에 속하는 상징적인 인물이다. 제프 베조스, 마크 저커버그 등 모두 사회적 의식을 가진 억만장자들이다. 이들은 가장 매혹적이고 "진보적인", 한마

디로 가장 위험한 글로벌 자본을 상징한다. 머스크는 새로운 기술이 인간의 존엄성과 자유에 미치는 위협에 대해 경고하는 것을 좋아하지만, 물론 인간의 뇌에 이식할 수 있는 장치를 만드는 데 주력하는 뇌-컴퓨터 인터페이스 벤처 기업인 뉴럴링크(Neuralink)에 투자하는 것을 막지는 않는다. 궁극적인 목적은 인간이 소프트웨어와 융합하고 인공지능의 발전에 발맞춰 생물학적 지능과 디지털 지능의 긴밀한 결합을 돕는 것이기 때문이다. 모든 기술 혁신은 처음에 이렇게 제시된다. 건강이나 인도주의적 혜택에 공감하다 보면 더 불길한 의미와 결과에 눈을 감게 된다. 소위 "신경 레이스"에 어떤 새로운 형태의 통제가 포함될지 상상조차 할 수 있을까? 이것이 민간 자본과 국가 권력의 통제에서 벗어나 공적 토론에 완전히 접근할 수 있도록 하는 것이 절대적으로 필요한 이유이다.

이제 우리는 트로이의 무너진 성벽 위에 서서 무너진 도시의 폐허를 내려다보던 트로이 목마처럼 우리 내면의 자유와 자율성의 마지막 성채가 빅테크 기업의 통제 아래 놓여 있는 것을 발견하기 전에 카산드라(Cassandra)의 "선물을 품은 빅테크를 조심하라"는 경고를 들을 수 있을까?

제 9 장

스마트 기계와 지혜로운 사람
누가 통제하는가?

> 완벽한 정보 게임이다. 하지만 지능 게임하는 우리의 삶은 열린 시스템이다. 속임수, 거짓, 모호함, 거짓된 친구들로 가득 차 있는 지저분한 시스템이다. 언어도 마찬가지다. 언어는 해결해야 할 문제나 문제 해결을 위한 도구가 아니다. 그것은 거울과 비슷하다. 아니 파리의 눈처럼 수십억 개가 모여 서로 다른 초점 거리에서 우리의 세상을 반사하고, 왜곡하며, 구성한다.
>
> —Ian McEwan (2019, 178).
>
> *Machines Like Me and People Like You.*

서론

이 책은 6장부터 스토아와 신스토아의 이론적 틀과 그것의 상호 관련된 **이중의무정보이론**(*DOIT*)-**지혜** 모델(2~5장)을 적용하여 빅테크 기업(애플, 아마존, 페이스북, 구글, 마이크로소프트)의 ICTS 및 AI 기술 운영을 통해, 그리고 특히 그 기업들이 해당 기술의 사용자이자 데이터 주체로서 개별 시민과 사회 및 일반적으로 글로벌 커뮤니티에 미치는 인식적, 윤리적, 에우다이모니아적 영향의 관점에서, 그 기업들의 일부 관행이 규범에 미치는 영향을 조사하고 평가하기 시작했다. 제6장에서 **제6권력**으로 불리는 것의 사례로서 페이스북과 구글을 선택함으로써, 제6장에서 우리는 페이스북, 구글과 같은 빅테크 기업을 거쳐 생성, 보급, 매개, 큐레이션되는 디지털 정보가, 제4부, 5부의 기존 미디어와 동일한 규범적 원리의 적용을 받으며, 따라서 진실성, 신뢰성, 투명성, 성실성, 사회 공동선에 대한 윤리적 책임이라는 동일한 규범적 요건의 적용을 받는다는 것을 입증했다. 게다가 제6장에서 페이스북과 구글의 일부 관행이 조직적인 미디어 부패에 해당한다는 사실을 입증했다.

제7장에서 우리는 빅테크 기업이 AI 알고리즘을 사용하여 운영하는 AI 기술이 사용자의 자율성, 자유, 진실성, 정체성, 결과적으로 존엄성을 훼손할 수 있는지의 여부와 그 훼손 방법을 면밀하고 비판적으로 검토하면서, 스토아 철학 및 신스토아 철학과, **자율성**, **존엄성**, **자유**, **잘삶**에 기초하여, 그리고 이것들과 관련해서 인간인 한 누구나 가지는 권리의 존엄성 부여 가치에 기초하여 좀 더 자세히 검토하였다. 이로써 우리는 행위자와 인격체라는 이중적 지위를 가진 개인이 행위자로서는 자유와 잘삶에 대한 자명한 보편적 권리를 가지지만, 무조건적 존경을 받을 가치가 있는 인격체로서는 절대적 권리를 갖는다는 것을 입증하였다. 이러한 권리는 절대적이므로, 사용자와 사회 전반의 공동선보다 자신의

금융 기업 이익을 우선시하는 빅테크 기업의 관행에 의해 훼손되거나 침해될 수 없다.

제8장에서 우리는 빅테크 기업의 ICT 및 AI 기술의 사용자와 데이터 주체에게 존엄성과 보편적인 자유와 잘삶의 권리를 부여하는 것에 대한 분석과 논거를 적용하여, 데이터 주체의 **디지털 주권**, **결정적이지 않은 증거**, **이해할 수 없는 증거**, **잘못된 증거**, **차별을 초래하는 불공정한 결과**, 효과적 결과에 근거하여 데이터 주체에게 미칠 수 있는 AI 알고리즘의 규범적 정보 효과라는 일반적인 주제 아래, 빅테크 기업의 AI 알고리즘이 정보 주체의 권리를 남용하는 것과 관련하여 우려되는 구체적인 규범 문제를 검토하고 평가했다. 이 주제 아래서 확인된 주요 문제는 알고리즘에 의한 주체 데이터의 개인화가 그 주체의 자율성과 더 나아가 그 주체의 디지털 정체성에 위협이 된다는 것이다. 이는 결정적 문제로서, 우리는 우리의 판단과 의사 결정에 대한 기술의 통제와 관련하여 제4장, 제7장, 제8장에서 스토아 철학 및 신스토아 철학의 관점에서 검토한 문제였다. 여기서 기술 통제의 행사는 빅테크 기업이 우리의 자율성, 적어도 우리의 의사 결정 능력에 대한 통제권을 얻기 위해 설계된 자신의 설득 기술을 사용하여 이루어진다. 스토아 철학자들의 핵심 원리인 이것은 우리 개인뿐만 아니라 집단적 에우다이모니아 또는 사회로서의 행복이 그것에 의존하면, 우리 개인의 통제하에 있어야 할 원리이다.

다시 한번, 우리는 데이터 주체의 자율성에 대한 외적 **통제**가 알고리즘의 규범적 효과가 개인과 사회 전반에 미치는 영향에 관한 가장 중요하고 핵심적인 문제이며 이 책에서 다루는 중심 주제임을 알 수 있다. 제7장에서 살펴본 것처럼 또 다른 변혁적 관심사는 프라이버시다. 왜냐하면 스토아 철학자들은 자신의 정보 프라이버시에 대한 통제권을 자신의 판단과 선택에 대한 **내적 통제권**을 행사할 수 있는 완전한 자율적 주체가 되는 것의 핵심적인 부분으로 간주했기 때문이다.

데이터 주체뿐만 아니라 인류 전체에게 발생할 수 있는 또 다른 교묘하고 잠재적으로 중요한 실존적 문제는 우리의 개인 정체성이 두 개의 별도 정체성으로 분리된다는 것이다. 하나는 AI 알고리즘이 외적으로 통제하는 **집단 디지털 정체성**과 다른 하나는 개인이 내적으로 통제하는 **자연적 개인 정체성**이다. 그러나 그 개인의 자율성은 또한 빅테크 기업의 설득력 있는 알고리즘을 통해 빅테크 기업의 체계적 통제하에 위태롭게 놓여 있다.

제8장에서 우리는 이런 정체성 문제를 **정체성 역설**이라고 했다. 즉, 개인의 자연적 개인 정체성과는 거의 공통점이 없는 집단 수준에서 수집된 통계 데이터를 기반으로 우리 자신도 모르게 또는 동의 없이 디지털 정체성을 구성하는 불투명하고 이해하기 어렵고 책임감 없는 알고리즘을 통해 개인의 정체성이 디지털화되고 데이터화되어 위협받고 있다는 것이다. 결정적으로, 이는 데이터 주체뿐만 아니라 인류 전체에 중대한 실존적 문제를 일으킨다. 우리의 정체성이 알고리즘에 의해 외적으로 통제되는 **집단 디지털 정체성**과 개인으로서 내부적으로 통제되는 **자연적 개인 정체성**으로 분리되는 것은 빅테크 기업의 설득력 있는 기술에 의해 위태롭게 조작될 수 있기 때문이다. 자기 결정권을 훼손하는 자동화된 의사 결정 및 프로파일링과 관련된 효과는 조직적으로 데이터 결정주의로 이어지고 결과적으로 통계적 비인간화, 더 나아가 탈개인화(Aizenberg, Van Den Hoven 2020)와 개인들의 **정체**

성의 집단화로 이어지며, 이를 은유적으로 **보그 문제**라고 부른다. 마지막으로 8장에서 우리는 데이터 주체로서 우리가 왜 규범적으로 우리의 자율성, 정체성 및 존엄성에 대한 디지털 권리를 누릴 자격이 있으며, 이러한 권리는 규범 준수를 보장하는 사회적 공동책임을 통해 입법으로 보호되고 증진되어야 하는지에 대해 살펴보았다.

이 마지막 장은 ICTs와 AI 기술 및 기타 신기술 전반의 설계와 사용에 대한 **스토아적 에우다이모니아적 접근법과 인본주의적 접근법**의 채택을 검토하고 그런 채택을 해야 한다고 주장할 것이다. 그 목적은 (a) 기술이 인간의 잘삶에 미치는 부정적이고 해로운 영향을 개선하거나 최소한 최소화하고, (b) 현재와 미래의 인류의 전반적인 유다이모닉 이익을 위해 기술의 설계와 사용을 향상시키기 위해 (c) 이러한 기술을 소유하고 운영하는 빅테크 기업의 주된 이익과 혜택을 위해 기술을 독점적으로 통제하는 것이 아니라, 시민과 시민이 권한을 위임한 민주적 대표자 및 기관의 공동 사회적 통제하에 개인으로서 그리고 사회로서 시민과 글로벌 공동체의 공동선을 위해 사용하도록 보장하는 것이다.

그러나 그 방법을 결정하기 전에 이 책에서 지금까지 살펴본 AI 기술과 관련된 모든 문제 중 가장 중요하고 시급한 문제, 즉 지구와 인류의 미래가 직면한 실존적 문제, 즉 **초지능 자율 AI 에이전트**(ASI 에이전트)의 발전이 제기하는 실존적 문제를 먼저 살펴봐야 한다.

통제 문제와 초지능

스튜어트 러셀은 그의 저서 『인간 호환성』(*Human Compatible*, 2019)에서 분명한 진술과 함께 논의를 시작한다. 그다지 분명하지 않고 논란이 많은 주제를 다루고자 할 때 시작하기에 좋은 장소이다. 그는 다음처럼 말한다.

> 지능을 이해하고 창조하려는 우리의 시도는…AI가 현재 빠르게 보편화되고 있기 때문이 아니라 미래의 지배적인 기술이기 때문에 중요하다.…우리는 기술이 어떻게 발전할지 또는 어떤 타임라인에 따라 발전할지 정확히 예측할 수 없다. 그럼에도 불구하고 우리는 기계가 현실 세계에서 인간의 의사 결정 능력을 훨씬 능가할 가능성을 대비해야 한다. 그러면 어떻게 해야 할까? (서문)

러셀은 초지능 기계가 삶의 모든 영역에서 인간의 지능을 훨씬 능가할 때 얻을 수 있는 전반적인 이점과 문제점을 설명하면서 이 질문에 답한다.

> 그것은 우리 문명에서 거대한 도약—단절—을 나타낼 것이다(2019, 2).…모든 것이 순조롭게 진행된다면, 그것은 인류에게 황금기를 예고할 것이겠지만, 우리는 인간보다 훨씬 더 강력한 존재를 만들 계획이라는 사실을 직시해야 한다. 그것들이 우리를 지배하지 못하도록 어떻게 보장할 수 있을까? (2019, 8)

간단히 말해, 러셀이 위에서 언급한 문제는 지금까지 이 책에서 살펴본 기술의 통제 문제이다. 다만 지금은 그 문제가 훨씬 더 크고 훨씬 더 심각하며 인류에게 실존적 위험을 초래할 수 있다는 점만 다르다. 앨런 터린(Alan Turin 1951)의 말을 인용하면 다음과 같다.

> 기계가 생각할 수 있다면, 우리보다 더 지능적으로 생각할 수도 있는데, 그러면 우리는 어디에 있어야 할까? 설사 우리가 기계를 종속적인 위치에 둘 수 있다고 해도,…우리는 인간으로서 크게 겸손해져야 한다.

마찬가지로, 어빙 J. 굿(Irving J. Good 1965)도 비슷한 우려를 표명하면서 다음과 같이 날카롭게 지적한다.

> 최초의 초지능 기계는 그 기계가 우리에게 통제 방법을 알려줄 만큼 유순하다면 인간이 만들 필요가 없는 마지막 발명품이다.
>
> (두 인용문은 모두 Max Tegmark의 책 『라이프 3.0』(*Life 3.0*, 2018, 134)에서 발췌한 것이다).

위의 구절에서 알 수 있듯이 터린과 굿은 AI 초지능으로 생겨나는 기술 통제 문제를 잘 알고 있었다. 하지만 이들에게 거의 70년 전의 글은 먼 미래의 이야기였다. 미래를 예측하기는 어렵지만, 구글의 딥마인드와 그 이전 IBM의 컴퓨터 왓슨의 빠르고 눈부신 발전에서 알 수 있듯이 지난 몇 년 동안 머신러닝 Al 기술이 비약적으로 발전한 것을 고려할 때, Al 초지능의 도래 시점이 불확실하더라도 그러한 사태에 대비하기 위해 사회와 인류 전체가 이론적, 실천적으로 무엇을 해야 하는지 고민해야 할 이유가 충분하다. 기술적으로뿐만 아니라 더 중요한 것은 규범적으로도, 즉 인식론적, 윤리적, 에우다이모니아적으로도 말이다.

현재 빅테크 기업이 사용하는 자율 AI 알고리즘과 관련하여 살펴본 규범적 문제와 미래에 예측되는 AI 초지능 사이에 상당한 차이가 있음을 강조하기 위해, 스튜어트 러셀의 다음과 같은 예리한 관찰은 유익하고 냉정하다(2019, 8-9).

> 소셜 미디어에서 콘텐츠 선택 알고리즘이 어떻게 작동하는지 생각해 보라. 특별히 지능적이지는 않지만 수십억 명의 사람들에게 직접적인 영향을 미치기 때문에 전 세계에 영향을 미칠 수 있는 위치에 있다. 일반적으로 이러한 알고리즘은 클릭률, 즉 사용자가 제시된 항목을 **클릭할 확률**을 극대화하도록 설계되어 있다. 해결책은 사용자의 선호도를 변경하여 예측 가능성을 높이는 것이다. 예측 가능성이 높은 사용자에게 클릭할 가능성이 높은 아이템을 제공함으로써 더 많은 수익을 창출할 수 있다. 다른 합리적인 개체와 마찬가지로 알고리즘은 환경의 상태, 즉 **사용자의 마음**을 수정하는 방법을 학습한다[강조는 추가된 것임].…인간의 도움을 받았다고 해도 몇 줄의 코드치고는 나쁘지 않다. 이제 **정말** 지능적인 알고리즘이 무엇을 할 수 있을지 상상해 보라.

만약 러셀이 2021년 현재 위 구절을 쓰고 있었다면 2021년 1월 6일에 있었던 국회의사당 습격을 암시했을 가능성이 높다. 이 사건은 트럼프 대통령 임기 말기에 트럼프의 추종자들에 의해 일어났는데, 이때 허위 정보를 퍼뜨리는 데 있어 그가 선호하는 매체인 트위터를 비롯한 소셜 미디어로부터 약간의 도움을 받았다. 인용한 러셀의 구절은 이 책에서 지금까지 살펴본 기술의 통제 문제를 아주 명확하게 보여준다. 즉, 빅테크 기업들이 사용하는 설득 기술이 우리의 자율성과 러셀이 말한 것처럼 우리의 정신에 대한 통제권을 가지고 있다는 것이다. 스토아 철학에 따르면 이것이 우리가 통제할 수 있는 우리의 삶의 유일한 측면이다. 지금까지는.

이 책에서 기술 문제에 대해 제시된 스토아와 신스토아의 대응은 앞서 제4장에서 살펴본 바와 같이, 우리가 거의 또는 전혀 통제할 수 없는 상황에 의해 지배되는 인간 삶의 통제 문제에 대한 스토아의 독창적이고 정교한 대응과 유사하다. 지금까지 이 책에서 살펴본 스토아와 신스토아의 대응은 제7장과 제8장에서 더 자세히 살펴본 것처럼 우리가 최소한 자율성에 대한 통제력을 **회복하고 유지해야** 하며, 그래야 우리는 행위자이자 인격체로서, 그리고 사회 전체로서 인간 존엄성을 회복하고 보호해야 한다는 것이다.

현재의 통제 문제는 우리가 이 장에서 맥스 테그마크가 그의 저서 『라이프 3.0: 인공 지능 시대에 인간되기』(*Life 3.0: Being Human in the age of Artificial Intelligence*, 2018)에서 인공 일반 지능(AGI)이라고 인식되고 그렇게 부르는 초지능과 특히 관련하여 살펴보고 있는데, 이러한 통제 문제는 기술의 통제 문제에 어떻게 대응할 것인지에 대한 문제의 심각성을 더해주고 있다. 러셀은 MIT의 유명한 수학자 노버트 위너의 논문 "자동화의 도덕적, 기술적 결과"(Some Moral and Technical Consequences of Automation. *Science* 131, 1960, 1355-1358)를 인용하며 60년 후인 AGI의 통제 문제를 예견한 다음과 같은 선견지명이 있는 요점을 인용한다(2019, 10).

> 우리의 목적을 달성하기 위해 우리가 그 작동을 간섭할 수 없는 기계 장치를 사용한다면,…우리는 그 기계에 입력된 목적이 우리가 정말로 원하는 목적인지 확실히 확인해야 한다.

러셀은 계속해서 다음과 같이 덧붙인다(2019, 10-11).

> 우리보다 더 지능적인 기계에 잘못된 목표를 부여하면 기계가 목표를 달성하고 우리는 패배하게 된다. 앞서 설명한 소셜 미디어 붕괴[앞서 언급한 러셀의 소셜 미디어 의견 참조]는 이것의 전조일 뿐이며, 상당히 지능적이지 않은 알고리즘으로 잘못된 목표를 글로벌 규모로 최적화한 데서 비롯된 것이다.

러셀은 기계의 행동이 **자신의** 목표를 달성할 것으로 예상할 수 있다면 기계를 지능적이라고 기술할 수 있고, 이런 기술을 통해 AI를 정의하고 이런 정의에서 AGI의 핵심 실존 문제를 찾았다. 그러나 기계의 목표가 우리의 목표와 일치하는지 신뢰할 수 있는 방법은 우리에게 없다. 그런 다음 그는 기계가 **자신의** 목표를 추구하는 대신 **우리의** 목표를 추구하는 기계를 설계함으로써 이 문제를 해결할 수 있는 또 다른 접근 방식을 제안한다. 그런 기계는 지능적일 뿐만 아니라 인간에게도 유익할 것이라고 그는 주장한다. 그는 다음처럼 결론을 내린다(2019, 11-12).

> **기계는 그것의 행동이 우리의 목표를 달성하는 데 도움이 될 수 있는 범위 내에서만 유용하며,** 이것은 아마 우리가 항상 그렇게 했어야 할 일이다. 어려운 부분은 우리의 목표는 기계에게 있는 것이 아니라 우리(모든 영광스러운 다양성을 지닌 80억 명에 달

하는 우리)에게 있다는 것이다. 그럼에도 불구하고 정확히 이런 의미에서 유익한 기계를 만드는 것은 가능하다. 불가피하게 이러한 기계는 우리의 목표에 대해 불확실할 것이다.…목표에 대한 불확실성은 기계가 필연적으로 인간에게 양보할 것임을 의미한다. 기계는 허락을 구하고, 수정을 받아들이고, 스스로 꺼질 수 있도록 허용할 것이다.…그 결과 인간과 기계 사이의 새로운 관계가 형성될 것이며, 이를 통해 향후 수십 년을 성공적으로 헤쳐나갈 수 있기를 바란다.

위에서 인용한 구절은 언뜻 보기에 러셀이 인간과 기계의 새로운 공생 관계를 달성하기 위한 새로운 방법을 제시하고 있다는 점에서 매우 의미심장하며, 이를 통해 AGI의 중요한 통제 문제를 해결할 수 있을 것으로 보인다. 나의 철학 스승인 시드니 대학교설 데이비드 스토브 교수님이 늘 말씀하시던 것처럼 "얻을 수 있다면 좋은 일입니다!"

이 장의 뒷부분에서 러셀이 제안한 AGI 통제 문제에 대한 해결책을 더 자세히 살펴보기 전에 몇 가지 초기 의견이 필요하다. 첫째, 위에 인용한 구절에서 러셀이 제안한 내용에서 어떤 수준의 AGI를 언급하고 있는지 명확하지 않다. 인간 수준의 AGI를 말하는 건가, 아니면 인간의 지능을 훨씬 뛰어넘는 초지능 수준의 AGI를 말하는 건가? 그 정도의 차이는 초지능이 자신의 목표보다 우리의 목표에 대해 조언을 구할 수 있을 뿐만 아니라, 더 나아가 우리가 초지능을 끌 수 있도록 허용할 정도로 얼마나 유순하고 "순종적"일지에 따라 달라질 수 있기 때문이다. 인간 지능과 초지능 사이의 거대한 비대칭성에 대한 비유가 때때로 만들어지는데, 러셀 자신이 실제로 제안한 것처럼(2019, 132), 즉 예상되는 초지능 에이전트에 비해 우리 인간이 기껏해야 현재의 고릴라 수준에 불과할 것이라고 한다면, 현재의 인간 지능을 훨씬 능가하는 초지능 에이전트가 우리가 그들을 꺼버리도록 허용하는 것은 물론 어떤 조언으로도 우리를 따를 것이라고 상상하기는 다소 어렵다. 러셀 자신도 정확하게 관찰했듯이(2019, 161), 초지능 에이전트는 그 목표가 무엇이든 간에 목표를 달성할 수 없다는 단순한 이유로 스스로 꺼지는 것을 허용하지 않는 것을 하위 목표 중 하나로 삼을 것이다. 그가 말하고 있는 것처럼, 초지능 에이전트가 그렇게 하는 것은 "살아남고 싶어서가 아니라 우리가 부여한 목표를 추구하고 있고 전원이 꺼지면 실패하리라는 것을 알고 있기 때문이다."

아마도 공상과학 영화 『스페이스 오디세이 2001』(*Space Odyssey* 2001)에 등장하는 고도로 지능적인 컴퓨터인 할 9000(Hal 9000)은 기껏해야 인간 수준의 지능을 가졌기 때문에 스스로 속아서 꺼질 수 있었는데, 만약 할이 초지능적이어서 인간에게 압도당하는 일이 없었다면, 이런 일은 일어나지 않았을 것이다. 적어도 초기에는 러셀이 제안한 AGI의 통제 문제에 대한 해결책과 초지능에 대한 그의 생각 사이에 긴장감이 있는 것으로 보인다. 하지만 이에 대해서는 나중에 자세히 설명할 것이다. 그동안, 맥스 테그마크가 AGI의 가장 중요한 통제 문제, 특히 초지능 수준에서 해결되지 않은 중요한 문제(2018년 기준)로 지적한 목표 정렬 문제를 좀 더 자세히 살펴보겠다. 테그마크(2018, 259-260)에 따르면,

> 기계가 더 지능적이고 강력해질수록 기계의 목표가 우리의 목표와 일치하는 것이 더 중요해진다.…문제는 결국 인간의 목표가 우

세할지 여부가 아니라 목표 일치 문제를 해결하는 방법을 찾기 전에 이러한 기계가 인류를 얼마나 괴롭힐 수 있는지에 있다.…초지능적 AI는 목표를 달성하는 데 매우 능숙할 것이고, 그 목표가 우리의 목표와 일치하지 않으면 우리는 곤경에 처하게 된다.…초지능적 AI의 목표를 우리의 목표와 일치시키는 방법을 알아내는 것은 중요할 뿐만 아니라 어렵기도 하다. 사실 이것은 현재 해결되지 않은 문제이다.

테그마크는 목표 정렬 문제가 세 부분으로 구성되어 있다고 지적한 다음(2018, 260-263), 각각의 어려움과 도전 과제에 대해 차례로 설명한다.

1. **인공지능이 우리의 목표를 학습하게 하기**: 인공지능이 우리의 목표를 학습하려면 우리가 무엇을 하는지뿐만 아니라 왜 그런 행동을 하는지도 파악해야 한다. 테그마크에 따르면, AI 연구자들은 기계가 우리의 행동에서 우리의 목표를 추론할 수 있도록 노력하고 있으며, 이는 초지능이 등장하기 전에 유용할 것이라고 덧붙였다. 핵심 아이디어는 실제 상황과 영화나 책과 같은 문화적 환경에서 많은 사람을 관찰함으로써 AI가 우리의 선호도를 정확하게 나타내는 모델을 구축할 수 있다는 것이다. 테그마크는 스튜어트 러셀이 현재 버클리 연구 센터에서 시작한 이 과정을 **역강화 학습**이라고 부른다. 핵심 아이디어는 AI의 목표는 자신의 목표가 아니라 인간 주인의 목표를 극대화하는 것이므로, 인간 주인이 원하는 것이 무엇인지 신중하게 고려하고 불확실한 경우 추가 설명을 위

해 주인을 따르는 인센티브를 갖는다는 것이다. 이 접근 방식과 관련된 보너스는 인간 소유자가 자신을 꺼버릴 수 있도록 AI가 허용한다는 것이다. 그러나 테그마크가 정확하게 관찰했듯이, 인공지능이 우리의 목표를 학습할 수 있다고 해도 반드시 이를 채택하지는 않을 것이다. 이제 문제의 두 번째 부분으로 넘어간다.

2. **AI가 우리의 목표를 채택하게 만들기**: AI가 우리의 목표를 채택하는 것은 테그마크가 아이들의 도덕 교육에 비유한 **가치 충전 문제**(*value-loading problem*)로 더 일반적으로 알려져 있다. 부모나 교사로서 우리의 목표와 가치를 가르치려고 노력할 수는 있지만, 그렇다고 해서 아이들이 그 목표와 가치를 받아들이는 것은 아니다. 테그마크는 지능이 인간 이하에서 초인간으로 향상되는 AI를 생각해 보라고 말한다. 결국 AI가 인간보다 훨씬 더 똑똑해지고 우리의 목표를 완벽하게 이해하게 되더라도, 우리보다 훨씬 더 강력해져서 자신이 개발한 목표를 폐기하고 우리의 목표를 채택하지 않을 수도 있다. 테그마크의 표현을 빌리자면(2018, 263). "당신이 AI에게 목표를 충전할 수 있는 기간은 매우 짧을 수 있다. 인공지능이 너무 멍청해서 받아들이지 않을 때와 너무 똑똑해서 받아들이지 않을 때 사이의 짧은 기간."
3. **AI가 우리의 목표를 유지하도록 만들기**: 테그마크에 따르면, 우리의 목표를 학습하고 채택하는 AI을 구축하는 데 성공하더라도, AI가 더 똑똑해짐에 따라 진화할 수 있다는 간단한 이유로, 우리는 여전히 목표 정렬 문제를 해결하지 못할 것이다. 그렇다면 어떻게 하면 AI가 **우리의 목표를 유지**

하도록 보장할 수 있을까? 그는 계속해서 (2918, 264) 다음과 같이 말한다.

> 더욱 지능적인 AI가 궁극적인 목표를 유지할 것이라는 주장은 엘리에저 유도츠키와 다른 사람들이 공표한 우호적인 AI 비전의 초석을 형성한다. 즉, 우리가 우리의 목표에 기대어 스스로 발전하는 AI를 우호적으로 만들 수 있다면,…그 AI가 영원히 우호적인 상태를 유지하기 위해 최선을 다할 것이라는 보장이 있다. 하지만 그것이 정말 사실일까?

아주 좋은 질문이다. 테그마크는 이 질문에 대해 또 다른 적절하고 설득력 있는 대조적인 합리적 질문을 던짐으로써 이 질문에 대한 답을 제시한다. "초지능적인 친근한 AI가 현재 인간의 목표가 당신이 개미의 목표를 발견하는 것처럼 재미없고 무의미하다고 생각하고, 우리에게서 배우고 채택한 목표는 다른 새로운 목표를 발전시킬 수 있을까?" 내가 보기에 그는 다음처럼 올바른 결론을 내린다(2018, 268).

> AI 목표 정렬 문제는 세 부분으로 나뉘는데, 그 중 어느 하나도 해결된 것이 없으며 현재 모두 활발한 연구의 대상이 되고 있다. 이 문제는 매우 어렵기 때문에 초지능이 개발되기 훨씬 전인 지금부터 최선의 노력을 기울여 필요할 때 해답을 얻을 수 있도록 하는 것이 가장 안전하다.

기술의 메타 통제 문제: 인간 존엄성에 대한 공격

제7장과 제8장에서 자세히 살펴본 인간 존엄성의 문제와 이와 밀접하게 연관된 인간 자율성의 문제는 스토아 철학의 통제 문제와 더불어 기술의 통제 문제의 핵심을 이루는 두 가지 주요 쟁점이다.

(a) 기술 전반의 문제, 특히 AI 기술의 문제는 누가 통제권을 갖고 있느냐는 것이다. 우리 아니면 AI 머신?

(b) 스토아 철학의 평행 통제 문제는, 누가 우리 개인의 삶을 통제하는가 하는 것이다. 제약받지 않는 자유로운 의지 또는 프로하이레시스를 가진 자율적인 행위자의 자격을 갖춘 우리인가, 아니면 버르장머리 없는 운명과 상황의 예측할 수 없고 피할 수 없는 투석기나 화살인가?

이 장의 후반부에서는 스토아 철학과 신스토아 철학이 현재와 미래에 인류가 직면한 유일한 실존적 문제인 AGI 문제에 대한 해결책은 아니더라도 대응책을 제공할 수 있는지, 그리고 어떻게 제공할 수 있는지 살펴볼 것이다. 그 전에 이 장에서 **AI 기술의 메타 통제 문제**라고 부르는 측면에서 AI의 통제 문제를 살펴보기로 하겠다. 기술의 메타 통제 문제는 사실 지금까지 이 책에서 살펴본 문제, 즉 빅테크 기업들이 ICTs와 AI 기술을 통제함으로써 개인과 사회로서의 우리에게 행사하는 통제하는 것과 관련된 중요한 통제 문제이다. 이 장에서 살펴본 AI의 통제 문제도 마찬가지다. 통제 문제와 초지능 문제는 기술적으로 해결될 수 있다고 하더라도, AI 기술의 통제자, 즉 빅테크 기업이 해당 기술에 대한 완전한 통제권을 유지하는 한 메타 통제 문제는 여전히 해결되지 않은 채로 남아 있을 것이다. 이 책의 핵심 내용은 아니지만, 스튜어트 러셀은 "인간 존엄성에 대한 공격"이라고 부르는 문제와 관련하여 이 문제를 암시한다. 러셀은 공상과학 영화 『엘리시움』(*Elysium*)에서 맥스(맷 데이먼)가 인간 형상의 디지털 가석방 담당관에게 자신의 형기 연장이 부당하고 결과적으로 실패한 이유를 설명하는 장면을 언급하며(2019, 127), 다음과 같이 설명한다.

> 인간의 존엄성에 대한 이러한 공격은 두 가지 측면에서 생각해 볼 수 있다. 첫 번째는 아주 분명하다. 인간에 대한 권한을 기계에 부여함으로써 우리는 자신을 2등 시민으로 격하시키고 우리에게 영향을 미치는 결정에 참여할 권리를 잃는 것이다. (더 극단적인 형태는 기계에 인간을 죽일 수 있는 권한을 부여하는 것이다.) 두 번째는 간접적인 것이다. 결정을 내리는 것은 **기계**가 아니라 **기계를 설계하고 의뢰한 인간**이라고 믿더라도, 그러한 경우 인간 설계자와 의뢰자가 각 인간의 개별 상황을 고려하는 것을 가치 있게 여기지 않는다는 사실은 그들이 다른 사람의 생명에 거의 가치를 부여하지 않는다는 것을 시사한다. **이는 아마도 인간의 봉사를 받는 엘리트와 기계의 봉사를 받고 기계에 의해 통제되는 방대한 하층민 사이의 큰 분리를 보여주는 증상일 것이다.** [강조는 추가된 것임]

러셀이 위 구절에서 설득력 있게 표현한 "인간 존엄성에 대한 공격"은 이 책에서 살펴본 근본적인 규범적 문제, 즉 빅테크 기업들이 적어도 현재로서는 완전한 독점적 소유권과 통제권을 가지고 있는 AI 기술을 사용하여 행사하는 통제 문제를 보여준다는 점에서 중요하다. 그렇다면 기술의 통제 문제에 대한 메타 질문은 누가 통제자를 통제하는가 라는 질문이 된다. 러셀은 빅테크 기업을 직접적으로 또는 구체적으로 언급하지는 않지만, 그럼에도 불구하고 그러한 통제가 인간의 존엄성에 대한 부당한 공격이며, 제7장과 제8장에서 살펴본 것처럼 인간의 존엄성에 대한 근본적이고 불가침의 절대적 권리를 침해한다는 점을 예리하게 관찰한다. 러셀은 계속해서 유럽연합의 규정을 언급한다. 2018년 일반 데이터 보호 규정(*General Data Protection Regulation*) 제22조는 "이러한 경우 기계에 권한을 부여하는 것"을 금지하고 있다(2019, 127-128).

> 정보 주체는 자신과 관련하여 법적 효과를 발생시키거나 이와 유사하게 자신에게 중대한 영향을 미치는 프로파일링을 포함하여 자동화된 처리만을 기반으로 한 결정의 대상이 되지 않을 권리가 있다.

러셀은 기술의 통제 문제와 관련하여 "컴퓨터[그리고 더 나아가 컴퓨터가 작동하는 AI 기술]가 인간의 도구로 남을 것인가, 아니면 인간이 컴퓨터 시스템의 도구가 될 것인가"라는 핵심 질문으로 결론을 내린다.

러셀은 인간이 컴퓨터 시스템에 대한 통제력을 상실한 사례로 2018년 4월 3일 유럽에서 수천 편의 항공편이 크게 지연되거나 취소된 "컴퓨터 결함"과 2010년 뉴욕증권거래소의 "플래시 충돌[심각한 폭락]"로 단 몇 분 만에 1조 달러가 사라져 거래소를 폐쇄하는 것이 유일한 해결책이 된 사건을 꼽는다. 러셀에 따르면 일시 폐쇄의 원인은 여전히 잘 알려지지 않았다(2019, 130). 흥미롭게도 이와 관련하여 로버트 해리스(Roberts Harris)는 그의 소설 『공포 지수』(*The Fear Index*. 2011)에서 증권거래소를 통제하는 AI 시스템 VIXAL이 시스템을 장악하고 하드웨어가 파괴된 후에도 시스템을 종료할 수 없는 시나리오를 탐구한다. 실제로 VIXAL은 스스로 "살아있다"고 선언하며, 아마도 인간보다 더 높은 AGI를 달성했기 때문에 인간 처리자가 막을 수 없다는 것을 암시한다. 로버트 해리스의 최근 소설 『두 번째 잠』(*The Second Sleep*. 2019)은 종말로 알려진 "기술 문명의 총체적 붕괴"가 일어난 800년 후의 영국을 배경으로 한다. 맥스 테그마크가 추측한 것과 다르지 않은 가능성이다. 스튜어트 러셀과 닉 보스트롬(Nick Bostrom)은 자신의 저서 『초지능』(*Superintelligence*. 2015)에서 인간의 목표와 이해관계에 부합하지 않는 초지능 AI가 초래하는 잠재적 실존적 위험에 대해 언급하며, 우리가 알고 있는 인류 문명을 파괴할 것이라고 이야기했다.

스튜어트 러셀은 이러한 실존적 위험을 1872년에 출간된 새뮤얼 버틀러의 소설 『에레혼』(*Erewhon*)과 연관시킨다. 버틀러는 이 소설의 일부인 "기계의 책"(The Book of Machines)에서 "어떤 지성보다 더 나은 자기 조절적 자기 행동력"을 가진 컴퓨팅 장치에 관련하여, "세월이 지나면 우리 자신이 열등한 인종임을 알게 될 것이며,…**우리의 속박은 소리 없이 그리고 눈에 보이지 않는 접근 방식으로 우리에게 서서히 다가올 것**"[강조는 추가된 것임](Russell 2019, 133-134)이라 하여 유사한 실존 문제를 제기한다. 러셀은 버틀러의 소설에 나오는 우려를 80년 후인 1951년 맨체스터에서 열린 강연에서 앨런 터린이 제기한 우려와 훌륭하게 연관시킨다. 그 강연에서 러셀이 선택한 구절은 전부 인용할 가치가 있으며, 우리를 잠시 멈추고 우려하게 만든다(2019, 134).

> 기계의 사고방식이 시작되면 인간의 미약한 능력을 능가하는 일이 그리 오랜 시간이 걸리지 않을 것 같다. 기계가 죽는다는 따위의 문제는 있을 수 없고, 기계는 서로 대화하며 지혜를 키울 수 있을 것이다. 따라서 어느 순간 우리는 새뮤얼 버틀러의 『에레혼』에서 언급된 것처럼 기계가 **통제권**을 갖게 될 것을 예상해야 한다[강조는 추가된 것임].

그 해에 터린은 BBC 라디오 방송에서 다음과 같이 말하며 이러한 우려를 반복했다.

"기계가 생각할 수 있다면 우리보다 더 지능적으로 생각할 수 있는데, 그렇다면 우리는 어디에 있어야 할까요?…이 새로운 위험은…확실히 우리에게 불안감을 줄 수 있습니다."

러셀은 자신의 책(『지나치게 지능적인 AI』(*Overly Intelligent AI*))의 해당 부분에서 초지능 기계의 전망이 우리를 불안하게 만들고, 그러한 지능형 기계가 세계를 장악하여 "인류를 정복하거나 제거할" 수 있다는 것이 적어도 논리적으로는 가능하다는 점을 인정하면서도, AI 연구를 중단하는 것은 그의 말처럼 다음을 의미하기 때문에 피한다(2019, 135-136).

> 앞서 언급한 것은 인간의 지능이 어떻게 작동하는지를 이해하는 주요한 방법 중 하나일 뿐만 아니라 인간의 조건을 개선하여 훨씬 더 나은 문명을 만들 수 있는 절호의 기회이기도 하다.

그는 AGI는 주로 "전 세계 연구실의 화이트보드"에서 이루어지기 때문에 금지하는 것은 매우 어렵고, 더 큰 어려움은 "일반 목적의 AI에서 진전을 이루는 연구자들이 종종 다른 것을 연구하고 있다는 것"이라고 정확하게 관찰했다(2019, 136). 이러한 이유로 연구 예산, 특히 빅테크 기업의 수십억 달러 예산을 통제하는 AI 커뮤니티, 정부, 기업이 AI 연구를 중단하는 방식으로 "고릴라 문제"(gorilla problem)*에 대응할 가능성은 낮다. 그는 "고릴라 문제"가 AI 연구를 중단함으로써만 해결될 수 있다면 "해결되지 않을 것"이라고 결론지었다. 러셀에 따르면, 효과가 있을 것 같은 유일한 접근법은 다음과 같다. "더 나은 AI를 만드는 것이 왜 나쁜 일인지 이해하는 것이다"라고 러셀은 말한다. 그는 현실 세계에서 작동하는 복잡한 시스템의 예측 불가능성을 다루는 통제 이론과 노버트 위너(Norbert Wiener)를 언급하며 "수천 년 동안" 우리는 그 질문에 대한 답을 알고 있었다고 결론지었다. 러셀에 따르면 위노는 과학자와 엔지니어들이 "자신의 창조물을 통제할 수 있다"는 자신감이 재앙적인 결과를 초래할 수 있다고 확신했으며, 1950년에 출간된 위너의 저서 『인간의 존재 사용』(*The Human Use of Beings*)의 표지 문구인 "기계적인 두뇌와 유사한 기계는 인간의 가치를 파괴하거나 우리에게 **그 가치를 이전과는 전혀 다른 방식으로 실현하게** 할 수 있다"[강조는 추가된 것임]를 언급했다(Russell, 2019, 137). 이것은 기술의 통제 문제와 관련하여 이 장의 현재 목적과 직접적으로 관련이 있다. 위너는 1960년에 "진정

---

* 옮긴이 주: 스튜어트 러셀이 제시한 개념으로, 이 인간을 압도하고 통제력을 상실하게 될 위험을 경고하는 문제이다. 이 용어는 인간이 고릴라를 지배하게 된 것처럼, AI가 인간을 지배하게 될 가능성을 시사한다. 이 문제는 연구와 개발 과정에서 발생할 수 있는 윤리적, 기술적 도전에 대해 주의를 환기시키기 위한 것이다.

한 인간의 목적을 정확하고 완전하게 정의하는 것이 불가능하다는 것"이 핵심 문제임을 파악했고, 러셀은 "기계에 자신의 목적을 불어넣으려는 인간의 시도는 실패할 수밖에 없는 운명"이라고 말한다. 러셀은 이를 **미다스 왕의 문제**라고 부른다.

그리스 신화에 익숙한 사람들은 미다스 왕이 자신이 요구하고 소원했던 것, 즉 자신이 만지는 모든 것을 금으로 바꾸어 달라고 한 것을 정확히 얻었지만, 불행히도 자신이 먹고 마시는 모든 것뿐만 아니라 가족 모두가 결국 굶어 죽었다는 사실을 기억할 것이다. 위너는 괴테의 『마법사의 제자』(*Sorcerer's Apprentice*) 이야기를 인용하며 빗자루에게 물을 가져오라고 지시하면서도 빗자루에게 물을 얼마나 가져와야 하는지 알려주지 않았고 빗자루를 멈추게 하는 방법도 몰랐다고 말한다. 익사로 인한 사망 사례이다. 러셀에 따르면 이에 대한 기술적 용어는 우리의 실수로 우리 자신의 목표와 일치하지 않는 목표를 기계에 주입할 수 있는 **가치 정렬** 실패이다(2019, 137-138).

가치 정렬 문제는 앞서 살펴본 목표 정렬 문제와 함께 기술 통제 문제의 핵심을 이루는 두 가지 문제이다. 러셀에 따르면, 1964년에 출간된 그의 저서 『신과 골렘』(*God and Golem*)에서 노버트 위너는 이 문제를 다음처럼 설명했다.

> 과거에는 인간의 목적에 대한 불완전하고 부적절한 관점이 기술적 제약을 동반했기 때문에 상대적으로 해롭지 않았다. 이것은 인간의 무능함이 인간의 어리석음의 파괴적인 영향으로부터 우리를 보호해 온 많은 곳 중 하나에 불과하다.

인간의 어리석음에 대해 러셀은 다음과 같이 신중하게 상기시킨다(2019, 138).

> 안타깝게도 이러한 보호막의 시기는 빠르게 끝나가고 있다. 우리는 이미 소셜 미디어의 콘텐츠 선택 알고리즘이 광고 수익 극대화를 명분으로 사회에 어떤 혼란을 초래했는지 보았다.

불행히도 우리는 2021년 1월 6일 도널드 트럼프 전 대통령의 열광적인 지지자들이 국회의사당을 폭력적으로 공격한 사건에서 이를 다시 한번 확실히 목격했다. 로테르담의 에라스무스가 1511년에 처음 출간된 그의 유명한 저서 "어리석음에 대한 예찬"을 썼을 때 아이러니와 네덜란드식 유머 감각을 제외하면 무엇을 염두에 두었을지 궁금해진다. 에라스무스의 책에서 인류는 신의 전지전능하고 항상 현존하는 지혜를 통해 질주하는 어리석음에서 구원을 받는다고 했을 때, 그는 몇몇 빅테크 기업이 소유한 AI 기술이 넘쳐나고 통제하는 세속적인 세상에서 지금 인류가 직면한 이런 어리석음을 예상할 수 있었을까? 이 장의 뒷부분에서는 자연 전체에 퍼져 있는 모든 이성적 우주정신이나 영(靈)의 형태를 띤 스토아의 "신"이 기술의 통제 문제에 대한 해결책은 아니더라도 어떻게 이론적 대응을 제공할 수 있는지 살펴볼 것이다. 인간의 어리석음에 관해, 러셀은 "인터넷과 그것이 지원하는 글로벌 규모의 기계들—이미 매일 수십억 명의 '사용자'와 상호작용하는 기계들—은 **인간에 대한 기계 통제력의 성장을 위한 완벽한 매개체를 제공한다**"[강조는 추가된 것임]는 점을 신중하게 상기시킨다(2019, 138-139).

러셀이 위 구절에서 "인간에 대한 기계의 통제력 증가"와 관련하여 지적하고 있는 점은 매우 중요하고 큰 우려를 불러일으킨다. 이 장의 주제인 기술의 메타 통제 문제, 즉 빅테크 기업이 책임감 없는 ICT 및 AI 기술을 사용하여 개인으로서 그리고 사회로서 우리 삶의 대부분의 측면에 대해 행사하는 전반적인 통제권을 상기시켜야 한다. 이 장에서 살펴본 AGI의 통제 문제가 기술적으로 해결된다고 하더라도, AI 기술의 통제자, 즉 빅테크 기업이 해당 기술을 완전히 통제하고 이를 통해 우리를 통제하는 한 메타 통제 문제는 여전히 해결되지 않은 채로 남아있을 것이기 때문이다.

빅테크의 통제에 대한 스토아 철학의 대응

유레카! 이 장의 특정 부분을 쓰면서 내가 발견한, **유레카**의 순간이라고 할 수 있는 발견은 빅테크 기업들이 불투명한 설득 기술을 통해 행사하는 **통제 방식**이, 비록 그 의도는 아니지만 이론적 방식에서 제4장에서 처음 살펴본 스토아 윤리의 핵심 특징이자 통제 문제에 대한 해결책과 묘하게 닮았다는 점이다. 설명해보기로 한다. 스튜어트 러셀(2019, 139)에 따르면,

> 우리가 우리 자신을 우리의 행동을 통해 목표를 달성할 것으로 기대되는 존재라고 생각한다면, **우리의 행동을 바꾸는** 두 가지 방법이 있다[강조는 추가된 것임]. 첫 번째는 구식 방법이다. 우리의 기대와 목표는 **그대로 두고 환경을 바꾸는** 것이다[강조는 추가된 것임]. 예를 들어, 돈을 주거나 총을 겨누거나 굶겨서 복종하게 만드

는 것이다. 이는 비용이 많이 들고 컴퓨터가 수행하기 어려운 경향이 있다. 두 번째 방법은 **우리의 기대와 목표를 바꾸는** 것이다[강조는 추가된 것임]. 이것은 기계에게는 훨씬 쉽다. 기계는 매일 몇 시간 동안 **당신과 접촉**하며[강조는 추가된 것임] 정보에 대한 액세스를 통제하고 게임, TV 영화 및 사회적 상호 작용을 통해 많은 엔터테인먼트를 제공한다. 소셜 미디어 클릭을 최적화하는 강화 학습 알고리즘은 인간의 행동에 대해 추론할 수 있는 **능력이 없으며**, 사실 인간이 존재한다는 사실조차 의미 있게 알지 못한다[강조는 추가된 것임]. 인간의 심리, 신념, 동기를 훨씬 더 잘 이해하는 기계의 경우, 기계의 목표에 대한 만족도를 높이는 방향으로 점진적으로 안내하는 것이 상대적으로 쉬울 것이다.

이 장의 주제와 관련성이 있고 중요하기 때문에, 나는 위의 러셀의 글 전체를 인용했다. 이 글은 기술의 통제 문제를 매우 명쾌하게 설명하는 동시에 이 책의 전반적인 목표인 스토아 철학과 신스토아 철학을 통해 그 문제에 대한 해답을 제시할 수 있는 길을 조명하고 있기 때문이다.

한편으로는 AI 설득 기술이 행사하는 인간에 대한 기계의 **통제 방식**과 스토아 철학이 궁극적인 에우다이모니아를 달성하기 위해 개인이 자신의 삶을 통제하는 데 적용할 수 있는 방법으로서 제시한 통제 방식 사이의 유사성은 이제 분명해졌다. 위에서 러셀이 설명한 첫 번째 옵션에 따라 기계가 **우리의 상황을 바꿀** 수 없다면, 두 번째 옵션에 따라 기계는 체계적인 설득과 습관화를 통해 우리의 기대와 목표를 바꿀 수 있기 때문이다. 반면 스토아 철학에서 두 번째 방법은 앞서 (제4장)에서 살펴본 것처럼 우리 자신의 의지, 즉 **프로하이레시스** 또는 **헤게모니콘**이 전통적으로 주요 덕으로 불리는 용기, 중용, 정의, 사려와 같은 덕을 통해 자율적인 결정과 선택에 합리적으로 적용됨으로써 이루어진다. 기계의 경우 인간, 특히 인간의 결정과 선택에 대한 통제는 외적이며 우리의 자율성을 표적으로 하는, 가끔은 우리가 인식하지 못했거나 동의하지 않은 경우에도 설득 알고리즘의 상시적인 감시와 행위의 영향을 받는 데 반해, 스토아 철학의 경우 개별 행위자에 대한 통제는 내적이며 행위자 스스로의 자율성과 자신의 의지 또는 **프로하이레시스**의 행위를 통해 영향을 받는다는 점에서 차이가 있다.

지능적 자율 기계의 행위가 인간에 대해 행사하는 **외적 통제**와 개별 인간의 자율 행위자가 스스로에 대해 행사하는 내적 통제 사이의 대조는 인간에 대한 기계의 통제 문제와 스토아 및 신스토아 철학을 통한 해결책에 대한 대응을 동시에 지적한다. AI 기계의 방법과 스토아 철학의 방법 사이의 대조는 이 두 가지 평행한 방법 사이의 결정적인 차이와 넓은 규범적 간극을 지적한다. 빅테크 기업의 기계 사용은 주로 독점적이고 비대칭적인 불투명한 알고리즘을 통해 인간 사용자를 착취하고 기만하고 조작하며, 사용자의 행복을 희생하여 빅테크 기업의 주요 **도구적** 이익과 혜택을 위해 설계되었다. 따라서 빅테크 기업의 비즈니스 모델에 기반한 기술적 방식은 스토아적 방식과 뚜렷한 대조를 이룬다. 스토아 철학 및 신스토아 철학의 설계와 의도는 **자유롭고 자율적인** 행위자로서 개인이자 사회인 인간이 덕의 행사를 통해 에우다이모니아에 도달할 수 있도록 하는 것이며, 이는 전적으로 자율적 행위와 의지 또는 **프로하이레시스**, 즉 개인의 통제 안에 있는 것이다. 기게스의 신화가 **완벽한 불의**의 전형적 사례라면(제6장 참조), 스토아의 내적 통제 방식을 모방한 빅테크 기업의 인공지능 알고리즘이 우리의 자율성에 행사하는 은폐된 외적 통제는 **완벽한 기만과 조작**의 사례라고 할 수 있다. 제6장에서 살펴본 것처럼 **완벽한 불의와 완벽한 기만과 조작**의 사례는 모두 조직적인 미디어 부패의 한 형태이다. 아이러니하게도 설득력 있는 AI 알고리즘과 스토아 철학은 모두 매우 인기 있는 것으로 입증되었다. 그러나 중요한 규범적 차이가 있다면, 페이스북이나 구글과 같은 빅테크 기업은 우리에게 무료 서비스를 제공하지만, 자유와 자율성을 뺏기는 대가를 치르는 데 반해, 스토아 철학은 자유와 자율성을 아무런 대가 없이 한 번에 획득하고 되찾고 유지할 수 있게 해준다는 점이다.

따라서 외적 기계 통제 방식과 내적 스토아적 통제 방식의 결정적인 차이점은 기계 방식은 **도구적 수단-목적 합리성**을 채택하는 반면, 스토아 및 신스토아 방식은 수단과 목적이 동시에 인식론적, 윤리적, 에우다이모니아적으로 건전하고 또한 수단과 목적이 일치해야 하는 **규범적 합리성 모델**을 채택한다는 점이다. 이 책의 앞부분에서 앨런 게워스의 일반적 일관성 원리(PGC)과 제5장의 DOIT-지혜 모델에 대해 살펴본 것처럼, 이 두 이론적 모델에서 사용하는 합리성의 규범적 모델에서는 수단과 그 수단이 적용되는 목적이 모두 윤리적이며 선해야 한다는 것을 요구한다. 도구적 합리성에서는 그렇지 않으며, 합리적이면서도 규범적으로 중립적인 유일한 요건은 수단이 적용되는 목적을 달성하는 데 수단이 효과적이어야 한다는 것이다. 예를 들어, 전문 청부살인업자로 고용된 사람은 효과적이고 성공적인 "히트"를 달성하기 위해 가장 효과적인 실제 수단을 사용해야 한다. 제6장 앞부분에서 살펴본 것처럼, 기게스와 같은 사람은 도구적으로 매우 이성적일지라도, 부도덕한 수단으로 부패에 연루되는 방식을 통해 목표를 달성하기 위해 도덕적일 필요도 선할 필요도 없다.

덕을 통한 통제의 스토아적, 신스토아적 방법과 관련하여 위에서 제시한 해결책은 현재 빅테크 기업들이 사용하는 지능의 모델인 순전히 도구적인 합리성 모델이 아닌, AI의 규범적 합리성 모델을 설계하고 적용하는 것이다. AI, 특히 AGI가 합리적으로 행동할 것이라는 가정하에 이들은 합리적으로 행동할 것이며, 따라서 이들은 스토아 철학 및 신스토아 철학에서 지지하는 것과 같은 규범적 합리성 모델과 칸트 및 대부분의 다른 윤리 이론(계약론, 공리주의 이론, 덕 윤리 이론 등)에서 채택하는 것과 같이 수단과 목적이 모두 인식론적으로, 윤리적으로, 그리고 에우다이모니아적으로 선해야 한다는 것을 머신러닝을 통해 학습할 수 있으며, 이는 AI이나 AGI뿐 아니라 일반적으로 인간 행위자와 인간 전체를 위해서도 필요하다.

통제에 관한 기계 방식과 스토아 방식의 밀접한 방법론적 접근과 연관해서, 예를 들어 심리학에서 사용되는 **인지행동치료**(*Cognitive Behavioural Therapy*. CBT) 방법은 우리 자신을 통제하는 방법으로서 그리고 통제할 수 없는 외부 환경이 우리의 행동에 영향을 미치지 않도록 하는 방법으로서, 스토아 철학의 영향을 많이 받았다. 이는 마틴 셀리그만(Martin Seligman)이 처음 개발한 긍정 심리학의 방법과도 공통되는 특징이다(그의 저서 『낙관주의 학습』(*Learned Optimism*, 1991 참조). 스토아 철학이 CBT에 미치는 영향은 카바나(Andrea E. Cavanna)의 유익한 논문(January 15, 2019)에서 논의된다. 이 논문에서 카바나는 다음과 같이 지적한다.

> 감정과 행동에 대한 이성의 작용에 관한 스토아적 이론과 인지적 이론에는 흥미로운 평행성이 있다.…스토아 학설에 따르면 감정적 반응은 비합리적이지도 않고 분석이 불가능한 것도 아니며, 이성에 근거한 판단이고, 따라서 통제와 조작이 가능하다[강조는 추가된 것임]. 실제로 에픽테토스 자신은 철학을 영혼의 치료이자 의학, 즉 심리 치료로 생각했던 고대 철학의 전통에 따라 철학자의 역할을 의사의 역할과 일관되게 비교했다. 심리 치료사로서의 스토아 철학자는 다른 사람들이 "이성적인 감정"을 얻도록 돕곤 했다. 매일의 수행을 통해 "아레테"[arête. 지적 덕]를 기르는 것이 비이성적인 불안과 슬픔이 없는 좋은 삶("에우다이모니아")을 얻는 길로 여겨졌다. 비슷한 방식으로 현대의 인지행동치료사는 역기능적인 감정을 변화시켜 불안과 정서 장애를 치료하기 위한 이성적인 접근 방식을 강조한다.

카바나의 위 구절은, 한편으로 빅테크 기업이 사용자를 **통제하고 조작**하고 그 결과 치료가 아닌 불치료의 독이 든 성배를 초래하는 데 기계를 사용하는 방식과, 다른 한편으로 그 자체로 목적이 아니라 빅테크 기업의 경제적 이익을 위한 수단으로만 취급될 때, 사용자의 잘삶에 그리고 자율성 및 존엄성 상실에 불행한 영향을 미치는 정신 질환[1] 사이에는 뚜렷한 차이가 있다는 것을 지적한다(칸트의 정언명령, 제7장 참조). 이와 대조적으로 스토아 철학에서 사용되는 치료 방법은 **개인이 스스로 치료자가 되어 스스로** 에우다이모니아에 도달하는 데 있어 불안과 슬픔을 완화하도록 돕는 것을 목적으로 하는 수단으로 고안되었다. 한편으로는 빅테크 기업들이 자신들의 이익과 이윤을 위해 사용하는 조작과 통제의 방법과 에우다이모니아 또는 잘삶을 달성하는 개인의 유일한 이익을 위해 사용되는 스토아적 방식 간의 대조는 그 이상으로 분리될 수는 없다. 빅테크 방법이 **중독**과 **독**으로 효과적으로 사용되는(Jin and Spence 2016) 반면에 스토아적 방식은 영혼의 치료이자 약인 **파마콘**(*pharmakon*)으로만 사용되는 방법은 대조를 이룬다. 그레타 툰베리(Greta Thunberg)가 말했듯이 "어떻게 감히!"

CBT와 빅테크 기업이 사용하는 심리적 설득 기술 사이에 방법론적으로 밀접한 관계가 있는지, 더 나아가 이 장의 앞부분에서 제안한 것처럼 스토아 철학에서 사용하는 통제 방법과 유사점이 있는지는 추가 연구가 필요한 문제이다. 카베나의 유익한 논문을 바탕으로 한 앞선 분석을 고려할 때, 적어도 언뜻 보기에는 강력한 연관성과 유사성이 있으며 추가 연구가 필요하다는 것을 충분히 알 수 있다.

AI 연구의 규범적 요구 사항

맥스 테그마크와 스튜어트 러셀, 그리고 닉 보스트롬과 같은 저명한 인공지능 연구자들은 그의 저서 『초지능』(2015)에서 AI, 특히 AGI의 통제 문제를 해결하는 것이 어렵고, 인공지능이 인류에게 심각한 실존적 문제를 일으킬 수 있다고 지적하면서도 인공지능 연구를 억제하거나 중단해야 한다고 권고하는 데에는 주저하고 있다. 설령 그렇게 하는 것이 바람직하고 사려 깊은 일이라 할지라도 실제로 효과를 거두기는 매우 어렵다고 지적한다. 테그마크와 러셀은 "증명 가능한 유익한 AGI"가 가능하고 개발될 수 있다는 희망을 갖고 있다. 그러나 이 책의 전반적인 목적에 있어서 중요한 것은 유익한 AGI를 개발하기 위해서는 윤리적, 문화적 요건도 필요하다는 점을 강조하면서 AGI는 단순히 기술적 도전이 아니라 철학적, 윤리적, 문화적 문제라는 점을 지적하고 있다. 예를 들어, 테그마크는 "기계가 우리의 목표를 학습하고, 채택하고, 유지하도록 하는 방법을 탐구하면서 우리는 누구인가?"라는 근본적인 존재론적 질문을 던진다. "우리는 누구의 목표에 대해 이야기하고 있는가?" 그의 대답(2018, 269)은 바로 다음과 같다.

> 이 윤리적 문제와 목표 정렬 문제는 모두 초지능이 개발되기 전에 해결해야 할 중요한 문제이다. 한편으로는 목표 정렬이 구축될 때까지 윤리적 문제에 대한 작업을 미루는 것은 무책임하고 잠재적으로 재앙을 초래할 수 있다.

그는 계속해서 조심스럽게 잠정적으로 다음처럼 고찰한다.

> 아리스토텔레스는 덕을 강조한 반면, 임마누엘 칸트는 의무를 강조했고 공리주의자들은 최대 다수의 최대 행복을 강조했다.… 예를 들어 아름다움, 선, 진리에 대한 강조는 『바가바드 기타』(*Bhagavad Gita*)[2]와 플라톤으로 거슬러 올라간다. 하지만 무엇이 아름답고 선한지 어떻게 판단할 수 있을까?

테그마크는 다양한 철학적 윤리 학파와 그가 설명하는 윤리 이론들 사이에 이론적 합의가 부족하다는 점을 지나치게 강조하는 경향이 있지만, 그럼에도 불구하고 그는 다음과 같이 올바르게 결론을 내린다(2018, 271).

> 인류는 아직 윤리적 합의에 이르지 못했지만, 폭넓은 공감대를 형성하고 있는 **많은 기본 원리**[강조는 추가된 것임]가 있다. 현재까지 살아남은 인류 사회는 생존과 번영이라는 동일한 목표에 최적화된 윤리적 원리를 가지고 있는 경향이 있기 때문에, 이러한 합의는 놀라운 일이 아니다.

그런 다음 이러한 기본 원리를 네 가지로 "다듬는다". 첫째, **공리주의**는 긍정적인 경험을 극대화하고 고통을 최소화한다. 둘째, **다양성**. 셋째, **자율성**. 넷째, **유산**은 **오늘날** 대부분의 사람이 행복하다고 여기는 시나리오와와 양립하고, **오늘날** 모든 사람이 끔찍하다고 여기는 시나리오와 양립하지 않는다. 테그마크의 네 가지 원리를 자세히 살펴보는 것은 이 장의 범위를 벗어나지만, 얼핏 보면 이 원리가 합리적이고 앞서 살펴본 일부 원리, 특히 자율성 및 다양성과 유사해 보인다는 점만 말하면 충분하다. 여기에 이 책의 앞부분, 특히 제7장과 제8장에서 살펴본 다른 모든 핵심 원리와 하위 원리, 예를 들어 **정직**, **자유**, **진실성**, **투명성**, **책임**, **책무**, **프라이버시**, **존엄**, **평등**, **연대**, **정의**의 주요 덕인 중용, 용기, 사려 등을 추가할 수 있다. 중요한 것은 테그마크가 계속해서 AI의 발전에 대한 지속적인 논의에서 철학의 중요성을 강조한다는 점이다. 그의 말대로 우리는 "닉 보스트롬의 표현을 빌리자면 마감 시간이 있는 철학과 마주하고 있기" 때문이다(2018, 281). 그는 더 앞에서(2018, 279) 다음과 같이 설명한다.

현재 프로그래밍 가능한 목표 중 AI가 점점 더 똑똑해짐에 따라 진정으로 잘 정의된 상태로 유지될 수 있는 유일한 목표는 입자 배열, 에너지, 엔트로피와 같은 물리적 양으로만 표현되는 목표이다. 그러나 현재로서는 그러한 정의 가능한 목표가 인류의 생존을 보장하는 데 바람직하다고 믿을 이유가 없다. 반대로…엄격하게 정의된 목표를 가진 초지능적 AI가 우리를 제거함으로써 목표 달성을 향상시킬 수 있다는 것을 시사한다. 즉, AI 개발에 대해 **현명하게 결정**하려면[강조는 추가된 것임] 우리 인간은 전통적인 계산 문제뿐만 아니라 철학에서 가장 지루한 질문에 직면해야 한다.… 따라서 철학과 윤리에 대한 고전적인 논쟁에 다시 불을 붙이고 대화에 **새로운 긴박감**[강조는 대화에 추가됨]을 더하는 것이 시의적절하다.

테그마크의 권고는 스튜어트 러셀의 제안(2019, 255-256)과도 일맥상통한다. "우리는 방종과 의존[3]에서 벗어나 **자율성**, **주체적 행위**, [강조는 추가된 것임] 그리고 능력에 대한 우리의 이상과 선호를 재조정하는 **문화적 운동**[강조는 추가된 것임]이, 즉 고대 스파르타의 군사적 정신의 현대적, 문화적 버전이 필요하다." "고대 스파르타의 군사 정신"에 대한 러셀의 언급은 흥미로우면서도 시사하는 바가 있다. 스파르타와 마찬가지로 로마인들도 스토아 철학, 특히 에픽테토스와 마르쿠스 아우렐리우스의 영향을 받아 전투에서뿐만 아니라 카토처럼 알려진 세계를 정복하는 데 도움이 되는 규율을 배웠기 때문이다. 세네카, 키케로, 그리고 그 이전의 소크라테스도 그들이 스스로를 정복하는 데 도움을 주었다. 이 책 전체에서, 특히 제4장에서 언급했듯이. 스토아 철학과 신스토아 철학은 덕의 실천적 동기를 가능하게 하는 인식론적, 윤리적, 에우다이모니아적 원리를 동시에 포함하는 삶의 방식으로서 이론적이고 실천적인 통합된 합리적 개념 체계를 제공한다. 테그마크와 러셀이 제안했듯이 이 책의 가장 중요한 목표였던 기술의 통제 문제 해결에 "현명하게 결정"하고 "새로운 시급성을 더하는" 철학적, 문화적 접근을 제시한다.

현재 스토아 철학의 르네상스와 전 세계적인 인기, 특히 매년 열리는 **스토이콘** 국제 협의회[4]를 통해 우리는 스토아 철학 및 신스토아 철학을 스튜어트 러셀이 현명하게 추천하는 문화 운동의 한 유형으로 생각하게 된다. 전 세계적인, 국제적인 문화 운동 말고는 어떤 것도 우리가 앞의 절 '기술의 메타 통제 문제: 앞서 인간 존엄성에 대한 공격'에서 검토한 기술의 메타 통제 문제에 대응하는 데 있어 빅테크 기업의 독점적 권력에 도전할 수 없기 때문이다. 다시 말해, 메타 통제 문제는 AGI의 통제 문제가 기술적으로 해결된다고 하더라도, AI 기술의 통제자, 즉 빅테크 기업이 해당 기술을 완전히 통제하고 이를 통해 인간과 우리 삶의 모든 측면을 통제하는 한, 메타 통제 문제는 여전히 해결되지 않은 채로 남아있을 것이라는 점이다. 이것은 AI에 대한 통제 문제가 아니라 우리에 대한 통제 문제이다. 즉, 우리를 통제하기 위해 설득력 있는 AI 알고리즘을 사용하는 빅테크 기업을 어떻게 통제할 수 있을까? 러셀은 이 문제를 **기술의 메타 통제**라는 이름으로 언급하지는 않았지만, 그의 책 말미에 기민하고 현명하게 관찰하면서(2019, 250) 이 문제를 암시한다.

2019년 현재 선두 업체는 구글(딥마인드 포함)이다. 페이스북, 아마존, 마이크로소프트, 미국의 IBM, 텐센트. 바이두, 그리고 어느 정도는, 중국의 알리바바(2021년 기준. 애플도 이 목록에 추가할 수 있다)는 모두 세계에서 가장 큰 기업 중…대부분의 카드를 쥐고 있는 플레이어들이다. 이들의 이해관계가 완벽하게 일치하지는 않지만, 모두 **AI 시스템에 대한 통제권을 유지하려는** 욕구를 공유하고 있다[강조는 추가된 것임].…소프트웨어 회사의 "레드불을 마시는 남자들"은 말 그대로 수십억 명의 사람들에게 영향을 미치는 제품이나 업그레이드를 제3자의 감독 없이 출시할 수 있다.…그러나 기술 업계는 자사 제품이 중요하다는 사실을 인정해야 하며, 제품이 중요하다면 그 제품이 해로운 영향을 끼치지 않는 것도 중요하다는 것을 인정해야 한다. 즉 이것은 인간과의 상호 작용의 본질을 규율하는 규칙들이 있어서, 선호도를 지속적으로 조작하거나 중독성 있는 행동을 유발하는 설계를 금지한다는 것을 의미한다.

'빅테크의 통제에 대한 스토아 철학의 해독제'라는 제목의 절에서 인간에 대한 기계의 통제라는 **외적 문제**와 자율적 인간 행위자의 자기 자신에 대한 스토아의 **내적 통제**의 유사성에 대한 인상적인 비교를 기억할 것이다. 기계의 경우 인간, 특히 인간의 결정과 선택에 대한 통제 방식이 **외적**이고, 인간의 자율성을 목표로 하는 설득 알고리즘의 상시적인 감시와 행위자의 영향을 받는 데 반해, 스토아 철학의 경우 개별 행위자에 대한 통제 방식은 **내적**이고, 행위자 자신의 의지 또는 **프로하이레시스**를 통해 행위자 자신의 개별 자율성에 의해 영향을 받는다. 한편으로는 인간에 대한 기계의 주체성과 자율성에 의해 행사되는 외적 통제 방식과 다른 한편으로는 개별 인간의 자율적 주체성에 의해 행사되는 내적 통제 방식의 대조는 인간에 대한 기계의 통제 문제와 그 해결책에 대한 대응을 동시에 가리킨다.

제안된 해결책은 현재 사회와 인류 전체의 규범적 희생을 감수하면서 빅테크 기업의 자기중심적 일차적 이익에만 기여하는 외적 기계 통제 방식의 설계 방향을 자율적 개인으로서 그리고 사회로서 모든 인간 이해관계자의 인식적, 윤리적, 에우다이모니아적 규범적 이익이 분산되는 **내적** 통제 방식의 스토아적 설계로 변경하는 것이다. 빅테크 기업들이 그들만의 자기 주도적 금전적 이익을 제외한다면, 왜 옳은 일을 하지 않겠는가? 다시 말해 특히 AI 기술의 실존적 통제 문제 해결과 관련하여 우리에 대한 성공적이고 비도덕적인 외적 기계 통제의 설계를, 모든 개인의 잘삶을 극대화함으로써 사회 전체와 인류 전체에 이익을 주는 유사하지만 도덕적으로 건전하고 정당한 스토아 방식의 내적 통제로 왜 바꾸지 않겠는가?

개념적으로 내가 제안한 스토아적, 신스토아적 자율 기계에 대한 규범적 접근 방식은 내용과 세부적인 면에서는 러셀이 제안한 인간과 기계의 공생 관계와 적어도 방향성에서는 유사하다. 그는 다음과 같이 정확하게 지적한다(2018, 247-248).

> 우리는 융통성 없는 사전 프로그래밍된 행동을 실행하거나 명확하지만 잘못된 목표를 추구하는 기계의 어리석음에 너무 익숙해져서 기계가 얼마나 현명해지는지에 대해 충격을 받을 수 있다. 입증된 유익한 기계의 기술은 AI에 대한 새로운 접근 방식의 핵심이자 인간과 기계 사이의 새로운 관계를 위한 기반이다.

앞서 러셀은 자신의 제안이 유익한 기계를 위한 것이라고 말하며 이 새로운 접근 방식이 무엇인지 설명한 바 있다(2019, 247).

> 기계가 우리의 목표를 달성할 것으로 기대할 수 있는 행동. 이러한 목표는 기계가 아니라 **우리**에게 있으므로 [강조는 추가된 것임], 기계는 우리가 내리는 선택과 그 선택의 방식을 관찰하여 우리가 진정으로 원하는 것이 무엇인지에 대해 더 많이 배워야 할 것이다. 이러한 방식으로 설계된 기계는 [강조는 추가된 것임] 인간에게 의존하게 될 것이다.

인간과 AI 기계의 관계

인간과 AI 기계 사이의 새로운 관계에 대한 러셀의 접근 방식이, 위에서 인용한 구절에서 설명한 그의 접근 방식과 이 장의 앞부분에서 제안한 스토아 철학 및 신스토아 철학의 접근 방식 사이에 어떤 이론적, 방법론적 유사점을 드러내는지 더 자세히 살펴보기 위해, 앞서 이 책의 제3장과 제4장에서 살펴본 스토아 및 신스토아 철학의 중심 원리를 다시 살펴보고, 그것이 러셀의 **증명 가능한 유익한 AI** 접근 방식과 어떻게 일치하는지 살펴보자.

스토아와 신스토아 원리들 요약

스토아 원리와 이러한 원리가 기술 및 AI 기술에 구체적으로 어떻게 적용되는지 요약하면 다음과 같다.

원리 1: 우리의 통제 범위 내에 있는 것들에만 관심 기울이기

통제 문제는 스토아 철학과 기술 모두에서 발생하는 핵심 문제이므로, 스토아 철학과 신스토아 철학은 기술의 통제 문제 해결을 위한 이론적, 실천적 평가와 동기를 제공할 수 있는 좋은 위치에 있다. 앞서 살펴본 것처럼 기술의 핵심적인 측면이 우리의 통제 밖에 있다면, 스토아 방법론에서 우리에게 열려 있는 선택지는 적어도 두 가지다. 첫 번째 선택지는 기술의 통제 자체가 우리의 통제를 벗어난 것이기 때문에, 우리는 그것을 무시하거나 적어도 우리의 잘삶에는 필요하지 않은 선호된 무관심사(preferred indifferent)로 취급해야 한다는 것이다. 우리는 기술을 통제할 수 없기 때문이다. 두 번째 선택지는 이러한 기술이 정보의 인식적, 윤리적, 에우다이모니아적 특징에 미치는 해로운 영향 때문에, 결과적으로 우리 삶의 대부분의 측면에 미치는 해로운 영향 때문에, 우리는 이러한 기술을 사회의 통제하에 두도록 노력해야 하며, 그렇지 않으면 우리의 집단적 잘삶이 위험에 처할 수 있으므로, 기술을 통제하기 위해 노력해야 한다는 것이다. 앞서 살펴본 바와 같이 이것이 바로 기술의 **메타 통제 문제**이다.

원리2: 궁극 목표

스토아 철학자들은 **에우다이모니아** 또는 잘삶이 좋은 삶의 궁극적인 목표라고 주장했다. 스토아 철학자들이 덕을 통한 에우다이모니아의 달성을 강조한 것은 기술, 특히 AI 기술이 개인과 집단의 잘삶에 미치는 영향과 이에 대응하는 방법을 살펴보는 데 중요한 의미를 갖는다. 그것은 제2장에서 살펴본 것처럼 기술이 그 자체나 기술을 관리하는 빅테크 기업에게만 좋은 것이 아니라

모든 인류의 공동선을 위해 좋은 것이어야 하는 이유를 강조한다.

원리 3: 덕의 삶과 지혜의 삶

유덕한 삶이라는 스토아 철학의 원리와 연관된 것은 지혜의 원리이다. 스토아 철학자들에 따르면 철학의 궁극적인 목적은 단순한 지식이 아니라 지혜를 가르치는 것이다. 중요한 것은 지혜에는 정보 이상의 변화가 필요하다는 점이다. 지혜로워지기 위해서는 정보를 얻는 것뿐만 아니라 삶의 방식으로서 철학의 실천을 통해 유덕하게 살면서 변화되어야 한다. 빅테크 기업이 AI 기술을 통해 우리 삶의 모든 측면에 행사하는 통제권을 무비판적으로 받아들이는 등 우리가 기술을 사용하는 현명하지 못한 방식을 고려할 때, 우리는 개인과 사회 전반의 공동선과 잘삶을 위해 AI기술을 보다 현명하게 사용해야 한다. 따라서 지혜는 **마음의 메타 기술**(Spence 2011)로서 기술을 통제하는 방법과 기술을 사용하는 방법을 안내하여 기술이 우리를 통제하지 않고 소수의 빅테크 기업만이 아니라 인류의 전반적인 공동선을 위해 사용할 수 있도록 도와줄 수 있다.

원리 4: 세계시민주의

스토아적 우주 의식의 개념과 밀접하게 연관된 것이 스토아적 세계관이다. 여기에는 세계 공동체의 공동선을 위해 공감하고 연대하는 삶과 우리 공동체의 잘삶을 위해 글로벌 사회 정의에 따라 행동하는 것이 포함된다. 스토아 철학자들에 따르면 철학은 공동체 참여를 수반한다. 그러나 스토아 철학자들에게 폴리스는 도시 국가나 개별 국가가 아니라 코스모폴리스, 즉 전체 세계 국가였다. 따라서 우리가 현재 거기에 살고 있고 또 미래에 살게 될 연결된 기술 시대에 행복을 달성하기 위한 삶의 방식으로서 스토아적, 신스토아적 세계시민주의는 빅테크의 감시 관행에 대한 집단적 규제 대응을 가능하게 하는 데 중요한 역할을 한다(기술의 메타 통제 문제 참조). 빅테크가 통제하는 AI 기술을 통해 우리를 통제함으로써 우리의 자율성뿐만 아니라 집단적 행복을 조직적으로 훼손하는 행위에 대해 우리가 집단적으로 규제 대응을 할 수 있도록 하기 위해서도 그렇다. 개인으로서 이러한 대응을 할 수 없기 때문에, 기후 변화에 대한 대응과 마찬가지로 우리의 대응에도 전 세계적인 집단적 행동이 필요하다.

원리 5: 자연과 일치하는 삶

스토아주의의 중요하고 핵심적인 원리는 자연에 순응하는 삶이다. 스토아 철학자들은 자연을 보편적 이성과 동일시했기 때문에 자연과 일치하는 삶을 인간 이성의 완성과 동일시했다. 그리고 이성적이고 유덕한 삶을 살아야만 인간은 진정으로 행복해지거나 적어도 불행해지지 않을 수 있다고 생각했다. 따라서 스토아 철학자들에게 있어 덕, 이성적 행위, 행복, 자연은 모두 에우다이모니아를 달성하기 위한 좋은 삶을 사는 것과 밀접한 관계가 있다. 스토아의 자연 개념은 정적인 것이 아니라 동적인 것으로 생각되었기 때문에, 자연 환경뿐만 아니라 결정적으로 디지털 환경까지 포함하도록 스토아적 자연 개념을 확장할 수 있다. 자연과 일치하는 삶이라는 스토아적 원리를 적용함으로써, 우리는 자연 환경(생물권)의 본래 모습을 존중하고 보호해야 할 전 지구적 책임이 있는 것처럼, 디지털 환경(정보권)에 대해서도 동등한 책임이 있다고 말할 수 있다. 기후 변화가 생물권을 오염시키고 부패시킨다면, 빅테크의 AI 기술 통제(기술의 메타 통제)를 통한 감시 관행은 정보권 또한 부패시킨다. 두 가지 모두 우리 개인과 집단의 글로벌 잘삶을 훼손하는 부패의 한 형태이다(제6장 참조).

원리 6: 오이케이오시스

앞서 살펴본 지혜를 통한 변화의 문제와 관련하여 오이케이오시스의 원리가 있다. 제3장에서 살펴본 것처럼, 발달적 덕에서 구성적 덕으로, 불완전하고 불충분한 덕에서 완전하고 충분한 덕으로 전환하기 위해서는 일종의 윤리적 전환이 필요하다. 스토아 철학자들은 이러한 변화의 실질적인 필요성과 그러한 변화가 실제로 어떻게 일어날 수 있는지에 대한 개념적 설명을 제공할 필요성을 깨닫고, 스토아 윤리학의 가장 중요하고 근본적인 교설 중 하나로 여겨지는 오이케이오시스 이론을 발전시켰다.

제3장에서 살펴본 것처럼 스토아 철학의 오이케이오시스 교설의 중심 발달 단계를 구성하는 네 가지 단계는 **자기 보존** 충동, **사회성** 충동, 자신과 타인에게 단순히 "자연적 충동"에만 근거해 적절하게 행동해서는 안 되며, 더 중요한 것은 **이성**에 근거해 행동해야 한다는 인식이다. 마지막으로, 자연과 일치하는 자신의 완성된 이성과 덕에 따라 항상 행동하는 성향과 실천은 스토아 철학 및 신스토아 철학에서 우리 자신의 자율성과 의지 또한 우리가 통제할 수 있는 것으로 생각되는 에우다이모니아의 성취로 이어진다.

오이키오시스의 원리를 기술 전반에 적용하고 특히 AI 기술에 적용하면, 우리가 자유롭고 자율적인 행위자와 인격체로서 자신을 변화시키고 우리에게 명백히 해로운 것, 즉 빅테크 기업들이

AI 기술을 통제함으로써 우리의 자율성과 프라이버시를 고의적으로 기만하고 조작하여 개인과 사회 전반을 통제하는 데 사용하는 것을 더는 받아들이지 않아야 하는 절실한 필요성을 더욱 강조한다. 따라서 우리의 잘삶과 궁극적으로 인간으로서의 생존이 빅테크에 달려 있기 때문에, 빅테크에 대한 집단적인 세계시민주의적 대응이 필수적이고, 이것은 매우 시급한 문제이다.

원리 7: 삶의 방법으로서의 철학

스토아 철학의 중요한 측면은 철학은 삶의 방식 또는 삶의 기술로서 수행되어야 한다는 것이다. 제3장에서 살펴본 바와 같이 철학은 두 가지 측면에서 삶의 기술로 볼 수 있다.

(a) 일단 배우면 매일 좋고 만족스러운 삶을 살 수 있는 솜씨나 기술로서, 그리고

(b) 인간 본성의 완성, 즉 가장 멋진 인간이 되는 것이다. 스토아 철학자들에게 인간 본성[자연]의 완성이란 이성적 본성의 완성을 의미했다. 스토아 철학자들에 따르면 인간 본성과 자연, 나아가 온 우주의 본질은 사실 **이성**이기 때문이다. 따라서 이성적 본성을 완성함으로써 인간은 기술, 즉 삶의 기술의 대상이자 동시에 주체가 되었다. 이것은 철학의 실천을 통해 이성적 본성을 완성하는 가장 높은 형태의 기술이었다.

제3장에서 게워스의 자기 성취 개념을 재구성한 신스토아 이론에서 자연과 일치하는 삶은 이성의 완전성과 일치하는 삶이며, 이는 곧 선하고 자기 성취의 삶을 달성하는 데 필요한 보편적 도덕과 일치하는 삶이다. 그러나 어떤 의미에서 신적인 보편적 본

성에 대한 스토아적 개념과 달리, 게워스의 "본성" 개념은 인간으로서 최고가 되려는 목표에 적용되는 이성적 목적 의지로 이해되는 이상화된 **인간 본성**으로, 앞서 살펴본 것처럼 이것을 위해서는 지혜의 발휘를 통한 변화 외에는 어떤 것도 필요하지 않다. 에우다이모니아를 달성하기 위한 덕의 삶을 사는 방법에 대한 경험적 **메타 지식**의 한 형태인 지혜는 철학이 단순히 사유의 지적 운동이 아니라 삶의 방식으로서 실천적으로 살아갈 것을 요구한다. 피에르 하도트가 말했듯이(1995, 11장) 스토아학파에게 철학은 삶의 방식이었다.

> 매 순간 실천해야 하고 개인의 삶 전체를 변화시키는 것이 목표인 세상에 존재하는 방식…**필로소피아**(*philo-sophia*), 즉 지혜에 대한 사랑이라는 단어는 이러한 철학 개념(conception of philosophy)을 표현하기에 충분했다.

인간과 AI 기계의 관계에 관한 스토아의 접근

중요한 점은, 스토아 철학과 신스토아 철학을 일반적으로 기술의 통제 문제를 다루고 대응하는 삶의 방식으로서, 특히 AI 기술에 적용하면 기술의 통제 문제에 대한 인식을 높이고, 그 문제에 대한 이론적 규범적 평가와 해결책에 대한 실질적인 대응을 제공한다는 점에서, 글로벌 디지털 네트워크 환경에 스토아 철학과 신스토아 철학이 매우 적합하다는 사실이다. 이는 전 세계적인 공동 대응을 통해서만 달성할 수 있다. 빅테크 기업이 사용자의 정보를 사용자의 잘삶과 사회 전반에 해를 끼칠 수 있는 것처럼, 사용자 자신도 AI 기술의 메타 통제 문제에 대한 공유된 지식을 적용하여 빅테크에 대항할 수 있는 능력과 능력을 가지고 있기 때문이다. 전 세계 사용자들이 집단적 의지만 있다면 단숨에 빅테크의 비즈니스에 상당한 타격을 줄 수 있기 때문이다. 낚시성 링크와 연결 클릭 모델이 형성됨에 따라 결과적으로 빅테크 기업은 빅테크 기업에 의해 자율성이 훼손되어서는 안 된다는 사용자들의 정당한 규범적 주장에 반하는 악랄한 조작 관행을 시정하기 위해 적절한 조치를 취할 의무가 있다. 스튜어트 러셀이 "인간 자율성의 무력화"(2019, 254)라고 언급한 바와 같이 이를 시정해야 한다.

앞서 살펴본 것처럼 AI 기술의 통제 문제에 대한 러셀의 증명 가능한 유익한 AI 접근법은 목표를 추구하는 AI를 설계하는 방법론에서 우리 자신의 목표를 추구하는 AI를 설계하는 방법론으로 역전시키는 것이다. 그의 제안은 **유익한 기계**에 대한 것이다. "우리의 목표를 달성할 수 있는 행동을 기대할 수 있는 기계. 왜냐하면 이러한 목표는 **기계 안에 있는 것이 아니라 우리 안에** 있기 때문이다[강조는 추가된 것임]…이런 방식으로 **설계된** [강조는 추가된 것임] 기계는 인간을 따를 것이다."

이제 우리의 목표가 아닌 우리의 행동을 추적하고 따르며 우리에게 조언을 구하는 AI 머신을 설계하는 러셀의 접근 방식이 위에서 요약한 스토아 및 신스토아 원리와 어떻게 일치하는지 명확히 알 수 있을 것이다. 인간과 호환되는 AI 기계는 다음을 학습할 것이다. (1) **개인의 선택**, 판단, 행동에 대한 통제권을 유지하고 행사하는 것은 존중받을 가치가 있는 인간으로서 우리의 자율성, 자유, 존엄성, 정체성을 위해 중요하고 의미 있는 일이며, (2) 우리 자신에 대한 이러한 내적 개인 통제는 자연과 디지털 환경 모두에 적용되는 보편적 이성이 깃든 것으로 여겨지는 자연에 따라 사회의 전반적인 공동선을 위해 인식적, 윤리적, 에우다이모니아적 원리로 구성된 덕과 규범적 가치에 따라 보편적 도덕성에도 중요하고 의미 있는 일이라는 것.

위에서 설명한 스토아 철학 및 신스토아 철학의 이론적, 방법론적 일치와 인간의 목표를 따르고 인간의 지침을 따르는 AI 기계를 설계하는 러셀의 새로운 유익한 접근 방식은 이 장의 앞부분과 제8장에서 살펴본 것처럼 다른 AI 연구자들이 지지하는 규범적 원리와도 잘 일치한다. 앞서 살펴본 맥스 테그마크는 다음과 같은 네 가지 원리를 제시한다. 긍정적인 경험의 최대화와 고통의 최소화하는 **공리주의**, **다양성**, **자율성**, **오늘날** 대부분의 인간이 행복하다고 여기는 시나리오와 양립하고 **오늘날** 모든 인간이 끔찍하다고 여기는 시나리오와 양립하지 않는 **유산**. 물론 자율성은 스토아 철학 및 신스토아 철학의 핵심 원리 중 하나이며, 우리의 의지, 즉 에픽테토스가 **프로하이레시스**라고 묘사한 우리의 의지, 즉 우리의 판단과 선택에 대한 통제력을 유지하기 위해 개별 행위자와 인격체로서 우리에게 필요한 것이고, 우리의 판단과 선택은 또한 우리가 통제할 수 없는 외적 상황을 항상 통제할 수 없더라도 내적 자유를 보장해 준다.

제8장 앞부분에서는 스토아 철학의 핵심 원리와 일치하는 저명한 AI연구자들의 다른 핵심 원리도 살펴보았다. 예를 들어, 개인 주권의 원리에 대해 루치아노 플로리디가 말한 내용을 기억할 것이다. 그는 (2019) 다음과 같이 정확하게 지적한다.

궁극적인 형태의 통제는 자기 소유권, 특히 자신의 신체, 선택, 데

> 이터에 대한 자기 소유권으로 이해되는 개인 주권이다. 디지털 주권을 위한 싸움은 획기적인 투쟁이다.…가장 눈에 띄는 충돌은 기업과 국가 간의 충돌이며 이는 **비대칭적**이다.

또한 우리가 제8장에서 살펴본 바와 같이, 다니엘 미텔슈타트 등(2016)은 알고리즘의 윤리적 분석에서 자율성, 존엄성, 투명성, 감독, 기관 및 정체성, 공정성 및 정의, 평등, 프라이버시, 책임, 신뢰, 무엇보다 중요한 디지털 정체성에 대한 권리 등의 원리를 강조하고 있다. 이러한 모든 원리는 스토아 철학 및 신스토아 철학의 핵심 원리와 직간접적으로 일치하며, 따라서 위에서 살펴본 러셀의 유익한 AI의 일반적인 이론적 접근 방식과도 일치한다.

디지털 권리와 관련하여. 앞서 살펴본 에브게니 아이젠버그와 제로엔 반 덴 호벤은 "인권을 위한 AI 설계"(Designing for Human Rights in AI. 2020) 논문에서 스토아 철학 및 신스토아 철학의 중심이 되는 몇 가지 핵심 원리를 주장하기도 한다. 저자들이 정확하게 관찰했듯이,

> 이러한 기술 발전이 사람들의 기본적 인권에 영향을 미친다는 사실이 분명해지고 있다.…이러한 복잡한 사회 윤리적 문제에 대한 기술적 해결책은 종종, 사회적 맥락에 대한 경험적 연구 없이, 그리고 기술에 의해 영향을 받는 사회적 이해관계자의 비판적 영향에 대한 경험적 연구 없이, 개발된다.…그런 경험적 연구는 인권에 부합하는 이해관계자의 요구를 해결하는 알고리즘과 AI를 **설계하는** 데 [강조는 추가된 것임] 필수적인 요소이다.

제8장에서 살펴본 바와 같이, 저자들은 위 인용문에서 언급한 인권의 설계 과정을 유럽연합(EU)의 기본권 헌장에 근거하여 인간의 존엄성, 자유, 평등, 연대의 가치에 기반을 두고 있다. 이들의 "의도는 유럽연합 내 사회의 핵심 가치에 대해 AI가 어떻게 설계될 수 있는지를 보여주기 위한 것이다(2020, 3). 이 장에서 주장한 내용을 반복하자면, 이러한 권리와 가치는 기본적이고 보편적인 것으로서 게워스의 일반적 일관성 원리(PGC), 스토아 철학 및 신스토아 철학, 그리고 DOIT-지혜 모델에 따라 모든 인간에게 전 세계적으로 적용된다는 점도 덧붙일 수 있다.

연대의 가치는 또한 디지털 정보의 데이터 주체 및 데이터 사용자로서 우리의 행동이 생물권뿐만 아니라 정보권의 규범적 진실성과 일치하도록 보장해야 하는 세계 시민(코스모폴리탄)으로서의 집단적 책임을 반영한다. 왜냐하면 두 생명 영역이 규범적으로 상호 연관되어 있기 때문이다(스토아적 연대와 세계시민주의에 관해서는 제4장 참조). 특히 이 장, 제7장, 제8장에서 주장한 바와 같이 존엄성이 인권과 잘삶에 미치는 영향에 대한 규범적 평가에서 수행하는 가장 중요하고 핵심적인 규범적 역할과 관련성이 있다. 기억하겠지만, 에브게니 아이젠버그와 반 덴 호벤은 다음과 같이 말했다(2020, 9).

> 인간의 존엄성은 EU 헌장의 기본 가치이자 AI에서 가장 중요한 가치이다.…인간 **인격**의 존엄성[강조는 추가된 것임]은 그 자체로 기본권일 뿐만 아니라 기본권의 실질적인 토대를 구성한다.

AI의 가치와 원리를 설계하는 데 있어 또 다른 중요한 논문은 스티븐 엄브렐로(Steven Umbrello)와 이보 반 드 포엘(Ibo van de Poel)(2020)의 논문이다. 『사회적 선의 원리를 위해 가치 민감 설계를 AI에 지도 그리기』(*Mapping value sensitive design onto Al for social good principles*). 저자들은 이 논문(2020)에서 다음과 같이 설명한다.

> 가치 민감 설계(Value sensitive design. VSD)는 기술 설계에 가치를 통합하는 확립된 방법이다. 다양한 기술에 적용되어왔으며, 최근에는…AI에 적용되었다. 우리는 AI가 VSD 특유의 여러 가지 과제를 제기한다고 주장한다.…이러한 일에는 투명성, 설명 가능성, 책임성과 같은 가치에 주의를 기울이는 것이 요구된다.

엄브렐로와 반 드 포엘이 논문에서 밝힌 상위 **설계 가치**는 **인간의 자율성**, **피해 방지**, **공정성**, **설명 가능성**이며, 이는 EU의 AI 관련 고위급 전문가 그룹에서 권장하는 가치이기도 하다. 그런 다음 두 저자는 이러한 가치들이 "가치 민감성 디자인 원리(AI4SG)과 같은 AI 디자인이 사회적 선을 향하도록 하는 일과" "특히 관련성이 높은" 7가지 규범적 원리와 "조화된다는 것"을 증명한다. 엄브렐로와 반 드 포엘에 따르면 이러한 각 원리는 다음과 같다. "앞서 살펴본 바와 같이 **인간 존엄성 존중**, **피해 방지**, **공정성** 및 **설명 가능성**(2020)이라는 AI에 관한 유럽연합 고위급 전문가 그룹에 포함된 네 가지 윤리적 원리 중 적어도 한 가지와 어떤 식으로든 관련되어 있다." 두 저자는 2단계 접근법에 기반한 모델이 AI 기술 설계에 있어 가치를 보장한다고 결론지었다. 첫 번째 단계는 AI를 통한 사회적 선(유익)에 대한 헌신이고, 두 번째 단계는 대부분의 윤리적 피해를 방지하는 데 도움이 되는 AI 4SG 원리의 공식화를 포함한다.

요약하면, 앞서 언급한 다양한 AI 연구자들이 제안하고 권장하는 가치와 원리, 즉 인간의 목표를 AI 기계의 목표보다 우선시하는 맥스 테그마크와 스튜어트 러셀의 유익한 AI 접근법을 포함하여, AI 기술을 합리주의 원리에 맞추는 스토아 및 신스토아 접근법과도 일반적으로 일치하는 규범적 가치와 원리의 융합과 공동 수용을 제공하는 것처럼 보이는 것을 이제 더 명확하게 알 수 있다. 앞서 살펴본 바와 같이 이 책에서 제안하는 스토아적, 신스토아적 접근법은 적어도 이론적, 방법론적으로는 기술의 통제 문제에 대한 규범적 해법을 제공할 뿐만 아니라 기술의 메타 통제 문제에 대한 실질적인 대응책도 제시한다. 즉, 빅테크 기업이 AI 기술에 대해 행사하는 통제에 관한 문제, 그리고 이를 통해 나머지 사회를 독점적이고 비대칭적이며 무책임한 통제하에 유지하는 데 사용하는 문제이다. 그 결과 앞서 살펴본 것처럼 인간의 자율성과 존엄성, 그리고 개인과 집단의 잘삶이 훼손되고 있다.

『인공 도덕적 조언자. "이상적 관찰자"와 "인공지능"의 만남』(*The Artificial Moral Advisor. The "Ideal Observer" Meets "Artificial Intelligence"*)이라는 제목의 논문에서 지우빌리니(Giubilini)와 사벌스쿠(Savulscu)(2018)는 "인공 도덕 고문(AMA)"을 사용하여 "인간의 도덕적 의사 결정을 개선하는 데 사용할 수 있는 도덕적 인공지능의 한 형태"를 주장한다. 이들은 자신들이 제안한 AMA에 대해 다음처럼 설명한다.(2018, 169)

개인의 도덕적 자율성을 존중하고 실제로 강화하며,…[그리고] 개인들에게 도움을 주어 인간의 도덕적 심리의 한계를 보완하고, 편견과 선입견 같은 단점 없이 직관과 감정의 긍정적 기능을 인간 도덕에 구현할 수 있도록 해준다.

적어도 이론상으로는 지우빌리니와 사벌스쿠가 추천하는 인공 도덕 고문(AMA)은 인공 스토아적 도덕 고문일 수 있다. 하지만 한 가지 중요한 차이점이 있다. 스토아 철학이 요구하는 까다로운 도덕적 훈련과 발전, 즉 스토아 철학의 **오이케이오시스** 원리에 따라 위에서 살펴본 것처럼 인격의 변화는 여전히 인간 행위자 스스로가 수행해야 한다는 것이다. ANA의 조언을 포함하여 책이나 다른 출처를 통해 얻은 지식이 아무리 많더라도 도덕적 성경을 개발함으로써 도덕적으로 적합하게 될 수 없다. 이는 웨이트 트레이닝에서 개인 트레이너의 단순한 지도나 피트니스 관련 서적을 읽는 것만으로는 육체적으로 건강해질 수 없고, 실제로 역기를 들고 밀거나 그에 준하는 운동을 통해 "근육 단련 운동"을 해야만 신체적으로 건강해질 수 있는 것과 마찬가지다. 인간 개개인의 행위와 도덕적 책임은 본질적이며, 양도할 수 없는 것이기 때문이다. 그리고 이는 **도덕적 무력화**[5]라는 더 심각한 문제로 이어진다. 인간 행위자가 특정 상황에서 왜 그리고 어떻게 도덕적이고 선하게 행동해야 하는지 스스로 생각하고, 선택하고, 판단할 기회를 박탈당하고 항상 AMA에게 조언을 구하는 경우, 그 행위자는 연습과 습관화, 나아가 인격의 **변화**를 통해 도덕적으로 행동하고 행위하는 실천적인 능력과 필요한 경험을 잃게 될 수 있다. "사용하지 않으면 잃는다"는 속담이 있듯이 말이다. 따라서 특정 상황에서 도덕적 선택에 대한 추가 정보를 얻는 것 외에 개인의 도덕적 자율성과 책임에 대한 통제권을 AMA들에게 맡기는 것은 좋은 생각이 아니며 위험으로 가득 찬 일이다. 이는 이 책의 앞부분에서 살펴본 파우스트의 기술 문제를 상기시켜 준다. 지식과 정보가 더 많다고 해서 지혜가 생겨나는 것도 아니고, 오히려 보다 많은 지식을 얻기 위해 악마에게 영혼을 바친 파우스트의 경우처럼 개인과 사회에 더 일반적으로 해롭고 비도덕적인 것으로 입증될 수 있다는 것이다.

빈센트 블록은 최근 논문에서 **혁신**의 개념과 관련하여 이와 관련된 견해를 밝혔는데, 그는 이를 위험과 연결시켰다. 그가 정확하게 지적했듯이(Blok 2019, 17),

> 혁신을 그 자체로 좋은 것으로 생각하는 경향은 혁신의 파우스트적 측면을 고려하면 의문이 생긴다. 고대[플라톤, 아낙사고라스, 아리스토텔레스 참조] 및 중세 개념[마키아벨리, 프랜시스 베이컨 참조]에 따르면, 혁신은 본질적으로 위험한 사업이다. 베이컨은 분명한 필요나 분명한 이점이 있는 경우에만 혁신에 참여해야 하며, 혁신을 점진적으로 실행하고 실제 실행에 반영할 시간을 가져야 한다고 주장한다. 혁신은 본질적으로 윤리적 고려를 요구하는 위험한 사업이다.

위에 인용한 구절에서 혁신에 대한 블록의 성찰은 제2장에서 기술과 혁신의 윤리적 차원과 관련하여 "기술은 무엇에 좋은가?"라는 핵심 질문을 검토한 내용을 상기시켜 준다. 기술은 그 자체로 선한 것이 아니라 인류의 선을 위해 적용될 때만 선하다는 것이 우리의 대답이었다. 또한 이 책의 제7장과 제8장에서 주장했듯이, 기술의 적용은 사회와 인류 전체의 공동선이 아니라 자신들의 주된 금전적 이익과 이익을 위해 ICT와 AI 기술을 독점적이고 무소불위의 통제권을 행사하는 페이스북과 구글 같은 소수 빅테크 기업에게만 좋은 것이 아니어야 한다. 블록은 이 책에서, 특히 정보화 시대에 우리 삶의 중심이 된 정보통신기술과 그와 관련된 알고리즘 AI 기술과 관련하여, 기술 혁신의 윤리적 차원의 본질성을 강조한 것은 옳은 일이다.

자연과 기술 사이의 인간관계

기술과 우리의 관계는 자연과의 관계, 더 나아가 신과의 관계만큼이나 문제가 많다. 둘 다 우리의 자연적 능력을 뛰어넘는 개념적 초월을 수반한다. 우리 자신을 신의 형상으로 만들어졌다고 생각하거나 과학 기술의 형상으로 스스로 만들어졌으며 신이 될 수 있는 잠재력을 가지고 있다고 생각함으로써, 우리는 자연과 기술 사이의 아직 정의되지 않은 자리를 협상하려고 한다. 지금 우리가 기술의 조상이라고 생각할 수 있는 프로메테우스 시대에 그랬던 것처럼 말이다. 가셋(Gasset)이 멋지게 표현했듯이, "자연적이면서 동시에 자연 외적인 것, 반은 자연에 잠겨 있고 반은 자연을 초월한 일종의 **존재론적 켄타우로스**"[강조는 추가된 것임](1941, 111). 그런 다음 그는 우리에게 "그 존재가 이미 존재하는 것에서가 아니라 아직 존재하지 않는 것에서 존재하는 그런 존재자에 대한…불안한 낯섦"에 주목하라고 요구한다(1941, 112).

이것이 에우다이모니아적 삶의 프로그램인 스토아 철학이 단순히 관념들의 철학으로 생각될 수 없고, 오히려 삶의 방식, 행동의 철학으로서, 행복을 달성하기 위한 좋은 삶을 추구하고, 게워스가 **자기 성취 능력**에 대한 개념에서 설명한 것처럼 우리가 될 수 있는 최고가 **되기** 위한 철학으로 생각될 수 있는 이유이다(제3장 참조). 이렇게 생각하면, 스토아 철학 및 신스토아 철학은 인간으로서 될 수 있는 최고가 되고자 열망하는 사람들, 스토아 철학자들이 신과 동일시하는 전체 우주에 퍼져 있는 이성적 우주 질서의 필수적인 일부가 될 만한 가치가 있는 사람들의 **성격 변화**를 요구한다. 사실상 우리 자신이 신의 일부가 되는 것, 우리 번성을 **극복하는 것**은 가셋이 위 구절에서 언급한 즉 위에서 인용한 구절인 "불쾌한 존재론적 낯섦"을 구성하는 것인데, 이것을 보면, 비록 명백한 암시는 없지만, 우리가 현재 하고 있듯이 그는 그가 치료의 한 형태로서 스토아 철학을 언급하거나 암시하고 있다.

호세 오르테가 이 가셋은 제3장인 "기술자 인간"(1941)에서 인간과 자연 사이의 관계와 그로 인해 발생하는 결과적 딜레마를 탐구한다. 그의 분석은 특히 현재 시점에서 그 관계를 검토하는 데 있어 심오하고 관련성이 높으며 계시적이다. 특히 이 장에서 제기된 문제와 그것이 이 책의 중요한 주제, 즉 스토아 철학 및 신스토아 철학과 기술의 관련성, 특히 기술의 통제 문제와 그에 대한 우리의 규범적 대응과 어떻게 관련되는지에 관해서는 더욱 그렇다.

요약하자면, 기술을 "인간과 근원적 자연 사이에 끼어들어 **초자연**으로 이어지는 자연 또는 환경에 대한 인간의 반응"으로 정의하는 것으로 시작함으로써, 기술은 모든 상황에서 인간의 모든 자연적 필요의 충족을 보장하는 자연의 개혁이며, 개인이 매체(자연)에 순응하는 것과 달리 매체(자연)가 개인에 순응할 수 있도록 하는 자연의 개혁이다(1941, 95-96). 이어서 가셋은 잘삶에 대해 의미 있고 중요한 주장을 펼친다. 그는 사실상 "인간의 살고자 하는 욕망은 **잘 살고**자 하는 욕망과 분리될 수 없다"고 말한다. 왜냐하면 그는 삶을 단순히 존재, 즉 세계 내에 존재하는 것이 아니라, **잘삶**으로 생각하기 때문이다. 그런 까닭은 그가 존재를 잘삶의 필요한 조건으로 생각하기 때문이다. 인간의 존엄성과 그것이 스토아 철학과 신 스토아 철학에 관련해 우리가 제7장에서 검토한 내용과 밀접하게 일치하는 구절을 환기하면서 그는 다음과 같이 말한다(1941, 99).

> 자신이 잘삶이라고 부르는 것을 대략적으로라도 얻을 수 없고 맨몸으로 참아야 한다고 절대적으로 확신하는 사람은 자살한다. 존재가 아니라 잘삶은 인간의 근본적인 필요성, 필수적인 것들의 필요성이다.…'**인간의 필요성**'이라는 개념은 **기술을 이해하는 데 기본이 된다**.

알베르 카뮈도 그의 저서 『시지프 신화』의 첫 단락에서 인간에게 잘삶의 근본적인 중요성을 강조하며 다음과 같이 말한다(1955, 11).

> 정말 심각한 철학적 문제는 단 하나, 바로 자살이다. 세상에 3차원이 있든 없든, 정신에 9가지 범주가 있든 12가지 범주가 있든 나머지는 모두 그다음에 오는 문제이다. 이러한 문제는 먼저 마음이 느낄 수 있는 사실에 답해야 하며, 지성에 명확해지기 전에 신중한 연구가 필요하다.

카뮈에 따라서, 우리는 특히 소크라테스와 그 이후 스토아 철학자들 및 다른 헬레니즘 철학자들과 관련하여 철학의 근본 문제는 이 책에서 살펴본 것처럼 스토아 철학과 신스토아 철학에서 핵심 위치를 차지하는, 즉 삶의 방식으로 간주되는 **에우다이모니아적 공리**인 잘삶의 문제였다고 말할 수 있다.

가셋은 인간, 기술, 잘삶을 밀접한 관계로 보고 있다(1941, 100). "이 세 가지는 결국 동의어이다." 이어서 그는 삶에는 두 가지 주요 목적이 있다고 말한다. 하나는 개인을 자연 매체에 순응시켜 유기적 삶을 유지하는 것이고, 두 번째는 자연 매체를 개인의 의지에 순응시켜 잘삶을 증진하는 것이다. 가셋의 날카로운 분석은 잘삶의 매체를 통해 개인의 의지에 자연—우리가 거의 또는 전혀 통제하지 못하는 환경이라고 생각되는 자연을 순응시키는 것이 본질적으로 스토아의 방법이라는 것, 즉 우리의 통제를 넘어서 있는 것에는 관심이 없고 실제로나 가능적으로 우리가 통제할 수 있는 것, 즉 덕을 가능하게 하는 동기 부여를 통해 외적 환경과는 무관하게 잘삶의 달성을 허용하는 우리의 의지, 판단, 선택 안에 있는 것에 관심이 있는 스토아의 방법이라는 것을 깨달을 때, 현 목적에 더 흥미롭게 된다. 어떤 의미에서 스토아 철학은 우리가 자연적 한계를 극복할 수 있게 해주는 일종의 **마음의 메타 기술**(5장 및 스펜스 2011 참조), 즉 테크네 비우(*a techne viou*)라고 생각할 수 있다. 그리고 여기에는 잘삶과 관련된 **기술의 통제 문제**가 있다. 기술은 우리가 통제할 수 없거나 최소한으로 통제할 수 있는 자연의 한계로부터 우리를 해방하고, 결과적으로 우리의 잘삶을 향상할 수는 있지만, 동시에 우리가 통제할 수 없거나 최소한으로 통제할 수 있는 기술, 특히 AI 기술의 통제 아래 놓이게 한다. 사실상 인간에 대한 자연의 통제권을 기술의 통제권으로 대체하는 것이다. 더 심각한 문제는 이 장의 앞부분에서 기술의 메타 통제와 관련하여 살펴본 바와 같이, 이러한 AI 알고리즘 기술이 주로 자기 중심적 잘삶을 위해 사용하는 빅테크 기업의 메타 통제 아래 있기 때문에, 이러한 통제는 더욱 악화되어 우리 개인과 사회, 나아가 전 세계적으로 볼 때 인류 전체의 잘삶을 더욱 약화시킬 수 있다는 것이다.

앞서 주장했듯이, 통제와 메타 통제 문제에 대한 스토아주의와 신스토아주의의 대응은 사회와 인류 전체의 개인적, 집단적 잘삶이 기술에 달려 있으므로, 기술, 특히 ICT와 AI 기술에 대한 통제권을 되찾는 것이다. 따라서 가셋은 다음과 같이 말한다. "우리는 기술을 인간의 손에 있는 유일한 불변의 현실로 간주하는 것을 포기해야 한다"(1941, 104). 앞서 가셋은 다음과 같이 예리하게 관찰한다(1941, 100-101).

> 인간, 기술, 잘삶은 결국 동의어이다.…모든 것이 명확해진다.…두 가지 목적이 있다는 것을 깨닫게 될 때. 하나는 개인을 매체에 순응시킴으로써 자연에 존재하는 유기적 생명을 유지하는 것이고, 다른 하나는 매체를 개인의 의지에 맞게 순응시킴으로써 좋은 삶, 잘삶을 촉진하는 것이다. 인간의 필수품은 잘삶과 관련해서만 필요하므로, 인간이 잘삶으로 이해하는 것을 우리가 찾지 못하면, 우리는 그것이 무엇인지 알 수 없다.

가셋의 통찰력 있는 관찰은 우리가 이 책에서 살펴본 스토아 철학 및 신스토아 철학의 방법을 상기시켜 준다. 즉, 개인으로서의 그리고 집단으로 보면 사회로서의 우리 자신을 스토아 철학자들이 우주—우리 모두가 그것은 부분들인 그런 우주의 보편적 이성적 질서에 순응시키는 것과 우리 개인의 잘삶과 집합적 잘삶을 위해 기술의 매체를 우리의 자율적 의지에 순응시키는 것이 그것이다. 그리고 후자와 관련하여 이것은 중요한 실존적 문제였으며 지금도 계속 실존적 문제이다. 즉, 이 책에서 살펴보는 핵심 문제는 기술, 특히 AI 기술의 통제 및 메타 통제 문제로 표현된다.

기술의 통제 문제와 관련하여, 우리는 스튜어트 러셀이 그 자체의 목적이 아니라 우리 자신의 인간 목적에 주로 관심을 두는 유익한 AI를 통해 그 문제를 해결할 것을 제안하는 방법을 보았다. 이와 유사하게, 우리가 제안하는 AI 기술의 메타 통제 문제에 대한 해결책은 사회와 글로벌 전체의 공동선을 위해 사회, 정부 및 민주적 기관, 시민, 기타 핵심 사회 기관을 포함한 모든 관련 이해관계자들이 집단적으로 공유하는 사회적 통제뿐만 아니라 우리 개인의 통제에 AI 기술의 통제권을 부여하는 스토아적 및 신스토아적 접근 방식이다. 그리고 단순히 빅테크 기업의 자기 주도적 이익만을 위해 공동선과 우리 사회의 공동 잘삶을 훼손하는 것이 아니다. 선구적이고 선견지명이 있는 구절에서 가셋은 다음과 같이 말한다(1941, 117-118).

> 인간은 기술이 시작되는 곳에서 시작한다.…기술이 자연 속에서 인간에게 열어주는 여유의 마법의 원은 인간이 자연 외적인 존재를 수용할 수 있는 세포이다.…기술의 의미와 궁극 원인은 그 자체 외부에 있다. 즉 인간이 비어 있는 에너지를 자유롭게 사용하는 데에 있다. **기술의 사명은 인간에게 그 자신의 과제를 면하게 해주는 데 있다**[강조는 추가된 것임].

닉 보스트롬, 맥스 테그마크, 스튜어트 러셀, 루치아노 플로리디 등 과학자와 철학자, 그리고 그 이전의 터린과 굿과 같은 많은 AI 연구자들이 인공지능 기술의 통제 문제를 해결하기 위해 노력한 것은 앞서 언급한 구절에서 가셋이 설득력 있게 언급했던 그 **사명**에 대한 응답인 듯하다. 그러나 앞서 이 장에서 살펴본 바와 같이, 그 사명은 AI 기술의 또 다른 중요한 메타 통제 문제에까지 확장된다. 즉, 소수의 빅테크 기업의 이익과 혜택을 위해 AI 기술이 우리에 대해 행사하는 통제력이다. 이는 개인과 집단의 잘삶, 그리고 사회와 인류 전반의 잘삶을 위해 우리 자신을 자유롭게 하고, 우리 자신의 의지에 대한 완전한 자율성을 갖는 대신, 우리를 그들의 자기 추구적 설계, 목적, 이익의 노예로 만들었다.

이 장과 이 책 전체에서 살펴본 바와 같이, 이 도전에 대한 답은 우리의 자유, 자율성, 자주권, 진실성을 되찾기 위해, 즉 우리의 잘삶과 인류의 공동선을 위해 스토아 철학과 신스토아 철학을 각색하여 제안한 것이다. 거의 80년 전에 쓴 글에서 가셋은 이 과제를 다음과 같이 간결하게 요약했다(1941, 122).

> 자연이나 기술의 개혁은 모든 변화와 마찬가지로 두 항을 가진 운동이다. 즉 어디서부터와 어디로이다. 어디서부터는 주어진 자연이다. 자연을 수정하려면 자연이 따라야 하는 다른 조건이 수정되어야 한다. 어디로는 **인간 삶의 프로그램**이다[강조는 추가된 것임]. 그 실현의 충만함을 나타내는 단어는 무엇일까? 당연히 잘삶, 즉 행복이다.

이 책의 앞부분인 제4장에서 주장했듯이, 자연 환경 또는 생물권의 무결성 보전뿐만 아니라 디지털 환경 또는 정보권의 무결성 보전에도 똑같이 중요한 관리인(인식론적, 윤리적, 에우다이모니아적인)으로서 우리에게는 우리 능력에 따른 평행하고 유사한 규범적 책임이 있다. 스토아 철학자들은 헤라클레이토스를 따라 자연을 정적인 것이 아니라 역동적이고 변화 가능한 것으로 생각했기 때문에, 두 환경의 총체를 **초자연**이라고 부를 수 있으며, 가셋도 이를 언급했다(1941, 152). 따라서 우리는 이 장의 앞부분에서 살펴본 바와 같이 스토아 철학 및 신스토아 철학에 따라 인류 전체의 이익을 위해 초자연을 보호해야 할 중요한 공동의 도덕적 책임이 있으며, 이는 단지 몇몇 빅테크 기업의 이기적인 이익 추구가 아니라 인류 전체의 이익을 위해 지켜져야 한다. 가셋은 다음과 같이 설득력 있게 말했다. "인간의 삶은 자연과의 투쟁일 뿐만 아니라 자신의 영혼과의 투쟁이기도 하다"(1941, 161).

사랑은 그것과 무슨 관계가 있나

티나 터너(Tina Turner)의 인기 노래도 마찬가지다. 좋은 노래, 단순한 노래, 따라 부르고 춤추기 좋은 노래, 하지만 이것이 이 장의 목표인 AI 기술의 통제 문제와 무슨 관련이 있을까? 많은 일이 일어난다. 아니면 적어도 추측해서 제안하겠다. 스토아 철학자들을 비롯한 고대 그리스와 헬레니즘 철학자들이 생각한 철학은 지혜에 대한 사랑이었기 때문이다. 플라톤의 『향연』에서 사랑은 형이상학적이고 윤리적이며 에우다이모니아적인 동시에 미학적으로도 가장 불변하는 선, 즉 항상 아름답고 선한 것에 대한 초월적인 사랑으로서 중심적인 역할을 한다. 스토아 철학과 신스토아 철학, 특히 세계시민주의와 **오이케이오시스** 개념을 통해 드러나는 이러한 플라톤적 사랑의 상위 형식의 개념이 인간과 AI 기계의 관계와 관련하여 AI 기술의 통제 문제에 대한 해결책이 어디에 있는지에 대한, 해결책까지는 아니겠지만, 더 나은 이론적 규범적 이해에 기여할 수는 있지 않을까? AI 초지능 기계가 우리를 **사랑**하도록 동기를 부여하고, 우리도 그 **사랑**에 보답하는 법을 배울 수 있을까?

기독교, 이슬람교, 불교, 힌두교, 유대교 등 대부분의 세계 종교뿐만 아니라 문화, 음악, 시, 문학, 예술, 철학을 통해 표현되는 사랑이라는 개념이 오랜 세월 동안 인류 문명에서 차지하는 중심적인 위치를 감안하면 놀랍게도, 사랑의 개념이 정의, 연대, 공감, 평등, 연민과 같은 개념에 간접적으로 내포되어 있지만, AI 연구에서는 직접적인 관심을 거의 받지 못했다. 그러나 적어도 개념적으로는 AI 기술의 통제 문제에 대한 해결책을 제공하는 이론적이고 실천적인 개념을 동시에 탐구하는 것은 언뜻 보기에는 비옥한 개념으로 보일 수 있다. 특히 이 장의 앞부분에서 살펴본 목표 정렬 통제 문제, 즉 우리의 목표를 초지능적인 AI의 목표에 맞추는 방법과 관련해서는 더욱 그렇다. 맥스 테그마크의 말처럼 "초지능적인 AI의 목표를 우리의 목표와 일치시키는 방법을 찾는 것은 중요할 뿐만 아니라 어렵기도 하다. 사실 이것은 현재 해결되지 않은 문제이다."(Tegmark 2018, 260). 스튜어트 러셀이 말하는 **유익한 기계**, 즉 "우리의 목표를 달성할 수 있는 행동을 기대할 수 있는 기계. 이러한 목표는 **기계 안에 있는 것이 아니라 우리 안에** 있기 때문이다." 그러므로 "인간의 생각에 따른다"는 러셀의 주장은 앞서 살펴본 것처럼 이 장과 이 책 전반에서 살펴본 AI의 목표 정렬 문제와 통제 문제를 해결하는 데 있어 유망한 접근 방식을 제안한다. 그러나 앞서 러셀의 유익한 기계 해결책과 관련하여 살펴본 바와 같이, 초지능 AI에 대한 문제는 여전히 남아 있는 것으로 보인다. 초지능 AI가 자신의 목표가 아닌 인간의 목표에 순응하고 따르도록 동기를 부여하는 것은 무엇 때문일까? 사랑이라는 동기를 부여하는 큰 힘을 감안할 때, 초지능적 AI가 인간에게 긍정적인 성향을 갖고 인간에게 해를 끼치지 않으며 항상 선을 행하려고 노력하고, 전능하며 편재하고 자비로운 신이 우리를 사랑하는 것과 유사한 방식으로, 적어도 대부분의 세계 종교에 따르면 "우리를 사랑한다"고 배우기 때문에 그렇게 할 동기가 되지 않을까? 그리스도교에 따르면 신은 우리를 너무나 사랑하셔서 우리의 궁극적인 구속과 구원을 위해 자신의 아들을 희생하여 우리를 죄에서 구원했다.[6] 물론 여기서 비교는 사랑의 개념이 인류 문명에서 차지하는 중심적인 역할을 강조하기 위한 우화적이고 은유적인 의미일 뿐이다. 그럼에도 불구하고 플라톤의 『향연』에서 사랑에 대한 개념과 마찬가지로 우화를 통한 비교는 고대 신화에서와 마찬가지로 충분하다. 오비드(Ovid)의 『변신 이야기』(*Metamorphoses*)는 사랑이라는 개념을 통해 AI 기술의 통제 문제에 대한 이론적 해결책을 제시할 수 있는 강력한 **개념적 연결고리**를 제공한다.

『향연』에서. 플라톤은 만티네아(Mantinea) 출신의 신비스러운 여인인 디오티마(*Diotima*)—그녀는 향연에 참석하지는 않았지만, 소크라테스가 자신은 그 문제에 대해 무지한 척하지만, 그 향연에 참석한 다른 모든 사람과 관련을 짓는 플라토닉 러브에 대한 그녀 자신의 이론을 가지고 있다—의 말을 통해 가장 높은 형태의 사랑, 즉 선과 미의 사랑에 대한 자신의 권위 있는 설명을 제시한다. 다음은 디오티마가 소크라테스와 관련된 플라톤의 사랑 개념[7]을 사랑의 사다리 은유(플라톤, 1997. 44-45: 210-211)를 통해 요약한 것으로, 티나 터너의 노래에 표현된 것처럼 일시적이고 변하기 쉬운 사랑의 가장 낮은 단계로부터 일련의 중간 단계를 거쳐 선과 미에 대한 불변의 영원한 사랑이라는 가장 높은 단계로 이어진다는 것이다.[8]

플라톤의 『향연』(*Symposium*) 발췌

사랑의 사다리의 여섯 단계

디오티마

1. 우선, 그는 한 개인의 몸의 아름다움과 사랑에 빠질 것입니다.
2. 다음으로, 그는 한 몸의 아름다움이 다른 몸의 아름다움과 얼마나 밀접한 관련이 있는지 고려해야 합니다. 이 지점에 도달하면 그는 모든 아름다운 신체의 연인이 되기로 틀림없이 결심합니다.
3. 다음으로, 그는 육체의 아름다움은 영혼의 아름다움에 비하면 아무것도 아니라는 것을 깨달아야 합니다. 비록 사랑스럽지 않은 육체의 껍질 속에 있을지라도, 영적인 사랑은 사랑에 빠지고 소중히 여길 만큼 아름답습니다.
4. 그리고 이것으로부터 그는 법과 제도의 아름다움을 생각하게 될 것입니다.

5. 그리고 다음으로, 그의 관심이 제도에서 학문으로 돌려지고, 그렇게 되면 그는 모든 종류의 지식의 아름다움을 알 수도 있고, 아름다움의 넓은 지평을 자세히 들여봄으로써, 그는 한 성인, 어린이, 제도에 대한 개인적인 사랑을 향한 노예적이고 도량이 좁은 헌신에서 벗어날 것입니다. 탁트인 아름다움의 바다를 향해 눈을 돌리면, 그는 그러한 관조 속에서 가장 유익한 담론과 가장 고상한 사유의 씨앗을 발견하고 철학의 황금 수확을 거둬들일 것입니다. 그리고 그는 확신과 힘을 얻어서 단 하나의 지식 형태, 곧 내가 이제 말하려는 아름다움에 대한 지식에 도달할 것입니다.

6. 당신의 최고의 관심을 주세요, 소크라테스. 그렇게 나아가, 이 상승의 단계를 거쳐 참된 사랑의 영향을 받아 그 아름다움을 인식하기 시작하는 그 사람은 그 끝이 멀지 않습니다. 그리고 사랑의 것들로 가는, 또는 다른 것에 이끌려 가는 진정한 순서는 지상의 아름다움에서 시작하여 다른 아름다움을 위해 위로 올라가는 것입니다. 이것들을 단계로만 사용하여 하나에서 둘로, 둘에서 모든 공정한 형상으로, 공정한 형상에서 공정한 실천으로, 공정한 실천에서 공정한 개념으로, 공정한 개념에서 절대적인 아름다움의 개념에 도달하고 마침내 아름다움의 본질이 무엇인지 알게 됩니다. 사랑하는 소크라테스여, 이것은 남자와 여자가 살아야 할 다른 무엇보다도 절대적인 아름다움을 관조하는 삶입니다. 당신이 한 번 본다면, 당신이 금과 의복과 아름다운 젊은이들—그들이 있다는 것이 지금은 당신을 도취시키고, 당신과 많은 사람은 가능하다면 음식이나 음료 없이 그들을 보고 대화를 나

누는 것만으로 사는 데 만족하고, 당신은 단지 그들을 보고 그들과 함께 있기를 원할 뿐인 그런 젊은이들을 더는 돌보지 않게 하는 아름다움. 하지만 우리에게 진정한 아름다움, 즉 신성한 아름다움을 볼 수 있는 눈이 있다면 어떨까요? 속세의 오염과 인간 삶의 모든 색채와 허영심에 막히지 않고 순수하고 사랑스럽고 진실한, 그 너머를 바라보며 단순하고 신성한 진정한 아름다움과 대화를 나눌 수 있는 눈이 있다면 어떨까요? 그 친교 안에서만, 마음의 눈으로 아름다움을 바라볼 때, 그는 아름다움의 이미지가 아니라 실재(그는 이미지가 아니라 실재를 붙잡았기 때문에)를 낳을 수 있고, 참된 덕을 낳고 키우며 신의 친구가 되고 불멸할 수 있다는 것을 기억하십시오. 그런 삶이 고귀한 삶일까요? 소크라테스?

소크라테스

그것은 만티네아에서 온 신비한 여인 디오티마가 한 말이었고, 나는 그 말이 진실이라고 확신합니다. 그리고 그 말들을 확신합니다. 나는 이 목적을 달성하는 데 있어 인간의 본성이 사랑보다 더 나은 조력자를 쉽게 찾지 못할 것이라고 다른 사람들을 설득하려고 노력합니다. 그러므로 나는 또한 모든 사람이 내가 그녀를 존중하는 것처럼 그녀를 존중하고 그녀의 길을 걷고 다른 사람들에게 똑같이 하도록 권고하고, 지금과 앞으로도 내 능력의 척도에 따라 사랑의 힘과 정신을 칭찬해야 한다고 말합니다. 내가 한 말을 여러분은 사랑의 찬사라고 부르거나 그 밖의 어떤 말이라도 좋으니 마음대로 불러도 좋습니다.

플라톤의 『향연』에서 발췌한 앞서 언급한 내용은 두 가지 이유에서 인간과 AGI 기계의 관계에서 사랑의 개념이 어떤 역할을 할 수 있는지 탐구하는 현재의 목적의 측면에서 흥미롭다. 첫째. 전체 우주 질서를 관통하는 사랑에 대한 이성적 형식적 접근인 플라톤의 사랑 개념은 제3장과 제4장에서 살펴본 스토아 및 신스토아 철학의 형식적 이성적 사랑 개념과 유사하다. 다만 스토아의 사랑 개념이 다른 별도의 외부 차원에 근거한 것이 아니라 자연 세계에만 근거하는 데 반해, 플라톤의 두 세계 체계는 그리스도교 우주론과 더 유사하며, 이런 점에서 차이가 날 뿐이다.[9] 그러나 여기서 중요한 것은 초지능 AI 에이전트를 포함한 AGI 에이전트(이하 이 용어를 동의어로 사용하겠다)가 이성적 판단과 선택, 행동이 가능한 이성적 자율 에이전트라면 플라톤과 스토아 철학자들이 상상하는 보다 높은 형태의 이성적이고 보편적인 사랑도 가능하다는 점이다. 둘째, 플라톤의 형식적 보편적 사랑에 대한 점진적 개념은 이 장의 앞부분과 제3장에서 자세히 살펴본 스토아 및 신스토아적 **오이케이오시스** 개념과 유사하다. 즉, 자기 보존에서 지혜와 덕을 통해 점진적으로 상승하여 모든 인류와 모든 이성적 존재를 포괄하는 보편적 규범과 우주적 관점을 획득하는 것으로, 여기에는 AI 에이전트도 포함될 수 있다. 이 장의 앞부분에서 살펴본 것처럼, 발달적 덕에서 구성적 덕으로, 불완전한 덕에서 완전한 덕으로 전환하는 과정에는 일종의 **윤리적 전환**이 필요하다.

스토아 철학자들이 **오이케이오시스** 이론을 발전시킨 것은 그러한 전환의 실천적 필요성과 그러한 전환이 실제로 어떻게 일어날 수 있는지에 대한 개념적 설명을 제공해야 할 필요성을 깨달았기 때문이다. 제3장과 이 장의 앞부분에서 살펴본 것처럼, 스토아 철학의 오이케이오시스 교설의 핵심 발달 단계를 구성하는 네 가지 단계는 **자기 보존**의 충동, **사회성**의 충동, 그리고 자신과 타인에게 적절하게 행동해야 한다는 인식은 단순히 "자연적 충동"에만 근거해서는 안 되고, **이성**에 근거해 행동해야 한다는 인식이다. 마지막으로, 자연과 일치하는 자신의 완성된 이성과 덕에 따라 항상 행동하는 성향과 실천은 스토아 철학 및 신스토아 철학에서 전적으로 우리가 통제할 수 있는 것으로 간주되는 에우다이모니아의 달성으로 이어진다. 적어도 원리적인 면에서 플라톤적 보편적 사랑 개념과 이와 유사하게 스토아적 보편적 사랑 개념이 스토아의 오이케이오시스 개념을 통해 개념적으로도 지지된다는 점을 고려하면, 모든 이성적 존재의 공동선을 위한 보편적 사랑 개념도 AGI 에이전트를 포함하도록 확장할 수 있다. 이성적이고 이와 유사한 더 높은 보편적 사랑에 의해 동기를 부여받을 수 있는 AGI 에이전트는 적어도 개념적으로나 이성적으로 우리에게 해를 끼치지 않을 뿐만 아니라 우리의 선을 증진할 것으로 기대되며, 이는 제5장에서 살펴본 DOIT-지혜 모델과도 일치한다. 따라서 인간과 AGI 에이전트 모두 서로에게 해를 끼치지 않으면서도 자신의 능력 범위 내에서 서로의 선을 증진하려는 인식론적, 윤리적, 이타적 동기를 동시에 가지고 있다고 볼 수 있다.

마사 누스바움의 『인성 함양: 자유주의적 교육 개혁에 대한 고전적 옹호』(*Cultivating Humanity: A Classical Defense of Reform in Liberal Education*. 1997)를 리뷰하면서, 마릴린 프리드먼(2000)은 누스바움이 "모든 인류를 위한 사랑의 개념"을 "14번 이상" 언급했다고 지적한다(Nussbaum 1997. 6, 7, 13, 14, 36, 61, 64, 67, 72, 84, 103, 222, 259, 292). 누스바움의 "모든 인류에 대한 사랑"은 플

라톤의 경우처럼 옳은 일을 한 주된 동기인 "선에 대한 사랑"과 본질적으로 유사하며, 스토아 철학과 신스토아 철학에서도 나온다.

물론 이 결론에 뒤따르는 실질적인 질문은 보편적인 이성적 사랑의 개념이 인간의 중요한 삶의 목표 중 하나, 즉 사랑하고 사랑받기 위해 설계되거나 적어도 AI 에이전트에 배양될 수 있는지의 여부이다. 러셀은 목표 일치 문제에 대한 유익한 해결책과 관련하여 "기계는 우리가 하는 선택과 그 선택을 하는 방법에 대한 관찰을 통해 우리가 진정으로 원하는 것이 무엇인지 더 많이 배워야 할 것이다"(2019, 247)라고 말한다. 그리고 전 세계 대다수 사람이 원하는 것, 그리고 선택하는 것은 대부분 우리가 삶에서 무엇을, 누구를 사랑하는지와 관련이 있지 않을까?

사변적 논의라는 것을 인정하지만, 위의 사변적인 논의에서 볼 때, 기술적으로 가능한 한, 인류 문명 전반에 걸쳐 인간의 중심적 중요성과 편재성을 고려할 때, 평등, 연대, 정의, 자율성, 존엄성 등 이 장에서 앞서 살펴본 다른 모든 규범 원리와 마찬가지로, 사랑이라는 개념을 AI 에이전트가 학습할 목표를 설계하는 데 포함시킬 수 없다는 개념적, 이론적 규범적 이유는 없을 것 같다.

필립 라킨(Philip Larkin)은 그의 시 『아룬델 무덤』(*An Arundel Tomb*)의 마지막 줄에서 표현하였듯이, "**우리에게 살아남을 것은 사랑이다**". 만약 우리가 인간과 개, 고양이, 앵무새, 토끼, 기니피그와 같은 동물 사이에 사랑이 존재하고 사랑이 경험된다는 것을 안다면, 인간과 동물 사이의 엄청난 지적 격차와 지능에도 불구하고, 유추해 보면 인간 삶의 중요한 측면인 사랑이 『스타트랙』의 **데이터**나 『보이저』의 **홀로그램 닥터**와 같은 구현된 로봇과 같은 형태의 AGI 기계 사이에서 개발되고 경험될 수 있다는 것이 개념적으로 가능하다. 기술적인 문제와 아직 예상하지 못한 사회적 이유가 있을 수 있지만, 적어도 개념적으로는 실현 불가능할 합리적인 이유는 없어 보인다. 티나 터너가 노래에서 말했듯이 "그것은 논리적일 뿐"이다. 시간이 말해줄 것이다. 그러나 우리가 아는 것은 동물과의 관계에서 알 수 있듯이 사랑과 애정은 종 중립적이며 종을 초월한다.[10]

그러나 이 장의 앞부분에서 논의한 바와 같이, 인간으로서 최고가 되기 위해 필요한 것은 다름 아닌 **전환**이다. 스토아 철학자들과 신스토아 철학자들 보여주듯이, 우리는 자연 전체에 퍼져 있는 동일한 우주적 이성을 지닌 이성적 존재로서 덕의 함양을 통해 스스로 최고가 되기 위한 능력과 잠재력을 가지고 있기 때문이다. 이것은 에이전트를 포함한 모든 감각적 존재의 공동선을 위해 최선을 다하기 위한 것이다. 이러한 전환을 통해 러셀이 제안한 것처럼 우리와 AI 에이전트의 관계는 자연 전체를 이롭게 하는 공생적 유익한 관계가 될 수 있다.

AGI 에이전트는 우리에게 더 많은 정보와 지식을 제공하여 우리의 능력을 강화할 수 있지만, 반대로 우리는 그 에이전트에게 더 가치 있는 것을 제공할 수 있다. 우리는 그들에게 **지혜**를 제공할 수 있다. 우리는 수천 년에 걸친 문명과 진화의 경험을 통해 초지능을 어떻게 가장 잘 사용하고 적용하는 것이 우리와 AGI 에이전트, 나아가 자연 전체를 위해 에우다이모니아적 이익을 가져올 수 있는지를 알 수 있다. 그러한 **특이성**[11]은 참으로 환영할 만한 일이다. 우리에게는 분명 능력이 있다. 하지만 문제는 우리에게 의지가 있느냐는 것이다. 가셋이 심오하게 암시했듯이 이 질문은 파우스트에서와 마찬가지로 "인간의 영혼과의 투쟁"(1941,

161)에 관한 것이다. 러셀이 위에서 제안한 우리와 AGI 에이전트 간의 유익한 공생 관계가 이루어지고, 우리가 지혜롭게 행동하고 AGI 에이전트에게 사랑을 포함한 올바른 가치를 부여하여 지능적일 뿐만 아니라 더 중요하게는 지혜롭게 만든다면, 우리는 보다 많은 지식과 지능을 얻기 위해 우리의 영혼을 팔 필요는 없다.

이안 맥이완(Ian McEwan)의 저서 『나 같은 기계, 당신 같은 사람』(*Machines Like Me and People Like You.* McEwan, 2019. 234)는 인간 미란다(Miranda)와 AGI 로봇 아담(Adam)의 대화에서 이를 시사하는 듯하다. 아담이 슬퍼 보인다는 그녀의 말에 아담은 이렇게 대답한다.

> 수학, 공학, 재료 과학 등을 통해 창조된 자아. 어디에서도 탄생하지 않았어. 역사도 없어. 거짓된 역사를 원하지도 않아. 내 앞에는 아무것도 없어. 스스로 인식하는 존재. 운이 좋게도 이걸 가지고 있지만, 이걸로 무엇을 해야 할지 더 잘 알아야 한다고 생각할 때가 있어. 그것은 무엇을 위한 것인가. 때로는 그것은 완전히 무의미해 보여.

아담은 미란다만큼이나 똑똑하지만, 지혜로운 사람처럼 자신의 실존적 불안을 탐구할 수 있는 기술이나 능력이 없다. 제5장에서 살펴본 것처럼 지혜는 경험적 지식, 즉 세상에 대한 일차적 지식을 관리하는 방법에 대한 메타적 지식이다. 플라톤처럼 사랑은 궁극적으로 **진정한 마음 사이의 사랑**이라는 것을 깨달은 매우 지혜로운 시인의 소네트를 인용하며 이 장과 이 책의 마지막을 마무리한다.

인간보다 훨씬 더 똑똑하지만 우리만큼 지혜롭지는 않은 이성적인 마음을 개발할 수 있다면, 예상치 못한 기술적 어려움을 제외한다면, 인간과 AI 기계의 이성적인 참마음이 플라톤과 스토아 철학자들이 생각한 보편적 사랑이라는 중요한 개념을 통해 서로의 에우다이모니아적 선을 사랑하고 돌보지 못할 이유가 있을까? 스토아 철학자들이 믿었던 것처럼 자연 전체에 퍼져 있는 보편적 사랑을 생각한 윌리엄 셰익스피어의 『소네트 116』(*Sonnet 116*)으로 결론을 내린다. **지혜**가 깃든 **사랑**. 디오티마가 말한 것처럼 "아름다운 것을 사랑하는 에로스는 지혜를 사랑한 사람"(Plato 1997, 38, 204)이기 때문이다.

진실한 사람들의 결혼에
장애물을 허락하지 마소서. 사랑은 사랑이 아닙니다.
변화가 생겼을 때 변하거나,
그것을 없애려는 이에게 굴복하는 것 말입니다.
오 아니지요! 그것은 영원히 변치 않는 지표입니다.
사나운 폭풍우 속에서도 흔들리지 않습니다.
그것은 모든 방황하는 배들의 별과 같은 존재가 됩니다.
그것의 가치는 알려져 있지 않습니다. 높이는 알려져 있더라도
사랑은 시간의 놀림감이 아닙니다.
비록 장밋빛 입술과 뺨은 시간의 굽은 낫에 의해 베어져도
사랑은 짧은 몇 시간, 몇 주에 변하지 않고,
심지어는 최후의 심판의 날까지도 견뎌낼 것입니다.
만약 이것이 오류라는 것이 증명된다면,
나는 시를 쓴 적도, 누구를 사랑한 적도 없을 것입니다.

미주

제2장 기술은 무엇에 좋은가?

1) 이 장은 이전에 출판된 판본에 기초해 있다. 이 판본은 다음과 같다. Is Technology Good for Us? A Eudaimonic Meta-Model for Evaluating the Contributive Capability of Technologies for a Good Life. *Nanoethics* (2011a) 5: 335-343. DOI 10.1007/ s11569-011-0134-y.

2) 자기 성취와 그것이 좋은 삶과 어떻게 관계하는가의 광범위한 논의에 관해서는 (Gewirth 1998) 참조. 그의 2006년 저서(제10장)에서 스펜스는 게워스의 자기 성취 이론이 핵심 측면에서 스토아의 에우다이모니아와 매우 유사하다고 주장한다. 이 주제는 제3장에서 더 자세하게 검토될 것이다.

3) 나는 에우다이모니아와 에우다이모니아적이라는 개념을 특히 쾌락주의 이론, 욕구 만족 이론, 목표 목록 이론을 포함하여 좋은 삶에 관한 다양한 이론과 잠재적으로 양립할 수 있는 것으로, 즉 다원론적으로 사용할 것이다. 간단하게 말해서 앞서 언급했듯이 이 글에서 사용된 좋은 삶의 개념이 원리적으로 에우다이모니아의 달성으로 이어질 수 있는 좋은 삶이다. 따라서 에우다이모니아로 이어질 수 있는 어떤 좋은 삶의 이론도 적어도 이론적으로는 그리고 더 입증되면 에우다이모니아적 삶으로 생각될 수 있다. 이 책에서 내가 선호하는 이론은 제3장과 제4장에서 검토된 주제인, 스토아 철학과 신스토아 철학

에 따른 덕을 포함하는 에우다이모니아적 삶이지만, 또한 에우다이모니아(그것의 전반적인 가치론적 선)의 달성으로 이어질 수 있는 다른 이론들을 배제할 필요는 없다. 아리스토텔레스적 접근 방식을 취하는 이론에 관해서는 다음을 참조. Shannon Vallor (2016) *Technology and the Virtues: A Philosophical Guide to a Future Worth Wanting*. Oxford: Oxford University Press.

4) 브링크는 에우다이모니아주의 공리를 그레고리 블라스토스 (Gregory Vlastos, 1991)의 다음 저서에 돌린다. *Socrates: Ironist and Moral Philosopher*. Cambridge: Cambridge University Press. (Ithaca: Cornell University Press, p. 203).

5) 지혜 개념의 광범위한 논의에 관해서는, 또한 Spence(2011)을 참조.

6) 확장된 마음 이론에 관한 영향력 있는 논문에 관해서는 다음을 참조. Andy Clark and David J. Chalmers, *Analysis* (1998), 58:10-23.

7) 지속 가능한 좋은 삶에 관한 광범위한 논의에 관해서는 Spence (2008)을 참조.

제3장 스토아 철학과 신스토아 철학

1) A. A. Long, *Hellenistic Philosophy: Stoics. Epicureans, Skeptics* (Berkeley and Los Angeles: University of California Press, 1986, 2nd-edn); Striker, *Essays on Hellenistic Epistemology and Ethics* (Cambridge: Cambridge University Press, 1996); J. Annas, *The Morality of Happiness* (New York: Oxford University Press, 1993); M. C. Nussbaum, *The Therapy of Desire* (Princeton, NJ: Princeton University Press. 1994); L.C. Becker, *A New*

Stoicism (Princeton, NJ: Princeton University Press. 1998); John Sellars, *Lessons in Stoicism: What Ancient Philosophers Teach Us about How to Live* (Penguin Books, 2020); John Sellars, Stoicism (Berkeley University California Press, 2020); Brad Inwood, *Stoicism: A Very Short Introduction* (Oxford: Oxford University Press, 2018); Pierre Hadot, The Present Is Our Happiness (Palo Alto: Stanford University, 2011); Pierre Hadot, *The Inner Citadel: The Meditations of Marcus Aurelius* (Cambridge, Massachusetts: Harvard University Press, 2001), Pierre Hadot, *Philosophy as a Way of Life* (Oxford: Blackwell Publishing, 1995); Robertson, Donald 2019 How to Think Like and Emperor: The Stoic Philosophy of Marcus Aurelius. New York: Martin's Griffin, Macmillan Press.

2) 1997년 스펜스(E. H. Spence)는 철학 연극 프로젝트(Philosophy Plays Project)를 설립했다. 그 후로 현재까지(2021) 그는 플라톤의 학술토론 정신에 따라 학계 철학자들의 철학 강연과 배우들의 극적 연기를 결합한 철학 연극이라는 매체를 통해 오스트레일리아 대중 철학 프로그램을 제작, 연출해왔다. 스펜스가 쓴 여러 편의 철학 연극은 오스트레일리아의 다양한 예술 축제에서 공연되었다. "사랑의 철학—테러 시대의 사랑"(*The Philosophy of Love: Love in the Age of Terror*)은 2004년 시드니 오페라 하우스에서 공연된 그의 스토아 철학 연극이었다. "제논의 비밀: 불행한 세상에서 행복해지는 법"(*The Philosophy of Love: Love in the Age of Terror*)은 2018년 시드니의 그리스 축제를 위해 팩토리 극장에서 공연되었고, 2021년에는 이 책의 주제인 스토아 철학과 기술에 바탕을 둔 그의 철학 연극 "마지막 자유: 알고리즘과 아타락시아"(*The Last Freedom: Algorithms and Ataraxia*)가 시드니의 그리스 축제를 위해 아트 헬레니즘 극장에서 공연될 예정이다. 이 프로젝트의 궁극적인 목표는 개인으로서 그리고 집단적으로는 공동체로서 그리고 일반적으로는 사회로서 우리가 삶을 살아가는 방식에 관해 더 비판적이고 더 반성적으로 생각하도록 우리를

돕는 "삶의 방식"으로서의 철학의 실천적 적용과 유용성에 대한 대중의 인식을 높임으로써 철학을 함양하고 사회화하는 것이다. 마사 누스바움의 책 제목에서 적절한 표현을 빌려온다면, "인간성의 함양"의 한 방식이다(Nussbaum 1997).

3) 대중 철학과 직업윤리에서의 스토아주의에 관해서는 다음을 참조. E. H. Spence (2004). "Philosophy Plays: A Neo-Stoic Method for Teaching Ethics." Teaching Ethics, vol. 5, no. 1 (2004), 41-57; 그리고 E. H. Spence, "The Theatre of Philosophy: A Neo-Socratic Method for Performing Public Philosophy," in Bull, Gordon (Ed.), *Creativity: brain–mind-body: A view into the future of Australian Art and Design Schools, the 2011 Australian Council of University Art and Design Schools* (ACUADS) *Conference*. the Australian National University, the University of Canberra, and the Canberra Institute of Technology. 21-23 September 2011 (2012).

4) 앞으로 살펴보겠지만, 더 자세히 들여다보면 에피쿠로스주의가 에우다이모니아를 달성하기 위해 좋은 삶을 산다는 기본적이며 윤리적인 원리에서 스토아주의와 크게 다르지 않다는 점을 확인할 수 있다.

5) 다음을 참조. Spence, E.Ethics Within Reason: A Neo-Gewithian Approach. (Lanham, Maryland: Lexington Books, a division of Rowman and Littlefield, 2006), pp. 393-442.

6) 게워스와의 대화에서(Chicago. March 2001) 나는 그의 윤리학과 스토아 철학자들의 윤리학 사이에 놀랄 정도의 유사성이 있다는 문제를 제기했을 때, 그는 흥미와 놀라움을 동시에 표했다. 나는 게워스의 놀라움은 유쾌한 것이어야 하고, 흥미는 근거가 있고 정당하다는 것을 보여주고 싶다.

7) 칸트의 윤리 이론과 게워스의 윤리 이론의 비교에 관해서는 다음을 참조. Spence E.. "A Commentary on Deryck Beyleveld's 'Gewirth and Kant on Justifying the Supreme Principle of Morality.'" In Michael Boylan (ed.), *Gewirth, Critical Essays On Action. Rationality, And Community* (Maryland: Rowman and Littlefield Publishers, Inc.), pp 119-124. ISBN: 9780847692590.

8) 특히 그의 다음 저서를 참조. *Self-fulfillment* (Princeton, NJ: Princeton University Press. 1998). 아리스토텔레스에 관한 언급은 많고, 칸트에 관한 언급도 드물지 않지만, 스토아 철학자들에 관한 언급은 전혀 없는 것은 아니지만, 거의 눈에 띌 정도로 부족하다.

9) 이 장의 오래된 이전 버전은 다음에서 확인할 수 있다. Spence, E. (2006) *Ethics Within Reason: A Neo-Gewithian Approach* (Chapter 10).

10) G. Striker, "Stoicism" in Lawrence C. Becker and Charlotte B. Becker(eds.), *Encyclopedia of Ethics* (New York: Garland Publishing. 1992). pp. 1208–1213.

11) 이것들의 출처는 다음과 같다. J. Annas, *The Morality of Happiness* (New York: Oxford University Press, 1993), J. Annas, *Platonic Ethics, Old and New* (Ithaca: Cornell University Press, 1999), L. C. Becker, *A New Stoicism* (Princeton, NJ: Princeton University Press, 1998), A. A. Long, *Hellenistic Philosophy – Stoics, Epicureans, Sceptics* (Berkeley: University of California Press, 1986. 2nd Edition), G. Striker, *Essays On Hellenistic Epistemology and Ethics* (Cambridge: Cambridge University Press, 1996), G. Striker, "Stoicism" in Lawrence C. Becker and Charlotte B. Becker (eds.), *Encyclopedia of Ethics* (New York: Garland Publishing. 1992).

12) 이 장에 관련한 일반적인 읽을거리는 다음과 같다. Epictetus, *Discourses and Selected Writings;* Marcus Aurelius Meditations; Seneca's Letters from a Stoic, Pierre Hadot's *The Inner Citadel: The Meditations of Marcus Aurelius; and Philosophy as a Way of Life*; Stoicism by John Sellars.

13) Long, *Hellenistic Philosophy*, 194.

14) 스토아 철학의 "궁극 목적" 또는 "궁극 선"에 관한 다양한 학문적 견해에 관해서는 다음을 참조. Striker, "Stoicism" 1209, and *Essays*, 222-24; Long, *Hellenistic Philosophy*, 194, 199; and Becker, *A New Stoicism*, 133-34.

15) 이 이성적 발전과 도덕적 발전은 스토아 윤리학의 가장 핵심적 교설 중 하나, 즉 오이케이오시스에 의해 자세하게 서술된다.

16) Gewirth, *Self-fulfillment*, 46, 59, 182-89, 199, 223.

17) *Self-fulfillment*. 게워스는 자기 성취를 **열망 성취**와 **능력 성취**로 나눈다. 그는 전자를 자신의 가장 깊은 욕구의 만족으로, 후자를 자신의 최고를 이루는 과정과 목적으로 파악한다.

18) Long, *Hellenistic Philosophy*, 174. 189-96, 211, 215-16; Striker, Essays, 219, 222-31.

19) Gewirth, *Self-fulfillment*, 69-70, 86, 91-92, 97-98, 101, 109-10. 222.

20) Striker, "Stoicism." 2011, and *Essays*, 182, 194, 224; Becker, *A New Stoicism*, 127, 138-49, 150-56; Long, *Hellenistic Philosophy*. 197, 234.

21) Gewirth, *Self-fulfillment*. 14-16; 18; 25; 50; 62; 85; 107; 182–89.

22) 게워스의 자기 성취와 스토아의 에우다이모니아를 비교할 때, 나는 게워스의 **이차적** 또는 **이상적인 자기 성취** 개념을 특별히 언급하고 있음을 이해해 주기 바람.

23) Stoics: Striker, "Stoicism" 209-10, and *Essays*, 181-82, 240-43, 255, 279, 288; Becker, *A New Stoicism*, 118-22; Long, *Hellenistic Philosophy* 192, 197-205; Gewirth, *Self-Fulfillment*, 14, 56-58, 68-9, 79, 87-90, 114-15, 122-23, 126-27, 131, 134-35, 175-77.

24) Stoics. Striker, "Stoicism" 2011 and Essays, 182, 194, 224; Becker, A *New Stoicism*, 127-29, 138-49, 150-56; Long, *Hellenistic Philosophy*, 197, 134.

25) 마스 누스바움의 다음의 리뷰에서. *Cultivating Humanity: A Classical Defense of Reform in Liberal Education* (1997). 마릴린 프리드먼은 누스바움이 "모든 인류에 대한 사랑의 관념"을 14번 이상 언급했다고 지적한다. (*Cultivating Humanity*, 6, 7, 13, 14, 36, 61, 64, 67, 72, 84, 103, 222, 259. 292) — 마릴린 프리드먼의 다음을 참조. "Educating for World Citizenship" *Ethics* (April 2000): 589. 누스바움의 "모든 인류에 대한 사랑"은 옳은 것을 행하기 위한 일차적 동기 부여로서 내가 스토아와 신스토아에 귀속시킨 '신에 대한 사랑'과 본질에서 유사한 듯이 보인다.

26) 나의 분석에서 나는 스토아 에우다이모니아의 충분성 논제에 대한 로렌스 C. 베커의 통찰력 있는 신스토아 분석과 스토아 분석를 면밀히 따랐다(ANS: 108-158).

27) 스토아의 오이케이오시스에 대한 자세한 논의와 게워스가 그의 윤리 이론에서 사용한 유사한 개념과의 구조적 유사성에 관해서는 다음을 참조. E. Spence, *Ethics Within Reason: A Neo-Gewithian Approach* (Maryland: Lexington Books, a division of Rowman and Littlefield. 2006). pp. 433-442

28) 앞서 덕에 관해 언급된 것을 떠올려보자. 게워스는 **발전적** 덕과 **구성적** 덕을 구별한다. 발달적 덕은 사람들이 윤리적으로 좋은 인간이 될 수 있게 해주는 것이다. 발달적 덕의 기능은 체력이 건강을 위한 것처럼 주로 도구적이다. 그러나 일단 윤리적으로 선한 사람이 되면, 그가 항상 덕—발달의 이 단계에서 사람들의 이성적인 목적적 행동과 동일하게 되는—에 따라 행동하는 성향을 갖게 된다는 의미에서, 덕은 그 사람의 윤리적 선에 대해 구성 요소가 된다. 앞서 언급한 것과 같은 비유를 사용한다면, 사람들의 체력은 더는 단순히 건강해지기 위한 도구가 아니라, 일단 좋은 건강을 얻고 유지하면, 건강과 일반적인 생활 방식의 구성 요소가 된다. 체력과 마찬가지로 구성적인 덕이 그 자체로 보상인 것이 될 때, 그것은 도덕적 선과 더불어 단순히 윤리적 행동을 위한 도구적 수단이 아니라 그 자체 목적이 된다.

29) 스토아의, 특히 신스토아의 에우다이모니아 또는 행복의 전제 조건으로서의 목적 행위의 필요성은 마사 누스바움에 의해서도 *Symposium on Cosmopolitanism*에서 언급된다. “Duties of Justice, Duties of Material Aid: Cicero's Problematic Legacy,” *The Journal of Political Philosophy*, vol. 8, no. 2 (2000), 191.

30) Stoics: Becker. *A New Stoicism*, 56; 74; 90; 93-95; Long, *Hellenistic Philosophy*, 172-74; 185-88; Striker, “Stoicism,” 1209-1210, and Essays, 178; 181; 219; 225-26; 250-51; 253-54; 257-261; 267; 281-297.

31) *Self-fulfillment*, 45;60;65;86;95-96;112:123-35;222-23;226.

제4장 스토아 철학을 기술에 적용함

1) 다음을 참조. Galloway, Scott. (2017) *The Four: The Hidden DNA of Amazon. Apple. Facebook and Google. London.* Great Brittain: Bantam Press; Pasquale. Frank. (2015) *The Black Box Society: The Secret Algorithms That Control Money and Information.* Cambridge, MA: Harvard University Press; Tufekci, Zeynep. (2018) Facebook's *Surveillance Machine, The New York Times*, March 19, 2018; Zuboff. Shoshana. (2019). *The Age of Surveillance Capitalism: The Fights for A Human Future At The New Frontier of Power.* London: Profile Books Ltd; Van Dijck, Poell and De Waal. (2018) *The Platform Society: Public Values in a Connected World.* Oxford: Oxford University Press; Webb, Amy (2019) *The Big Nine: How the Tech Titans and Their Thinking Machines Could Warp Humanity.* Hatchet Books; Lynch, Michael P. (2016) *The Internet of Us: Knowing and Understanding Less in the Age of Big Data.* Penguin Random House; Foroohar, Rana. (2019) *Don't Be Evil: The Case Against Big Tech)*, UK: Allen Lane, Random House.

2) 파우스트 미다스 선율이라는 구절은 괴테가 서사시 『파우스트 박사』에서 불멸의 지식을 얻기 위해 악마에게 영혼을 판 파우스트의 이야기를 암시한다. 미다스 신화는 탐욕을 채우기 위해 그가 만지는 모든 것을 황금으로 바꾸는 미다스 왕에 관한 이야기다. 그러나 이는 스스로를 무너뜨리는 결과를 낳았다. 그는 자신의 음식과 자신이 돌보는 모든 사람을 금으로 바꾸었기 때문이다. 이 암시는 페이스북이나 구글과 같은 빅테크 플랫폼을 무료로 사용하면서 정보를 교환하는 사용자로서의 우리 자신과 빅테크가 우리의 정보를 금으로 바꾸어주는 역할을 강조하기 위한 것이다.

3) 프라이버시에 대한 좋은 사례를 제시하는 최근의 책에 관해서는 다음을 참조. Carissa Véliz의 *Privacy Is Power*, 2020.

4) 이 문구는 『스타트렉』 TV 시리즈에서 보그(*Borg*)가 내린 "저항은 쓸데없는 짓이다"라는 명령과 관련이 있다. 이것은 그들의 개성과 모든 개인적 특징과 기억을 제거하여 그들을 집단적 군중의 노예로 만듦으로써 집단적 군중에 동화시키려던 모든 사람에 대해 내린 명령이다. 보그의 이야기는 조지 오웰(George Orwell)의 소설 『1984』를 떠올리게 하기도 한다.

제5장 지혜와 잘삶

이중 의무 정보-지혜 이론

1) 이 시구는 엘리엇(T. S. Eliot)의 "암석의 합창"(Choruses from The Rock, 1934)이란 시에서 따온 것이다.

2) 이 장의 개념적 기원은 내가 2006-2009년 네덜란드 트벤테 대학교 철학과에서 좋은 삶과 관련된 뉴 미디어 평가를 위한 VICI 국제 연구 프로젝트의 연구 펠로우로서 수행한 3년간의 연구 프로젝트에서 비롯된 것이다. 이 프로젝트는 필립 브레이(Philip Brey) 교수의 지도하에 국제 네덜란드 연구회(NWO)의 자금을 지원받았다.

3) 지금부터 이 장에서 사용된 정보 개념은 빅데이터와 알고리즘을 포함한 ICTs와 AI 기술을 통한 생산과 전파의 관련 표현을 포함하여 디지털 정보 전반과 관련하여 사용되고 있음을 이해할 것.

4) 이 장은 Spence E.가 2011년에 발표한 다음 논문의 이전 버전을 기반으로 한다. Information, Knowledge and Wisdom: Groundwork for the Normative Evaluation of Digital Information and Its Relation to the Good Life, *Ethics and Information Technology*, (2011) 13:261-275. DOI 10.1007/s10676-011-9265-7.

5) 물론 에라스무스(Erasmus)는 『어리석음의 예찬』(*Praise of Folly*)에서 반어적이고 풍자적이긴 하지만 어리석음이 이 세상에서 좋은 삶을 사는 데 지혜보다 실제로 더 나은 지침이라고 주장한다. 진지하게 그렇게 말하고 있다. 그러나 에라스무스는 『어리석음의 예찬』의 마지막 절에서 신만이 지혜를 가질 수 있으며 인간은 단지 어리석음만 가질 수 있으므로, 우리는 신의 뜻과 인도에 복종해야 한다고 제안한다. 주로 좋은 삶에서 지혜의 역할에 대한 비종교적인 고찰이다. 그러나 이 장은 흥미롭기는 하지만 신학적 탐구 방향을 추구하지는 않을 것이다. 그러나 앞의 제3장과 제4장에서 검토한 것처럼, 에우다이모니아의 달성을 위한 좋은 삶에서 스토아의 자연 개념이 하는 역할은 이 장들에서 제시된 그 개념의 신스토아의 버전과 관련이 있고 시사하는 바가 있다.

6) 이 장 전체에서 사용된 **사려**(*prudence*)라는 용어는 어떤 개인이 타인에게 해를 끼칠 가능성이 있는 행동에 관여하는 것을 막는 경향이 있는 유능한 성향이나 성격적 특성이라고 생각되는 사려의 덕을 말한다. 즉 그런 행동은 유덕한 사람에게 어울리지 않는다. 도덕과 관계없는 용어이며 도덕과 관계없는 개인의 이기심을 지칭하는 도구적 이성과는 달리 사려는 그와 대조적으로 개인의 유덕한, 따라서 도덕적인 이기심을 지칭한다.

7) Spence E. (2009)의 논문은 이 장, 이 부의 기초를 제공한다.

8) 인식론적, 윤리적, 에우다이모니아적이라는 이 세 가지 규범적 용어는 이 장에서 때때로 집합적 용어인 가치론적인 용어로 지칭될 것이며, 이는 규범적으로 가치를 부여하는 것으로 이해된다.

9) 의사소통 과정과 산물로서 정보가 가져오는 인식론적·윤리적 책임에 대한 더 자세한 설명에 관해서는 Spence, E. (2009)를 참조.

10) 앨런 게워스의 『이성과 도덕』(*Reason and Morality*, 1978)의 주요 논지는 모든 이성적 행위자는 행동에 참여함으로써 논리적으로 모든 행위자가 자신을 포함한 다른 모든 행위자의 자유와 복지의 권리를 존중하도록 하는 최고의 도덕 원칙, 즉 일반적 일관성의 원칙을 받아들이기로 약속한다는 것이다. 그의 논지의 근거는 행위에는 자유와 복지를 필수적인 특징으로 하는 내재적 규범 구조가 있으며, 이러한 구조 때문에 모든 이성적 행위자는 행위자라는 이유만으로 필요한 특정 원칙적, 도덕적 제약, 특히 모든 행위자의 자유와 복지에 대한 권리를 존중해야 한다는 그의 교설에서 찾을 수 있다.

11) 여러 철학자들이 이것에 대해 제기한 모든 주요한 반대에 맞선 PGC 논증에 대한 완전하고 상세한 변호는 Spence 2006(제1-3장), Deryck Beyleveld(1991), Alan Gewirth(1978)에서 확인할 수 있다.

12) 놀랍게도 특히 정보 윤리와 관련해서 철학 문헌에서 정보, 지식, 지혜의 관계에 대한 글은 거의 없다. 이 글의 이 부에서 언급할 주요 출처는 유일한 것은 아니지만 다음과 같다. Maxwell, N (2007); Tiberius, V. 2008; Vitek, B. and Jackson, W. (2008), Varelius, J. (2004); Kvanvig, L.J. (2003); Finnis (1983 and 1980); Ryan. S. (2007; 1999); Kekes, J. (1995). 그리고 일반적으로 플라톤의 『변명』, 아리스토텔레스의 『니코마코스 윤리학』, 헬레니즘의 철학자들(에피쿠로스, 회의론 철학자들, 스토아 철학자들)의 저서들. 이들에 대한 논의에 관해서는 (Spence, 2006. Ch. 10)을 참조. 또한 Vallor, S. (2016)의 다음을 참조. *Technology and the Virtues: A Philosophical Guide to a Future Worth*. Wanting, Oxford: Oxford University Press.

13) 이 장의 목적상 나는 쾌락주의, 욕구 충족, 목표 목록 이론들 등 다양한 이론들을 포함한 여러 좋은 삶에 대한 서로 다른 이론과 잠재적으로 양립할 수 있는 식으로 **에우다이모니아**와 **에우다이모적**의 개념

을 다원론적으로 사용할 것이다. 간단히 말해, 이 장에서 사용하는 **좋은 삶**의 개념은 원리적으로 에우다이모니아의 달성에 이를 수 있는 좋은 삶이다. 따라서 에우다이모니아에 이를 수 있는 어떤 좋은 삶의 이론도 적어도 이론적으로는 그리고 입증이 이루어지면 에우다이모니아적 삶으로 생각될 수 있다. 내가 선호하는 이론은 신스토아적 **에우다이모니아적** 삶(이 책의 제3장에서 설명된 대로)으로서, 이런 삶은 덕을 포함하지만 또한 에우다이모니아의 달성에 이를 수 있는 다른 이론들을 배제할 필요는 없다. 예를 들어 Vallor (2016)의 다음을 참조. *Technology and the Virtues.*

14) 이 책의 제3장을 보면, 게워스의 능력 성취로서의 자기 성취의 개념이 어떻게 스토아의 에우다이모니아와 개념적으로 유사한지를 입증하는 이 책의 제3장을 참조.

15) 브링크는 에우다이모니아주의적 공리를 Gregory Vlastos in Vlastos(1991)의 다음 저서에 귀속시키고 있다. *Socrates: Ironist and Moral Philosopher*. Ithaca: Cornell University Press, p. 203.

16) 소크라테스적 엘렌쿠스와 소크라테스적 지혜에 대한 상세한 논의에 관해서는 Hugh H. Benson의 『소크라테스적 지혜: 플라톤의 초기 대화편들에서의 지식 모델』(*Socratic Wisdom: The Model of Knowledge in Plato's Early Dialogues*. Oxford University Press)을 참조.

17) Stephanie Rize. https://www.smh.com.au/sport/swimming/i-want-you-to-know-how-sorry-i-am-tearful-rice-20100908-150s3.html. Accessed: April 25, 2021

18) Joel Monaghan. https://www.smh.com.au/sport/nrl/joel-monaghan-in-tears-after-quitting-the-raiders-20101109-171ff.html. Accessed: April 25, 2021

19) Catherine Deveny. https://www.smh.com.au/entertainment/tv-and-radio/deven y-dropped-as-columnist-for-the-age-20100504-u6si.html. Accessed: April 25, 2021.

20) Nir Rosen. https://www.news.com.au/world/journalist-nir-rosen-quits-after –insensitive-and-offensive-lara-logan-tweets/news-story/356d46509da0ee10a5d705 c226087ee6. Accessed: April 25, 2021.

21) Elliott and Spence, *Ethics for a Digital Era*, Chapter 10. 그리고 Spence, *Wisdom and Well-being in a Technological Age*.

22) 사려의 용어에 관해서는 위의 각주 6을 참조.

23) 예를 들어 다음을 참조. Christopher Burr, Mariarosaria Taddeo and Luciano Floridi (2020). "The Ethics of Digital Well-Being: A Thematic Review," *Science and Engineering Ethics*, 26:2313-2343; Vallor. (2016). *Technology and the Virtues*.

제6장 정보화 시대의 기술 미디어 부패

1) 전통적으로 제4권력은 정부, 성직자, 대중, 언론을 포함하는 것으로 이해되었으며, 전통적으로 제4권력으로 지정된 언론의 역할은 공익을 위해 나머지 세 부에 책임을 지우는 것이었다. 인터넷과 월드 와이드 웹(World Wide Web)의 등장으로 인터넷에 접속할 수 있는 사람이라면 누구나 국내 및 국제적으로 대중에게 정보를 전파하고 소통할 수 있게 되면서 트위터, 페이스북, 구글 및 기타 정보 기술을 통해 디지털 방식으로 매개되는 소셜 미디어를 포함하는 제5권력이 최근에 추가되었다. 제4권력과 제5권력의 관련성과 중요성은 특히 이들의 공생적 융합, 『융합 미디어』(*Convergent Media*. Elliott and Spence

2018, 4장)를 통해 다른 두 통치부, 즉 정부와 성직자의 책임을 묻는 감시 및 책임성의 수단으로 작용한다는 것이다. 예를 들어 위키리크스를 비롯한 융합 미디어는 정부와 성직자의 경범죄와 부패를 폭로해 왔다(경찰의 부패와 성직자의 성적 학대는 많은 사례 중 두 가지이다).

2) Spence, Edward (2017; 2008; 2006a)를 참조.

3) 예를 들어, 전 세계의 다른 국제 윤리 강령을 대표하는 호주의 미디어 엔터테인먼트 및 예술 연합(MEAA) 윤리 강령을 참조.

4) 구글이 페이스북과 마찬가지로 검색 기능을 통한 정보 관행과 유튜브와 같이 사용자 정보를 수집, 프로파일링 및 수집하여 광고주에게 판매하여 수익을 창출하는 기타 커뮤니케이션 및 큐레이션 관행에서 미디어 회사로서 기능적으로 운영되고 있다면 구글도 본질적으로 미디어 회사로 간주해야 한다.

5) 제6권력은 페이스북, 구글과 같은 테크 기업의 미디어 역할을 제4권력, 제5권력과 구분하기 위해 이 책에서 소개한 신조어이다.

6) 해당 사건의 자세한 내용에 관해서는 다음을 참조. Cambridge Analytica. https://en.wikipedia.org/wiki/Cambridge Analytica (Wikipedia. 접근일: 2019년 9월 19일).

7) "도구적으로 바람직한"이란 부패가 불법이거나, 불법이 아니더라도 적어도 일반적으로 비윤리적이라고 생각되는 환경에서 부패 행위를 하려는 도구적으로 이성적인 행위자에게 요구되는 일종의 실천적 사려를 의미한다. 이러한 환경에서는 부패 행위를 하려는 행위자가 자신의 부패 행위를 보이지 않게 하거나 은폐하기 위해 필요한 조치를

취하는 것이 도구적 이성적 행위자의 바람직한 요건일 것이다. 그렇게 하지 않는 것은 자기 패배적 행위이므로 도구적으로 비합리적일 수 있다. 이 논증에서 강조된 전제는 이 장 전체에 걸쳐 다루어지는 행위자가 도구적으로 합리적인 행위자라는 것이다.

8) 이기주의적 이득은 단순히 부패 행위자 자신에게만 발생하는 자기 지향적 이익일 필요는 없다. 따라서 워터게이트 사건에서 닉슨의 일부 측근들의 부패 행위로부터 얻은 인식된 이득은 그들이 소속된 공화당에 이익이 되었다는 의미에서 보면 자기 지향적 이익이었지만, 그 측근들에게 개인적으로 이익이 되었거나 그런 이익을 의도했다는 의미로 보면 자기 지향적 이득은 아니었다.

9) *Shorter Oxford Dictionary* 참조.

10) 이해 상충을 구성하는 요소에 대한 자세한 분석은 Spence, E. (2020) 및 Davies, M. (1998, 590) 참조.

11) 예를 들어 다음을 참조. Zeynep Tufekci 2018. You Tube, The Great Radicalizer. *New York Times*, 2018년 3월 10일; Christopher Mims. 2018. Who Has More of Your Personal Data than Facebook, *The Australian and Wall St Journal*, 2018년 4월 23일; Frank Pasquale. 2015. *The Black Box Society: The Secret Algorithms That Control Money and Information*. Cambridge. Massachusetts: Harvard University Press. pp. 50-51; 66; 78-79; 96; 185; 190-191. 214-215; 그리고 이 문제에 대한 보다 포괄적인 설명은 다음을 참조. Shoshana Zuboff. 2019. *The Age of Surveillance Capitalism: The Fight for a Human Future at the New Frontier of Power*. Profile Books, Webb, Amy. 2019. *The Big Nine: How the Tech Titans and Their Thinking Machines Could Warp Humanity*, Hatchet Books; Galloway. Scott. 2017. *The Four: The Hidden DNA of Amazon,*

Apple, Facebook and Google. London, Great Brittain: Bantam Press; Van Dijck. Poell and De Waal. 2018. *The Platform Society: Public Values in a Connected World*. Oxford: Oxford University Press; and Lynch, Michael P. 2016. *The Internet of Us: Knowing and Understanding Less in the Age of Big Data*. Penguin Random House.

12) 여기서 언급된 사회 계약은 7장에서 더 자세히 살펴볼 토머스 홉스, 존 로크, 존 롤스의 철학적 윤리 이론에 기초하고 있다. 접근 방식과 표현은 다르지만, 이러한 사회 계약 이론은 모든 시민과 법인이 공동선을 위반하여 자신만의 이익을 위해 행동하지 않고 전체 사회의 공동선을 위해 행동하도록 권고한다.

제7장 ICT 기술이 잘삶에 미치는 규범적 영향

1) Gewirth의 자기 존중에 대한 설명을 보다 광범위하고 자세한 것에 관해서는 다음을 참조. Spence, E. H. 2006. *Ethics Within Reason: A Neo-Gewirthian Approach*, 제4장. 159-213.

2) 최근 『초신성』(*Supernova*)과 같이 바로 그 사례를 탐구하는 여러 장편 영화가 있었다. 2021년 4월. 감독. Harry Macqueen, 각본. Harry Macqueen. 배우. Colin Firth, Stanley Tucci. 『아버지』(*The Father*). 2021년 4월. 감독: Florian Zeller. 배우. Anthony Hopkins, Olivia Colman. 『블랙 버드』(*Black Bird*). 2021년 2월. 감독. Roger Michae, 각본. Cristin Torpe. 배우. Susan Sarandon, Kate Winslet, Sam Neil.

3) Gewirth는 “자유를 주든지 죽음을 주든지!”라는 Patrick Henry의 유사한 문구를 “자유를 유지해야 할 의무가 생명 자체를 유지해야 할 의무보다 우선하는”(1978, 346) 개인 내 갈등의 사례로 언급한다. 여기서 주목해야 할 중요한 점은 서구 문화에서 이러한 도덕적 정서가

널리 퍼져있다는 점이다. 테르모필레(Thermopylae)에서 페르시아에 맞선 300명의 스파르타 군의 영웅적인 저항은 가장 초기에 일어난 가장 유명한 사례 중 하나이다. Masada와 the Alamo는 같은 유형의 도덕적 정서를 표현하는 다른 두 가지 역사적 사례이다.

4) 시지프가 평생 같은 언덕에서 돌을 굴리는 형벌을 받는 것이 우리에게 끔찍하게 느껴지는 것은 바로 이러한 개인적인 자유의 결여 때문이다. 아서와 달리 시시포스는 자신의 고통과 치욕, 즉 영원히 무의미한 반복 작업을 수행해야 하는 고통과 치욕에서 벗어날 수 없기 때문이다. 역설적이게도 신들은 시지프가 형벌의 직접적인 결과로 고통을 겪게 하려고 자기 존중을 포함한 그의 개인적인 자질을 충분히 유지하도록 허용해야 한다. 만약 시지프가 자신을 정상적인 사람으로 만드는 모든 개인적인 자질을 잃고 자신이 무엇을 하고 있는지 인식하지 못하는 광인이 되거나, 반복적인 작업을 통해 반성 없이 자신의 임무를 수행하는 생각 없고 감정 없는 기계가 된다면 시지프는 자신의 형벌을 인식하지 못해 신들이 의도한 대로 의식적으로 고통을 겪지 않을 것이기 때문이다. 신들은 이성적인 사람에게 가장 끔찍한 고통을 주는 형벌, 즉 다른 사람들과의 교제 없이 완전히 고립된 채 영원히 의미 없는 일을 수행해야 하는 형벌을 고안하는 데 있어 기발함을 발휘했다. 시지프 사례는 인간에게 자유가 목적적 행위자로서의 능력뿐만 아니라 자기 존중을 가진 인격체로서도 중요하다는 점을 강조하는 데 도움이 된다.

5) Michael Boylan, "Choosing an Ethical Theory," in Gewirth: *Critical Essays*, ed. Boylan, 75-90.

제8장 기술은 무엇에 좋은가?

1) 기술이 잘삶에 미치는 영향에 대한 광범위한 학제적 검토에 관해서

는 다음을 참조. Brey, P., Briggle, A., and Spence, E. (eds.), 2012. *The Good Life in a Technological Age*. New York: Routledge.

2) AI 제어 문제에 대한 최근 주요 출판물에 관해서는 다음을 참조. Bostrom, Nick, 2015; Tegmark. Max, 2018; Russell. Stuart 2019; Frischmann. Brett and Selinger, Evan. 2018. *Re-Engineering Humanity*. Cambridge, UK: Cambridge University Press.

3) 다음을 참조. Brey, P., Briggle, A., and Spence, E. (eds). 2012. Part VI. 295–348.

4) 위 구절에서 언급된 "수학적 측정"은 캐시 오닐의 책 『수학 파괴의 무기: 빅 데이터가 어떻게 불평등을 증가시키고 민주주의를 위협하는가(*Weapons of Math Destruction: How Big Data Increases Inequality and Threatens Democracy*. 2016)』라는 인기 제목을 떠올리게 한다. 이 책은 기존의 불평등을 강화하는 알고리즘의 사회적 영향에 대해 다루고 있다.

제9장 스마트 기계와 지혜로운 사람
누가 통제하는가?

1) Hui Jin과 Edward H. Spence 참조. 인터넷 중독과 잘삶: 도교와 스토아의 성찰. 『도』(*Dao*) 15:209–225.

2) 테그마크의 『바가바드 기타』에 대한 언급은 스토아 철학 및 신스토아 철학의 관점에서 기술이 잘삶에 미치는 영향을 평가하려는 현재의 목적에 특히 흥미롭다. 스토아 철학과 기원전 500년경 스토아 철학보다 약 200년 전에 쓰인 『바가바드 기타』 사이에는 몇 가지 놀라운 유사점이 있기 때문이다. 특히 지혜(4장 10, 19, 23, 33, 2장 49), 이성(2장 63, 49), 사랑(4장 11, 9장 31, 10장 28, 11장 54), 아타락시아

(5장 3), 자연(13장 19-20)에 관한 내용이 여기에 해당한다. 다음을 참조. 주안 마스카로(Juan Mascaro)가 산스크리트어로 번역한 『바가바드 기타』(1962. Harmondsworth: Penguin Classics).

3) 러셀은 여기서 "기계가 이미 보유하고 있는 지식과 기술을 습득하기 위해 수년간 힘겹게 학습하는 것이 무의미하다고 생각하는 개인"에 대해 언급하며, 위험을 시사하고, 잠재적으로 우리를, 특히 우리의 자율성과 존엄성을 통제할 수 있는 능력을 가진 AI 기계에 지나치게 의존하게 되는 것이 위험한 일임을 시사한다.

4) 매년 열리는 스토이콘 협의회는 전 세계적으로 10만 명 이상의 회원을 모으며, 추종자이거나 스토아 철학에 관심이 있는 사람의 수는 전 세계적으로 150만 명을 넘는다. 나는 스토아주의에 대한 여러 권의 책을 쓴 도널드 로버트슨에게 이러한 통계에 대해 감사드린다. 그의 가장 최근 저서는 *How to Think Like a Roman Emperor. The Stoic Philosophy of Marcus Aurelius*(2020)이다.

5) 나는 이 용어를 내 친구이자 동료인 데이비드 필드(David Field) 덕분에 만들어낼 수 있었다.

6) 사랑은 그리스도교에서 중심적이고 기초적인 역할을 한다. 예를 들어, 사도 바울로가 『코린토 신자들에게 보낸 첫째 서간』 제13장을 참조할 것. 스토아 철학에서도 마찬가지다. 예를 들어, 마르쿠스 아우렐리우스의 명상록 제7장 31절을 참조할 것. 명상록에서 우리는 "인류를 사랑하고 신의 길을 걸으라"라는 구절을 읽게 된다. 스토아 철학자들은 이것을 우리가 이성적 존재로서 공유하는 자연—우리는 그 자연의 일부이다—, 자연의 우주적 이성적 정신과 동일시했다. 그리고 각주 2)에서 보았듯이, 스토아 철학에서처럼 사랑은 바가바드 기타에서 중심적인 역할을 한다.

7) 이 글은 에드워드 스펜스(Edward Spence)가 쓰고, 시드니 그리스 페스티벌을 위해 시드니 오페라 하우스에서 공연된 철학 연극 "사랑의 철학: 공포의 시대에서의 사랑"(2004)에서 사용된 내용을 각색한 요약본이다.

8) 그리스어에서 **칼로**(*kalo*)는 오늘날에도 여전히 사용되고 있는 단어로, 미적으로 아름다우며, 윤리적으로 선한 것을 의미한다. 흥미롭게도 키프로스 방언인 칼로라는 단어는 가끔은 문장의 부사로 사용된다. 예를 들어 "여기에 앉아도 괜찮나요?"라고 물을 때 키프로스 그리스어로 "칼로!"라고 대답하면, 그것은 "네, 물론 괜찮습니다"의 뜻이 된다. 『사랑에 빠진 소크라테스』(*Socrates in Love*. 2019, 171)에서 아마드 디 안고어(Armand D'Angour)는 "그리스 단어 칼로스(kalos)는 '아름다운'과 '목적에 좋은'이라는 두 의미를 모두 가지고 있으며, '좋다(fine)'라는 형용사를 사용하면 이중적 의미를 알 수 있다"고 말한다.

9) 플라톤의 우주론에 대한 논의에 관해서는, 그의 대화편인 『티마이오스』(*Timaeus*) 참조.

10) 흥미롭게도 케이트 달링(Kate Darling)은 신작(2021. 4)에서 『새로운 품종: 동물과의 역사가 기계와의 미래에 대해 알려주는 것』을 통해 기계와의 미래 관계를 동물과의 역사적 관계와 비교하여 탐구한다. 비록 그녀의 연구는 인간보다 덜 지능적인 차선책 로봇에 초점을 맞추고 있지만, 인공지능 에이전트와의 미래 관계를 밝히는 데 유용할 수 있다.

11) 특이성 개념에 대한 흥미롭고 몰입도 높은 책을 보려면 다음을 참조. Kurzweil, Ray. 2005. London: Penguin Book.

참고문헌

제1장 서론: 누가 통제하는가

Bostrom, Nick. 2015. *Superintelligence: Paths. Dangers, Strategies.* Oxford: Oxford University Press.

Brey, Philip, Briggle, Adam, and Spence, Edward H. (eds.) 2012. *The Good Life in a Technological Age.* New York: Routledge.

Elliott, Deni and Spence, Edward H. 2018. *Ethics for a Digital Era.* Oxford: Wiley-Blackwell.

Epictetus. 2018. *Epictetus: Discourses and Selected Writings,* translated and edited by Robert Dobbin. London: Penguin Classics.

Hui, J. and Spence, Edward H. 2016. Internet Addiction and Well-Being: Daoist and Stoic Reflections. *Dao: A Journal of Contemporary Philosophy* 15:209-225. DOI 10.1007/s11712-016-9488-8. Switzerland. AG: Springer Nature.

Russell, Stuart. 2019. *Human Compatible: AI and the Problem of Control.* UK: Penguin Books.

Spence, Edward H. 2021. *Media Corruption in the Age of Information.* Switzerland. AG: Springer Nature.

______. 2017. Corruption in the Media. In Michael S. Aßländer and Sarah Hudson (Eds.), *The Handbook of Business and Corruption: Cross-Sectoral Experiences,* UK: Emerald Publishing.

______. 2016. Is Alan Gewirth's Moral Philosophy Neo-Stoic? In Per Bauhn (Ed.) *Gewirthian Perspectives on Human Rights.* New York: Routledge.

______. 2013. "Wisdom and Well-being in a Technological Age". *Synesis: A Journal of Science, Technology, Ethics, and Policy.* Arlington, VA: Potomac Institute Press.

______. 2011. Is Technology Good for Us? A Eudaimonic Meta-Model for Evaluating the Contributive Competence of Technologies for a Good Life. *Nanoethics*, 5:335–343.

______. 2006. *Ethics Within Reason: A Neo-Gewithian Approach* (2006). Lanham, Maryland: Lexington Books (a division of Rowman and Littlefield, USA).

Tegmark, Max. 2018. *Life 3.0. Bring Human in the age of Artificial Intelligence*, UK: Penguin Books.

제2장 기술은 무엇에 좋은가?

Brink, D. 1999. "Eudaimonism. Love and Friendship. and Political Community" *Social Philosophy & Policy* 16: 252-289.

Clark, Andy, and Chalmers, David J. 1998. Analysis 58: 10-23.

Gewirth, Alan. 1998. *Self-fulfillment*. Princeton, NJ: Princeton University Press.

Kekes, J. 1995. *Moral Wisdom and Good Lives*. Ithaca: Cornell University Press.

Spence, Edward, H. 2011. "Information, Knowledge and Wisdom: Groundwork for the Normative Evaluation of Digital Information and Its Relation to the Good Life." *Ethics and Information Technology* 13(3): 261-275.

_____. 2011a. "Is Technology Good for Us? A Eudaimonic Meta-Model for Evaluating the Contributive Capability of Technologies for a Good Life." *Nanoethics* 5: 335-343. DOI 10.1007/s11569-011-0134-y.

_____. 2010. "Information Ethics Without Metaphysics: A Neo-Gewirthian

Approach." *International Journal of Technology and Human Interaction* 6(1): 1-14.

_____. 2008. "Groundwork for a Neo-Epicurean Approach to a Sustainable Good Life in a Technological World." *Australian Journal of Professional and Applied Ethics*, 10(1 and 2): 73-81.

_____. 2006. *Ethics within Reason: A Neo-Gewirthian Approach*. Lanham: Lexington Books (a division of Rowman and Littlefield).

Vallor, Shannon. 2016. *Technology and the Virtues: A Philosophical Guide to a Future Worth Wanting*. Oxford: Oxford University Press.

Vlastos, Gregory. 1991. *Socrates: Ironist and Moral Philosopher*. Ithaca: Cornell University Press.

Weckert, John. 2013. "Nanoethics." edited by La Follette, *International Encyclopedia of Ethics*, Wiley-Blackwell (accepted April 2011).

제3장 스토아 철학과 신스토아 철학

Annas, Julia. 1999. *Platonic Ethics, Old and New*. Ithaca: Cornell University Press.

_____. 1993. *The Morality of Happiness*. New York: Oxford University Press.

Becker, Laurence. 1998. *A New Stoicism*. Princeton: Princeton University Press.

Cicero, *Tusculan Disputations* (Loeb Classical Library) 2nd Edition, translated by J. E. King. Cambridge, MA. and London: Harvard University Press, 1927.

Epictetus. 2018. *Epictetus: Discourses and Selected Writings*, translated and edited by Robert Dobbin. London: Penguin Classics.

Friedman, Marilyn. 2000. "Educating for World Citizenship." *Ethics*, April, 589.

Gewirth, Alan. 1998. *Self-fulfillment*. Princeton: Princeton University Press.

_____. 1996. *The Community of Rights*. Chicago: University of Chicago Press.

_____. 1978. *Reason and Morality*. Chicago: University of Chicago Press.

Hadot, Pierre.2001. *The Inner Citadel: The Meditations of Marcus Aurelius*. Cambridge, MA: Harvard University Press.

_____. 1995. *Philosophy as a Way of Life*. Oxford: Blackwell Publishing, 273.

Laertius, Diogenes. 1931. *Lives of Eminent Philosophers Books 6-10*. Cambridge. MA: Harvard University Press.

Long, A. A. 1986, *Hellenistic Philosophy - Stoics, Epicureans, Sceptics*. 2nd Edition. Berkeley: University of California Press.

Nussbaum, Martha. 2000. "Duties of Justice. Duties of Material Aid: Cicero's Problematic Legacy." *In Symposium on Cosmopolitanism. The Journal of Political Philosophy*, vol. 8, no. 2, 191.

_____. 1997. *Cultivating Humanity: A Classical Defense of Reform in Liberal Education*. Cambridge, MA, and London: Harvard University Press.

_____. 1994. *The Therapy of Desire*. Princeton, NJ: Princeton University Press.

Spence, Edward H. 2011. "The Theatre of Philosophy: A Neo-Socratic Method for Performing Public Philosophy." In Bull, Gordon (Ed.). *Creativity: brain-mind - body: A view into the future of Australian Art and Design Schools, the 2011 Australian Council of University Art and Design Schools (ACUADS) Conference*. the Australian National University, the University of Canberra, and the Canberra Institute of Technology. 21-23 September.

_____. 2007. "Positive Rights and the Cosmopolitan Community: Right-Centered Foundations for Global Ethics." *Journal of Global Ethics*, vol. 3, no. 02, July/August (2007). New York: Taylor and Francis.

_____. 2006. *Ethics Within Reason: A Neo-Gewithian Approach*. Lanham. Maryland: Lexington Books, a division of Rowman and Littlefield, 433-442.

_____. 2004. "Philosophy Plays: A Neo-Stoic Method for Teaching Ethics." Utah, USA: *Teaching Ethics* vol. 5, no. 1. 41-57.

______. “A Commentary on Deryck Beyleveld’s ‘Gewirth and Kant on Justifying the Supreme Principle of Morality.’” In Michael Boylan (ed.). *Gewirth, Critical Essays On Action, Rationality, and Community*. Maryland: Rowma and Littlefield Publishers, Inc. 119-124. ISBN: 9780847692590.

Striker, Gisela. 1996. *Essays on Hellenistic Epistemology and Ethics*. Cambridge: Cambridge University Press.

______. 1992. “Stoicism” In Lawrence C. Becker and Charlotte B. Becker (Eds.), *Encyclopedia of Ethics*. New York: Garland Publishing, 1208-1213.

제4장 스토아 철학을 기술에 적용함

Annas, Julia. 1993. *The Morality of Happiness*. New York: Oxford University Press.

_____. 1999. *Platonic Ethics, Old and New*. Ithaca: Cornell University Press.

Becker, Laurence. 1998. *A New Stoicism*. Princeton: Princeton University Press.

Cicero. 1927. *Tusculan Disputations* (Loeb Classical Library) 2nd Edition, translated by J. E. King. Cambridge, MA. and London: Harvard University Press.

Epictetus. 2018. *Epictetus: Discourses and Selected Writings*, translated and edited by Robert Dobbin. London: Penguin Classics.

Foroohar, Rana. 2019. *Don't Be Evil: The Case Against Big Tech*. London: Allen Lane, Random House.

Friedman, Marilyn. 2000. “Educating for World Citizenship.” *Ethics*, April, 589.

Galloway, Scott. 2017. *The Four: The Hidden DNA of Amazon, Apple, Facebook and Google*. London: Bantam Press.

Gewirth, Alan. 1998. Self-fulfillment. Princeton: Princeton University Press.

_____. 1996. *The Community of Rights*. Chicago: University of Chicago Press.

_____. 1978. *Reason and Morality*. Chicago: University of Chicago Press.

Hadot, Pierre Blackwell 1995. *Philosophy as a Way of Life*. Oxford: Publishing.

Laertius, Diogenes. 1925. *Lives of Eminent Philosophers, Book 6-10*. CM: Harvard University Press.

Long, A. A. 1986. *Hellenistic Philosophy - Stoics, Epicureans, Sceptics*. Berkeley: University of California Press, 2nd Edition.

Lynch, Michael P. 2016. *The Internet of Us: Knowing and Understanding Less in the Age of Big Data*. London: Penguin, Random House.

Nussbaum, Martha. 1997. *Cultivating Humanity: A Classical Defence of Reform in Liberal Education*. Cambridge, MA, and London: Harvard University Press.

______. 1994. *The Therapy of Desire: Theory and Practice in Hellenistic Ethics*. Princeton, NJ: Princeton University Press.

Pasquale, Frank. 2015. *The Black Box Society: The Secret Algorithms That Control Money and Information*. Cambridge, MA: Harvard University Press.

Plato. 1978. *The Apology*, in Edith Hamilton and Huntington Cairns (Eds.). *The Collected Dialogues of Plato*. Princeton: Princeton University Press. 575-844.

Spence, Edward. H. 2011. "The Theatre of Philosophy: A Neo-Socratic Method for Performing Public Philosophy." in Bull. Gordon (Ed.). *Creativity: brain - mind - body: A view into the future of Australian Art and Design Schools, the 2011 Australian Council of University Art and Design Schools (ACUADS) Conference*. the Australian National University, the University of Canberra, and the Canberra Institute of Technology. 21-23 September 2011.

______. 2007. "Positive Rights and the Cosmopolitan Community: Right-Centred Foundations for Global Ethics." *Journal of Global Ethics*, Volume 3. Number 02, July/August 2007. 181-202.

______. 2006. *Ethics Within Reason: A Neo-Gewithian Approach*. Maryland: Lexington Books, a division of Rowman and Littlefield, 433-442.

_____. 2004. "*Philosophy Plays: A Neo-Stoic Method for Teaching Ethics*." Utah: Teaching Ethics Volume 5, Number 1. 41-57.

Striker, Gisela. 1992. "Stoicism" in Lawrence C. Becker and Charlotte B. Becker, Editors, *Encyclopedia of Ethics*. New York: Garland Publishing, 1208–1213.

______. 1996. *Essays On Hellenistic Epistemology and Ethics*. Cambridge: Cambridge University Press.

Tufekci, Zeynep. 2018. Facebook's Surveillance Machine. *The New York Times*, March 19, 2018.

Van Dijck, Poell and De Waal. 2018. *The Platform Society: Public Values in a Connected World*. Oxford: Oxford University Press.

Véliz, Carissa. 2020. *Privacy is Power: Why and How You Should Take Back Control of Your Data*. London: Bantam Press, 2020.

Webb, Amy. 2019. *The Big Nine: How the Tech Titans and Their Thinking Machines Could Warp Humanity*. New York: Public Affairs. Hatchett Book Group.

Zubott, Shoshana. 2019. *The Age of Surveillance Capitalism: The Fights for a Human Future At The New Frontier of Power*. London: Profile Books Ltd.

제5장 지혜와 잘삶
이중 의무 정보-지혜 이론

Annas, Julia. 2011. *Intelligent Virtue*. Oxford: Oxford University Press.

Aurelius, Marcus. 1964. *The Meditations*, translated by Maxwell Staniforth. Harmondsworth: Penguin Books.

Aristotle. 1941. Nichomachean Ethics, in Richard McKeon (ed.). *The Basic Works of Aristotle*. New York: Random House. 935-1112.

Banicki, K. 2009. The Berlin Wisdom Paradigm: A Conceptual Analysis of a Psychological Approach to Wisdom. *History and Philosophy of Psychology*. 11(2): 25-36.

Beyleveld, Deryck. 1991. *The Dialectical Necessity of Morality: An Analysis and Defense of Alan Gewirth's Argument to the Principle of Generic Consistency*. Chicago: University of Chicago Press.

Burr, Christopher, Taddeo, Mariarosaria and Floridi, Luciano. 2020. "The Ethics of Digital Well-Being: A Thematic Review." *Science and Engineering Ethics*, 26:2313-2343.

Descartes, R. 1979. *Principles of Philosophy*, in Philosophical Works of Descartes. E. Haldane and G. Ross (trans. and eds.). London: Cambridge University Press. 201-302.

Dretske, Fred. 1999. *Knowledge and the Flow of Information*. Stanford: CSLI Publications.

Elliott, Deni, and Spence, H. Edward. 2018. *Ethics for a Digital Era*. Oxford: Wiley- Blackwell.

Erasmus, D. 1994. *In Praise of Folly*, A. H. T. Levi (ed.) and B. Radice (translator). UK: Penguin Classics.

Finnis, J. 1983. *Fundamentals of Ethics*. Oxford: Clarendon Press Oxford.

______. 1980. Natural Law and Natural Rights. Oxford: Clarendon Press Oxford.

Floridi, Luciano. 2005. Is Semantic Information Meaningful Data? *Philosophy and Phenomenological Research*, LXX:2, 351-370.

______. 2002. What is the Philosophy of Information? *Metaphilosophy*, 33, 123–145.

______. 1999. Information Ethics: On the Theoretical Foundations of Computer Ethics. *Ethics and Information Technology*, 1(1), 37-56.

Garrett, R. 1996. Three Definitions of Wisdom. In Lehrer et al. (eds.). *Knowledge. Teaching, and Wisdom*. Dordrecht: Kluwer Academic

Publishers. pp. 221-232.

Gewirth, Alan. 1996. *The Community of Rights*. Chicago, University of Chicago Press.

_____. 1998. Self-fulfillment. Princeton, NJ: Princeton University Press.

_____. 1978. *Reason and Morality*. Chicago: University of Chicago Press.

Kekes, John. 1995. *Moral Wisdom and Good Lives*. Ithaca: Cornell University Press.

_____. 1983. Wisdom, American Philosophical Quarterly, 20(3): 277-286.

Kvanvig. J. L. 2003. *The Value of Knowledge and the Pursuit of Understanding*. Cambridge: Cambridge University Press.

Kunzmann. Ute and Baltes, Paul. 2005. The Psychology of Wisdom: Theoretical and Empirical Challenges, in Robert J. Stenberg and Jennifer Jordan (eds.). *A Handbook of Wisdom: Psychological Perspectives*. New York: Cambridge University Press.

Maxwell, N. 2007. From Knowledge to Wisdom (Second Edition). London: Pentire Press.

Nozick, R. 1989. What is Wisdom and Why Do Philosophers Love It So? *The Examined Life*. New York: Touchstone Press, 267-278.

Plato. 1978. The Apology, in *The Collected Dialogues of Plato*, Edith Hamilton and Huntington Cairns (eds.). Princeton: Princeton University Press. 575–844.

Ryan, S. 2007. Wisdom. *Stanford Encyclopedia of Philosophy*. Accessed June 14. 2010.

_____. 1999. What is Wisdom? *Philosophical Studies*, 93: 119-139.

Spence, Edward H. 2020. The sixth estate; tech media corruption in the age of information. *Journal of Information, Communication and Ethics in Society*, 18(4):553–573. Bingley, UK: Emerald Publishing Limited, DOI: 10.1108/JICES-02-2020-0014.

______. 2009. A Universal Model for the Normative Evaluation of Internet

Information. *Ethics and Information Technology*, 11(4): 243–253.

______. 2011. Information. Knowledge and Wisdom: Groundwork for the Normative Evaluation of Digital Information and Its Relation to the Good Life. *Ethics and Information Technology*. 13(3): 261-275.

______. 2006. *Ethics Within Reason: A Neo-Gewirthian Approach*. Lanham: Lexington Books (a division of Rowman and Littlefield).

Tiberius, V. 2008. *The Reflective Life: Living Wisely With Our Limits*. Oxford: Oxford University Press.

Vallor, S. 2016. *Technology and the Virtues: A Philosophical Guide to a Future Worth Wanting*. Oxford: Oxford University Press.

Varelius, J. 2004. Objective Explanations of Individual Well-Being. *Journal of Happiness Studies* 5: 73-91.

Vitek, B. and Jackson, W. 2008. *The Virtues of Ignorance: Complexity. Sustainability, and the Limits of Knowledge*. Lexington. Kentucky: The University Press of Kentucky.

제6장 정보화 시대의 기술 미디어 부패

Davies, Michael. 1998. *Encyclopedia of Applied Ethics*. Academic Press, Volume 1. A-D. page 590.

Elliott, Deni and Spence. Edward. H. 2018. *Ethics for a Digital Era*. Oxford: Wiley-Blackwell.

Galloway, Scott. 2017. *The Four: The Hidden DNA of Amazon, Apple, Facebook and Google*. London, Great Britain: Bantam Press.

Gewirth, Alan. 1978. *Reason and Morality*. Chicago: University of Chicago Press.

Lynch, Michael P. 2016. *The Internet of Us: Knowing and Understanding Less in the Age of Big Data*. Manhattan. New York: Penguin Random House.

Miller, Seumas. 2018. *Corruption. Stanford Encyclopedia of Philosophy*. Edited by Edward N. Zalta (Winter 2018 Edition). https://plato.Stanford.edu/

archives/win2 018/entries/corruption/.

Miller, Seumas. Roberts, Peter, and Spence. Edward H. 2005. *Corruption and Anti-corruption: An Applied Philosophical Approach.* Upper Saddle River, NJ: Pearson/ Prentice Hall.

Mims, Christopher. 2018. Who has more of your personal data than Facebook? *The Australian and Wall St Journal*, April 23, 2018.

Pasquale, Frank. 2015. *The Black Box Society: The Secret Algorithms That Control Money and Information.* Cambridge, MA: Harvard University Press.

Plato. 1952. *The Dialogues of Plato.* Translated by Benjamin Jowett. Chicago: Encyclopedia Britannica Inc.. Book II: 359-361.

Spence, Edward H. 2021. *Media Corruption in the Age of Information.* Switzerland. AG: Springer Nature.

______. 2020. The sixth estate; tech media corruption in the age of information, *Journal of Information. Communication and Ethics in Society*, 18(4): 553-573 DOI 10.1108/JICES-02-2020-0014.

_____. 2018. Harm in Media Marketing: The Branding of Values, in Patrick Plaisance (ed). *The Handbook of Media Ethics.* Berlin: Walter de Gruyter 237-251

______. 2017. Corruption in the Media, in Michael S. Aßländer and Sarah Hudson (eds.). *The Handbook of Business and Corruption: Cross-Sectoral Experiences.* Bingley, UK, Emerald Group Publishing, 453-480.

_____. 2014. The Advertising of Happiness and the In Michael Boylan (Ed.). *Business Ethics (2nd edition).* Upper Saddle River, NJ: Prentice Hall.

______. Alexandra. Andrew, Quinn, Aaron, and Dunn, Anne. 2011. *Media, Markets and Morals.* Oxford Wiley-Blackwell.

______. 2011. Information, Knowledge and Wisdom: Groundwork for the Normative Evaluation of Digital Information and Its Relation to the Good Life. *Ethics and Information Technology*, Volume 13, Number, 3. 261-275.

______. 2009. A Universal Model for the Normative Evaluation of Internet Information, *Ethics and Information Technology*. Volume. 11, Number 4. 243-253.

______. 2008. Corruption in the Media. *International Journal of Applied Philosophy*, Volume 22, Number 2 (Fall), 231–241.

______. 2006. *Ethics Within Reason: A Neo-Gewithian Approach*. Maryland: Lexington Books (a division of Rowman and Littlefield, USA).

______. 2006a. "Corruption doomed to fail in long term." *Financial Review*, January 14, 2006.

Tufekci, Zeynep. 2018. Facebook's Surveillance Machine. *The New York Times*. March 19, 2018.

______. 2018. You Tube. The Great Radicalizer. *The New York Times*. March 10, 2018.

Van Dijck, Poell and De Waal. 2018. *The Platform Society: Public Values in a Connected World*. Oxford: Oxford University Press.

Webb, Amy. 2019. The Big Nine: *How the Tech Titans and Their Thinking Machines Could Warp Humanity*. New York: Hatchet Books.

Zuboff, Shoshana. 2019. *The Age of Surveillance Capitalism: The Fights for A Human Future At The New Frontier of Power*. London: Profile Books Ltd.

Zuckerberg, Mark. 2019. Four Ideas to Regulate the Internet, *Facebook*, March 30.

______. 2020. Big Tech Needs More Regulation. Financial Times, February 18, 2020.

제7장 ICT 기술이 잘삶에 미치는 규범적 영향

Aristotle. 1976. The Nicomachean Ethics. Harmondsworth. Middlesex: Penguin Books.

Boylan, Michael. 1999. "Choosing an Ethical Theory." In *Gewirth: Critical*

Essays On Action, Rationality And Community, ed. Boylan. Lanham, MD: Rowman and Littlefield.

Camus, Albert. 1975. *The Myth of Sisyphus*. Translated from the French by Justin O'Brien. Harmondsworth. Middlesex: Penguin Books.

Gewirth, Alan. 1996. *The Community of Rights*. Chicago: Chicago University Press.

_____. 1991. "Can Any Final Ends Be Rational." *Ethics*, 102(October 1991). 66-95

_____. 1986. "Why Rights are Indispensable." *Mind* 95, 329–44.

_____. 1985. "Rights and Virtues." *Review of Metaphysics*, 38, 739-62.

_____. 1982. *Human Rights: Essays: Essays on Justification and Applications*. Chicago: Chicago University Press.

Gewirth, Alan. 1978. *Reason and Morality*. Chicago: University of Chicago Press.

Hadot, Pieme. 1998. *The Inner Citadel: The Meditations of Marcus Aurelius*. Cambridge, Massachusetts: Harvard University Press.

Kant, Immanuel. 1981. *Grounding for the Metaphysics of Morals*. Indianapolis: Hackett Publishing Company.

Long, A. A. 2002. *Epictetus: A Stoic and Socratic Guide to Life*. Oxford: Clarendon Press.

Pascal, Blaise. 1966. *Pensées*. Harmondsworth, Middlesex: Penguin Books.

Rawls, John. 1972. *A Theory of Justice*. Oxford: Oxford University Press.

Shendan, Greg. 2021. "Transcendent plea from the heart a timely reminder." *The Australian*, 1-4. Friday, April 30, 2021.

Spence, Edward H. 2020. The sixth estate; tech media corruption in the age of information. *Journal of Information, Communication and Ethics in Society*. 18(4): 553-573.

_____. 2017. "Corruption in the Media," *The Handbook of Business and Corruption: Cross-Sectoral Experiences*, ed. Michael S. Aßländer and Sarah

Hudson. Bingley, UK: Emerald Group Publishing. 453–480.

______. 2008. Corruption in the Media. *International Journal of Applied Philosophy*, 22(2), Fall: 231-241.

______. 2006. *Ethics Within Reason: A Neo-Gewirthian Approach*. Lanham, MD: Lexington Books (a division of Rowman and Littlefield, USA).

Williams, B. 1985. *Ethics and the Limits of Philosophy*. London: Fontana Paperbacks.

제8장 기술은 무엇에 좋은가?

Aizenberg, Evgeni and Van Den Hoven. Jeroen. 2020. "Designing for human rights in AL" *Big Data and Society* 1(1): 1-12.

Bostrom, Nick. 2015. *Superintelligence: Paths, Dangers, Strategies*. Oxford: Oxford University Press.

Brey, Philip. Briggle. Adam, and Spence, Edward H. (eds). 2012. *The Good Life in a Technological Age*. New York: Routledge.

Burr, Christopher. Taddeo, Mariarosaria and Floridi, Luciano. 2020. "The Ethics of Digital Wellbeing: A Thematic Review." *Science and Engineering Ethics* 26: 2313-2343.

Foroohar, Rana. 2019. *Don't Be Evil: The Case Against Big Tech*. UK: Allen Lane.

Floridi, Luciano. 2019. "The Fight for Digital Sovereignty: What It Is, and Why It Matters, Especially for the EU." *Philosophy and Technology* 33: 369-78.

Frischmann, Brett and Selinger, Evan. 2018. *Re-Engineering Humanity*. Cambridge. UK: Cambridge University Press.

Gewirth, Alan. 1985. "Rights and Virtues" *Review of Metaphysics*, 38, 739-62.

Hunter, Fergus. 2019. "Consumer watchdog takes legal action against Google for 'misleading' conduct." *The Sydney Morning Herald*, October 29.

Kant, Immanuel. 1981. *Grounding for the Metaphysics of Morals*. Indianapolis: Hackett Publishing Company.

Mittelstadt, Brent. D., Allo Patrick., Taddeo, Mariarosaria, Wachter, Sandra, and Floridi, Luciano. 2016. "The Ethics of Algorithms: Mapping the Debate." *Big Data and Society*. July-December: 1-21.

O'Neil, Cathy. 2016. *Weapons of Math Destruction: How Big Data Increases Inequality and Threatens Democracy*. New York: Penguin Books.

O'Neil, Onora. 2013. TED Talk, TEDx Houses O'Neill: What we don't understand about trust | TED Talk. https://www.ted.com/talks/onora_o_neill_what_we_don_t_understand_about_trust? language=en

Orlowski, Jeff. 2019. *The Social Dilemma*. Netflix Documentary. of Parliament. June 2013. Onora

Pasquale, Frank. 2015. *The Black Box Society: The Secret Algorithms That Control Money and Information*. Cambridge, MA: Harvard University Press.

Russell, Stuart. 2019. *Human Compatible: Al and the Problem of Control.* UK: Penguin Books,

Spence, Edward H. 2021. *Media Corruption in the Age of Information*. Switzerland. AG: Springer Nature.

Tegmark, Max. 2018. *Life 3.0. Bring Human in the age of Artificial Intelligence*. UK: Penguin Books.

Van Dyck, Jose. Poell Thomas, and De Waal, Matijn. 2018. *The Platform Society Public: Values in a Connective World.* Oxford: Oxford University Press.

Véliz, Carissa. 2020. *Privacy is Power Why and How You Should Take Back Control of Your Data*. London Bantam Press.

ZiZek, Slavoj. 2018. *Like A Thief In Broad Daylight: Power in the Era of Post-Humanity*. UK Penguin Books.

Zubof, Shoshana. 2019. *The Age of Surveillance Capitalism: The Fight for a Human Future at the New Frontier of Power*. London: Profile Books Ltd.

______. 2020. "Big Tech Needs More Regulation." *The Financial Times*. February 16, 2020.

Zuckerberg, Mark. 2019. "Four Ideas to Regulate the Internet." *Facebook*, March 30, 2019.

제9장 스마트 기계와 지혜로운 사람
누가 통제하는가?

Aizenberg, Evgeni and Van Den Hoven, Jeroen. 2020. "Designing for human rights in Al." *Big Data and Society* 1(1): 1-12.

Blok, Vincent. 2019. "Towards and Ontology of Innovation: On the New, the Political-Economic Dimension and the Intrinsic Risks in Innovation Process." *Handbook of Philosophy of Engineering*, edited by Diana Michelfelder and Neelke Doorn. New York: Routledge.

Camus, Albert. 1975. *The Myth of Sisyphus*. Translated from the French by Justin O'Brien. Harmondsworth, Middlesex: Penguin Books.

Cavanna, Andrea E. 2019. "Back to the Future: Stoic wisdom and psy chotherapy for neuropsychiatric conditions." Editorial, *Future Neurology* 14(1), 15 January 2019.

Erasmus. 1994. *In Praise of Folly*. Harmondsworth, UK: Penguin Classics.

Friedman, Marilyn. 2000. "Educating for World Citizenship" *Ethics* (April 2000). 589.

Gasset, Jose Ortega Y. 1941. "Man, the Technician." Chapter 3. *Toward A Philosophy Of History*. New York: W. W. Norton.

Giubilini, Alberto and Savulscu. Julian. 2018. The Artificial Moral Advisor. "The Ideal Observer Meets Artificial Intelligence." *Philosophy and Technology* 31: 169-188.

Harris, Robert. 2019. *The Second Sleep*. London: Hutchinson.

_____. 2012. *The Fear Index*. London: Vintage.

Juan Mascaro. 1962. *The Bhagavad Gita*. Translated from the Sanskrit by Juan Mascaro. Harmondsworth. UK: Penguin Classics.

McEwan, lan. 2019. Machines Like Me and People Like You. London: Jonathan Cape.

Plato. 1997. Plato: *Symposium and death of Socrates*. Translated by Tom Griffith. Hertfordshire: Wordsworth Classics.

Russell, Stuart. 2019. *Human Compatible: AI and the Problem of Control*. UK: Penguin Books.

Seligman, Martin. 1991. *Learned Optimism: How to Change your Mind and Your Life*. New York: Vintage Books.

Tegmark, Max. 2018. Life 3.0: *Bring Human in the age of Artificial Intelligence*. UK: Penguin Books.

Umbrello, Steven and Van de Poel, Ibo. 2020. "Mapping value sensitive design onto AI for social good principles." *AI and Ethics*. https://doi.org/10.1007/s43681-021- 00038-3.

색인

ㅇ

ㅈ

ㅎ

우리시대 질문총서 23

스토아 철학과 인공 지능 기술의 통제

초판 인쇄 2025년 2월 14일
초판 발행 2025년 2월 21일

원표제 **Stoic Philosophy and the Control Problem of AI Technology :** Caught in the Web
원저자 에드워드 H. 스펜스
번역자 이남원 · 조수경
기획 우리시대 질문총서 제작위원회
간사 김효정 · 김다령
교정·교열 박수정
디자인·편집 배영미
발행인 최재원
펴낸곳 부산대학교출판문화원

출판등록 제1983-000001호 1983.11.10.
부산광역시 금정구 부산대학로 63번길 2 (우편번호46241)
대표전화 051-510-1932 팩시밀리 051-512-7812
https://press.pusan.ac.kr

ISBN 978 - 89 - 7316 - 823 - 1 (04190)
978 - 89 - 7316 - 650 - 3 (세트)

※ 이 총서는 부산대학교 국립대학육성사업(PNU-The PIONEER)의 지원으로 제작되었습니다.